MARCO CATTANEO • JASMINA TRIFONI

Les plus beaux sites
DU PATRIMOINE MONDIAL
DE L'UNESCO

LES MONUMENTS • LES SITES ARCHÉOLOGIQUES • LES SITES NATURELS

GRÜND

Europe
Afrique
Amérique du Sud
Océan Atlantique

Océan
Pacifique
Amérique
du Nord
96
97
99
98
100
68
101
33
102
35
70
34
69
71
104
72
73
74

Texte
Marco Cattaneo
Jasmina Trifoni

Maquette
Patrizia Balocco Lovisetti

Sommaire

Adaptation française : *Les Monuments* : Étienne Schelstraete, Geneviève Boisset, Pascal Varejka, Marie-Paule Duverne, Marine Bellanger, *Les Sites archéologiques*: Geneviève Boisset, Marie-Odile Kastner, Pascal Varejka, Martine Lamy, *Les Sites naturels* : François Poncioni, Pascal Varejka, Geneviève Boisset, Marie-Paule Duverne.
Secrétariat d'édition : Luc-Édouard Gonot
Texte original : Marco Cattaneo, Jasmina Trifoni

ISBN 978-2-7000-2598-9
Dépôt légal : janvier 2009
PAO : Nord Compo, Villeneuve d'Ascq
Imprimé en Chine

2 L'étoile, emblème du Roi-Soleil, représente Apollon, dieu de la Paix et des Arts, astre qui donne la vie à toutes les choses. Toutes les décorations du château de Versailles mêlent les représentations du dieu et du souverain, dans une sorte d'identification qui est devenue, en France, un symbole de la monarchie.

Sommaire

Les Monuments

Les Sites archéologiques

Les Sites naturels

Asie
Océan Indien
Océanie
88
90
27
61
60
28
89
91
92
26
62
63
93
65
66
64
94
67
95
108
109
110

Préface

La Convention de l'Unesco relative à la Protection du Patrimoine Culturel et Naturel Mondial est un accord international à double valeur : elle sanctionne un lien inextinguible avec le passé, mais c'est aussi quelque chose que nous expérimentons aujourd'hui et que nous léguerons aux générations futures. Cette Convention, signée en 1972, a fait de grands progrès. 167 nations l'ont ratifiée depuis, offrant ainsi leur propre contribution à la reconnaissance de la valeur unique des sites sélectionnés. Le patrimoine culturel et naturel mondial représente une ressource inestimable pour notre vie et notre inspiration. La nature exceptionnelle de sa reconnaissance par l'Unesco réside dans sa signification même. Les sites du patrimoine mondial appartiennent à l'ensemble de l'humanité, indépendamment des frontières géographiques. La reconnaissance de la valeur unique de ces sites et l'affirmation de sa signification universelle doivent être un engagement pour l'humanité tout entière, en particulier pour les jeunes.

Cette nouvelle publication est une contribution, très réussie sur le plan technique et visuel, à ce principe de reconnaissance et de respect des sites du Patrimoine Mondial comme élément fondamental de choix mûrement réfléchis et appropriés pour le développement présent et futur. Il fallait un projet énergique pour transmettre cet héritage inestimable aux générations futures, de manière à ce que les jeunes puissent à leur tour être incités à le conserver avec respect et sensibilité, mais aussi avec imagination et attention aux moyens de production de cette richesse, un trésor inestimable. Et la connaissance du patrimoine mondial que permet un projet comme celui-ci, est un instrument irremplaçable.

Le texte de cet ouvrage, d'une grande qualité, et les images splendides choisies parmi celles des volumes précédents, en font d'abord et avant tout un recueil, une sélection spéciale des plus beaux sites inscrits au Patrimoine Mondial. Cependant, il doit être clairement établi que ce livre est également un moyen de former les consciences, un outil pour la sensibilisation des esprits au sujet de ces sites qui appartiennent à l'ensemble de la population mondiale et, à ce titre, une sorte de « certification intellectuelle et visuelle » du travail que l'Unesco et ses membres ont accompli au cours de ces nombreuses années.

L'Unesco, cette grande coalition internationale, sous la double bannière de la paix et de la culture, s'est engagé dans cette mission de protection et de sauvegarde des sites ou édifices qui, par leurs caractéristiques naturelles, leur importance historique ou leur signification spirituelle, dépassent les frontières et autres limites pour devenir l'héritage commun de toute l'humanité.

Aujourd'hui, nous nous retrouvons spectateurs – parfois déroutés et souvent indifférents – d'un monde qui réduit au silence la diversité culturelle par le biais d'une globalisation rapide. Les sites du Patrimoine Mondial sont de fait l'expression la plus éloquente de cette diversité et s'opposent ainsi à la standardisation. C'est précisément là qu'intervient l'Unesco, pour protéger et préserver une égale dignité entre toutes les cultures et « leur vocation à s'enrichir individuellement par leurs échanges mutuels ». En 2005, l'Unesco a également initié la Décennie des Nations Unies pour l'Éducation pour le Développement Durable.

Professeur Giovanni Puglisi
Président de la
Commission Nationale Italienne de l'Unesco

8 Immense gorge creusée par le Colorado, le Grand Canyon de l'Arizona, long de 447 kilomètres et large 1,5 kilomètre, mis sous tutelle pour la première fois en 1893, est devenu parc national en 1919 et fait partie du patrimoine mondial de l'Unesco depuis 1979.

Introduction

La mission de l'Unesco en faveur du Patrimoine Mondial est un succès de longue date. L'idée de créer un mouvement international pour protéger le patrimoine de l'humanité avait déjà fait son chemin au lendemain de la Première Guerre mondiale. Mais la nécessité de prévenir la ruine des œuvres les plus importantes du monde ne se fit pas ressentir avant la fin des années 1950, en 1959 pour être précis, lorsque les eaux du Nil commencèrent à remplir le réservoir du barrage d'Assouan. Les experts signalèrent qu'à moins que des mesures ne soient prises, l'eau submergerait les temples de Ramsès II à Abou Simbel, considérés comme faisant partie des plus grands chefs-d'œuvre architecturaux de l'Égypte ancienne. L'Unesco lança alors une campagne pour sauver ces temples, et rassembla les 80 millions de dollars requis pour démonter ces monuments et les déplacer sur un site sûr, lors d'une opération spectaculaire qui dura jusqu'en 1966.

Durant cette même période, d'autres campagnes furent menées pour protéger des chefs-d'œuvre artistiques comme Venise et le site de Borobodur en Indonésie. L'Unesco commença à rédiger une esquisse de convention destinée à protéger le patrimoine culturel mondial, tandis que l'Union Internationale pour la Conservation de la Nature élaborait un document pour la protection des merveilles naturelles de notre planète. Les deux propositions furent présentées lors de la Conférence des Nations Unies sur l'Environnement Humain, tenue à Stockholm en 1972, et fusionnèrent pour constituer la base de la Convention sur l'Inventaire du Patrimoine Mondial, qui fut approuvée à Paris par la Conférence Générale de l'Unesco, le 16 novembre 1972 et prit effet le 17 décembre 1975. L'objectif ambitieux de l'Unesco (the United Nations Educational, Scientific and Cultural Organization) est d'identifier, d'étudier et de sauvegarder les monuments, les ensembles et les sites – naturels ou de la main de l'homme – présentant un intérêt exceptionnel, du point de vue historique, artistique, écologique, archéologique ou anthropologique.

10 La stèle H, datant du VIIIe siècle, fait partie de monuments jumeaux, érigés sur la Grande-Place de Copán, au Honduras. À cette époque, les royaumes mayas sont morcelés mais florissants ; ils disparaîtront néanmoins totalement en l'espace de deux siècles, pour des raisons inconnues : révolte populaire dévastatrice, épidémie, exploitation excessive du sol, disette…

Aujourd'hui, près de quarante ans après son adoption et sa ratification par 180 nations, l'Inventaire du Patrimoine Mondial est un corpus extraordinaire de lieux et d'œuvres qui rassemble environ 800 sites dans 135 pays et englobe simultanément l'histoire de l'humanité et celle de la Terre, offrant ainsi un instrument précieux pour « déchiffrer » la nature et la culture, ainsi que le lien profond qui les unit. C'est, en résumé, la mémoire historique de notre planète. Le but de cet ouvrage est de présenter une coupe transversale de l'héritage inestimable protégé sous les auspices de l'Unesco. Afin de nous guider et de guider les lecteurs à travers un aperçu aussi varié qu'étendu, nous avons choisi de diviser ce livre en trois sections, respectivement consacrées aux trésors de l'art et de l'architecture, aux réserves naturelles et aux civilisations anciennes. Si la distinction entre sites naturels et sites culturels est déjà explicitement définie dans le cadre de la Convention, il s'est avéré plus difficile de tracer une ligne de démarcation entre les monuments architecturaux et les sites d'intérêt archéologique. Un critère purement temporel aurait probablement biaisé la lecture historique. Nous avons donc estimé qu'il convenait d'inclure tous les monuments habités en continu dans la section consacrée à l'art et à l'architecture, même si, pour des raisons d'ordre chronologique, certains d'entre eux auraient pu figurer dans l'inventaire du patrimoine archéologique.

Pour des raisons d'espace, nous avons dû nous limiter à un choix relativement restreint de monuments du Patrimoine Mondial, et cette sélection fut très difficile, dans certains cas douloureuse. Nous avons néanmoins essayé d'offrir une vision ou un panorama d'ensemble qui – bien que partial – ne soit pas discriminatoire pour une nation ou une culture et soit aussi complet que possible. Nous avons également essayé de saisir dans les textes non seulement la valeur intrinsèque de l'héritage de chacun de ces monuments, mais aussi les incidences du contexte historique et géographique. Car le Patrimoine Mondial n'est pas une simple liste de sites, mais l'héritage qui nous a été légué par ceux qui nous ont précédés et que nous léguerons à notre tour, avec la contribution de tous, à ceux qui nous suivront.

Les Monuments

Introduction

13 Une vue du centre historique du Caire, où l'on reconnaît les hauts minarets de la mosquée du sultan Hasan, construite au XIIe siècle, et de la mosquée Rifai, achevée en 1911.

La Convention qui établit l'Inventaire du Patrimoine Mondial de l'Unesco a été approuvée il y a près de quarante ans. Aujourd'hui, cet inventaire comporte environ 400 monuments estimés irremplaçables dans l'héritage architectural et artistique de l'humanité. Ce panorama des sites culturels couvre une période d'environ deux mille ans, illustrant les développements récents de la civilisation humaine et témoignant des progrès de l'art, de la connaissance et de la religion tout au long de son histoire.

Dans une telle configuration, il n'est pas surprenant que la moitié de cet exceptionnel héritage architectural et culturel soit située sur le Vieux Continent. Durant l'ère chrétienne, l'Europe a connu une floraison de civilisations sans équivalent sur les autres continents, et a vu l'essor de mouvements artistiques et architecturaux extrêmement influents – depuis le Gothique et la Renaissance, jusqu'au Baroque et au Néoclassique pour finir avec les grands courants modernes – mais aussi de scènes artistiques locales, parfois mêmes individuelles, qui ont produit un héritage d'une valeur inestimable. Les forces conductrices de ce processus sans égal furent indubitablement le développement économique et technologique qui a toujours donné à l'Europe un statut privilégié, mais aussi les poussées culturelles engendrées par le Christianisme et sa diffusion, et ultérieurement par la constitution de nations, depuis les grands empires jusqu'aux petits duchés de la Renaissance italienne. En conséquence, ce panorama des monuments architecturaux et artistiques les plus importants inclut, dans leur intégralité, les centres historiques de cités qui ont laissé leur marque sur de longues périodes de l'histoire européenne, comme Venise, Prague et Paris, ainsi que les palais des grandes dynasties qui ont régné sur le continent, Versailles et Westminster, comme Schönbrunn, Postdam et Saint-Pétersbourg. Il inclut également Le Vatican, symbole du Christianisme et incroyable concentré de l'art italien, et les œuvres visionnaires de deux figures géniales de l'architecture moderne, nommément le Belge Victor Horta et le Catalan Antoni Gaudí. Bien que ne figurant pas dans la sélection présentée dans cet ouvrage, la culture européenne s'est également exprimée par les emblèmes de la Révolution industrielle que sont le complexe sidérurgique de Völklingen en Allemagne, l'usine de traitement du bois et du carton de Verla en Finlande, et des ouvrages d'enginerie, comme le réseau des moulins de Kinderdijk-Elshout aux Pays-Bas et les écluses du Canal du Centre, en Belgique.

Si l'Europe s'octroie la part du lion, nous ne devons cependant pas oublier les autres continents. L'Asie en particulier, dont l'étendue gigantesque a permis le développement des civilisations, des cultures et des religions les plus diverses, est ici représentée par le merveilleux héritage de l'architecture islamique, qu'incarnent des villes comme Damas, Ispahan, et Istanbul, qui fut pendant des siècles – et est encore – la charnière entre l'Orient et l'Occident, de même que l'art de deux empires, la Chine et le Japon, dont les traditions et l'histoire ne sont pas moins denses et complexes que celles de l'Europe. Quant à l'héritage de l'Afrique et des Amériques il consiste principalement en une architecture qui reflète l'influence de l'Islam dans la zone méditerranéenne et les conquêtes européennes dans le Nouveau Monde. Il existe cependant de nombreuses exceptions, comme le pueblo de Taos, une ancienne installation des populations indiennes du Nouveau-Mexique, les falaises de Bandiagara, dans le pays Dogon, au Mali, ou la ville impériale de Fasil Ghebbi, sur le site de Gondar en Éthiopie.

Le patrimoine artistique et architectural rassemblé sous l'égide de l'Unesco ne peut être considéré comme un simple inventaire de sites et de monuments. C'est en fait un outil précieux pour retracer, pas à pas, les étapes qui ont jalonné le développement de la civilisation humaine à travers son histoire, et qui nous permet d'embrasser d'un même regard l'évolution de toutes les cultures.

SILD-FISK
ALFRED SKULSTAD
SJØBODEN
BRYGGEN HERREFRISØR
Kokker
Taxi
BRYGGEN HANDEL

Bryggen
NORVÈGE

Bergen
Inscription :
1979
Critères : C (iii)

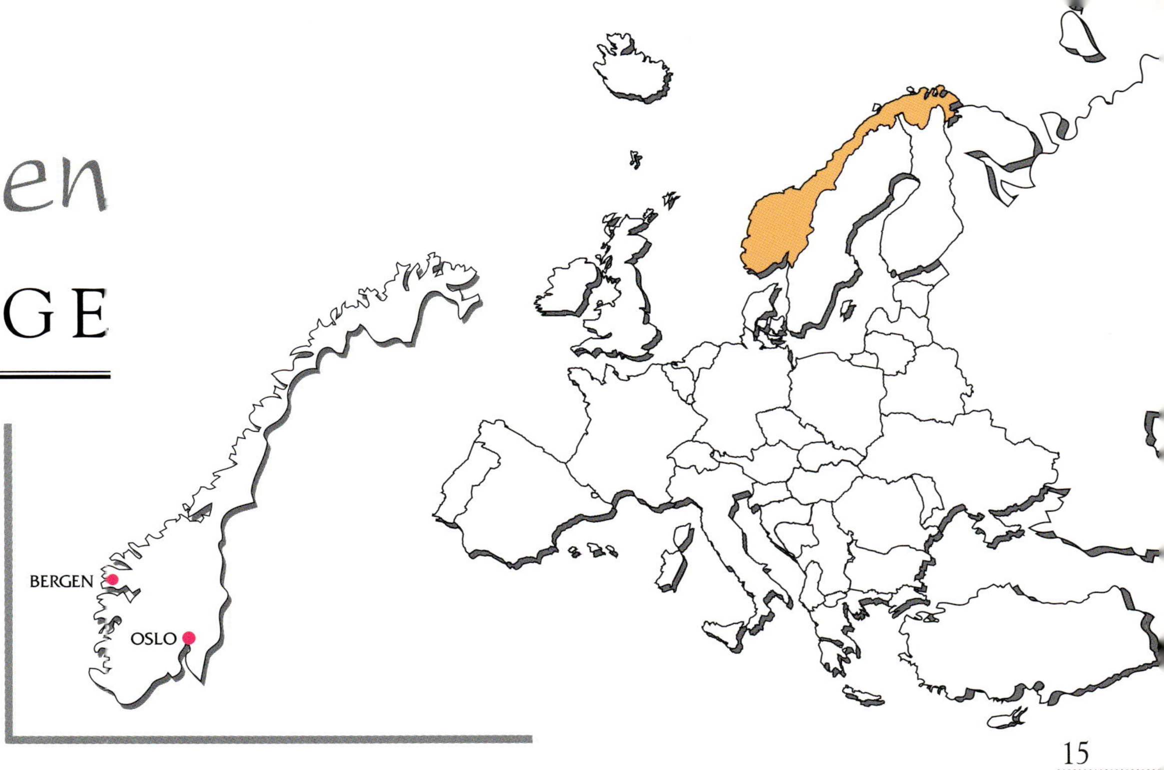

Le port de Bergen doit sa fortune à la pêche à la morue. C'est ici que le poisson frais arrivait des ports du nord de la Norvège ; fumé, conservé dans de grands entrepôts, il était ensuite exporté dans toute l'Europe. Pendant au moins quatre siècles, cette activité fut la principale ressource du commerce norvégien.

Les origines du Bryggen, l'ancien quai qui s'étend sur la rive orientale du Vågen (la « baie »), sont étroitement liées à l'histoire de la ville, fondée par le roi Olav Kyrre vers 1070. Dès le XIIIe siècle, le quartier s'imposa comme le principal foyer de l'activité commerciale. Le long du quai, une trentaine d'entrepôts accueillait les marchandises qui arrivaient des îles Féroé, de Grande-Bretagne et des côtes de la mer Baltique.

En 1360, Bergen rejoignit Lübeck, Hambourg, Novgorod, Bruges et Londres au sein de la Ligue hanséatique. Pendant quatre siècles, les marchands allemands exercèrent un pouvoir de monopole sur l'activité du port. Le nom du quartier n'est d'ailleurs qu'une forme abrégée de *Tyskerbryggen*, « quai des Allemands ».

En échange de la morue, particulièrement demandée dans les pays catholiques, les Norvégiens recevaient des céréales, qui étaient rares sous ces latitudes, ainsi que des tissus, des céramiques, des verres et des vins du Rhin.

Le comptoir hanséatique de Bryggen abritait une communauté exclusivement masculine, dont les membres étaient tenus de ne pas fréquenter les femmes

14 La plupart des maisons de bois du Bryggen ont été détruites par les nombreux incendies qui se succédèrent au cours des siècles. Les bâtiments conservés, héritiers des maisons du XIIIe siècle, remontent au début du XIXe siècle.

15 en haut Aujourd'hui réservé aux bateaux de plaisance, l'ancien port du Bryggen, dont le nom est une forme abrégée de Tyskerbryggen, « quai des Allemands », fut un des principaux comptoirs de la Hanse, la puissante association de villes marchandes qui, pendant quatre siècles, domina le commerce de l'Europe du Nord.

15 au centre Vue aérienne du Vågen, l'ancien port de Bergen. Le quai du Bryggen, qui constitue le noyau historique de la ville, se trouve sur la rive orientale.

15 en bas Peints de couleurs vives, les anciens entrepôts du Bryggen accueillent aujourd'hui des ateliers d'artistes, des restaurants, ainsi que le musée de la Ligue hanséatique.

de l'endroit. Les épouses, les fiancées et les consolatrices de diverses natures ne débarquaient qu'au printemps et regagnaient leur patrie en automne. Cette communauté, qui compta jusqu'à mille résidents allemands, était soumise à des règles propres. En premier lieu, il était interdit d'allumer des feux : les maisons-entrepôts du Bryggen, à deux ou trois étages, étaient en effet construites entièrement en bois. Les pièces d'habitation, qui occupaient les étages supérieurs, étaient surmontées de toits de planches couvertes de tuiles. Les passages étroits qui réunissaient les maisons étaient eux-mêmes revêtus de planches. À l'arrière se trouvaient les pièces communes, où les marchands se retrouvaient à la fin de leur journée de travail. Malgré la sévérité de ces règlements, le Bryggen fut régulièrement dévasté par des incendies, mais chaque fois, les maisons furent reconstruites de la même façon. Le besoin de reprendre rapidement l'activité commerciale empêchait sans doute d'en revoir la conception, de sorte que le plan d'urbanisme du quartier resta inchangé au fil des siècles. Au début du XVIe siècle, au moment où les États se mirent à reprendre le contrôle de leur commerce, les comptoirs de la Hanse commencèrent à décliner. En 1630, les marchands norvégiens rachetèrent les premiers entrepôts ; un siècle plus tard, les Allemands n'en

détenaient plus que neuf. Le 17 octobre 1754, le comptoir de Bergen passa définitivement aux Norvégiens, qui en conservèrent néanmoins les règlements et qui continuèrent même à se servir de la langue allemande dans leurs échanges. Après 1850, néanmoins, la révolution industrielle gagna les côtes de la Scandinavie et précipita le déclin du commerce de la morue et des activités qui lui étaient associées. Le quartier du port se vida de ses marchands, et le 31 décembre 1899, le comptoir fut définitivement fermé. En 1910, les bâtiments méridionaux furent remplacés par des entrepôts en brique. En 1944, une explosion détruisit une grande partie des toits, et en 1955 un incendie réduisit en cendres la moitié des constructions qui avaient été conservées. Du quartier de marchands le plus ancien du monde, il ne reste aujourd'hui que 58 maisons, qui furent en partie reconstruites à l'identique et peintes dans une couleur rouge vif. Outre des restaurants et des galeries d'art, le quartier abrite le musée de la Ligue hanséatique.

16 en haut *Les vieilles maisons du Bryggen, entièrement construites en bois et couvertes de tuiles, elles-mêmes fixées sur des planches, étaient particulièrement exposées aux incendies.*

16 en bas, à gauche *Au musée de la Ligue hanséatique, la reconstitution des intérieurs témoigne de la richesse des marchands du Bryggen.*

16 en bas, à droite *Une vue de la cuisine, où la famille se retrouvait à la fin de la journée. Pour d'évidentes raisons de sécurité, les feux étaient interdits dans toutes les autres pièces.*

16-17 Inauguré en 1976, le musée de la Ligue hanséatique abrite une remarquable collection de meubles et d'objets. Outre la reconstitution des différentes pièces d'habitation, le visiteur découvrira l'entrepôt où les poissons étaient conservés, ainsi que la presse qui servait à extraire l'huile de foie de morue.

17 en bas Une autre salle du musée. Consacré à l'histoire du comptoir hanséatique du Bryggen, le musée conserve une des plus grandes collections de pierres runiques du monde, ainsi que des vestiges archéologiques découverts dans la région de Bergen.

18 en haut, à gauche et 18-19 Cette vue d'ensemble du parc baroque de Drottningholm permet d'en admirer les symétries parfaites. Ce parterre, qui s'étend sur environ 700 mètres depuis l'entrée du palais (en haut), est animé par des fontaines et par des statues de bronze, exécutées par le sculpteur hollandais Adriaen De Vries (en bas).

Le domaine royal de Drottningholm

SUÈDE

Drottningholm, près de Stockholm
Inscription : 1991
Critères : C (iv)

18 en haut, à droite
Le complexe, reconstruit en 1763, est composé d'un bâtiment principal et de quatre ailes latérales. Les collections abritent un grand nombre d'œuvres d'art chinoises et japonaises, qui étaient particulièrement en vogue parmi la noblesse de l'époque.

19 en haut Le pavillon chinois fut offert par le roi Adolphe-Frédéric à sa femme Lovisa Ulrika pour son trente-troisième anniversaire.

En 1981, Charles XVI Gustave de Suède et sa famille transférèrent leur résidence permanente sur une île du lac Malären, à quelques kilomètres de Stockholm. Peut-être la décision fut-elle influencée par une révision de la Constitution qui ne laissait plus au souverain qu'un pouvoir de représentation. La résidence de campagne de Drottningholm apparaissait sans doute comme la solution idéale pour celui qui n'était plus tenu de participer quotidiennement à la vie politique du pays.

Les origines du domaine de Drottningholm, dont le nom signifie « île de la reine », remontent au XVIe siècle, quand le roi Jean III fit construire sur une île un palais destiné à son épouse Catherine Jagellon. Quelques mois après avoir été vendu à Edvige Eleonora, régente du jeune Charles XI, le château fut détruit par un incendie le 30 décembre 1661. Confiée à l'architecte Nicodème Tessin l'Ancien, puis à son fils, la reconstruction devait célébrer la grandeur de la Suède, qui, depuis la signature de la paix de Westphalie, en 1648, s'était imposée comme une des grandes puissances européennes.

Le palais consacra le triomphe du baroque nordique : la partie centrale est dominée par un escalier monumental sur lequel donnent des pièces somptueuses, décorées de statues, de stucs et de fresques.

À la même époque, le château fut entouré d'un grand jardin à la française, inspiré par les jardins de Versailles et décoré par les statues du célèbre sculpteur hollandais Adriaen De Vries. Le domaine resta la résidence des reines de Suède jusqu'en

20-21 Achevé en 1766 par l'architecte Carl Fredrik Adelcrantz, le théâtre de Drottningholm est le plus vieux théâtre du monde dont les structures originales ont été conservées.
La restauration de 1920 permit d'installer l'électricité, de remplacer les cordes des machineries et de restaurer le système d'effets sonores du XIXe siècle.

1744, quand il fut offert à la princesse Lovisa Ulrika à l'occasion de son mariage avec l'héritier du trône, Adolphe-Frédéric. Pour Drottningholm ce fut le début d'un âge d'or. Parmi les artistes et les savants qui furent accueillis par la souveraine, il faut citer Carl von Linné, qui dressa le catalogue de la collection royale d'« objets naturels ». À la demande de Lovisa Ulrika, certains salons furent décorés dans le style rococo, et en 1753, à l'occasion de son trente-troisième anniversaire, son mari lui offrit un pavillon chinois, qui avait été construit à Stockholm et qui fut assemblé devant sa fenêtre pendant la nuit. Caractéristique de la mode des « chinoiseries » qui s'était répandue dans toutes les cours européennes de l'époque, il fut rapidement remplacé par un nouveau pavillon chinois, achevé en 1769 : le Kina Slott, extravagante construction bleu et or, qui fut minutieusement restaurée entre 1960 et 1967. Contemporain du pavillon chinois, le théâtre de Drottningholm est aujourd'hui le théâtre baroque le mieux conservé d'Europe. Achevé en 1766 par l'architecte Carl Fredrik Adelcrantz, il est pourvu d'une scène de 20 mètres de profondeur. Conçue par l'Italien Donato Stopani et parfaitement conservée, la machinerie autorise de rapides changements de décor et de multiples effets spéciaux : des panneaux mobiles permettent de suggérer le mouvement des vagues ou des nuages, ou d'imiter le vent, le tonnerre et les éclairs. Après la mort de Gustave III, assassiné par un de ses officiers en 1792, le théâtre fut progressivement abandonné. Ce n'est qu'en 1920 que l'action d'Agne Bejier, historien du théâtre et de la littérature, permit de lui rendre son ancienne splendeur. Après la restauration des décors et des machines de scène, le rideau se leva de nouveau le 19 août 1922. Le théâtre, où furent représentées des œuvres de Haydn, Haendel, Gluck et Mozart, acquit rapidement une réputation internationale. Aujourd'hui, il accueille des productions de l'Opéra royal de Stockholm, ainsi qu'un centre d'études sur la danse et la musique du XVIIIe siècle.

20 en bas *La bibliothèque de Lovisa Ulrika, blanc et or, fut conçue par Jean Eric Rehn.*

21 en haut *Dessinée par Nicodème Tessin l'Ancien, la chambre à coucher de la régente Edvige Eleonora consacre le triomphe du baroque suédois. Les plus grands décorateurs scandinaves participèrent aux travaux, qui furent achevés en 1683.*

21 en bas *Le palais royal de Drottningholm est organisé autour d'un escalier monumental, orné des statues en marbre d'Apollon et des Muses, œuvres des Italiens Giovanni et Carlo Carove.*

Le centre historique de Saint-Pétersbourg

RUSSIE

Inscription : 1990
Critères : C (i) (ii) (iv) (vi)

Depuis plus d'un demi-siècle, le croiseur *Aurore*, navire-école de la marine russe, a jeté l'ancre dans les eaux de la Neva, devant le bâtiment de l'Académie navale, dans le centre de Saint-Pétersbourg. C'est près du pont Nikolaïevski qu'il était amarré, le 7 novembre 1917, quand ses matelots tirèrent la salve qui donna le signal de l'assaut du palais d'Hiver. Un an plus tard, Lénine transférait la capitale à Moscou, privant Saint-Pétersbourg du rôle qu'elle avait joué depuis le règne de Pierre le Grand.
Monté sur le trône de Russie à l'âge d'à peine dix ans, Pierre le Grand fut longtemps l'otage des intrigues de cour, dont furent victimes un grand nombre des siens. Une fois libéré, en 1697, de ses encombrants tuteurs, il fut incapable de supporter l'atmosphère conservatrice de Moscou. Amoureux de la mer, il fit un long voyage en Occident et rêva de rapprocher la Russie des grandes puissances européennes. C'est ainsi que naquit l'idée de fonder une nouvelle capitale sur l'estuaire de la Neva, l'émissaire du lac Ladoga qui se jette dans la Baltique, à l'extrémité orientale du golfe de Finlande.
En 1703, le tsar ordonna aux charpentiers de son armée de construire sur l'île de Petrograd une petite maison d'où il pourrait diriger les travaux. Pendant un été, il vécut dans deux modestes pièces où il conservait ses objets les plus chers : une redingote, une boussole et une barque. Pour honorer la mémoire du fondateur de la ville, Catherine II ferait revêtir de briques cette maisonnette.
La forteresse Pierre-et-Paul, érigée sur l'îlot des Lièvres, fut la première construction de Saint-Pétersbourg.
À l'origine, ses murs étaient en bois, mais le tsar confia à Domenico Trezzini la construction de bastions de pierre, dont les portes furent ornées de l'aigle des Romanov et de la figure de saint Georges terrassant le dragon.
L'architecte suisse fut aussi chargé de la cathédrale Saint-Pierre-et-Saint-Paul, qui fut construite entre 1712 et 1733. L'intérieur, éclairé par de grands lustres de cristal, abrite l'iconostase en bois

22 au centre La cathédrale de la Résurrection, qui était l'église du couvent de Smolny, fondé par la tsarine Élisabeth II, fut construite en 1748 par Bartolomeo Rastrelli, qui réussit à mêler la tradition russe et le baroque italien.

22 en bas, à gauche Le clocher de la cathédrale Saint-Pierre-et-Saint-Paul est surmonté d'une flèche dorée. C'est l'architecte suisse Domenico Trezzini qui fut chargé, en 1712, de construire cette cathédrale, située à l'intérieur de la forteresse Pierre-et-Paul.

doré qui fut sculptée par Ivan Zaroudny. La nef est divisée par des piliers de marbre, qui supportent une voûte polychrome. En 1725, avant même l'achèvement du chantier, Pierre le Grand fut inhumé dans la cathédrale, inaugurant une tradition qui fit de cette splendide église baroque le mausolée des Romanov. En 1712, l'année où Saint-Pétersbourg fut érigée au rang de capitale, soldats et ouvriers se mirent à creuser les canaux qui devaient en faire l'Amsterdam de la Russie. Au même moment, Trezzini lança la construction du palais d'Été, première résidence officielle du tsar. Pour satisfaire le goût hollandais de Pierre le Grand, l'architecte dessina un palais à deux niveaux, décoré de bas-reliefs qui célébraient les victoires de la marine russe. Après la disparition

23 en haut, à droite À l'exception de Pierre II et d'Ivan IV, tous les souverains de la dynastie des Romanov sont inhumés dans la cathédrale Saint-Pierre-et-Saint-Paul.

Les colonnes corinthiennes de marbre rose, les lustres de cristal et les voûtes polychromes composent le décor scintillant où sont conservés les sarcophages, réalisés en marbre de Carrare.

22-23 L'îlot des Lièvres est le berceau de Saint-Pétersbourg : c'est là que Pierre le Grand fit construire, en 1703, une forteresse en bois, que Domenico Trezzini remplaça ensuite par des fortifications en pierre. Au centre de l'île se dresse la cathédrale Saint-Pierre-et-Saint-Paul, chef-d'œuvre de l'art baroque.

23 en bas, à droite Situé sur la perspective Nevski, à l'angle de la Moïka, le palais Stroganov fut construit en 1753 par Bartolomeo Rastrelli dans le style baroque. Le palais est aujourd'hui une annexe du Musée russe.

précoce du souverain, la cour renoua avec les fastes de Moscou sous les règnes de Catherine Ire et de Pierre II.
En 1730, cependant, la tsarine Anne choisit de s'installer à Saint-Pétersbourg ; dix ans plus tard, Élisabeth, la fille de Pierre le Grand, lui succéda. Sous son règne, les interventions de Bartolomeo Rastrelli, qui était arrivé en Russie avec son père à l'époque de Pierre le Grand, bouleversèrent le visage de la ville.
Avec le palais Stroganov, résidence de la puissante famille éponyme, le palais Vorontsov, siège d'une académie militaire, et le couvent de Smolny, qui associe la tradition russe et le goût occidental, Rastrelli introduisit le style baroque sur les bords de la Neva. Mais le chef-d'œuvre de cet architecte italien de formation française est le palais d'Hiver, construit entre 1754 et 1762. Si l'intérieur a subi de multiples remaniements, l'extérieur a conservé les traits du projet original, qui en font un des plus beaux exemples du baroque russe. C'est dans ce palais que le tsar Pierre III retrouvait sa maîtresse, la princesse Vorontsova, avant d'être déposé par la garde impériale et assassiné, en 1762, sur l'ordre de sa femme, la princesse allemande Sophie von Anhalt-Zerbst. Montée sur le trône sous le nom de Catherine II, la nouvelle impératrice de Russie s'efforça à son tour d'embellir la ville. Passionnée d'art, elle acquit d'innombrables œuvres : entre 1764 et 1774, 2 500 tableaux, 10 000 pierres taillées, 10 000 dessins, ainsi que des porcelaines, des pièces d'argenterie et des statues arrivèrent à Saint-Pétersbourg. En 1771, Catherine, qui avait déjà flanqué le palais d'Hiver du Petit Ermitage, lança la construction du Grand Ermitage, conçu par Iouri Velten pour accueillir ses collections. Entre 1785 et 1787, Giacomo Quarenghi construisit le théâtre, puis l'ensemble fut complété, au milieu du XIXe siècle, par le Nouvel Ermitage. Inauguré en 1851 par Nicolas Ier, le musée de l'Ermitage abrite

25 en haut Une des galeries de l'Ermitage. Inauguré en 1851 par le tsar Nicolas Ier, le musée de l'Ermitage abrite une collection exceptionnelle, qui compte près de trois millions d'œuvres.

25 au centre, à gauche Chef-d'œuvre de Bartolomeo Rastrelli, le grand escalier du Jourdain (connu aussi sous le nom d'escalier des Ambassadeurs), situé à l'intérieur du palais d'Hiver, doit son nom à la cérémonie qui se déroulait le jour de l'Épiphanie : c'est de l'escalier que la famille royale assistait à la bénédiction des eaux de la Neva, qui commémorait le baptême du Christ dans le Jourdain.

25 au centre, à droite Une des salles qui abritaient les pièces d'argenterie de Catherine II. Insatiable collectionneuse, la tsarine fit l'acquisition, entre 1764 et 1774, de 2500 tableaux, de 10000 pierres taillées, de 10000 dessins et de milliers de porcelaines, de pièces d'argenterie et de statues.

25 en bas, à gauche Au musée de l'Ermitage, l'immense département des peintures est un des plus visités. Les collections consacrées à l'histoire de la peinture occidentale depuis la Renaissance jusqu'à la fin du XVIIIe siècle furent constituées selon le goût personnel des souverains. En revanche, les collections consacrées au XIXe et au XXe siècle proviennent de collections privées.

25 en bas, à droite Le théâtre de l'Ermitage fut construit entre 1778 et 1787 par Giacomo Quarenghi.

24-25 La façade sud du palais d'Hiver donne sur la place du Palais. Le somptueux bâtiment, qui abrite aujourd'hui les collections du musée de l'Ermitage, fut construit par Bartolomeo Rastrelli entre 1754 et 1762. Les façades extérieures sont rythmées par 400 colonnes et par 16 modèles différents de fenêtres.

aujourd'hui quelque trois millions d'œuvres d'art, dont la célèbre collection de toiles impressionnistes : c'est le plus grand musée d'art du monde.
À la mort de Catherine II, le trône de Russie passa à son fils, Paul Ier, qui avait toujours entretenu des rapports orageux avec sa mère. Poursuivi par la crainte d'un complot, il pensa se soustraire à ses ennemis en faisant construire le château des Ingénieurs, puissante construction en brique, entourée de douves et truffée de passages secrets. En 1801, le tsar s'installa finalement dans la forteresse, qui passait pour inviolable, mais quarante jours plus tard, il était étranglé dans son lit.
Son successeur, Alexandre Ier, acheva la construction de la cathédrale Notre-Dame-de-Kazan, une des églises les plus imposantes de Saint-Pétersbourg. Dessinée par Andreï Voronikhine, la colonnade curviligne de 96 colonnes s'inspire de la colonnade de Saint-Pierre de Rome, mais, au lieu de s'ouvrir dans l'axe de la nef, elle prolonge le transept nord, de manière à s'ouvrir sur la perspective Nevski. L'intérieur, orné de colonnes de granit rouge et d'un pavement de mosaïque, abrite la tombe de Mikhaïl Koutouzov, vainqueur de Napoléon en 1812.
C'est pour célébrer cette grande victoire qu'en 1818 l'empereur Alexandre Ier chargea le français Auguste Ricard de Montferrand de construire la cathédrale Saint-Isaac, achevée quarante ans plus tard. Pour supporter les 300 000 tonnes de l'édifice et son immense coupole dorée, qui est visible depuis le golfe de Finlande, il fallut consolider le terrain marécageux par des milliers de pilotis.
À l'avènement de Nicolas Ier, en 1825, Saint-Pétersbourg était déjà agitée par des mouvements insurrectionnels, qui aboutiraient, moins d'un siècle plus tard, à la révolution d'Octobre. Les réformes demandées par le peuple et par l'armée se heurtaient à l'absolutisme du tsar et à une répression sanglante, qui inspirèrent des pages passionnées de littérature, depuis les satires mordantes de Gogol jusqu'aux romans tragiques de Dostoïevski. Mais les Romanov étaient plus occupés à résister aux intrigues de palais qu'à résoudre les problèmes de la population. Les beautés architecturales de la perspective Nevski, réservées aux nobles et aux fonctionnaires, séparaient les quartiers pauvres des fastes de la cour. De plus en plus fréquentes, les révoltes aboutirent à l'assassinat, le 1er mars 1881, du tsar Alexandre II. Deux ans plus tard, son successeur, Alexandre III, fit construire, sur les lieux de l'assassinat, non loin des jardins du Champ-de-Mars et du château des Ingénieurs, l'église de la Résurrection, connue aussi sous le nom d'église du Sauveur-sur-le-Sang. L'extérieur, caractérisé par l'extravagance de son décor, s'inspire des églises moscovites à bulbes multicolores ; à l'intérieur, la richesse s'exprime en particulier par la variété des matériaux : marbre, porphyre, jade, granit rouge de Norvège. Dernière grande réalisation d'une ville qui, construite de toutes pièces, consacra le triomphe du baroque, puis du néoclassicisme, cette église porte un surnom prophétique : sa construction était terminée depuis dix ans quand le tsar Nicolas II, contraint d'abdiquer, fut assassiné.

26 en haut La cathédrale Notre-Dame-de-Kazan est flanquée d'une colonnade monumentale, composée de 4 rangées de 24 colonnes chacune, qui s'ouvre sur la perspective Nevski. L'architecte, Andreï Voronikhine, s'inspira de la colonnade que le Bernin avait dessinée pour la basilique Saint-Pierre de Rome.

26 en bas, à gauche Conçue par Auguste Ricard de Montferrand en 1818, la cathédrale Saint-Isaac ne fut achevée qu'en 1858. Son immense coupole dorée, pour laquelle il fallut 100 kilos d'or, est visible depuis le golfe de Finlande.

26 en bas, à droite Dans la cathédrale Saint-Isaac, 14 variétés de marbres et 43 sortes de pierres précieuses et semi-précieuses composent le décor des fresques peintes par Karl Brioullov. L'intérieur de l'église couvre une superficie de 4 000 mètres carrés.

27 Décorée d'ors, de marbres, de mosaïques et de carreaux de céramique vernissée, l'église de la Résurrection fut construite en 1883 sur les lieux de l'assassinat du tsar Alexandre II.

Le Kremlin et la place Rouge

RUSSIE

Moscou
Inscription : 1990
Critères : C (i) (ii) (iv) (vi)

28 en haut Les murailles rouges qui entourent le Kremlin sont renforcées de puissantes tours. La partie qui longe le Moskova fut la première a être fortifiée, à partir du XVe siècle.

Au début des années 1990, le président de la Fédération de Russie, Boris Eltsine, lança un audacieux programme de restauration du Grand Palais du Kremlin. Dans son état actuel, le bâtiment avait été construit entre 1838 et 1849 par l'architecte Konstantin Ton pour abriter les appartements du tsar Nicolas Ier. Jusqu'à la révolution d'Octobre, le palais fut l'une des résidences des souverains.
Entre 1932 et 1934, Staline fit transformer les salles les plus représentatives du régime tsariste, dont les salles Saint-André et Saint-Alexandre, qui, réunies, formèrent une grande salle rectangulaire de 80 mètres sur 20, avec une capacité de 3 000 places, réservée aux séances du Soviet suprême. La restauration récente du Kremlin, qui exigea un budget de 300 millions de dollars et la collaboration de 2 500 personnes, s'appuya sur les documents photographiques conservés dans les archives royales du château de Windsor. Achevés en 2000, les travaux ont rendu au palais l'éclat de ses stucs peints et de ses frises dorées.

Pendant des siècles, c'est à l'intérieur du Kremlin que se jouèrent tous les drames qui décidèrent du sort de la Russie. C'est là que résidaient les tsars et les princes, ainsi que les patriarches de l'Église orthodoxe. Même après la fondation de Saint-Pétersbourg au début du XVIIIe siècle, c'est à Moscou que les tsars continuèrent à se faire couronner. C'est aussi sur la place Rouge que se déroulaient les défilés militaires qui commémoraient la révolution d'Octobre. Et c'est dans le Grand Palais qu'en 1961 Nikita Khrouchtchev fêta le retour de Iouri Gagarine, qui venait de réussir le premier vol orbital autour de la Terre.

28 en bas Les coupoles dorées de la cathédrale de l'Annonciation, construite entre 1485 et 1489, par des architectes de Pskov, se détachent devant la façade du Grand Palais du Kremlin.

28 au centre Le Grand Palais du Kremlin et la cathédrale de l'Annonciation. Construite entre 1838 et 1849, la résidence des tsars, qui couvre une superficie de 45 000 mètres carrés, est le plus vaste édifice du Kremlin.

29 en haut *Dans la petite cathédrale de l'Archange-Michel, œuvre de l'architecte italien Alvise le Jeune, les piliers et les murs sont entièrement recouverts de fresques. La cathédrale abrite les sarcophages des quarante-sept grands-princes de Moscou.*

Si les plus anciens vestiges archéologiques découverts dans la région de Moscou datent de l'âge du bronze, les premières traces d'un peuplement slave ne sont pas antérieures au XIe siècle. C'est à cette époque qu'un village fortifié fut construit sur la colline Borovitskaïa, un promontoire dominant le confluent de la Moskova et de la Néglinnaïa. En 1147, sous le règne de Iouri Dolgorouki, prince de Souzdal, ce premier village s'étendait au-delà de la première enceinte : c'est à cette époque que l'histoire officielle situe la fondation de la ville. Néanmoins, ce n'est qu'au XIVe siècle, sous le règne d'Ivan Kalita, que la forteresse fut progressivement perçue comme une partie distincte de la ville, comme le siège de ses institutions. Entre 1367 et 1368, le prince Dmitri Donskoï fit remplacer les murs en rondins de chêne par des fortifications en pierre

28-29 *La place des Cathédrales, cœur religieux du Kremlin, est bordée par la cathédrale de l'Assomption, au nord, par le palais à Facettes et par une façade latérale du Grand Palais, à l'ouest, et par les cathédrales de l'Annonciation et de l'Archange-Michel, au sud. À l'est se dresse le clocher d'Ivan le Grand, dont les cinq étages sont surmontés d'un bulbe doré.*

blanche, surmontées par de puissantes tours.
Entre 1485 et 1495, le Kremlin fut entièrement reconstruit par Ivan III le Grand, tsar de toutes les Russies. Les murs de pierre blanche furent remplacés par des fortifications de brique, longues de plus de 2 kilomètres, dont une vingtaine de tours sont aujourd'hui conservées. Les édifices civils et religieux à l'intérieur de l'enceinte, qui s'étend sur une superficie de 27,5 hectares, remontent à diverses époques. À la fin du XVe et au début du XVIe siècle, les travaux furent confiés à des architectes italiens : Marco Friazine, Antonio Solari et Aristotele Fioravanti. En entrant par la tour de la Trinité, qui domine le jardin Alexandre, le visiteur découvre sur la gauche l'arsenal, qui abrite la garnison militaire du Kremlin. Devant le bâtiment, qui, au milieu du XIXe siècle, accueillit un musée de la Guerre patriotique de 1812, sont alignés des canons pris aux armées de Napoléon. À côté se dresse le palais du Sénat, construit entre 1776 et 1787, qui est aujourd'hui le bureau du président de la Fédération de Russie. Devant ces deux bâtiments se trouve le palais des Congrès, construit en 1961 : c'est la seule construction moderne du Kremlin, mais ses parois d'aluminium et de verre lui permettent de se fondre parmi les édifices anciens. Plus loin, la place Ivanovskaïa est dominée par le clocher d'Ivan le Grand, achevé en 1600, qui, avec ses 81 mètres, est la plus haute construction du Kremlin. Au pied du clocher se trouve la « cloche Reine », œuvre de deux fondeurs moscovites, qui, haute de 6 mètres, est la plus grande cloche du

30 en haut, à gauche
Dans le palais à Facettes, le plus vieil édifice civil du Kremlin, la grande salle du premier étage est couverte de voûtes, ornées de fresques, qui reposent sur un seul pilier central à base quadrangulaire.

30 en bas, à gauche
Une salle du palais des Terems, ornée de motifs floraux. Situé à côté du palais à Facettes, ce palais baroque à cinq étages, construit au XVIIe siècle, abritait les appartements privés des tsars.

monde. En 1737, elle fut endommagée dans l'atelier où elle avait été fondue : fendue en deux, elle ne sonna jamais et, en 1836, elle fut placée sur son socle de granit actuel. C'est un triste destin que connut aussi le « tsar des canons », situé non loin de là : ce canon de 900 millimètres et de 40 tonnes est le plus grand canon du monde, mais il n'a jamais tiré un seul coup.

Pendant des siècles, la place des Cathédrales, où se dressait jadis la première église de Moscou, constitua le centre religieux du Kremlin. Construite par Aristotele Fioravanti entre 1475 et 1479, sous le règne d'Ivan le Grand, la cathédrale de l'Assomption est la plus ancienne et la plus imposante des quatre églises qui bordent la place. C'est là que les tsars étaient couronnés et faisaient donner lecture des actes officiels ; c'est là qu'étaient enterrés les métropolites et les patriarches de Moscou. Derrière la cathédrale se dressent la petite église de la Déposition de la Robe, ainsi que l'église des Douze-Apôtres et le palais des Patriarches. Sur la place, la cathédrale de l'Annonciation et la cathédrale de l'Archange-Michel occupent le côté sud : ces deux églises, surmontées de coupoles à bulbes, abritent des fresques et des icônes des plus grands maîtres de la tradition russe. Plus loin se dresse le palais à Facettes, œuvre de Marco Ruffo et d'Antonio Solari, qui doit son nom aux bossages en diamant de ses pierres de façade. Plus loin encore se trouvent le palais des Terems, reconstruit au XVIIe siècle par la dynastie des Romanov, ainsi que le palais des Armures, où sont conservés les trésors des tsars et le fonds de diamants russe.

31 en haut, à droite
La salle des Boyards du palais des Terems doit son nom aux seigneurs féodaux de la Russie ancienne, qui se réunissaient ici pour régler leurs litiges, discuter de l'administration de l'État et, dit-on, pour organiser des complots contre le souverain.

31 en bas, à droite
Une vue des fresques du XIXe siècle qui ornent le mur oriental de l'oratoire du palais des Terems.

30-31 Dans la salle d'Or du palais des Terems, le tsar recevait ses hôtes et ses conseillers. À côté du trône se trouvait la fenêtre des pétitions, où les habitants pouvaient déposer leurs requêtes dans une boîte aux lettres.

32 en bas, à gauche
La cathédrale Basile-le-Bienheureux, le plus célèbre des monuments moscovites, fut construite par Ivan le Terrible pour célébrer la victoire remportée sur les Tatars.

32 en bas, à droite
Construite entièrement en brique, conformément à la tradition russe, la cathédrale Basile-le-Bienheureux perpétue néanmoins le modèle des églises en bois. À l'intérieur sont conservées des fresques remarquables du XVIe siècle.

33 en haut Devant le clocher pyramidal de la cathédrale Basile-le-Bienheureux se dresse la tour du Sauveur, qui surmonte l'entrée d'apparat du Kremlin. En 1625, la tour fut rehaussée d'un sommet octogonal et pourvue d'une horloge et d'un carillon.

La partie du Kremlin qui donne sur la place Rouge est dominée par la tour du Sauveur, construite en 1491 par Antonio Solari, sous le règne d'Ivan le Grand ; l'édifice doit son nom à l'icône qui, en 1647, fut placée au-dessus de la porte et qui obligeait tous ceux qui la franchissaient, même le tsar, à se découvrir. Devant la tour se dresse la cathédrale Basile-le-Bienheureux, connue aussi sous le nom de cathédrale de l'Intercession, qui est peut-être le monument le plus célèbre de la place Rouge. C'est le tsar Ivan IV le Terrible qui, en 1555, fit commencer sa construction pour commémorer la victoire remportée sur les Tatars et l'annexion du khanat de Kazan. Conçue par les architectes russes Postnik et Barma, la cathédrale se compose d'une église centrale, couverte d'un clocher pyramidal, et de huit chapelles cylindriques, surmontées de coupoles à bulbes, dont chacune est consacrée aux saints patrons des huit jours qu'avait duré la bataille.

Autour de la place se dressent également des palais de style néoclassique, comme l'immeuble du Goum, le premier grand magasin de Moscou, qui fut construit en 1893. Depuis l'effondrement de l'Union soviétique, les traces laissées par le régime se sont faites plus discrètes. Si le mausolée de Lénine, construit en 1930, reste ouvert au public, la place Rouge a retrouvé en 1995 deux constructions qui avaient disparu dans les années 1930 pour laisser passer les chars durant le défilé militaire du 7 novembre : l'église Notre-Dame-de-Kazan et la porte de la Résurrection.

32-33 Les huit coupoles polychromes de la cathédrale Basile-le-Bienheureux entourent le clocher pyramidal de l'église centrale.

33 en bas La place Rouge, qui est la plus ancienne place de Moscou, était autrefois séparée du Kremlin par un fossé profond. Deux ponts permettaient d'accéder à la forteresse, l'un par la tour du Sauveur, l'autre par la tour Nicolas.

Le palais et l'abbaye de Westminster et l'église Sainte-Marguerite

GRANDE-BRETAGNE

LONDRES
INSCRIPTION : 1987
CRITÈRES : C (I) (II) (IV)

34 en haut L'entrée du Westminster Hall. Construite au XIe siècle, puis rehaussée au XIVe siècle sous le règne de Richard II, cette salle est la seule partie du palais de Westminster qui survécut aux incendies de 1512 et 1854. Siège des grands tribunaux du royaume, elle accueille aujourd'hui les cérémonies officielles.

Chaque année, le jour de l'ouverture officielle du Parlement britannique, des gardes en costume du XVIIe siècle effectuent une minutieuse perquisition des sous-sols du palais de Westminster. La cérémonie commémore la manière dont fut déjouée la Conspiration des poudres, le 5 novembre 1605, le jour où Guy Fawkes s'apprêtait à faire sauter le Parlement. Pour les sujets de Sa Majesté, le respect religieux de l'histoire est une constante. Et l'histoire, tourmentée, du palais de Westminster est vieille de neuf cents ans. Aujourd'hui, l'édifice monumental compte 1 200 pièces, 100 escaliers et 3 kilomètres de couloirs. Mais il ne reste guère de traces du palais qui, du milieu du XIe au début du XVIe siècle, fut la résidence principale des rois d'Angleterre. En 1512, un incendie détruisit le palais royal, à l'exception du Westminster Hall (XIe siècle), de la chapelle Saint-Étienne (XVIe siècle) et de la Jewel Tower – la tour du Trésor – (1366). Reconstruit, le bâtiment devint le siège de la Chambre des lords, alors que la Chambre des communes se réunissait dans la chapelle Saint-Étienne.
En 1834, le palais fut de nouveau détruit par un incendie qui, encore une fois, épargna le Westminster Hall. Sa reconstruction fut confiée à l'architecte Charles Barry, qui, en hommage à l'abbaye voisine de Westminster, adopta le style néogothique. Détruite au cours des bombardements de la Seconde Guerre mondiale, la Chambre des communes fut reconstruite à partir de 1948 selon les projets originaux de Charles Barry.
Le complexe s'organise autour de la grande salle octogonale à laquelle on accède par l'entrée principale, la St Stephen Entrance, chef-d'œuvre de l'architecture victorienne. De là partent deux couloirs : l'un, au nord, mène à la Chambre des lords ; l'autre, au sud, à la Chambre des communes. Construite en 1847, la Chambre des lords est une grande salle de 24 mètres de long et de 14 mètres de large ; au fond se trouve le trône néogothique où la reine se tient quand, en novembre, elle prononce le discours d'ouverture de la session parlementaire. La Chambre des communes, longue de 21 mètres et large de 14 mètres, rappelle le style de la chapelle Saint-Étienne. Les députés y siègent sur des bancs opposés, dont les uns sont occupés par la majorité gouvernementale et les autres par l'opposition. Au centre de la salle se trouve la table sur laquelle, avant les séances, un huissier dépose une masse d'armes, symbole de l'autorité de la

34 en bas Vue des flèches néogothiques du palais de Westminster. Le bâtiment, qui abrite la Chambre des lords et la Chambre des communes, fut construit par Charles Barry entre 1840 et 1850.

Couronne. Sous la table se trouve un tapis marqué de deux lignes rouges, distantes de deux longueurs d'épée : pour éviter que les débats ne dégénèrent, il est interdit aux députés de les franchir.
Le Westminster Hall, dont les murs furent érigés en 1097, fut doté d'une magnifique toiture de poutres au XIVᵉ siècle. Destiné à l'origine aux fêtes du couronnement, il occupe une surface de 1 500 mètres carrés. À partir du XIIIᵉ siècle, il fut le siège des grands tribunaux du royaume : c'est là que furent jugés Thomas More, ainsi que les organisateurs de la Conspiration des poudres. Durant les procès, envahi par les vendeurs et les marchandises, il devenait un des centres de la vie sociale londonienne. Aujourd'hui, il accueille les grandes cérémonies officielles, comme celles qui célébrèrent les vingt-cinq ans du règne d'Élisabeth II, en 1977, les cinquante ans des Nations unies, en 1995, ou la visite de Nelson Mandela, en 1996. À l'extrémité nord du complexe se dresse la tour de l'Horloge, dont le carillon est connu sous le nom de Big Ben. Achevée en 1859, cette tour

35 à droite, en haut
En 1860, la statue équestre de Richard Iᵉʳ Cœur de Lion, mort au combat en 1199, fut placée devant la façade orientale du palais de Westminster.

35 à droite, au centre
Logées dans des niches, d'élégantes statues animent les façades néogothiques du palais de Westminster, dont le style rend hommage au chef-d'œuvre du gothique anglais, l'abbaye voisine de Westminster.

34-35 Vue panoramique du palais de Westminster, depuis le pont de la Tamise. Sur le côté nord de l'édifice se dresse la tour de l'Horloge, dont le célèbre carillon est connu sous le nom de Big Ben. Depuis 1859, sa cloche de 13 tonnes rythme l'écoulement des heures.

néogothique abrite en effet une cloche de 13 tonnes qui sonne les heures. Ses quatre horloges ont un diamètre de 8 mètres. Un escalier de 334 marches mène au sommet, situé à 98 mètres de hauteur. De là, la vue embrasse toute l'abbaye de Westminster, le chef-d'œuvre de l'architecture gothique anglaise.
En 1065, cette abbaye bénédictine fut englobée dans le complexe du palais de Westminster par le roi Édouard le Confesseur ; l'année suivante, Guillaume le Conquérant, vainqueur à Hastings, y fut couronné roi d'Angleterre. Après que l'édifice eut été détruit par un incendie,

en 1298, le roi Henri III en confia la reconstruction à Henri de Reynes. Envoyé en France pour s'initier à l'art des grands maîtres de Chartres et d'Amiens, l'architecte conçut pour l'abbaye de Westminster une vaste église gothique, ornée de vitraux, malheureusement disparus. La nef centrale, longue de 154 mètres, large et haute de 34 mètres, est la plus grande de Grande-Bretagne : sous le High Altar est enterré le roi Édouard le Confesseur. Dans le bas-côté méridional, une porte donne accès au grand cloître. À l'est se trouve la Chapter House, salle octogonale dont la voûte est soutenue par un seul pilier central : c'est là qu'autrefois se tenaient les séances du Parlement.
Depuis le XIIIe siècle, l'abbaye a subi de multiples remaniements. Alors que la voûte de la nef date de 1506, la façade néogothique et les deux clochers de 68 mètres de hauteur furent ajoutés au XVIIIe siècle. À l'extérieur, les derniers travaux de restauration, qui ont duré vingt-cinq ans, se sont achevés en 1998 : des statues symbolisant les martyrs modernes du christianisme, victimes de l'oppression et des persécutions du XXe siècle, ont été placées dans les niches qui surmontent le portail principal.
L'abbaye de Westminster conserve le souvenir des grands événements de l'histoire d'Angleterre. C'est là que, depuis Guillaume le Conquérant, furent couronnés tous les souverains d'Angleterre, à l'exception d'Édouard V et d'Édouard VII. Lors du couronnement d'Élisabeth II, le 2 juin 1953, l'église accueillit près de 8 200 personnes.
Le trône du couronnement, qui fut sculpté en chêne en 1300, sous le règne d'Édouard Ier, présente des décorations qui représente le souverain, debout sur un lion et entouré de motifs végétaux et d'oiseaux. La pierre de Scone, qui,

enlevée aux Écossais en 1296, y était fixée autrefois, fut restituée à l'Écosse le 13 novembre 1996, par le Premier ministre John Major.
L'importance politique de l'abbaye de Westminster explique que la reine Élisabeth Ire, fille d'Henri VIII, artisan de la rupture avec Rome, décida d'en réformer le statut, en lui conférant une « particularité royale ». Passée sous la juridiction du souverain, l'abbaye en fut d'autant plus influente. Le même statut fut appliqué à l'église voisine de Sainte-Marguerite, construite au XIe siècle, puis reconstruite au XIVe siècle en style perpendiculaire. Aujourd'hui encore, Sainte-Marguerite est considérée comme l'église paroissiale de la Chambre des communes, et son rôle est de représenter l'union de l'Église et du Parlement.
À la fin du XVIIIe siècle, l'abbaye de Westminster accueillit aussi des tombes royales. Au centre de la Lady Chapel, chef-d'œuvre du style Tudor du début du XVIe siècle, construite pour accueillir la dépouille d'Henri VII, se trouve le tombeau de marbre d'Élisabeth Ire, exécuté en 1605 par le sculpteur Maximilien Colt. À côté se trouve les tombeaux de sa demi-sœur Marie

Tudor, qu'Élisabeth fit décapiter en 1588, et de Marie Stuart, reine d'Écosse.
Outre les tombes royales, l'abbaye abrite les sépultures de grandes figures de l'histoire d'Angleterre : 3 300 sépultures ont été recensées. Dans le Poets' Corner se trouvent les monuments funéraires de Geoffrey Chaucer, de William Shakespeare, de Charles Dickens, de Rudyard Kipling et de George Byron, pour ne citer que les plus connus. Ailleurs, on peut voir les tombes de Charles Darwin, d'Isaac Newton ou de Lawrence Olivier. Enfin, la chapelle Saint-Georges est consacrée aux pilotes de la RAF tombés pendant la Seconde Guerre mondiale.
Thomas Parr est le seul citoyen ordinaire qui eut le privilège d'être enterré à Westminster : en 1635, le roi Charles Ier voulut ainsi honorer la mémoire d'un de ses sujets qui avait vécu, dit-on, 153 ans et 9 mois et qui avait ainsi connu le règne de 19 souverains.

36 à gauche Le Poets' Corner, situé dans le transept sud, est une des parties les plus visitées de l'abbaye de Westminster. Les plus grands représentants des lettres britanniques y sont enterrés. Geoffrey Chaucer fut le premier qui y fut inhumé ; William Shakespeare, mort en 1616 à Stratford-upon-Avon, y fut transféré en 1740 ; quant à George Byron, jugé de son vivant comme un écrivain scandaleux, il ne fut admis à l'abbaye qu'en 1969, plus d'un siècle après sa mort.

36 au centre Avec ses 34 mètres, la nef centrale de l'abbaye de Westminster est la plus haute d'Angleterre. Le chœur fut exécuté par Edward Blore au milieu du XIXe siècle en style gothique victorien.

36 à droite Le trône du couronnement, placé dans la chapelle Saint-Édouard, fut exécuté en 1300 sur l'ordre du roi Édouard Ier. Au dos de ce siège de chêne, décoré de motifs floraux et de figures animales, le souverain est représenté debout sur un lion.

37 en haut L'austère façade gothique de l'abbaye de Westminster. Ses deux tours se dressent à 68 mètres de hauteur, alors que l'ensemble de l'édifice couvre une surface de 2972 mètres carrés. Le jour de Noël 1066, Guillaume le Conquérant y fut couronné roi d'Angleterre. À l'exception d'Édouard V et d'Édouard VII, tous ses successeurs ont été couronnés à Westminster ; Élisabeth II y fut couronnée le 2 juin 1953.

37 en bas Les baies de l'abbaye de Westminster sont ornées de vitraux, dont beaucoup furent exécutés au cours des deux derniers siècles. De l'église gothique des XIIIe et XIVe siècles, que l'architecte Henri de Reynes avait éclairée de grandes verrières, il ne reste en effet presque rien, sinon le plan.

Les maisons de Victor Horta

BELGIQUE

Bruxelles
Inscription : 2000
Critères : C (I) (II) (IV)

38

38 à gauche L'hôtel Van Eetvelde, avenue Palmerston, commencé en 1895. La rigoureuse symétrie de la façade, qui trahit la fidélité de Victor Horta au néoclassicisme, contraste avec la liberté du plan intérieur.

38 en bas, à droite L'hôtel Tassel, rue Paul-Émile-Janson, 1892-1893. Considéré comme le manifeste de l'Art nouveau, l'hôtel Tassel est la première maison de Horta qui rompit définitivement avec l'historicisme du XIXe siècle.

En 1873, le vieux cordonnier Pierre Horta fut sans doute déçu quand son fils Victor, âgé de douze ans, fut renvoyé du cours de solfège du conservatoire de Gand. Et pourtant, comme tant d'incidents de parcours, ce renvoi fut providentiel : détourné de la musique, Victor Horta s'inscrivit aux cours d'architecture de l'Académie des beaux-arts, qu'il fréquenta jusqu'en 1877.

Après un bref séjour à Paris, le jeune homme s'installa à Bruxelles, où il entra dans l'atelier d'Alphonse Balat, l'architecte du roi Léopold II. Auprès de Balat, dont il fut le collaborateur jusqu'en 1892, Horta assimila les leçons du néoclassicisme, mais découvrit aussi les possibilités offertes par les nouveaux matériaux : le fer et le verre. Le talent du jeune architecte fut rapidement reconnu : en 1884, un projet pour le Parlement lui valut le prix Godecharle. Bientôt, ce sont des habitations privées qui lui furent commandées, d'abord à Gand, puis à Bruxelles, où l'hôtel Tassel, achevé en 1893, l'imposa comme le principal inspirateur de l'Art nouveau. Collaborateur de l'industriel Ernest Solvay, Émile Tassel lui avait commandé le projet d'une demeure insolite, qui devait concilier l'agitation d'un salon mondain et l'intimité d'une grand-mère presque centenaire. Situé rue Paul-Émile-Janson, l'hôtel Tassel fut le manifeste d'une architecture nouvelle, qui rompait avec le plan symétrique de la maison traditionnelle : l'espace est organisé autour d'un axe unique, qui traverse tout le rez-de-chaussée. La façade néomaniériste, qui renvoie aux modèles italiens du XVIe siècle, renonce à la monumentalité de la pierre pour la légèreté du fer et du verre. La porte d'entrée, qui évoque le style égyptien, est surmontée d'un bow-window et délimitée sur les côtés par de lourdes consoles. Dans la grande salle, sur laquelle s'ouvre une rangée de pièces, dans la stricte tradition de la Renaissance italienne, les colonnes de fonte qui rappellent les palmiers d'un jardin tropical concilient le classicisme avec le goût de l'exotisme.

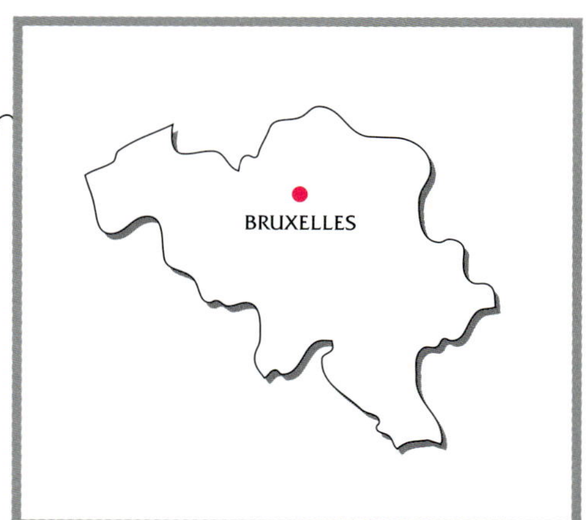

L'invasion des espaces par la nature est encore plus manifeste dans l'hôtel Solvay, commandé en 1894, où Horta exploita le grand jardin pour faire pénétrer l'air à l'intérieur par une série de conduites.
Mais c'est avec l'hôtel Van Eetvelde, situé rue Palmerston et commencé en 1895, que s'accomplit la rupture définitive avec le néoclassicisme. Pour Edmond Van Eetvelde, auquel Léopold II venait de confier l'exploitation des domaines du Congo, Horta construisit un bâtiment audacieux, organisé autour d'un jardin d'hiver qui rappelait les serres royales d'Alphonse Balat. La partie principale, la salle de réception, s'ouvre sur une entrée octogonale qui, occupant toute la largeur du bâtiment, est inondée par la lumière naturelle qui descend du toit. Les colonnes porteuses, les balustrades et la grande verrière exploitent les possibilités offertes par le fer, qui déploie partout ses lignes sinueuses. Dans ce bâtiment traversé par la lumière, l'intérieur et l'extérieur se confondent : ainsi le couloir diagonal qui mène au jardin d'hiver apparaît-il comme une ruelle qui débouche sur une place.
Mais le projet le plus révolutionnaire fut celui que Horta réserva à sa maison-atelier de la rue Américaine, construite en 1898. L'exploitation de la lumière et de la transparence, ainsi que la mise en scène des formes stylisées de la nature permirent à l'architecte de réaliser ce qui fut peut-être le dernier de ses chefs-d'œuvre.
À partir de 1902, Horta revint progressivement à des formes plus conventionnelles, qui trahissent sans doute la double inspiration de toute son œuvre. Après s'être imposé, en une dizaine d'années seulement, comme un des principaux représentants de l'Art nouveau, rompant avec les styles historicistes du XIXe siècle, Victor Horta renoua avec un certain académisme, qui rappelait l'inspiration néoclassique de ses premières années. En 1944, trois ans avant sa mort, l'architecte n'écrivait-il pas : « Ce que je dois, je le dois au plus pur (et au plus personnel) des classiques, Alphonse Balat » ?

39 Pour l'hôtel Van Eetvelde, Horta dessina une verrière, des colonnes et des balustrades dont les lignes sinueuses rappellent les formes de la nature. Sous la grande verrière, le jardin d'hiver, de forme octogonale, est inondé par la lumière naturelle.

Les palais et les parcs de Potsdam et de Berlin

ALLEMAGNE

Brandebourg, sud-ouest de Berlin
Inscription : 1990, 1992, 1999
Critères : C (i) (ii) (iv)

40 en haut Vue du jardin baroque du château de Sans-Souci. Au milieu du XVIIIe siècle, Frédéric II en confia la construction à l'architecte Georg Wenceslas von Knobelsdorff, qui se vit néanmoins dicter son projet par le souverain lui-même.

40-41 Vue aérienne de la Weinbergterrasse, composée de six terrasses en gradins, ornées de niches et de vignes, qui donnent sur une fontaine entourée d'un jardin baroque.

41 à gauche Épris de musique, Frédéric II était lui-même un excellent flûtiste. La salle des Concerts, ornée de peintures, de lambris et de stucs, est caractéristique du style rococo.

41 à droite, en haut La bibliothèque du château de Sans-Souci, ornée de stucs, de bronzes dorés et d'une cheminée rococo, comptait plus de 2 200 volumes en langue française.

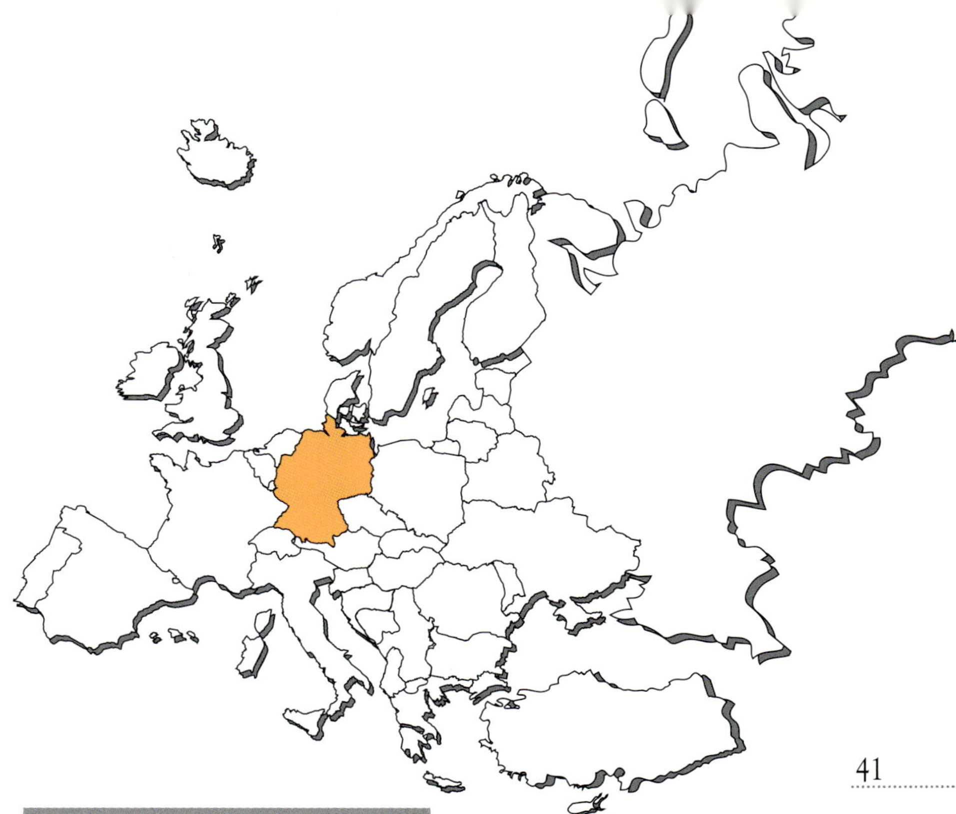

Fils de Frédéric-Guillaume Ier, Frédéric de Hohenzollern naquit à Berlin en 1712. Restaurateur de la puissance prussienne, son père lui inculqua les sobres habitudes qu'il s'apprêtait à imposer à sa cour pour faire face aux énormes dettes accumulées par son prédécesseur, Frédéric Ier. Mais alors que s'ouvrait le siècle des Lumières, ce fils rebelle se prit de passion pour les lettres et pour les arts. De ce remarquable connaisseur de la culture française, le compositeur Johann Joachim Quantz fit aussi un excellent flûtiste.

La discipline de fer du palais ne pouvait lui convenir. Après avoir vainement tenté de fuir en Angleterre, il fut emprisonné à Küstrin, où il rédigea deux ouvrages de philosophie politique, l'*Anti-Machiavel* et *Instruction pour l'éducation du prince héréditaire*.

À la raison d'État de Machiavel il opposa les critères du bon gouvernement, de la conception morale de la justice et de l'émancipation intellectuelle du peuple.

Monté sur le trône en 1740, Frédéric II profita néanmoins de la puissante armée rassemblée par son père pour s'emparer, entre 1742 et 1745, de la Silésie, la plus riche province des Habsbourg. Au même moment, il confia à Georg Wenceslas von Knobelsdorff le soin de lui construire une résidence d'été à Potsdam, au sud-ouest de Berlin, entre les lacs Havel et Glienicke. La première pierre fut posée le 14 avril 1745 ; deux ans plus tard, le château de Sans-Souci était terminé. Le souverain, qui ne voulait pas d'un luxe ostentatoire, mais rêvait au contraire d'un refuge tranquille où se consacrer aux arts et aux lettres, discuta vivement les idées de l'architecte et travailla lui-même au projet de ce qui s'imposerait comme un symbole du rococo allemand.

L'entrée septentrionale du palais, qui ne possède qu'un seul niveau, s'ouvre par un portique en hémicycle sur la Weinbergterrasse, composée de six terrasses en gradins, ornées de niches et de vignes, qui donnent sur une fontaine entourée d'un jardin baroque. L'entrée méridionale est décorée de trente-six sculptures en grès, qui alternent avec de grandes fenêtres. À l'intérieur, la salle de Marbre, couverte d'une coupole, forme un vaste espace ovale, destiné aux réceptions. De chaque côté de la salle s'ouvrent quatre pièces.

Tous les ans, entre avril et octobre, Frédéric aimait se retirer dans l'intimité de ce château, où il passait de longues heures à s'entretenir avec ses hôtes.

Entre 1750 et 1753, Voltaire fit plusieurs

41 à droite, en bas
La salle de Marbre, réservée aux réceptions de la cour, est la plus grande salle du château de Sans-Souci. De forme elliptique, elle est surmontée d'une belle coupole.

42-43 *Orné de statues, de grottes et de fausses ruines, inspirées par l'Antiquité classique, le parc de Sans-Souci est à l'image des intérêts éclectiques de Frédéric II. Au fond, on aperçoit le bâtiment de l'orangerie, inspiré par les villas de la Renaissance italienne.*

42 en bas *Au bout de cette perspective se dressent de fausses ruines antiques. La fonction de ces constructions n'était pas seulement décorative : elles servaient aussi à dissimuler les citernes qui approvisionnaient les fontaines et les bassins.*

séjours à Potsdam. Nommé chambellan du roi de Prusse en 1750, il contribua à enrichir la merveilleuse bibliothèque en bois de cèdre, décorée de bronzes dorés, qui compta jusqu'à 2 200 volumes en langue française. Sa liberté d'esprit finit néanmoins par le dresser contre Frédéric II : le 26 mars 1753, Voltaire quitta définitivement Potsdam.
Dans le parc, le souverain fit ajouter des grottes, des ruines romantiques, ainsi que le belvédère et l'exotique salon de thé chinois. Construite en 1763, sous la direction de Knobelsdorff, puis de

Johann Gottfried Büring, la galerie de peintures abrite, aujourd'hui encore, 124 toiles de maîtres flamands, italiens et hollandais, dont Van Dyck, Rubens et le Caravage.
À la même époque, Frédéric II chargea Büring de lui construire une nouvelle résidence, plus somptueuse. Chef-d'œuvre du baroque allemand, le Nouveau Palais fut achevé en 1769 dans le parc de Sans-Souci, dont l'étendue avait été portée à 300 hectares. Long de 220 mètres et haut de trois étages, le bâtiment fut surmonté d'un énorme dôme et décoré de 428 sculptures monumentales. Ses deux cents pièces, sa grande cour à colonnade et ses salles de réception, ornées de marbres et de pierres précieuses, devaient permettre au souverain de ne plus se déplacer trop souvent à Berlin. Devant le Nouveau Palais se dressent deux bâtiments, qui abritaient les cuisines et les logements de domestiques.
Le 17 août 1786, Frédéric le Grand s'éteignit à Sans-Souci, après quarante-six ans de règne. Perpétuant l'héritage de la Grande Prusse, ses successeurs conservèrent un intérêt constant pour la résidence d'été des Hohenzollern. Neveu de Frédéric II, Frédéric-Guillaume II ne voulut pas renoncer à donner une marque personnelle au domaine de Potsdam. C'est lui qui fit aménager le Nouveau Jardin, où fut érigé, au bord de l'Heiliger See, le modeste palais de Marbre (1787-1797). Inspiré par le goût romantique de son épouse, le roi fit aussi construire un curieux palais sur l'île des Paons, laquelle fut transformée en un jardin à l'anglaise par son successeur, Frédéric-Guillaume III.
Au début du XIXe siècle, le triomphe du néoclassicisme imposa le retour aux modèles de l'Antiquité classique.
En 1824, le prince Charles acheta le château de Glienicke, ancienne résidence des comtes de Hardenberg, qui fut transformé en un palais néoclassique d'inspiration italienne, orné de statues antiques. Deux ans plus tard, Frédéric-Guillaume III fit bâtir un nouveau quartier, la colonie russe Alexandrowska, pour les membres du chœur que le tsar Alexandre Ier avait envoyé à la cour de Berlin.
Mais c'est Frédéric-Guillaume V, monté sur le trône en 1840, qui apporta les plus grandes transformations à la résidence de Potsdam. Le « roi romantique », qui voulait réunir son domaine de Charlottenhof au parc de Sans-Souci, fit appel aux architectes Schinkel, Persius et Lenné pour transformer le château en un petit palais de style Biedermeier, dont les décors intérieurs s'inspiraient

43 en haut, à droite Le salon de thé chinois, construit par l'architecte Johann Gottfried Büring dans le parc de Sans-Souci, s'inspire d'un pavillon analogue, de style orientalisant, qui se trouvait dans le parc du château de Lunéville.

43 en bas Construite en 1763 par Johann Gottfried Büring, la galerie de peintures abrite la collection personnelle de Frédéric II, qui compte 124 toiles de maîtres flamands, italiens et hollandais. Ornée de stucs dorés, elle présente un pavement en marbre bicolore qui renforce l'effet de perspective.

43 en haut, à gauche Détail d'une des colonnes en forme de palmier qui forment le portique d'entrée du salon de thé chinois. La base et le chapiteau de ces colonnes, entièrement revêtues de bronze doré, sont ornés de statues de nymphes à l'aspect exotique.

44 en haut, à gauche
Dans le Nouveau Palais, la salle de la Grotte, dont les parois sont revêtues de minéraux, de coquillages et de coraux, surprend par l'extravagance de son décor rococo.

44 en haut, à droite
La salle de Marbre, ornée de peintures de l'école française du XVIIIe siècle, est peut-être la plus belle des 200 pièces du Nouveau Palais.

44 au centre Construit en 1787 et 1797 par Frédéric-Guillaume II, le palais de Marbre est un édifice élégant, de modestes dimensions, qui donne sur le Heiliger See.

des mosaïques pompéiennes. Alors que l'orangerie était elle-même transformée en un édifice monumental, le domaine fut aménagé en un gigantesque jardin à l'anglaise, où des bassins artificiels et de petits bosquets venaient animer l'immense étendue des pelouses. Le souverain fit aussi reconstituer des thermes romains, ornés de statues, de mosaïques et de fresques.

Sous le règne de Frédéric-Guillaume IV, Potsdam s'enrichit d'édifices religieux. Le roi fit d'abord construire l'église de la Paix, calquée sur le modèle des basiliques paléochrétiennes, puis l'église du Rédempteur de Sacrow, qui se dresse au bord du lac Havel, entre le Nouveau Jardin et l'île des Paons.

À cette époque, le prince Guillaume, fils cadet de Frédéric-Guillaume III et futur Guillaume Ier, apporta également sa contribution. Après de nombreuses hésitations, son père lui avait cédé le domaine de Babelsberg, situé près de Potsdam. En 1833, sur le conseil de sa femme, Augusta de Saxe-Weimar, le prince y fit construire un château néogothique de style Tudor, dont Schinkel, qui n'appréciait guère le retour au Moyen Âge, avait conçu le projet à contrecœur. Du compromis passé entre l'architecte et la princesse naquit un

bâtiment aux décors simples et aux lignes claires, ouvert sur le paysage. Le parc, conçu une nouvelle fois par Lenné selon le goût romantique, est traversé par des sentiers sinueux. Dans les clairières se dressent des édifices insolites, comme la Matrosenhaus, où logeait le batelier responsable des embarcations royales, ou encore la Gerichtslaube, un salon de thé construit avec les pierres de l'ancien hôtel de ville de Berlin.
Avec la Kaiserbahnhof, la gare impériale, construite entre 1905 et 1908 près du Nouveau Palais, le palais de Cecilienhof constitue le seul apport du XXe siècle au domaine royal de Potsdam. Situé à l'intérieur du Nouveau Jardin, il fut construit à la demande de Guillaume II dans le style des cottages anglais. Achevé en 1916, peu de temps avant l'abdication de l'empereur, il ne fut jamais habité, mais il est entré dans l'histoire le 2 août 1945, à l'occasion de la conférence de Potsdam, où Churchill, Truman et Staline décidèrent des sanctions à imposer à l'Allemagne défaite. Ainsi prenait fin l'histoire de ce Reich qui, deux siècles plus tôt, était sorti des habiles manœuvres politiques et militaires de Frédéric-Guillaume Ier.

44-45 Chef-d'œuvre du baroque allemand, le Nouveau Palais s'étend sur une longueur de 220 mètres. Composé de trois niveaux, il est surmonté d'un énorme dôme.

Le centre historique de Cracovie

POLOGNE

INSCRIPTION : 1978
CRITÈRES : C (IV)

Toutes les heures, un sonneur de clairon monte au sommet de la tour de Notre-Dame, sur la place du Marché, pour entonner l'hymne mariale. La mélodie, qui rythmait jadis l'ouverture et la fermeture des portes de Cracovie, s'interrompt brutalement, toujours sur la même note, pour commémorer l'invasion des Tatars en 1240. Le sonneur, qui fut le premier à distinguer au loin l'armée ennemie, fut touché par une flèche tandis qu'il soufflait dans son instrument pour avertir ses concitoyens du danger. Cette cérémonie insolite témoigne de l'attachement de la ville à son passé, qui remonte au moins au Xe siècle. L'existence de Cracovie est en effet attestée dès 965, quand un marchand juif de Cordoue, Ibrahim ibn Jakub, la décrivit comme une ville active, bâtie au pied de la colline du Wavel. Érigée vers l'an mille au rang de siège épiscopal, elle fut dotée d'une cathédrale et d'une forteresse, construites au sommet de la colline. Capitale du royaume de Pologne à partir du XIe siècle, sous la dynastie des Piast, elle continua de prospérer jusqu'à l'invasion des Tatars, qui la détruisirent à trois reprises. À la fin du XIIIe siècle, elle fut reconstruite sur un plan en damier, dont le tracé s'est perpétué jusqu'à nos jours. Alors qu'était aménagée la place du Marché (Rynek Główny), la plus vaste d'Europe, la ville fut pourvue de nouvelles fortifications, surmontées de tours.
Sous le règne de Casimir III le Grand (1333-1370), Cracovie s'imposa comme le principal foyer intellectuel et

46 en haut Vue de la cathédrale, puissante construction du XIVe siècle, surmontée de trois tours, dont une abrite la grande cloche de Sigismond (Dzwon Zygmunta), fondue en 1520.

46-47 Les rives de la Vistule sont dominées par la colline du Wavel, où se trouve le noyau le plus ancien de Cracovie. C'est là que, vers l'an mille, furent construites la cathédrale, ainsi qu'une forteresse, qui fut, à partir de 1038, la résidence des rois de Pologne.

47 en haut, à gauche La façade de Notre-Dame, sur la place du Marché. Construite au XVe siècle, l'église est un chef-d'œuvre du gothique tardif.

47 en haut, à droite Notre-Dame abrite des œuvres d'art d'une valeur inestimable. Le retable du maître-autel, qui représente la Dormition de la Vierge, fut exécuté par le sculpteur allemand Veit Stoss entre 1477 et 1489.

47 au centre La grande cour du château du Wavel, reconstruit au début du XVIe siècle par Francesco Fiorentino, est entourée par trois étages de galeries, qui rappellent les palais de la Renaissance italienne.

47 en bas, à droite Aujourd'hui, l'ancienne résidence des rois de Pologne est transformée en musée. Outre les joyaux de la couronne, il abrite une collection de tapisseries flamandes l'une des plus importantes du monde.

48 en bas Située au nord de la vieille ville, la Barbacane est le plus grand bastion fortifié d'Europe. Ces fortifications furent érigées à la fin du XVe siècle, à l'époque où Cracovie, dotée d'une prestigieuse université, attirait les artistes et les savants de toute l'Europe.

artistique de la Pologne. Protecteur des arts et des sciences, le souverain fonda les quartiers de Kazimierz et de Kleparz, et fit reconstruire la Halle aux draps, sur le Rynek Główny, ainsi que l'église Notre-Dame. En 1364, il fonda la prestigieuse université de Cracovie, connue plus tard sous le nom d'université Jagellon.
Vingt ans plus tard, Casimir donna sa fille en mariage au grand-prince de Lituanie Ladislas Jagellon, qui, réunissant les trônes de Pologne et de Lituanie, donna naissance à la plus puissante dynastie du nord-est de l'Europe.
À partir du milieu du XVe siècle, Cracovie connut une période de grande prospérité. Sous le règne éclairé des Jagellon, elle fut protégée, au nord, par de nouvelles fortifications : construite en 1498-1499, la Barbacane était le plus grand bastion fortifié d'Europe. Capitale artistique et intellectuelle, la ville accueillit notamment Nicolas Copernic, qui étudia à l'université avant de partir pour l'Italie. Venu de Nuremberg en 1477, le sculpteur Veit Stoss tailla dans le bois de tilleul le grand retable polychrome de Notre-Dame (1477-1489), avant d'exécuter dans la cathédrale le tombeau en marbre rouge de Casimir IV Jagellon (1492-1496), la première des grandes tombes royales de Cracovie.
Quand Stoss regagna sa patrie, ce sont des artistes toscans qui furent appelés à Cracovie : Francesco Fiorentino et Bartolomeo Berecci laissèrent dans la cathédrale des œuvres qui sont parmi les plus beaux exemples de la sculpture Renaissance. C'est à Fiorentino qu'il revint également, au début du XVIe siècle, de transformer le château du Wavel en une résidence Renaissance, ornée de tapisseries flamandes. Pour Cracovie, ce furent néanmoins les derniers moments de gloire. En 1596, Sigismond III Vasa transféra la capitale à Varsovie. Tout en ne perdant rien de sa vitalité intellectuelle, Cracovie fut reléguée à l'arrière-plan. À la fin du XVIIIe siècle, son patrimoine s'enrichit d'un nouveau joyau, quand le prince Czartoryski rapporta d'Italie *La Dame à l'hermine* de Léonard de Vinci. Aujourd'hui conservé au Musée national, dans l'ancien palais Czartoryski, ce chef-d'œuvre a trouvé à Cracovie, miraculeusement épargnée par la Seconde Guerre mondiale, la demeure qui convient à son rang.

48-49 Vue aérienne du Rynek Główny, la grand-place la plus vaste d'Europe, dominée par la Halle aux draps. Alors que le rez-de-chaussée de ce grand édifice Renaissance est occupé, comme autrefois, par des commerces, le premier étage abrite la section du Musée national consacrée à la peinture polonaise.

49 à gauche La cour intérieure du Collegium Maius, le plus vieux bâtiment de l'université de Cracovie. Fondée en 1364 par Casimir III le Grand, l'université fut restaurée en 1400 par Ladislas Jagellon.

49 à droite, en haut À l'intérieur du Collegium Maius, le décor et le mobilier illustrent la pénétration de la Renaissance italienne dans la Pologne des Jagellon.

49 à droite, en bas Sur le Rynek Główny, devant la Halle aux draps, fut érigé, en 1899, le monument commémoratif d'Adam Mickiewicz, le plus aimé des poètes polonais.

Le centre historique de Prague

RÉPUBLIQUE TCHÈQUE

INSCRIPTION : 1992
CRITÈRES : C (II) (IV) (VI)

50 en haut La salle philosophique de la bibliothèque du couvent de Strahov, qui possède un million de volumes. Outre seize incunables, dont sept pièces uniques, les collections abritent un évangéliaire du IXe siècle, rédigé en onciale.

Havel na Hrad (« Havel au château »), criaient les Praguois durant les journées de décembre 1989 qui, au lendemain de la chute du mur de Berlin, marquèrent le retour à la liberté. Ainsi l'écrivain Václav Havel, élu le 29 décembre à la présidence de la République, devint-il le locataire d'un

luxueux appartement du Hradčany, le château de Prague. Ancienne résidence des rois de Bohême, ce château est une ville dans la ville et s'étend sur 260 000 mètres carrés. Outre le palais royal, il abrite la cathédrale Saint-Guy, la basilique et le couvent Saint-Georges, le belvédère et plusieurs palais. Ses origines remontent à la fin du XIe siècle, quand le prince Borivoj construisit une forteresse en bois sur la rive gauche de la Vltava, à côté de la colline où se dressait déjà le château de Vyšehrad. Reconstruit au XVe siècle, comme le rappelle l'immense salle gothique Vladislas du palais royal, le château acquit son visage définitif aux XVIe et XVIIe siècles. C'est là que vécut Rodolphe II de Habsbourg, qui, en 1583, fit de Prague sa capitale. Passé à l'histoire comme le roi alchimiste, il croyait en l'existence de la pierre philosophale et, dans les tours du château, où il accueillit notamment le peintre italien Giuseppe Arcimboldo, il avait aménagé un laboratoire pour transformer le plomb en or. En 1618, c'est au palais royal du Hradčany qu'eut lieu la célèbre défenestration de Prague, qui déclencha la guerre de Trente Ans : le 23 mai, trois catholiques, représentants de l'empereur Matthias II, furent jetés par les fenêtres par des nobles protestants.

50 au centre, à gauche La nef de la cathédrale Saint-Guy. Au premier plan, le mausolée royal (XVIe siècle), œuvre du sculpteur flamand Alexander Colyns. Sous le mausolée, la crypte abrite les tombeaux des rois de Bohême.

50 en bas, à droite Dans la cathédrale Saint-Guy, les vitraux de la troisième chapelle du bas-côté gauche sont l'œuvre d'Alfons Mucha.

51 en haut Vue d'ensemble du Hradčany. Le château de Prague, qui s'étend sur 260 000 mètres carrés, est une ville dans la ville. Ancienne résidence des rois de Bohême, il abrite la cathédrale Saint-Guy, la basilique et le couvent Saint-Georges, le belvédère et plusieurs palais.

Remanié au milieu du XVIIIe siècle, sous le règne de l'impératrice Marie-Thérèse, le château de Prague fut restauré au début du XXe siècle. En 1919, l'architecte slovène Jože Plečnik transforma la plupart des pièces de réception, dont la superbe salle d'Or.
Dans la troisième cour du château se dresse la cathédrale Saint-Guy. Commencée en 1344 par Matthieu d'Arras, sur le site d'une basilique romane, elle ne fut achevée qu'en 1929, quand fut ajoutée la façade occidentale de style néogothique, dominée par deux

51 en bas La salle Vladislas du palais royal. Construite en 1493 et 1502 par Benedikt Ried, elle mesure 63 mètres de long et 13 mètres de haut : ces dimensions permettaient d'y organiser des tournois.

flèches de 80 mètres. À l'intérieur, la superposition des styles trahit également la durée de la construction. Outre la splendide chapelle gothique Saint-Venceslas, ornée de pierres précieuses et semi-précieuses, le visiteur peut admirer un vitrail Art nouveau, œuvre d'Alfons Mucha.

À partir du XIe siècle, la ville de Prague, qui s'était d'abord développée autour du Vyšehrad et du Hradčany, s'étendit sur la rive droite de la Vltava, où s'installèrent les marchands et les artisans. Après la construction, en 1170, du pont Judith, le premier pont de pierre sur la Vltava, le nouveau quartier, qui porte aujourd'hui le nom de Staré Město (« Vieille Ville »), fut protégé par une enceinte fortifiée. Le cœur de Staré Město est occupé par Staroměstské náměsti, la « place de la Vieille-Ville ». Dominée par l'hôtel de ville, qui conserve une horloge astronomique du XVe siècle, la place est bordée, à l'est, par l'église Notre-Dame-de-Týn (XIVe-XVIe siècle), qui abrite la tombe de l'astronome danois Tycho Brahe, et à l'ouest, par l'église Saint-Nicolas (1732-1735), chef-d'œuvre baroque de l'architecte Kilián Ignáz Dientzenhofer. La Vieille Ville abrite aussi l'ancien ghetto juif, qui fut supprimé à la fin du XIXe siècle, mais qui conserve encore six synagogues, son hôtel de ville et son cimetière.

En 1257, un nouveau quartier, appelé Malá Strana (« Petit Côté »), fut créé au pied du Hradčany, sur la rive gauche. Aujourd'hui, ce quartier, peuplé de palais et de demeures baroques des XVIIe et XVIIIe siècles, présente une extraordinaire unité architecturale. Ses ruelles sinueuses, ses jardins dissimulés derrière les façades et ses brasseries, fréquentées depuis le début du XXe siècle par les artistes et par les écrivains, en font un des quartiers les plus pittoresques de la capitale. Bordée de palais baroques, la rue Nerudova, où vécut Wolfgang Amadeus Mozart, est une des rues les plus suggestives de Malá Strana.

Au XIVe siècle, sous le règne de l'empereur Charles IV, Prague connut une période de splendeur. Dotée d'une université en 1348, elle s'étendit vers le sud, sur la rive

52-53 Vue de la place de la Vieille-Ville, bordée de maisons des XVIIe et XVIIIe siècles. Aménagée sur un plan irrégulier, entre l'église Saint-Nicolas, l'église Notre-Dame-de-Týn et l'hôtel de ville, la place fut le théâtre des principaux événements de l'histoire de la Bohême.

53 en haut L'horloge astronomique de l'hôtel de ville, datée de la fin du XVe siècle. Le cadran supérieur, qui indique les heures, représente les planètes tournant autour de la Terre, conformément à la vision de l'Univers de l'époque. Le cadran inférieur, décoré en 1865 par Josef Mánes, représente les allégories des mois et les signes du zodiaque.

53 au centre, à gauche Vue de la place de la Vieille-Ville, dominée par l'église Notre-Dame-de-Týn. Commencée en 1380, elle ne fut achevée qu'au milieu du XVIe siècle. À l'intérieur se trouve la tombe de l'astronome Tycho Brahe.

droite, où fut construit le quartier de Nové Město (« Nouvelle Ville »). En 1357, le pont Judith, emporté par les eaux, fut remplacé par le pont Charles, long de 520 mètres et large de 10 mètres, qui s'appuie sur seize piliers de grès. La tradition rapporte que, pour le protéger des intempéries, l'empereur avait ordonné de mélanger des milliers d'œufs au mortier. C'est de ce pont qu'en 1393 Jean Népomucène fut jeté dans la Vltava, après avoir été torturé : canonisé en 1729, il devint le saint le plus vénéré de Bohême. Sa mort tragique fut provoquée par la colère du roi Venceslas IV, auquel le prélat avait refusé, au nom du secret de la confession, de révéler ce que la reine lui avait confié. En 1683, une statue de

53 au centre, à droite À l'ouest, la place de la Vieille-Ville est fermée par l'église Saint-Nicolas (1732-1735), chef-d'œuvre baroque de l'architecte Kilián Ignáz Dientzenhofer.

53 en bas Vue de la rue Nerudova, qui doit son nom à l'écrivain praguois Jan Neruda (1834-1891), auteur des célèbres Contes de Malá Strana *(1878). Le quartier est réputé pour ses brasseries, qui sont parmi les plus anciennes de la ville.*

54 en haut Vue de la Vltava, dans sa traversée du centre de Prague. Le deuxième pont est le célèbre pont Charles, construit en 1357 : long de 520 mètres, il fut jusqu'en 1840 le seul pont de la capitale.

54 au centre, à gauche La statue équestre de saint Venceslas, protecteur de la Bohême, se dresse sur la place du même nom. Cœur de la Ville Nouvelle, la place Venceslas fut le théâtre de la « révolution de velours », qui provoqua la chute du régime communiste.

54 au centre, à droite Le vestibule et l'escalier d'entrée du Musée national. Construit entre 1884 et 1891 dans le style néo-Renaissance par l'architecte Josef Schulz, le musée ferme la partie haute de la place Venceslas.

55 en haut Le pont Charles et la tour qui le protégeait, du côté de la Vieille Ville. À l'arrière-plan, on aperçoit les tours de la cathédrale Saint-Guy. Comme le pont-Saint-Ange de Rome, le pont Charles est orné de statues de saints, dont la plupart datent du début du XVIIIe siècle.

Jean Népomucène, coulée en bronze d'après l'original en bois du sculpteur Jan Brokoff, fut placée sur le pont Charles. Entre 1706 et 1714, vingt-six statues en grès, dont les plus célèbres sont l'œuvre des sculpteurs Matthias Braun, Ferdinand Maximilián Brokoff et Matthias Václav Jäkl, vinrent compléter la décoration du pont, à l'image du pont Saint-Ange à Rome.

Le cœur de Nové Město, qui est aussi le centre de la ville actuelle, est constitué

par la place Venceslas, qui, occupant l'emplacement de l'ancien marché aux chevaux, s'étend en légère pente sur 750 mètres de long et 60 mètres de large. La plupart des immeubles qui la bordent furent construits à la fin du XIXe siècle et au début du XXe siècle. Alors que le Musée national (1884-1891) est un puissant édifice néo-Renaissance, la maison Peterka (numéro 12) et l'hôtel Europa (numéro 25) sont des chefs-d'œuvre de l'Art nouveau. Après la répression du printemps de Prague par les troupes du pacte de Varsovie, en août 1968, c'est sur la place Venceslas que l'étudiant Jan Palach s'immola par le feu, le 16 janvier 1969, pour protester contre l'occupation soviétique.

Au sud de la place de la Vieille-Ville, le visiteur ne manquera pas non plus le Carolinum, qui fut le premier siège de l'université : remanié à l'époque baroque, le bâtiment conserve une splendide fenêtre gothique en encorbellement.

Non loin de là se dresse le Clementinum, l'immense collège des jésuites. Pour le construire, au milieu du XVIIe siècle, il fallut démolir 32 maisons, 4 églises, 1 couvent et 2 jardins. Les travaux furent confiés à l'architecte italien Giovanni Domenico Orsi, qui réalisa un chef-d'œuvre du style baroque. En 1696, le Clementinum accueillait près de 1 500 étudiants, dont le septième, provenant de familles pauvres, était logé et nourri gratuitement. Depuis le XVIIe siècle, le bâtiment abrite la bibliothèque de l'université, dont le noyau contient 160 manuscrits donnés au souverain. Aujourd'hui, cette bibliothèque possède près de 1 200 rouleaux de papyrus, 6 000 manuscrits médiévaux et 3 000 incunables.

Outre le Clementinum, Prague abrite la bibliothèque du couvent de Strahov, située sur la rive gauche, à l'ouest du château, et décorée en style baroque au XVIIe siècle.

Du reste, Prague fut de tout temps une ville de culture. Ce n'est pas un hasard si Mozart y composa ses symphonies les plus célèbres et si de nombreux Praguois ont laissé une contribution inoubliable à la culture mondiale. Dans le domaine musical, il faut rappeler les noms de Bedřich Smetana et d'Antonín Dvořák, et dans le domaine des lettres, trois noms en particulier : Franz Kafka, Rainer Maria Rilke et Bohumil Hrabal.

55 en bas, à gauche
Vue de la place Venceslas, fermée, dans sa partie haute, par le Musée national. Aménagée sur l'emplacement de l'ancien marché aux chevaux, la place s'étend en légère pente sur 750 mètres de long et 60 mètres de large.

55 en bas, à droite
La façade de l'hôtel Europa, place Venceslas. Reconstruit en 1905, l'hôtel est un des plus beaux édifices Art nouveau de Prague.

Le palais et les jardins de Schönbrunn

AUTRICHE

VIENNE
INSCRIPTION : 1996
CRITÈRES : C (I) (IV)

Les derniers invités de marque de la résidence impériale de Schönbrunn furent, en 1961, John Fitzgerald Kennedy et Nikita Khrouchtchev, qui se rencontrèrent dans la Grande Galerie pour négocier le statut de l'Allemagne et discuter du désarmement. Un siècle et demi plus tôt, ce sont les vainqueurs de Napoléon qui s'étaient retrouvés à Schönbrunn pour dessiner, à l'occasion du congrès de Vienne, une nouvelle carte de l'Europe. Acquis par Maximilien II de Habsbourg en 1569, le domaine de Katterburg n'abritait à l'origine qu'une ferme et un pavillon de chasse. Brûlé en 1605 par les Hongrois, il fut reconstruit par l'empereur Mathias II, qui aurait découvert, lors d'une partie de chasse, la source qui donna son nom au château : Schöner Brunnen, « belle source ». Peu après, Éléonore Gonzague, femme de Ferdinand II, en fit pour la première fois la résidence d'été de la cour. Détruit par les Turcs en 1683, le château fut complètement rebâti par l'empereur Léopold Ier, qui confia à Johann Bernhard Fischer von Erlach le soin de construire un palais capable de rivaliser avec Versailles. L'architecte présenta un projet qui s'inspirait des villas de Palladio, mais les coûts de construction l'obligèrent à le ramener à de plus modestes dimensions. Pour l'empereur, Schönbrunn devait conserver un caractère familial : il s'agissait de trouver un compromis entre la résidence officielle et la demeure privée, luxueuse mais non ostentatoire. Les jardins furent confiés à Jean Tréhet, qui les dessina selon le goût français. Mais Schönbrunn doit surtout son visage à l'impératrice Marie-Thérèse, qui y éleva ses seize enfants, sans pour autant négliger les affaires de l'État. Son caractère affable la conduisit souvent à braver le formalisme de la cour : en 1762, on la vit prendre dans ses bras le petit Mozart qui, âgé de six ans, venait de se produire devant la cour, dans le salon des Glaces. Marie-Thérèse confia à l'architecte Nikolaus Pacassi la restauration des intérieurs, qui furent décorés de miroirs, de dorures, de fresques et de boiseries,

56 à gauche, en haut *Une fontaine des jardins de Schönbrunn. Le parc de la résidence impériale fut aménagé, sous le règne de Marie-Thérèse (1740-1780), par Nikolaus Jadot et Adrian Van Steckhofen.*

56 à gauche, en bas *Vue aérienne du palais et des jardins. Situé dans la vallée de la rivière Wien, entre les arrondissements viennois de Meidling, à l'est, et de Hietzing, à l'ouest, le palais de Schönbrunn n'était, à la fin du XVIe siècle, qu'un pavillon de chasse.*

56-57 *La façade antérieure du palais de Schönbrunn donne sur une cour d'honneur, précédée d'un grand bassin. L'eau est un élément essentiel du paysage de Schönbrunn, dont le nom signifie « belle source ».*

57 en bas, à gauche
La fontaine de Neptune et, au fond, la Gloriette. Couronnement architectural du parc de Schönbrunn, la Gloriette fut construite en 1775 sur les plans de Ferdinand Hetzendorf von Hohenberg. Surmonté de l'aigle des Habsbourg, l'édifice se compose d'un corps central et de deux galeries, qui alignent onze baies, supportées par des colonnes doriques.

57 en bas, à droite
Les parterres fleuris des jardins de Schönbrunn. Amateurs de botanique, les Habsbourg aimaient collectionner les plantes exotiques. En 1752, François Ier fit aménager la Ménagerie, le plus vieux jardin zoologique du monde. En 1881, un pavillon fut construit pour abriter la serre des palmiers.

58 en haut *Décorée de motifs naturalistes par Johann Bergl entre 1769 et 1777, cette salle est située au rez-de-chaussée du palais. Le poêle en céramique dorée, en forme d'arbre noueux, est un chef-d'œuvre du style rococo.*

58 au centre *Le salon des Tapisseries, orné de tapisseries de Bruxelles. L'impératrice Marie-Thérèse avait l'habitude de remplacer régulièrement le mobilier de ses salons : rares sont donc les pièces qui ont conservé leur décor du* XVIIIe *siècle.*

caractéristiques du style rococo. Alors que les jardins étaient transformés par Nikolaus Jadot et Adrian Van Steckhofen, l'impératrice y fit construire la Gloriette, édifice à colonnes, couronnement architectural du parc, qui offre une vue splendide sur Vienne. Si l'on doit aussi à Marie-Thérèse la fontaine de Neptune et la copie d'une ruine romaine, ornée de statues néoclassiques, c'est à son époux, François Ier, que revient l'initiative de la Ménagerie, qui, installée en 1752, fut le premier jardin zoologique du monde. Puisque Marie-Thérèse avait l'habitude de vendre ou de donner les vieux meubles, rares sont les pièces du palais de Schönbrunn qui ont conservé leur mobilier du XVIIIe siècle. Le Salon jaune, qui conserve son décor rococo et des pastels du peintre genevois Jean Étienne Liotard, est une exception notable. Dans les appartements de François-Joseph, la chambre à coucher abrite le lit de fer de l'empereur, où il s'éteignit en 1916, à l'âge de quatre-vingt-six ans. Chaque matin, François-Joseph se levait à quatre heures, se lavait à l'eau froide, puis se consacrait à la prière, en laissant à sa belle épouse, Élisabeth de Bavière, le luxe de la chambre nuptiale, peinte en bleu et blanc et décorée de meubles en palissandre. De la mythique Sissi, Schönbrunn conserve d'ailleurs un grand nombre de témoignages, comme les deux petits cabinets de toilette. Peut-être François-Joseph avait-il pressenti la fin de l'empire et le triste destin qui serait réservé à son successeur, Charles Ier, qui, le 11 novembre 1918, abdiqua dans la Salon bleu. Ainsi s'achevait l'histoire de la résidence impériale de Schönbrunn.

58-59 *Longue de plus de 40 mètres et large de 10 mètres, la Grande Galerie accueillait les réceptions de la cour. Ses glaces et ses stucs blanc et or sont caractéristiques du style rococo. Les fresques du plafond, œuvre de Gregorio Guglielmi, représentent les Provinces autrichiennes rendant hommage à Marie-Thérèse et à François Ier.*

59 en bas *Certains salons sont ornés d'immenses peintures murales, qui furent commandées par Marie-Thérèse. Ici, ce sont des paysages et des scènes de chasse qui recouvrent les murs. Dans le salon des Cérémonies, les panneaux peints représentent le mariage, en 1760, de Joseph II et d'Isabelle de Bourbon-Parme.*

Les quais de la Seine à Paris

FRANCE

Inscription : 1991
Critères : C (i) (ii) (iv)

Quand on découvre Paris, on a l'impression d'être en présence d'un unique projet architectural, monumental et urbanistique. Comme si l'île de la Cité, l'esplanade qui relie l'arc de Triomphe et le Louvre en passant par les Champs-Élysées et les Tuileries, et les quais de la Seine qui s'étendent jusqu'à la tour Eiffel avaient été conçus par une seule et même personne. En fait, ce Paris-là est le fruit de sept siècles de remaniements, d'agrandissements et de réhabilitations. Mais on doit cette impression d'unité à un homme, Georges Haussmann. Né en 1809 dans une modeste maison de la rue du faubourg de la Roule, Haussmann allait devenir l'urbaniste de Napoléon III. Nommé préfet de la Seine, il allait transformer la capitale française – entre 1853 et 1870 – et en faire la fameuse Ville lumière.
Au cours des premiers siècles avant notre ère, une tribu celte – les Parisii – s'était installée au bord du fleuve, mais la ville ne voit vraiment le jour qu'à partir de 52 av. J.-C., quand César y fonde la Lutetia romaine. En 361 apr. J.-C., quand Julien l'Apostat monte sur le trône impérial, la ville prend le nom de ses premiers habitants, Paris. Mais avec la chute de l'Empire romain, elle se trouve exposée aux invasions des Vikings et des Barbares, et, décimée par les épidémies, elle est complètement pillée. Les édifices romains sont démolis et des remparts sont construits tout autour de l'île de la Cité où les habitants peuvent se réfugier. Elle ne connaît la prospérité qu'à partir du XIIe siècle, et le règne de Philippe Auguste. L'île de la Cité, le cœur de Paris entre les deux rives de la Seine, conserve encore deux témoignages extraordinaires de cette époque : la cathédrale Notre-Dame et la Sainte-Chapelle – deux chefs-d'œuvre de l'art gothique.
En 1163, le pape Alexandre III pose la première pierre de Notre-Dame, marquant ainsi le début d'un chantier qui allait durer cent soixante-dix années. Longue de 130 mètres, la cathédrale est ornée d'arcs-boutants, et les tours de sa façade s'élèvent à presque 70 mètres. Derrière le vaste transept, sur lequel s'élance la flèche de 90 mètres de haut, s'ouvre un chœur en bois sculpté du XVIIIe siècle, fermé par une clôture en pierre voulue, quatre cents ans plus tôt, par Jean Ravy pour protéger le clergé du bruit des fidèles. Avec ses trois nefs, l'intérieur est décoré de toiles et de sculptures datant de différentes époques. Les chapelles latérales accueillent des peintures des XVIIe et XVIIIe siècles, commandées par les diverses corporations parisiennes à des artistes de l'envergure de Charles Le Brun, tandis qu'à côté du

60 en haut L'intérieur de la cathédrale Notre-Dame. La magnifique rosace inférieure a conservé une bonne partie de ses vitraux d'origine (XIIIe siècle). On y retrouve le Christ en majesté au centre, entouré de la Vierge, des saints et des douze apôtres.

60 en bas La partie basse de la Sainte-Chapelle. Considérée comme un des grands joyaux de l'art gothique, cette église a été construite par Louis IX qui voulait y conserver la couronne d'épines du Christ, un fragment de la croix et d'autres précieuses reliques.

61 en haut La façade ouest de la cathédrale Notre-Dame, caractérisée par ses trois portails ornés de magnifiques sculptures, sa rosace centrale consacrée à la Vierge et ses deux tours. Celle de droite contient la célèbre cloche Emmanuel.

61 en bas Imitant un ciel étoilé, voici le plafond de la partie haute de la Sainte-Chapelle. Réservée à l'origine à la famille royale, celle-ci est éclairée par quinze magnifiques verrières – séparées par de fines colonnes de 15 mètres de haut – qui représentent environ mille scènes à caractère religieux.

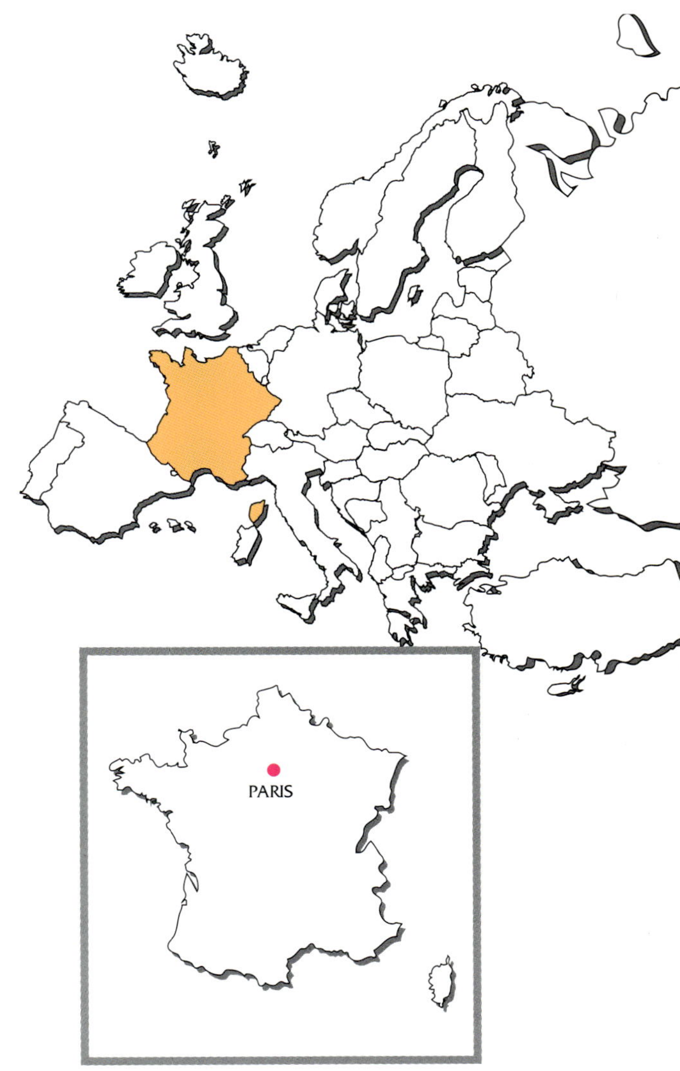

transept, se dresse une statue de la Vierge à l'Enfant, à laquelle la cathédrale est dédiée.

Non loin de Notre-Dame, la Sainte-Chapelle fut érigée en 1248 par Louis IX qui voulait y conserver des reliques du Christ, dont une couronne d'épines que le souverain avait achetée à l'empereur de Byzance. Sa silhouette élancée, les quinze magnifiques vitraux de la chapelle haute qui illustrent des épisodes de la Bible et de l'Évangile, son immense rosace et ses statues en bois représentant les apôtres lui valurent la réputation d'être « la porte d'entrée du paradis ».

Mais, ensuite, la ville fut quelque peu négligée par les monarques, jusqu'à ce que François Ier décide que sa capitale mérite un grand palais royal. Il entreprend la construction du Louvre en 1546, un chantier qui allait durer plus de trois siècles et auquel allaient participer pas moins de sept monarques.

Après François Ier, qui confie les travaux à Pierre Lescot, c'est au tour de Catherine de Médicis, qui fait construire le palais des Tuileries. Ensuite, Henri IV laisse lui aussi son empreinte, ainsi que Louis XII et Louis XIV, lequel déplace toutefois la cour à Versailles, puis Napoléon Ier et Napoléon III. Malgré son amour pour Versailles, c'est peut-être Louis XIV qui marqua le plus le Louvre. Constatant les incohérences stylistiques du palais, il convoque Gian Lorenzo Bernini – le Bernin – à Paris. La notoriété de ce dernier en tant qu'artiste novateur avait franchi les Alpes, et le roi comptait sur lui pour apporter quelques modifications. L'architecte se résout à reconstruire la façade, mais son projet est peu probant.

Aussi, après la pose de la première pierre, le Bernin est-il raccompagné à Rome, et son projet complètement bouleversé. Les travaux sont alors confiés à Claude Perrault. Celui-ci dessine la colonnade qui, entourant les édifices préexistants, donne au Louvre une unité grandiose. Le XVIIe siècle est un âge d'or pour Paris. De l'autre côté de la Seine, on construit l'hôtel des Invalides, de 1671 à 1676, voulu par Louis XIV qui entend y loger les blessés et les vétérans de l'armée. Peu avant, le cardinal Mazarin avait fait édifier

62 en haut Une des majestueuses galeries du second étage du Louvre, où est exposée la peinture européenne du XVe au XIXe siècle. Bien entendu, les œuvres françaises constituent presque la moitié de l'immense et précieuse collection.

62 en haut, à droite Les salles du Louvre où sont conservés les objets d'art, les meubles, les bijoux, les horloges, les tapisseries, les armes et armures, les porcelaines, etc. qui composent la collection d'environ 8 000 pièces. On voit ici une pièce avec des meubles français datant du XVIIIe siècle.

62-63 *La cour Napoléon, la principale du musée du Louvre, flanquée par les édifices construits à l'époque de Louis XIII (1610-1643). Les énormes travaux de restauration et de réaménagement entrepris à partir de 1981 par le président François Mitterrand ont été achevés en 1989. La célèbre pyramide en verre surmontant le nouvel accès au musée a été conçue par l'architecte sino-américain Ieoh Ming Pei.*

63 en haut *Vue de la section romaine du Louvre qui contient de nombreux bustes et groupes de statues d'une valeur exceptionnelle.*

63 en bas, à gauche *Le dôme des Invalides, majestueuse église érigée en 1676 sur l'ordre de Louis XIV, le Roi-Soleil. Le souverain voulait y conserver les sépultures des membres de la famille royale. Mais après sa mort, ce projet fut écarté et cet extraordinaire édifice est devenu un monument à la gloire des Bourbons.*

63 en bas, à droite *L'intérieur de la coupole du dôme des Invalides. Il y a là une crypte où, en 1861, on plaça le tombeau de Napoléon, dont la dépouille a été rapatriée de Sainte-Hélène sur les ordres du roi Louis-Philippe.*

64-65 Malgré son nom, le Pont-Neuf est le plus ancien de Paris. Construit entre 1578 et 1607, il mesure 275 mètres de long et comporte douze arches. Il relie l'île de la Cité aux deux rives de la Seine et unit la ville médiévale et celle de la Renaissance.

64 en haut La Seine vue de la tour Eiffel. Au centre, le pont Alexandre-III, dont le tsar éponyme posa la première pierre en 1896. Avec ses décorations raffinée de style Art nouveau, ce pont est considéré comme un des plus élégants de Paris.

le collège des Quatre Nations, aujourd'hui l'Institut de France, siège des Académies nationales.

La rue Dauphine et la place du même nom datent aussi de cette époque ; en outre, vers 1650, l'île Saint-Louis, au sud-est de l'île de la Cité, est transformée en quartier résidentiel. Au milieu du XVIIIe siècle, Louis XV demande à Jacques Ange Gabriel de créer la place de la Concorde et de construire l'École militaire, devant laquelle s'étend une vaste esplanade jusqu'au bord de la Seine, le Champ-de-Mars ; c'est là que devaient se tenir d'importantes célébrations politiques. Mais la Révolution interrompt brusquement toute initiative urbanistique. Toutefois, Napoléon ne va pas tarder à recueillir l'héritage de ses prédécesseurs. À l'époque, les quais de la Seine sont occupés par un mélange pittoresque de bateaux, d'entrepôts et de moulins à vent. L'Empereur fait réguler le trafic fluvial et construire des quais en pierre ; ce n'est que le début de son projet pour la capitale. Il fait également construire l'église de la Madeleine, laquelle aurait dû se trouver en face d'une autre identique, située sur la rive gauche. Il fait remanier la place de la Concorde et tracer la rue de Rivoli de façon qu'elle suive la Seine de la Bastille – symbole de la Révolution – à la place de l'Étoile où, en 1805, après la victoire d'Austerlitz, il ordonne la construction de l'arc de Triomphe, un des monuments les plus célèbres de Paris. Il décide ensuite que de grands ponts doivent enjamber la Seine, et les ponts d'Austerlitz et d'Iéna s'ajoutent alors au Pont-Neuf.

Napoléon laisse une empreinte profonde sur ce qui est déjà une métropole de 500 000 habitants. Mais en fait, c'est Napoléon III qui, au milieu du siècle, va révolutionner l'urbanisme parisien et donner à la capitale son charme éternel.

64 en bas Une autre vue de la place de la Concorde. Au premier plan, une des huit statues symbolisant les principales villes françaises. Au XIXe siècle, on plaça au centre de la place le fameux obélisque de Louqsor, qui remonte à environ 3 200 ans. À l'arrière-plan, la tour Eiffel.

65 en haut Les Champs-Élysées, avec l'arc de Triomphe à l'arrière-plan. Cette avenue est une des plus célèbres des douze artères qui partent du monument construit en 1806 par Napoléon pour célébrer la victoire d'Austerlitz en 1805.

La volonté de l'empereur s'explique aussi par sa peur d'une population toujours prête à se révolter et à renverser ses gouvernants. Une ville dotée de vastes places et boulevards devrait permettre à l'armée de mieux intervenir pour protéger la monarchie. Voilà pourquoi Haussmann, superviseur et inspirateur de ce nouveau modèle urbain, crée l'axe entre les boulevards Saint-Michel et Sébastopol, remanie les édifices de l'île de la Cité, transforme la place du Châtelet et démolit des quartiers entiers pour faire passer les grandes artères de la ville. Triomphant après l'opération de « maquillage » de Haussmann, le Paris de la fin du XIXe siècle a tout pour être une capitale mondiale. Le commerce y prospère et la culture européenne vient s'y réfugier. L'Exposition universelle de 1889 célèbre le centenaire de la Révolution française et, en même temps, la renaissance de la ville. C'est à cette occasion que va naître un monument au génie civil français et républicain. Maurice Koechline et Émile Nougier, de la société de construction de Gustave Eiffel, lancent un projet d'une tour de 300 mètres de haut qui, pendant l'Exposition, devait se dresser au fond du Champ-de-Mars. Le projet anime les esprits. Un groupe important d'intellectuels signe un manifeste pour tenter d'en empêcher la construction, mais Eiffel tient beaucoup à sa tour qui voit quand même le jour et est inaugurée le dimanche 31 mars 1889. Elle est restée là, devenant l'emblème de la modernité avec ses 10000 tonnes de fer et son étonnant fouillis de poutres et poutrelles, conçues uniquement pour servir d'ossature à cette structure vraiment imposante. Plus près de nous, c'est surtout sous l'impulsion de François Mitterrand que la ville s'est enrichie de nouveaux ouvrages prestigieux : la grande perspective qui va du Louvre à l'arc de Triomphe se prolonge maintenant jusqu'à la Grande Arche de la Défense, de nouveaux édifices tels que la Bibliothèque de France et la pyramide en verre du Grand Louvre sortent de terre. C'est ainsi que se poursuit une tradition qui s'inscrit dans une histoire millénaire et renouvelle la grandeur de la Ville lumière.

66 en bas, à gauche La tour Eiffel est probablement le monument le plus célèbre de la capitale française. Inaugurée le 31 mars 1889 à l'occasion de l'Exposition universelle de Paris, elle a été l'édifice le plus haut du monde jusqu'en 1931, année de la construction de l'Empire State Building à New York.

66-67 De la base de la tour Eiffel, la vue embrasse le Champ-de-Mars et les jardins qui s'étendent jusqu'à l'École militaire. À l'origine, c'est là que défilaient les cadets et officiers de l'École. Le 14 juillet, se tient ici une grande parade militaire pour célébrer l'anniversaire de la Révolution française.

67 en bas Vue de la rue de Rivoli. Cette vaste artère parisienne bordée d'élégantes constructions néoclassiques a été voulue par Napoléon, et son nom commémore du reste sa victoire à Rivoli, en 1797. Elle relie le Louvre et les Champs-Élysées.

67 à droite, en haut La structure tendue en vitre et acier de la Grande Arche de la Défense a été conçue en 1989 par l'architecte danois Otto von Spreckelsen.

67 à droite, en bas Vue de la Défense. Recouvrant 80 hectares, ce centre d'affaires est le plus grand d'Europe. Sa conception très soignée en fait un extraordinaire musée d'art et d'architecture contemporaine en plein air. La Grande Arche a été construite dans la perspective de l'arc de Triomphe et de la pyramide du Louvre.

Le palais et le parc de Versailles

FRANCE

Département des Yvelines
Inscription : 1979
Critères : C (i) (ii) (vi)

68 en haut, à gauche Détail de la statue de Neptune dans un des miroirs d'eau du parc de Versailles.

68 en bas, à gauche Le Grand Trianon, palais de « détente » de Louis XIV, date de 1687. Marie-Antoinette, épouse de Louis XVI, appréciait elle aussi le calme de cet endroit et elle en aménagea les jardins.

68-69 Le 6 mai 1682, le palais de Versailles vole au Louvre son statut de résidence officielle des rois de France. Avec ses 700 pièces et son parc, il devient un des monuments les plus célèbres du monde.

Par un passage secret et providentiel entre les appartements de la reine et ceux du roi, le 6 octobre 1789, Marie-Antoinette réussit à fuir la population déchaînée. Mais ce salut ne dura pas longtemps. Le lendemain matin, le souverain et son épouse sont arrêtés, et, quatre ans plus tard, ils seront condamnés à mort et exécutés.

Le palais de Versailles voyait ainsi se consommer la fin tragique – encore que provisoire – de la monarchie française, rongée par les dettes que Louis XV avait laissées à son fils trop jeune et incapable de gouverner. Louis XV avait quinze ans quand il accéda au trône, tandis que son plus célèbre prédécesseur, Louis XIV – auteur de cette impressionnante demeure – était roi alors qu'il n'avait que cinq ans. À vingt-trois ans, à la mort du cardinal Mazarin, le Roi-Soleil décide de gouverner le royaume de France, avec l'aide seulement d'un fidèle conseiller, Jean-Baptiste Colbert.

L'histoire de Versailles débute avec le XVIIIe siècle, quand Louis XIII, encore enfant mais prince héritier désigné du trône de France, vient passer de longues journées à chasser dans les bois et les campagnes situés à l'ouest de Paris. Devenu roi, il s'y réfugie pour fuir le lourd protocole de la cour, puis, le 8 avril 1623, il acquiert tout le domaine de Versailles où il fait construire un modeste pavillon de chasse. Cette construction en pierre, brique et ardoise, aujourd'hui complètement englobée dans le palais, est encore appelée le château vieux.

Mais Louis XIII ne profite pas longtemps du calme de Versailles. En 1643, il meurt précocement, laissant le trône au petit Louis XIV, futur Roi-Soleil. Après avoir consolidé son règne en épousant Marie-Thérèse d'Autriche, infante d'Espagne, en 1660, le jeune souverain entreprend d'agrandir le château paternel. Sous la houlette de l'architecte Louis Le Vau, deux édifices parallèles sont érigés devant l'ancienne demeure ; on en décore l'intérieur et on aménage des jardins.

Mais tout cela ne suffit pas à satisfaire l'ambition du roi. Par conséquent, en 1668, celui-ci décide d'agrandir encore le palais. Le Vau est de nouveau convoqué et chargé des travaux.

Il veut démolir le vieux château mais Louis XIV s'y oppose et demande que la nouvelle demeure soit construite autour de l'ancienne, comme pour l'envelopper. On bâtit alors les appartements d'État, et à la mort de Le Vau, en 1670, François d'Orbay est chargé de la terrasse donnant sur les jardins et s'inspire des villas baroques italiennes.

En 1678, le Roi-Soleil veut faire de Versailles le symbole de la couronne de France. Il appelle alors un nouvel

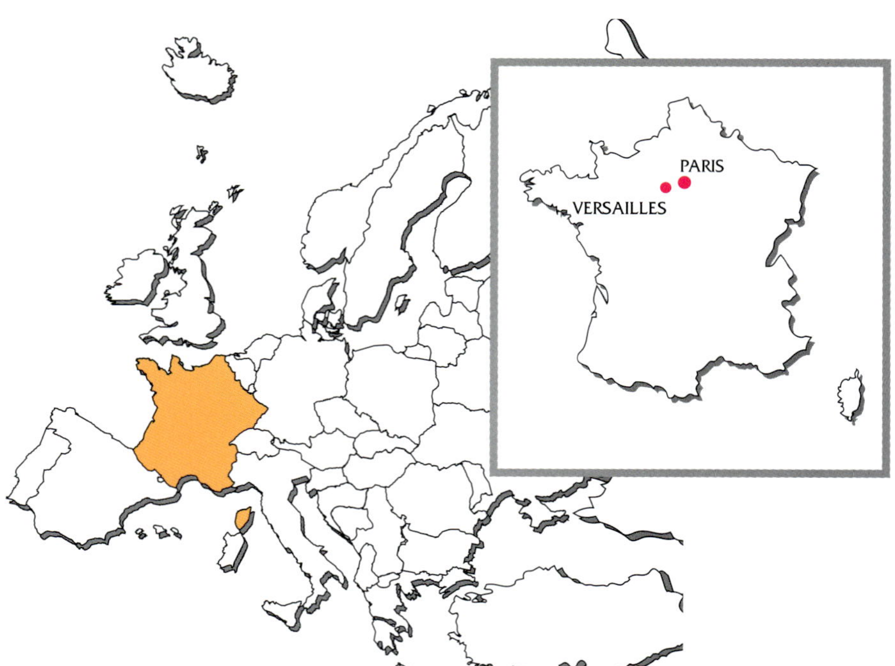

architecte, Jules Hardouin-Mansart. En six ans, celui-ci construit les gigantesques ailes nord et sud du palais, l'orangerie, les écuries et les grands bâtiments de service. Mais surtout, il transforme la terrasse de la célèbre galerie des Glaces qui devient l'emblème du pouvoir absolu de la monarchie. Cette merveilleuse salle mesure 73 mètres de long, 10,50 de large et 12 de haut. Des deux côtés s'ouvrent le

69 en haut *Le bassin d'Apollon est un des plus grands miroirs d'eau des jardins de Versailles. Situé sur l'allée principale qui conduit au château, le bassin octogonal est décoré d'une sculpture de Jean-Baptiste Tuby représentant le dieu Soleil sur son char.*

69 en bas *On accède au bassin de Latone, autre fontaine extraordinaire de Versailles, par un vaste escalier. Les jeux d'eau étaient un des passe-temps préférés de Louis XIV.*

salon de la Paix et le salon de la Guerre. Dix-sept énormes fenêtres donnent sur les jardins, avec, de l'autre côté de la galerie, autant de miroirs fabriqués dans un atelier parisien équipé par Colbert pour rivaliser avec ceux de Venise. Les arcs de la galerie s'appuient sur des piliers en marbre dont les chapiteaux en bronze sont décorés de coqs et de fleurs de lis, symboles de la France. Chargé de la décoration du palais – des colonnes aux serrures –, Charles Le Brun peint lui-même les plafonds : trente tableaux entourés de stucs illustrent la grandeur du Roi-Soleil par des allusions mythologiques à ses victoires militaires et diplomatiques. Le 6 mai 1682, Versailles devient la résidence officielle de la cour, qui quitte le Louvre et Saint-Germain-en-Laye. Ce projet a donné du travail à 36 000 ouvriers, et, une fois fini, le palais peut recevoir pas moins de 5 000 personnes. Les logements de service accueillent quelque 14 000 personnes (gardes, domestiques, etc.). L'architecte et paysagiste André Le Nôtre s'occupe des jardins. Sous sa direction, on déblaie 800 hectares de terrain pour aménager des terrasses, des allées et des parterres fleuris, sans compter les 1 400 fontaines et les 400 sculptures. L'indescriptible beauté des jardins derrière la galerie des Glaces ne s'explique pas uniquement par ces chiffres. Le Nôtre aménage effectivement des dizaines

70-71 Avec ses 73 mètres de long et ses plafonds ornés de fresques célébrant la grandeur de Louis XIV, la galerie des Glaces est le symbole du pouvoir absolu de la monarchie française. Sur un côté du salon se dressent dix-sept miroirs immenses, tandis que de l'autre côté s'ouvrent autant de fenêtres sur le parc.

70 en bas, à gauche Dans le salon de la Guerre, le grand médaillon sculpté d'Antoine Coysevox célèbre les victoires militaires du Roi-Soleil.

70 en bas, à droite Le salon de la Paix doit son nom au tableau figurant Louis XIV. Le souverain avait demandé à François Lemoyne de le représenter sous les traits d'un garant de paix pour l'Europe.

71 à droite La chambre de la Reine où Marie-Antoinette se trouvait le 6 octobre 1789, quand les révolutionnaires prirent Versailles. Parfaitement restaurée, cette pièce est un témoignage extraordinaire des fastes qui entouraient la famille royale.

d'environnements naturels différents, sillonnés par les allées qui convergent toutes vers l'Étoile royale. Juste derrière le palais s'ouvre le parterre d'eau, deux bassins parallèles qui mènent au bassin de Latone et à son parterre. Sur la droite, au nord, on se dirige vers la pièce d'eau des Suisses, tandis que, perpendiculairement au palais, on rejoint le bassin d'Apollon et, pour finir, le Grand Canal, un bassin de 23 hectares et 5 kilomètres de périmètre, où se déroulaient les grands jeux d'eau de Louis XIV. Le parc abrite aussi quelques ouvrages mineurs, comme

72-73 Deux miroirs d'eau, décorés de superbes statues en bronze, s'étendent juste devant le corps central du palais. Les grands bassins jouent un rôle essentiellement décoratif, mais, reflétant les édifices, ils en exaltent l'architecture et composent un exceptionnel effet scénographique.

le péristyle circulaire en marbre conçu par Mansart en 1685, l'impressionnante fontaine de Neptune, de Le Nôtre et Mansart, et le Petit et le Grand Trianon. Le premier a été construit en 1762 et sert de refuge aux fréquentes escapades de Louis XV, puis Marie-Antoinette en fait son propre refuge. Le second a été voulu par Louis XIV pour ses rencontres – très peu secrètes – avec sa maîtresse Mme de Maintenon.
La journée du Roi-Soleil commence à 8 heures 30 précises, puis, à 10 heures, il a rendez-vous dans la galerie des Glaces. Là, il rencontre le peuple qui lui présente des requêtes. À 11 heures, il se rend à la Chapelle royale, construite par Jules Hardouin-Mansart et décorée par Robert de Cotte. Consacrée à Saint Louis, celle-ci a une tribune supérieure depuis laquelle le roi assiste aux offices. La nef centrale est occupée par les courtisans tandis que les femmes prennent place dans les galeries latérales. À la fois gothique et baroque, la chapelle est décorée à l'intérieur de marbre blanc, de stucs dorés et de splendides vitraux. Ses piliers sculptés, ses voûtes revêtues de fresques et sa mosaïque de pavement sont typiques du début du XVIIIe siècle. Après la messe, le roi regagne ses appartements privés, où se tient la réunion quotidienne du conseil de l'État. Après un court déjeuner, auquel assiste une foule de courtisans, le monarque s'accorde de longues promenades dans le parc, avant de rentrer à 18 heures précises. C'est le moment des salons et des rencontres, avant le dîner et le repos nocturne bien mérité.
Après la mort de Louis XIV, en 1715, Versailles n'a plus fait l'objet de remaniements importants.

immense projet, le roi commande plus de 3 000 œuvres aux plus grands peintres de l'époque, parmi lesquels le célèbre Eugène Delacroix.
D'une salle à l'autre, on peut donc reparcourir toute l'histoire du pays, des Capétiens jusqu'au milieu du XIXe siècle. Aujourd'hui, emblème de la grandeur française, Versailles accueille encore une cour nombreuse : 11 conservateurs et

73 en haut Conçue par Jules Hardouin-Mansart, et terminée en 1710 par Robert de Cotte qui dirigea les travaux de décorations, la Chapelle royale mêle des éléments gothiques et baroques.

73 en bas Théâtre de la cour, l'opéra a été construit par Jacques Ange Gabriel sous Louis XV. Grâce à un mécanisme compliqué, le parterre pouvait être relevé au niveau de la scène, et le théâtre pouvait alors accueillir les grandes fêtes royales.

Vers la fin du règne de Louis XV, Jacques Ange Gabriel construit – à l'extrémité nord de l'aile septentrionale – l'opéra, le majestueux théâtre de la cour qui peut accueillir plus de 700 spectateurs. Construit complètement en bois, il présente une acoustique parfaite dans une salle où l'or se mêle harmonieusement au vert et au rose des faux marbres. Grâce à un mécanisme fort ingénieux, le parterre peut être remonté au niveau de la scène, ce qui permet d'organiser de somptueuses fêtes.

Mais le coût de telles initiatives – pour une soirée de gala, on ne consommait pas moins de 10 000 chandelles – était si élevé que le théâtre n'a pas souvent été utilisé pour des fêtes. On y a quand même célébré le mariage de Louis XVI et Marie-Antoinette, en 1770.
Après la Révolution, et le retour de la monarchie, Louis-Philippe veut apporter une dernière grande innovation en 1837. L'aile sud du palais est transformée en musée de l'Histoire française : 18 000 mètres carrés célèbrent « les gloires de la France ». Pour compléter cet

3 architectes s'occupent de 700 pièces, de 67 escaliers et de 2 153 fenêtres. Pas moins de 48 jardiniers sont chargés de l'entretien du parc où se trouvent 200 000 arbres et où, tous les ans, on plante 210 000 fleurs. Cinq personnes sont attachées aux fontaines, 18 restaurateurs travaillent sur 6 000 toiles, 1 500 dessins, 15 000 gravures, 2 100 sculptures et 5 000 pièces de mobilier. En outre, 363 gardiens surveillent cet immense patrimoine visité tous les ans par quelque 6 millions de personnes.

Le Mont-Saint-Michel et sa baie

FRANCE

Département de la Manche,
Ille-et-Vilaine, Basse-Normandie et Bretagne
Inscription : 1979
Critères : C (i) (iii) (vi)

Un manuscrit du Xe siècle raconte comment le culte de saint Michel est arrivé jusqu'à la baie située à la frontière entre la Bretagne et la Normandie. D'après la *Revelatio ecclesiae sancti Michaelis*, en 708, l'archange Michel apparaît en rêve à Obert, alors évêque d'Avranches. Il lui ordonne de construire une église sur le rocher de Mont-Tombe au cœur de la forêt de Scissy. C'est justement à cette époque que doit remonter le phénomène géologique qui provoqua l'affaissement du terrain et, par conséquent, l'inondation qui fit du Mont-Saint-Michel et de Tombelaine deux îles complètement livrées à la merci des marées.

Deux siècles plus tard, le duc Richard Ier de Normandie charge douze moines bénédictins venus de Saint-Wandrille de fonder un monastère là où Obert avait construit l'église Notre-Dame-sous-Terre. En 1023, on entreprend la construction de la nef de l'abbaye avec la croisée du transept située au sommet du rocher. Les bénédictins fondent alors une communauté d'une envergure spirituelle tout à fait exceptionnelle. N'appartenant ni à la terre ni à la mer, ce mont à la fois menacé et défendu par les forces de la nature est un refuge idéal. Il y règne une paix absolue, favorable à la contemplation. En 1204, une partie de l'abbaye est détruite par un incendie, et le célèbre groupe appelé « Merveille » est érigé à sa place. Cette structure à trois niveaux comporte deux corps de bâtiment mitoyens tournés vers la mer, au nord de l'église. Le rez-de-chaussée, plus modeste, accueille l'office et le réfectoire réservé aux pèlerins. Au premier étage se trouvent la salle à manger des hôtes de qualité ainsi que le scriptorium où les moines rédigent de précieux codex enluminés ; cette dernière pièce prendra ultérieurement le nom de salle des Chevaliers. Au dernier étage, le réfectoire des moines communique avec le cloître, un jardin suspendu entouré de galeries soutenues par des colonnes décorées de motifs floraux. La symbologie du schéma architectural est très claire : les trois étages correspondent aux trois niveaux de l'élévation de l'homme. Le plus bas se réfère aux pulsions matérielles, l'intermédiaire à l'érudition et aux sciences rationnelles, et le plus élevé symbolise la communion avec Dieu.

C'est à la fin de cette époque que le Mont-Saint-Michel, considéré comme l'image terrestre de la Jérusalem céleste, devient la destination d'innombrables pèlerinages, souvent inspirés par la dévotion des souverains. Plus tard, il sera aussi l'emblème de l'unité nationale. En 1346, les Anglais avaient en effet occupé l'île toute proche de Tombelaine et, en 1417, après une courte trêve, ils menaçaient de nouveau le royaume de France. En 1426, ils assiègent le monastère, défendu par seulement 119 chevaliers sous le commandement de Louis d'Estouteville. Avec l'aide des religieux, le mont résiste jusqu'en 1450, les Anglais quittent Tombelaine et la Normandie est enfin libérée. Après la fin de la guerre de Cent Ans, Louis XI fonde l'ordre des chevaliers du Mont-Saint-Michel, et l'archange devient le saint protecteur du royaume de France. Pendant ce long siège, le chœur de l'église s'effondre et, une fois la paix revenue, est reconstruit en gothique flamboyant. Avec un tel ajout, l'abbaye devient un extraordinaire catalogue de tous les styles de l'architecture médiévale.

En 1790, les moines quittent le Mont-Saint-Michel qui, pendant tout le XVIIIe siècle, a été utilisé comme maison d'arrêt des détenus politiques. Vingt ans plus tard, le rocher est officiellement confié à l'administration pénitentiaire et devient une prison pour les criminels de droit commun. Le destin de l'abbaye semble tristement scellé, mais des intellectuels, parmi lesquels Victor Hugo, lancent une campagne en sa faveur. Toutefois, il a fallu attendre 1863 pour qu'un décret de Napoléon III supprime l'établissement carcéral. En 1874, le Mont-Saint-Michel est inscrit aux Monuments historiques et d'importants travaux de restauration sont entrepris, y compris pour les maisons à colombages du village médiéval situé au pied de l'abbaye. Trois ans plus tard, on inaugure une digue et une route qui relient l'îlot rocheux à la terre ferme. Ainsi, depuis plus d'un siècle, les voyageurs modernes qui ont remplacé les pèlerins ne doivent plus affronter les risques que comportaient autrefois les violentes marées.

74 En plus de l'imposant monastère bénédictin, l'îlot abrite quelques constructions. À gauche, on reconnaît la tour Gabriel, la plus majestueuse des fortifications édifiées pour défendre le Mont des assauts anglais pendant la guerre de Cent Ans. Au pied du complexe monastique se trouve un bourg, avec des maisons à colombages construites à partir du XIIIe siècle, époque de l'apogée économique du Mont-Saint-Michel, où le rocher constituait la destination d'innombrables pèlerins provenant de toute l'Europe.

75 en haut Éclairé par de hautes fenêtres, l'austère réfectoire des moines se trouve à droite de l'église abbatiale et communique avec le cloître.

75 au centre Ponctué par d'élégantes colonnes en granit rose, le magnifique cloître de la Merveille est considéré comme un des chefs-d'œuvre du gothique anglo-normand du XIIIe siècle.

75 en bas Aujourd'hui reliée à la terre ferme par une route surélevée, l'île de Mont Tombe – sur laquelle s'élève l'abbaye du Mont-Saint-Michel – a été inaccessible pendant des millénaires en raison des violentes marées. Ce lieu extraordinaire se trouve à l'embouchure du Couesnon, la rivière qui sépare la Bretagne de la Normandie. De loin, le Mont-Saint-Michel apparaît comme en suspens entre ciel et terre.

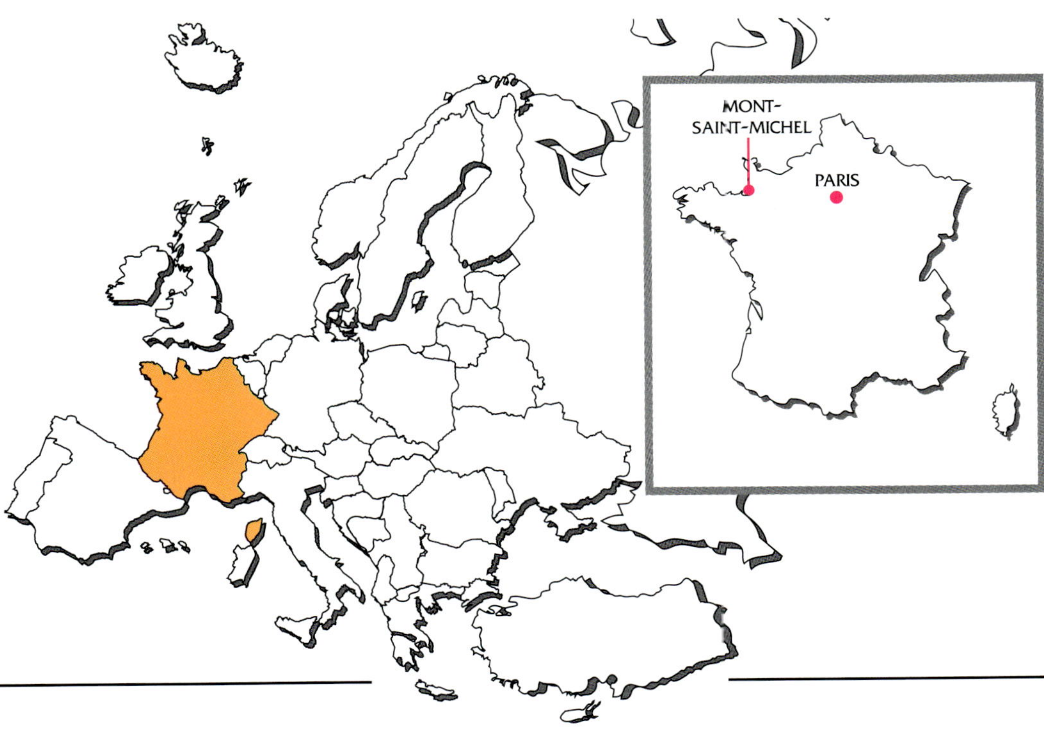

Venise et sa lagune

ITALIE

Vénétie
Inscription : 1987
Critères : C (i) (ii) (iii) (iv) (v) (vi)

76 en haut Érigée pour abriter la dépouille de l'évangéliste et consacrée en 1094, la basilique Saint-Marc est le symbole de Venise ; monument unique dans l'histoire de l'art médiéval, elle a reçu au fil du temps les précieuses contributions de l'art byzantin, romain, gothique et Renaissance. Depuis 1807, elle est le siège du patriarcat, transféré depuis l'ancienne cathédrale de San Pietro di Castello.

76 en bas L'origine des chevaux en bronze doré du quadrige de Saint-Marc est incertaine. À leur arrivée à Venise en 1204, ils faisaient partie du butin de la prise de Byzance.

Un système de grandes vannes sera ancré sur le fond de la lagune, lesquelles seront distribuées le long des trois bouches de Chioggia, du Lido et de Malamocco. Quand le niveau de l'Adriatique s'élèvera au-dessus d'un niveau déterminé, les vannes seront élevées pour protéger la lagune.

C'est, dans ses grandes lignes, l'ambitieux projet Moïse qui, avec d'autres mesures de récupération de l'environnement, devrait sauver Vénise et sa lagune de l'*acqua alta*, ce phénomène de haute marée qui frappe aujourd'hui la ville, en moyenne quarante fois par an. Si le réchauffement global de la planète fait monter le niveau des mers selon les prévisions, au milieu du XXIe siècle *l'acqua alta* pourrait se produire cent fois par an, mettant à mal un inestimable patrimoine de l'humanité. Inestimable et unique car, comme l'a souligné l'Unesco en inscrivant la ville tout entière sur la liste du patrimoine mondial, les cent dix-huit îles sur lesquelles se dresse Venise constituent un extraordinaire chef-d'œuvre architectural, où le moindre palais renferme des œuvres des plus grands artistes, comme Giorgione, Titien, le Tintoret, Véronèse.

Selon certaines sources, la date de naissance de Venise serait le 25 mars 421, mais cette hypothèse ne repose sur aucune preuve fiable. Ce qui est sûr, en revanche, c'est qu'au milieu du Ve siècle, avec la désagrégation de l'Empire romain, l'avancée des Huns conduits par Attila contraint de nombreux habitants de la terre ferme à trouver refuge dans les zones lagunaires de la côte adriatique. Demeurés dans l'orbite latine, en tant que partie de l'Empire romain d'Orient, les habitants de la lagune obtiennent une large autonomie en 697, quand les tribuns maritimes envoyés par Byzance sont remplacés par un *dux* (chef), le premier doge Paoluccio Anafesto. Autre date décisive : 811, qui voit le doge Agnello Particiaco déplacer le centre administratif de la zone de Malamocco à Rivo Alto, l'actuel Rialto, au cœur de la lagune. C'est de ce moment que, par convention, s'ouvre l'histoire de Venise. Quelques années plus tard, deux intrépides marins enlèvent d'Alexandrie en Égypte la dépouille de l'évangéliste Marc et la transportent au Rialto où, selon la légende, le saint s'est autrefois réfugié, après un naufrage. Son corps est enterré dans la chapelle du doge, sur le lieu où sera érigée la basilique Saint-Marc, consacrée en 1094, à l'emplacement de deux anciens édifices, construits à l'époque pour abriter la relique vénérée. Au IXe siècle, les navigateurs ont donc des rapports étroits avec le Levant, et le jeune État a déjà lancé une série d'expéditions contre les ports rivaux de l'Adriatique. Puis, avec les premières croisades, les Vénitiens ont réussi à accumuler de grandes richesses grâce au pillage des terres conquises, mais surtout au contrôle des commerces sur une vaste aire de la Méditerranée. C'est avec la IVe croisade que la puissance de Venise fait un saut de qualité. La prise de Byzance, en 1204, marque la conquête d'une vaste partie de l'Empire romain d'Orient et étend la domination de la modeste cité maritime aux îles, aux ports et aux villes des mers Égée et Ionienne. Le sac de Byzance dote Venise, entre autres trésors, des chevaux en bronze doré du quadrige de Saint-Marc, du précieux retable d'autel de la basilique, la Pala d'Oro, et de nombreuses statues en marbre qui ornent la façade.

77 en haut Les Procuraties, qui délimitent latéralement la place Saint-Marc, abritaient les bureaux des neuf procurateurs de Saint-Marc. La tour de l'Horloge, construite en 1494, se dresse à quelques mètres ; à son sommet, deux Mores de bronze, ainsi nommés en raison de la patine sombre formée après leur installation, égrènent les heures en frappant la cloche de leurs maillets.

77 en bas Une vue du palais ducal, demeure des doges et siège des institutions qui présidaient à la vie publique. Le palais a acquis son aspect actuel au gré de nombreuses modifications apportées entre les XIVe et XVIe siècles. Sur la gauche, le campanile de Saint-Marc, reconstruit après sa chute, en 1902.

78 en haut La Pala d'Oro, le célèbre retable qui orne le maître-autel de Saint-Marc. Ses 250 plaques émaillées, enchâssées dans des encadrements d'or, ont probablement été travaillées à Byzance, entre les Xe et XIIe siècles.

78 en bas, à gauche Une vue de l'iconostase qui clôt le presbyterium (chœur) de Saint-Marc, surmonté des statues de Jacobello et Pier Paolo Dalle Masegne (fin du XIVe siècle), considérées comme l'un des chefs-d'œuvre de la sculpture gothique vénitienne.

78 en bas, à droite Vue intérieure de la voûte de Saint-Marc. Les cinq coupoles reprennent le modèle de l'antique église de Constantinople. Les fresques qui les décorent représentent la vie du Christ et la voie de la sagesse de l'homme.

79 L'intérieur de la basilique Saint-Marc. Elle renferme, outre des sculptures extraordinaires, un trésor constitué de 283 objets en or, argent, pâte de verre et autres métaux précieux, la plupart conquis lors du sac de Constantinople, lors de la IVe croisade.

La grandeur de Venise ne tarde pas à se mesurer à celle de Gênes, l'autre puissance maritime de la Méditerranée. Aux premières escarmouches entre deux marines, à Tyr, fait suite plus d'un siècle de guerre ; et l'on voit même les Vénitiens se réfugier dans la lagune, les Génois à leurs trousses sur les rives de Chioggia. Sa population décimée par la peste, au milieu du XIVe siècle, Venise est sur le point de succomber, mais elle résiste et cherche des alliés à l'intérieur, en particulier à la seigneurie de Milan, gouvernée par Jean-Galéas Visconti. Au début du XVe siècle, la République de Saint-Marc prend l'appellation de Sérénissime et conquiert les villes de la Vénétie, poussant jusqu'à Bergame et Brescia. La puissance commerciale domine alors les mers, et les richesses qui affluent emplissent les coffres des familles nobles, qui se font les mécènes des nouvelles écoles artistiques de toute la Vénétie. Cette période d'exceptionnelle prospérité va produire des peintres tels que Carpaccio, Giorgione, et plus tard Véronèse, Titien et le Tintoret, dont les chefs-d'œuvre sont les joyaux des églises et des palais de la ville.

Mais c'est à l'époque de cette incroyable vitalité artistique que la puissance de Venise commence à décliner. Déjà, en 1453, les Turcs ont repris le contrôle de Byzance et, à la fin du XVe siècle, les Français ont envahi une partie de l'Italie nord-occidentale. La découverte de l'Amérique a ouvert de nouvelles routes et d'autres flottes, par exemple celles des Turcs et des Espagnols, prennent le dessus sur celle de Venise. L'Arsenal, le chantier maritime de la ville, qui travaille pourtant à plein régime, n'est plus en mesure de tenir tête aux nouvelles puissances maritimes, mieux organisées. En 1570, les Turcs séquestrent les navires vénitiens dans les Dardanelles et le Bosphore, puis donnent l'assaut à Chypre. En réponse, Venise remporte l'éclatante victoire de Lépante, l'année suivante ; pourtant, son déclin est désormais scellé. À la fin du XVIIe siècle, Venise perd la Crète, mais parvient à prendre le Péloponnèse, qui revient cependant aux Turcs en 1714.

80 en haut L'église Santa Maria della Salute fut érigée à l'embouchure du Grand Canal en 1631, pour commémorer la fin d'une épidémie de peste. Au premier plan, l'édifice de la Douane de mer, réalisé à partir de 1677 par Giuseppe Benoni.

Désormais, Venise est seule. Les navires étrangers croisent dans l'Adriatique sans plus payer la gabelle à la Sérénissime et, à trop concentrer son attention sur la Méditerranée, le gouvernement de la ville a négligé les nouvelles routes des commerces mondiaux. Ceux-ci ont définitivement emprunté la voie de l'Atlantique et de l'océan Indien ; ainsi, après avoir perdu de sa puissance militaire, Venise glisse peu à peu sur sa pente. Une fois encore, la chute politique et commerciale coïncide avec un âge d'or des arts. Les palais vénitiens par l'avancée de l'expédition française en Italie. La Sérénissime tente, une fois encore, de jouer la carte de la diplomatie et choisit, mais en vain, de ne pas soutenir la résistance des villes de la plaine du Pô. Bonaparte, vainqueur, impose de lourdes conditions. Les gouvernants, uniquement préoccupés de conserver leurs propriétés sur la terre ferme, les acceptent le 12 mai 1797. Quelques jours plus tard, Bonaparte entre dans Venise avec son armée, qui se livre au pillage. Ces journées marquent la fin de la République Sérénissime de Saint-Marc.

80 au centre, à gauche Sur la Riva degli Schiavoni, face à l'île San Giorgio Maggiore, le Palais ducal demeura le centre de la vie politique vénitienne jusqu'à la chute de la République, en 1797, provoquée par Bonaparte.

s'enrichissent de magnifiques fresques de Giovanni Battista Tiepolo. L'atelier d'Antonio Canova marque le début de la sculpture néoclassique. Au théâtre explose l'ironie de Carlo Goldoni et résonne la musique de Benedetto Marcello. De riches visiteurs étrangers, toujours plus nombreux, commandent des œuvres de prix aux *vedutisti*, ces peintres de panoramas comme Francesco Guardi et Canaletto.

Tandis que Venise, au soir de sa puissance, jouit de ses richesses entre fêtes et banquets, l'Europe est secouée Huit siècles de domination des mers et du commerce ont fait de Venise un lieu unique au monde. Certes, il est difficile de privilégier un quartier, une vue. Disons que c'est sur les 4 kilomètres du Grand Canal que s'alignent les plus célèbres chefs-d'œuvre de la ville.

Commençons par la place Saint-Marc, avec sa basilique, qui présente un stupéfiant mélange de styles, et son campanile (clocher), qui s'écroula en 1902 et fut reconstruit aussitôt ; on y voit indiqué le niveau des plus fortes marées. Continuons par le palais des Doges (ou Palais ducal), résidence des doges jusqu'à 1797, relié à la prison des Plombs par le célèbre pont des Soupirs.

Puis ce sont les Procuraties, palais sur colonnades, qui délimitent la place et abritèrent les bureaux des neuf procurateurs de Saint-Marc, les plus hauts dignitaires après le doge.

Face à la place, le long du quai des Schiavoni (Esclavons), l'île San Giorgio Maggiore, avec l'église du même nom, œuvre de Palladio.

80 au centre, à droite La salle du Collège du Palais ducal était le lieu où se réunissait la seigneurie, c'est-à-dire le doge et ses conseillers. Le plafond sculpté est décoré de peintures de Véronèse et du Tintoret.

80-81 en haut Une vue d'ensemble de la salle du Sénat du Palais ducal, ornée de peintures du Tintoret et de Jacopo Palma le Jeune. Le Sénat était aussi appelé Conseil des « pregadi » (c'est-à-dire « priés » par le doge d'exprimer leur avis) ou Consilium rogatorium, et était formé de soixante membres.

81 en bas L'église San Giorgio Maggiore, sur l'île du même nom, restructurée à partir de 1565 sur un projet d'Andrea Palladio, fut terminée en 1610. Avant cette époque, l'église était un édifice à trois nefs du XIVe siècle, entouré de vieilles bâtisses.

82 en haut Ca'Foscari est un superbe édifice dont la façade présente deux splendides loggias à huit arcades aux premier et second étages. Elle fut construite pour la famille Giustinian à la fin du XIVe siècle et devint propriété du doge Francesco Foscari en 1453. Acquise et restaurée par la municipalité, elle est aujourd'hui le siège de l'université de Venise.

À l'entrée du canal s'élève l'église Santa Maria della Salute, puis se succèdent l'Accademia, le palais Belloni-Battaglia, le palais Marcello, où naquit le compositeur, et le palais Vendramin-Calergi où mourut Richard Wagner. Puis la Ca'Foscari, siège de l'université, la Ca'Dario, la Ca'd'Oro, le palais Grassi, où se déroulent aujourd'hui d'importantes expositions. Plus à l'intérieur, voici l'église Santa Maria Gloriosa dei Frari, où une monumentale clôture de marbre renferme les cent vingt-quatre stalles du chœur, tandis que sur les côtés de la nef s'aligne un incroyable patrimoine de peintures et de sculptures. N'oublions pas le pont du Rialto, avec ses boutiques séculaires : pont de bois au IXe siècle, il fut reconstruit en pierre en 1591 et son quartier devint vite le centre vital de la cité. Cependant, l'intérieur de Venise nous réserve de merveilleuses surprises, car ses moindres recoins recèlent des édifices remplis de richesses. Aujourd'hui, elle est envahie par les touristes et menacée par la montée des eaux. Mais le danger qu'elle court a fait naître des centaines d'associations de par le monde, afin de sauvegarder son patrimoine.

82 au centre La Ca' d'Oro est l'un des plus célèbres palais du Grand Canal. Construite dans la première moitié du XVe siècle, sur un projet de Matteo Raverti et Giovanni et Bartolomeo Buon, elle tient son nom de sa façade recouverte, à l'origine, de décorations à la feuille d'or, et de peinture rouge vermillon et bleu d'outremer.

82 en bas à droite Ca'Dario, une autre extraordinaire demeure sur le Grand Canal. Elle doit son nom à son architecte, Giovanni Dario, qui en fit le projet en 1487.

82-83 Le pont du Rialto, avec ses célèbres boutiques, fut construit entre 1588 et 1591, à l'emplacement d'un pont flottant, puis d'un pont de bois. Il fallut soixante ans pour décider de la façon dont il serait reconstruit, et il en vint à coûter la somme astronomique de 250 000 ducats.

83 en bas Ce splendide polyptyque de Bartolomeo Vivarini (seconde moitié du XVe siècle) est l'une des innombrables œuvres d'art de l'église des Frari.

La place du Duomo à Pise

ITALIE

TOSCANE
INSCRIPTION : 1987
CRITÈRES : C (I) (II) (IV) (VI)

84 en haut, à gauche À l'entrée de la place du Duomo, un détail de la fontaine du XVIIIe siècle, avec trois amours portant l'écusson de Pise, œuvre de Giuseppe Vaccà.

84-85 Vue d'ensemble du Duomo et du célèbre campanile. La tour penchée, récemment rouverte au public après de longs travaux pour en corriger l'inclinaison, est considérée comme la plus belle au monde par la singularité de sa structure architecturale.

85 en haut Le vaste édifice rectangulaire à galeries délimite le pré qui servait au Camposanto, le cimetière. Il fut construit à la fin du XIIIe siècle sur le lieu où, selon la tradition, Ubaldo de' Lanfranchi répandit de la terre du Golgotha, apportée par bateau de Terre sainte.

85 au centre, à gauche et à droite Panorama aérien du Duomo et du baptistère. Ce dernier est le plus majestueux édifice de son genre en Italie. Il a une circonférence de 107 mètres et une hauteur de 54 mètres.

Le 16 octobre 1604, Galilée écrit une lettre à son ami Paolo Scarpi, dans laquelle il énonce les lois de la chute des corps dans le vide, dont il aurait déduit les principes en laissant tomber des objets du haut de la Torre pendente (la tour penchée). À dire vrai, Galilée ne disposait pas d'instruments de

mesure assez précis et, surtout, il enseignait à Padoue à cette époque. Sans doute cette légende est-elle née des heureuses dispositions fournies par la providentielle inclinaison du monument. Par ailleurs, la tour – en fait, le clocher de la cathédrale – a commencé à pencher bien avant la fin de sa construction. Ainsi que l'atteste l'inscription à l'entrée, l'architecte Bonanno Pisano en pose la première pierre le 9 août 1173. Mais à peine cinq ans plus tard, à la suite d'un glissement de terrain, la tour s'est inclinée de quelques centimètres, côté sud ; on pense à une erreur de l'architecte, qui abandonne le chantier à la moitié du troisième étage. Les travaux reprennent vers 1275, sous la conduite de Giovanni di Simone, qui ajoute trois étages, en tentant de bien répartir le poids de l'édifice et d'en corriger, mais en vain, l'inclinaison. En 1284, alors qu'il ne manque plus que le clocheton, le surplomb dépasse désormais

90 centimètres. Le chantier s'interrompt encore, car Giovanni di Simone vient de mourir à la bataille de la Meloria, opposant les républiques maritimes de Pise et de Gênes. Tommaso Pisano achève l'ouvrage entre 1350 et 1372. Haute de 56 mètres, la tour a un diamètre de 15,50 mètres à la base et pèse 14 500 tonnes. Elle est décorée de 207 colonnes de marbre blanc et de grès, dont 15 entourant la base, 30 chaque anneau et 12 le clocheton. Depuis l'entrée, ceinturée de bandeaux de bas-reliefs décorés de monstres et d'animaux, un escalier en spirale conduit au premier étage, où sont aujourd'hui placées les anciennes cloches. La tour est la dernière œuvre terminée de la place du Duomo, également appelée Campo dei Miracoli (place des Miracles), et de fait, cela en est bien un que d'avoir réuni tous les édifices nécessaires à la vie religieuse en un lieu unique. Près de la tour se dresse le Duomo (la cathédrale), chef-d'œuvre de l'architecture romane. Commencé en 1063 par l'architecte Buscheto, consacré en 1118 par le pape Gélase II et dédié à Notre-Dame de l'Assomption, il est élevé sur le site d'une ancienne église byzantine. Malgré l'étalement des travaux et, par conséquent, la superposition d'éléments stylistiques classiques, byzantins, ravennates et arabes, l'édifice à plan en croix latine, coiffé d'une coupole ovoïdale, présente une admirable unité. La façade date de la seconde moitié du XIIe siècle, tout comme le prolongement antérieur de la nef et l'abside principale.

À l'origine, il est prévu que l'intérieur soit décoré de grandes fresques, mais en 1595 un incendie endommage sévèrement l'édifice. La générosité du grand-duc Ferdinand Ier de Médicis permet alors sa restauration, pour la somme, énorme à l'époque, de 85 000 écus. Les trois portes de bronze et les caissons du plafond sont refaits, et les murs reçoivent comme décoration de grands tableaux, parmi lesquels se distinguent ceux d'Antonio Sogliani, élève de Raphaël, et d'Andrea del Sarto, élève de Léonard de Vinci.

La chaire, sculptée entre 1302 et 1311 par Giovanni Pisano, a été démembrée après l'incendie. Certaines parties ont été placées au Camposanto (cimetière), les autres dispersées dans des musées étrangers.

En 1926, cet extraordinaire groupe de marbre est recomposé et retrouve sa place dans le Duomo. Devant la cathédrale s'élève le baptistère, commencé en 1153 par Diotisalvi et terminé au XIVe siècle. Ce grandiose édifice roman à plan circulaire va recevoir successivement des décorations gothiques, des parements muraux en marbre blanc, avec des bandes en serpentine. Sa structure, la plus majestueuse en son genre en Italie, a une circonférence de 107 mètres, pour une hauteur de 54 mètres et un diamètre intérieur de plus de 35 mètres. L'intérieur se développe selon un péristyle à quatre pilastres et huit colonnes portées par les îles d'Elbe et de Sardaigne. Là encore, la chaire, œuvre de Nicola Pisano, est extraordinaire. De forme hexagonale et sculptée dans différentes qualités de marbre, elle est soutenue par six colonnes extérieures, dont trois sont posées sur des lions, et par une colonne centrale soutenue par des figures humaines et animales.

Sur le côté nord de la place se trouve le Camposanto, dont les structures murales ont été réalisées par Giovanni di Simone, à la fin du XIIIe siècle. Les grandes fresques qui l'ornent, dont beaucoup ont été endommagées pendant la dernière guerre, furent entreprises vers 1350 et poursuivies pendant au moins un siècle. Il s'en détache celle du Triomphe de la Mort et le Jugement dernier, toutes deux anonymes. Le Camposanto est demeuré un lieu de sépulture jusqu'à la fin du XVIIIe siècle.

Au cours de la dernière décennie, la place du Duomo voit se produire un nouveau miracle. Le 6 janvier 1990, alors que l'inclinaison a largement dépassé les 5 mètres, la tour est fermée par mesure de sûreté. Trois ans plus tard, les travaux de consolidation commencent par l'application de 860 tonnes de plomb à sa base pour faire contrepoids et de 18 câbles d'acier arrimés au premier anneau, pour freiner (voire arrêter) le processus d'inclinaison. Sur le côté nord, une sonde est introduite pour prélever des portions de sol et d'eau, afin d'équilibrer l'enfoncement sur le côté opposé. Jusqu'à présent, les technologies modernes ont donné des résultats satisfaisants. La tour penchée s'est redressée de 23 centimètres et sa porte a été rouverte aux visiteurs.

86 En haut, à gauche L'intérieur du baptistère est entouré de colonnes alternées avec quatre pilastres. Au centre, les fonts baptismaux de forme octogonale, par Guido Bigarelli da Como (1246). La statue de saint Jean-Baptiste, posée sur un chapiteau, date du XVIe siècle.

86 en bas, à gauche Le joyau du baptistère est la chaire romane, ou Pergamo, réalisée par Nicola Pisano en 1260.

87 Le plafond de l'abside du Duomo est richement décoré de mosaïques et de fresques d'époques diverses. Sur la cuvette de l'abside, une immense mosaïque représente le Christ rédempteur sur le trône, entre la Vierge et saint Jean l'Évangéliste. Elle fut terminée par Cimabue, en 1302.

EGO LUX
SUM MUDI

La Cité du Vatican et Saint-Paul-hors-les-Murs

ITALIE

Saint-Siège, Rome
Inscription : 1984
Critères : C (I) (II) (IV) (VI)

Le 11 février 1929, les accords du Latran, signés par Pie XII et Mussolini, marquent la naissance de l'État souverain de la Cité du Vatican, gouverné par le pape et complètement indépendant du royaume d'Italie. Ainsi s'éteint la controverse née le 20 septembre 1870, quand les troupes de Victor Emmanuel II, entrées dans Rome, avaient mis fin aux États du pape.
Aux premiers siècles de Rome, l'*Ager vaticanus* est une aire relativement périphérique, qui s'étend de la rive droite du Tibre aux monts du Vatican, atteint le pont Milvius au nord et inclut le Janicule au sud. Vers le Ier siècle av. J.-C., ces contrées marécageuses se transforment peu à peu en zone résidentielle : les grandes familles romaines y possèdent de luxueuses demeures et des jardins potagers.
Au temps d'Auguste, ces terrains sont occupés par les jardins d'Agrippine. Caligula, devenu empereur, y fait ériger un cirque, le Gaianum, dont quelques traces demeurent dans la colonnade de la place Saint-Pierre.
L'histoire du Vatican change radicalement au IVe siècle. L'empereur Constantin protège la foi chrétienne par l'édit de Milan (313) et commence la construction d'un sanctuaire sur le lieu même où a été enseveli saint Pierre ; venu prêcher à Rome avec l'apôtre Paul en 42, il sera exécuté avec celui-ci en 67. De grands travaux sont nécessaires pour construire le temple de la chrétienté : il faut aplanir la pente des monts du Vatican et recouvrir la nécropole, afin que le centre de l'abside de la basilique coïncide exactement avec celui de la tombe de Pierre. La grande église à cinq nefs, à vaste transept et précédée d'un atrium quadrangulaire, ne sera achevée qu'en 329.
La basilique devient immédiatement un noyau important de la vie de la cité. Autour d'elle commencent à surgir des édifices civils, des églises, des monastères, des hospices pour les pèlerins. Toujours au IVe siècle, l'imposante basilique Saint-Paul-hors-les-Murs est construite au sud de la ville, sur l'actuelle via Ostia. Comme tous les temples paléochrétiens, c'est une basilique oblongue à trois nefs, chacune terminée par une abside.
Bien que le bâtiment d'origine ait été détruit par un incendie en 1823, la reconstruction respecte le schéma originel, même s'il reste peu de choses des anciennes structures. Une mosaïque du Ve siècle décore sur un côté l'arc de triomphe qui sépare l'abside de la nef centrale. Celles de l'abside (XIIIe siècle) sont vénitiennes et représentent le Christ entre les saints Pierre, André, Paul et Luc. Sous l'autel se trouve la Confession, le sépulcre où aurait été enseveli saint Paul.
Tandis que Rome traverse les sombres siècles des invasions barbares, un

88 en haut *Dessinée par Carlo Maderno en 1629, la chapelle San Lorenzo de l'église Saint-Paul-hors-les-Murs est dite aussi chapelle du Chœur. Les stalles de bois furent reconstruites en 1928, sur un projet de Guglielmo Calderini.*

88 en bas *Saint-Paul-hors-les-Murs est une abbaye bénédictine, construite sur un lieu où furent érigés des temples paléochrétiens dès le Ier siècle. Elle fut détruite par un incendie en 1823 et sa reconstruction, qui dura plus d'un siècle, prit fin en 1931 avec la pose de la monumentale porte centrale en bronze.*

89 en haut, à gauche L'intérieur de la basilique Saint-Paul-hors-les-Murs, à cinq nefs, fut reconstruit entre 1831 et 1854. Le plan de la basilique, de Pasquale Belli, reprend celui d'origine. Le plafond est décoré des blasons des papes qui contribuèrent à la reconstruction.

89 en haut, à droite La chapelle du Saint-Sacrement, à Saint-Paul-hors-les-Murs, fut construite en 1725. Elle doit sa renommée à la mosaïque de la Vierge (XIIe et XIIIe siècle) et surtout au crucifix du XIIIe siècle, attribué à Pietro Cavallini, dont le corps est enterré dans la chapelle.

88-89 Aux XIIe et XIIIe siècles, Saint-Paul-hors-les-Murs connut une floraison spirituelle et économique. C'est de cette époque que date la belle décoration de mosaïques de la voûte de l'abside, œuvre des meilleurs mosaïstes vénitiens.

nouveau quartier populeux se forme autour de Saint-Pierre. Entre les VIIIe et IXe siècles, le pape Léon III, avec l'assentiment de Charlemagne, décide de protéger la zone en la cernant de murailles, le château Saint-Ange défendant déjà l'unique accès au bourg. Mais à la mort du pape, ces murs sont détruits par les Romains; puis, en 846, la ville est mise à sac par les sarrasins, qui dévastent les lieux de culte chrétiens. Le pape Léon IV protège à son tour le Vatican par des murs d'enceinte et le bourg se considère depuis lors comme une entité autonome. Malgré cela, les pontifes vont continuer, des siècles durant, à habiter le Latran. Nicolas III réside le premier au Vatican, en 1277, et fait renforcer les remparts. Mais au XIVe siècle, le Saint-Siège connaît une résidence forcée en Avignon et c'est alors la décadence du Vatican. Au XVe siècle la grande basilique de Constantin est presque en ruine. En 1452, Nicolas V forme le projet de sa reconstruction, confiée un demi-siècle plus tard à Bramante par le pape Jules II, qui pose enfin la première pierre de la nouvelle église en 1506. Saint-Pierre renaissant de ses ruines se doit d'être le phare de la chrétienté. Cependant, il faudra plus d'un siècle pour ériger l'immense basilique, le plus grand édifice religieux de monde : 186,3 mètres pour la nef centrale et 136,5 mètres de hauteur pour la coupole. Les plus grands génies de la Renaissance et du baroque italien y contribuent : Bramante dirige les travaux, suivi de Raphaël, Antonio da Sangallo le Jeune, Michel-Ange et Carlo Maderno, qui termine la façade en 1614. À l'intérieur, revêtus de

90-91 Vue panoramique de la basilique Saint-Pierre, avec sa place frontale, bordée par la colonnade elliptique projetée par le Bernin au milieu du XVIIe siècle. L'obélisque, rapporté d'Égypte par l'empereur Caligula, fut érigé au centre de la place le 10 septembre 1586.

marbre, se trouvent onze chapelles et cinq autels, en partie récupérés de la basilique d'origine et en partie commandés à des artistes des XVIe et XVIIe siècles. Sous la coupole de Michel-Ange, qui mourra avant d'avoir pu la terminer, la structure tout entière est dominée par l'autel papal, érigé à la fin du XVIe siècle sous le pontificat de Clément VIII. C'est une simple plaque de marbre provenant de la carrière de Nerva. Sur l'autel se dresse le magnifique baldaquin du Bernin, une structure de bronze doré soutenue par des colonnes torses hautes de 20 mètres. La basilique renferme un très grand nombre de chefs-d'œuvre. Commençons par la *Pietà* de Michel-Ange, placée dans une chapelle latérale près de la porte Sainte, que l'artiste termina en 1499, âgé de vingt-cinq ans à peine. En avançant sur le côté droit de la basilique, voici le tabernacle du Bernin – également en bronze doré, et dans l'abside, la chaire de saint Pierre, du Bernin, également l'auteur des monuments aux papes Urbain VIII et Alexandre VII, ce dernier achevé

91 en haut Construit entre 1624 et 1633, le colossal baldaquin de bronze du Bernin qui orne l'autel papal, sous la coupole de Saint-Pierre, pèse 37 000 kilos. C'est le plus grand monument de bronze jamais construit.

91 en bas La Pietà de Michel-Ange, que l'artiste commença en 1497, à l'âge de ving-deux ans, est l'un des plus célèbres chefs-d'œuvre de sculpture du monde. Commandée par le légat de Charles VIII au Vatican, elle fut achevée en un an, pour trouver place dans la chapelle de Sainte-Pétronille, dite aussi chapelle des Rois français.

90 en bas La première basilique Saint-Pierre du Vatican fut construite entre 324 et 329, à l'instigation de l'empereur Constantin, sur la tombe de l'apôtre. À cet emplacement se trouvait précédemment le cirque de Caligula et Néron, où l'apôtre Pierre fut crucifié. L'actuelle basilique fut commencée en 1506, sous le pontificat de Jules II, qui en confia le projet à Donato Bramante.

en 1678. On doit encore au génie du Bernin la vaste place sur laquelle s'ouvre le modeste parvis de la basilique Saint-Pierre. Projeté entre 1656 et 1667, le parvis est entouré d'une colonnade, faisant cercle autour d'un obélisque égyptien érigé en 1586. Les palais du Vatican, résidence de divers papes, sont situés auprès de la basilique. Le premier palais papal est réalisé en 1198 pour Innocent III, mais ce n'est qu'à la Renaissance que les structures initiales seront enrichies. En 1473, Sixte IV fait construire la chapelle Sixtine. À la fin du même siècle, Innocent VIII commande à Bramante le palais du Belvédère, très agrandi par la suite, surtout au XVIIIe siècle. Les palais du Vatican constituent un immense patrimoine artistique. La chapelle Sixtine, en particulier, est décorée de fresques de Botticelli, le Pérugin, Ghirlandaio et naturellement Michel-Ange, qui peint sur le mur du fond, derrière l'autel, l'extraordinaire *Jugement dernier* (1541). Entre 1508 et 1512, il s'est consacré au plafond, sur lequel il a peint à fresque un cycle de plus de 300 personnages, représentant des épisodes de la Genèse et de l'Ancien Testament. Dans le même temps, Raphaël décore les quatre Chambres *(Stanze)* des appartements privés du pape Jules II. Il faudra seize ans à Raphaël pour rénover, sur ordre du pontife, les locaux précédemment occupés par son rival Alexandre VI ; cette œuvre restera inachevée à la mort du peintre.

Au milieu du XVIIIe siècle, avec la fondation du musée d'Art chrétien, puis du musée d'Art profane, les papes permettent au public l'accès aux extraordinaires trésors du Vatican. Dans ces musées, qui incluent la chapelle Sixtine et les Chambres de Raphaël,

92-93 Le pape Jules II della Rovere confia à Michel-Ange, en 1506, la tâche de décorer à fresque le plafond de la chapelle Sixtine. En quatre ans de travail, l'artiste florentin peignit un impressionnant cycle pictural, où sont représentés des épisodes de la Genèse et de l'Ancien Testament.

93 en haut et au centre Deux détails du plafond de la chapelle Sixtine, inspirés d'épisodes de la Genèse. En haut, la Création d'Adam. Au centre, Adam et Ève chassés du paradis.

on expose d'abord les antiquités grecques et romaines, puis, à partir de 1837, les œuvres égyptiennes, assyriennes et étrusques. Bien que la majeure partie des musées du Vatican soit consacrée à l'art grec et romain, les papes de la Renaissance confient à des maîtres tels que Raphaël, Fra Angelico, Pinturicchio la décoration des parois, qui fait partie intégrante des chefs-d'œuvre exposés. La pinacothèque est une petite mais extraordinaire collection de tableaux, où l'on trouve des œuvres de Léonard de Vinci, Raphaël, Titien, le Dominiquin, le Caravage.
Une collection d'art contemporain y trouve également sa place ; commencée par Paul VI en 1973, elle inclut des tableaux de Georges Braque, Paul Klee, Edvard Munch et des céramiques de Pablo Picasso.
Au centre, entre les deux grandes cours du Belvédère et de la Pigna, s'alignent les salles de la bibliothèque Vaticane, une incroyable mine de textes. 600 000 livres y sont rassemblés, anciens et modernes, 8 300 incunables (dont 65 parchemins), 150 000 codex manuscrits et papiers d'archives et 100 000 estampes. Il s'y ajoute les innombrables documents d'archives secrètes, qui recueillent les lettres, codex, comptes-rendus par lesquels on peut établir toute l'Histoire de l'Église catholique.

94 en haut *La Chambre de l'Incendie du Borgo est la dernière Chambre des palais du Vatican suivie personnellement par Raphaël, qui ne peignit que la lunette illustrant l'incendie de ce quartier de Rome. La voûte, représentée ici, fut peinte par le Pérugin en 1508.*

94-95 en haut, à droite *La Sala Regia, construite après le sac de Rome en 1527 par les impériaux, est décorée de grandes fresques de Giorgio Vasari et d'autres maniéristes. Le précieux plafond à reliefs stuqués est de Perin Del Vaga (1549), sous le pontificat de Paul III.*

95 en haut, à gauche *La salle des Clairs-Obscurs, avec le groupe en bois de la Flagellation, fut décorée par les élèves de Raphaël et servit de chambre à coucher au pape.*

95 en haut, à droite *La cour de la Pigna tient son nom de la grande marmite de bronze placée sous l'escalier, dans la niche. Trouvée près des thermes d'Agrippa, cette marmite décorait une fontaine. Au centre de la cour, Sfera, œuvre sphérique d'Arnaldo Pomodoro.*

95 en bas *Le plafond, richement décoré à fresque, de la galerie des Cartes géographiques ; elle est ainsi nommée car elle contient les quarante cartes topographiques représentant les religions italiennes et les possessions de l'Église.*

PAVLVS III PONT MAX

Le Parc Güell, le Palau Güell et la Casa Milà

ESPAGNE

Barcelone, Catalogne
Inscription : 1984
Critères : C (i) (ii) (iv)

L'hiver approche. Eusebi Güell i Bacigalupi, riche industriel du textile, amateur de chasse et de musique wagnérienne, se dirige vers le Passeig de Gràcia, à Barcelone, pour acheter une paire de gants. Arrivé à destination, il reste en admiration devant la beauté de la vitrine. Il entre pour demander qui est l'auteur d'un décor si inventif, oubliant la raison de sa venue. Plus tard, il fera néanmoins un achat plus important qui marquera à jamais l'histoire de l'architecture. L'étalagiste est un jeune diplômé de l'université de Barcelone. Il vient de Reus, près de Tarragone, et s'appelle Antoni Gaudí i Cornet. C'est ainsi

96 en haut Détail d'une fontaine où l'eau jaillit de la gueule d'un dragon. Conçu par Gaudí, le système hydraulique du Parc Güell est très perfectionné. Certaines des formes les plus folles cachent des valves et des robinets.

96 en bas L'entrée du Parc Güell. Par manque de fonds, seule une petite partie du projet initial a pu être réalisée. Eusebi Güell avait l'intention de faire de cet ensemble une véritable cité-jardin composée de soixante villas indépendantes, aux portes de Barcelone.

que naît une relation protecteur artiste comparable aux plus fructueux mécénats du passé. Après quelques travaux mineurs, Güell confie à Gaudí en 1886 le projet d'une résidence en centre-ville, sur un petit terrain de la Calle Nou de la Rambla. Âgé de trente-quatre ans à peine, l'architecte réalise ici son premier chef-d'œuvre. Le Palau Güell s'articule autour d'un salon central, majestueux, sur trois niveaux. Il est surmonté d'une coupole d'inspiration arabe parsemée de petits trous donnant une impression de ciel étoilé. Emporté par l'enthousiasme, Gaudí s'attache au moindre détail, travaillant les lampes, les rampes et les grilles en fer forgé, leur donnant des formes improbables. Il dessine les meubles, imagine un toit sur lequel poussent comme des champignons des cheminées de fée recouvertes d'une mosaïque de céramique.

Tout Barcelone parle de cette œuvre visionnaire. Gaudí fait son entrée triomphale dans les salons à la mode, recevant éloges et commandes. Au fil des ans, son style se perfectionne. Il commence alors son œuvre la plus célèbre, la Sagrada Família, toujours inachevée plus d'un siècle après la pose de la première pierre. En 1900, Güell revient à la charge, lui commandant ce qui sera son œuvre la plus originale.

96-97 Surprenantes coupoles du Parc Güell. Les mosaïques et la couleur sont les signes distinctifs de cet espace extraordinaire. La plupart des éléments architecturaux du parc sont recouverts de tesselles de faïence récupérées parmi les rebuts d'une fabrique de céramique.

97 en haut, à droite Autre exemple de l'architecture du Parc Güell. Pour Eusebi Güell i Bacigalupi, Gaudí réalise également le Palau Güell, œuvre tout autant fantastique.

97 en bas, à gauche Chaque recoin du parc surprend le visiteur par l'aspect luxuriant de la nature mais également de l'architecture. Pour réaliser ces figures et formes farfelues, Antonio Gaudí s'est inspiré de la nature sauvage.

97 en bas, à droite Un remarquable passage couvert dans le Parc Güell, orné de colonnes d'inspiration dorique.

98 en haut Vue d'ensemble de la Casa Milà. L'édifice, connu sous le nom de La Pedrera ou la « carrière de pierre », a une superficie de 1 000 mètres carrés. Il est situé à l'angle du Passeig de Gràcia et de la Calle Provenza, dans le quartier très central d'Eixample.

98 au centre Pour la salle à manger du Palau Güell, Gaudí a également dessiné la cheminée monumentale qui porte clairement l'empreinte de son style.

98 en bas Vue d'ensemble du grand salon central du Palau Güell qui s'élève sur trois niveaux. Il est surmonté d'une coupole dans laquelle Gaudí a pratiqué de petits trous pour donner l'impression d'un ciel étoilé.

99 Façade de La Pedrera. Son rythme ondulé, dans une douce succession de renfoncements et de saillies, évoque les dunes de sable du bord de mer. Le lien ténu avec la tradition du modernisme catalan est matérialisé par la présence de colonnes portantes et de balcons en fonte, matériau qui permet à l'architecte de nombreuses fantaisies.

Dans l'idée de l'industriel, le Parc Güell aurait dû être une vaste cité-jardin, un peu à l'écart sur une colline qui domine Barcelone, divisée en soixante lots destinés à recevoir des maisons unifamiliales. Si les villas ne seront jamais construites, Gaudí ordonne le plan de la cité, constitué de cinq éléments : l'avenue, le boulevard, la place, les rues pour les voitures et les voies pour les piétons. L'entrée est marquée par une sorte de temple grec orné de colonnes doriques et de rosaces en céramique qui pendent du plafond. Tout le parc est parsemé de fantastiques créatures animales et de taches de couleur. Maître de la mosaïque, Gaudí habille toute chose de tesselles de céramique. Composée d'un banc aux formes ondulantes, une remarquable balustrade, d'une grande originalité de style, délimite la vaste terrasse-belvédère.

En 1906, Pere Milà Camps, autre industriel catalan, commande à Gaudí un immeuble d'appartements à l'angle du Passeig de Gràcia et de la Calle Provenza. Sur ce terrain de 1 000 mètres carrés, le génial architecte laisse libre cours à son imagination, construisant un édifice où la pierre, sculptée en rondeur, prend vie, ondule et court.
La structure portante est constituée de poutres en fer forgé, parfois soutenues par des architraves en briques et métal. La façade est érigée sans plan véritable : la pierre arrive en bloc sur le chantier où elle est taillée, façonnée et montée. Gaudí intervient alors pour en modifier les courbures selon l'humeur du moment. Pour les passants, la rue ressemble plus à une carrière ou *Pedrera*, nom que les Barcelonais associeront toujours à la Casa Milà. La touche finale est apportée par le toit hérissé de cheminées évoquant des guerriers masqués.
À la fin des travaux qui, entre autres vicissitudes dues à l'exubérance de l'architecte, durent quatre ans, Pere Milà, enthousiaste, emménage au premier étage. Son épouse, la señora Rosario, n'apprécie pas les acrobaties de Gaudí mais fait contre mauvaise fortune bon cœur.
La Casa Milà sera le dernier édifice civil de l'architecte. Jusqu'à son décès accidentel en 1926, Gaudí ne s'intéressera plus qu'à la Sagrada Família. Madame Milà profitera de sa disparition pour transformer le premier étage de La Pedrera en un élégant et néanmoins banal appartement de style Louis XVI.

La cathédrale, l'Alcazár et l'Archivo de Indias à Séville

ESPAGNE

Andalousie
Inscription : 1987
Critères : C (i) (ii) (iii) (vi)

Après deux années de siège, le 23 novembre 1248, Ferdinand III de Castille contraint les Maures à la reddition et fait son entrée triomphale à Séville. Le roi catholique trouve devant lui une très belle ville, fortement marquée par l'empreinte islamique du florissant royaume d'al-Andalus.
Le retour des chrétiens marque également la reprise de leurs rites religieux : en l'absence d'église, l'archevêque bénit la mosquée almohade construite à peine un siècle plus tôt. Il faut attendre 1401 pour que la cathédrale commence à sortir de terre. À l'endroit où se dressait la mosquée, longue de 116 mètres et large de 76 mètres, comprenant 5 nefs et 25 chapelles, *la Magna Hispanensis*, comme son nom l'indique, est la plus grande église au monde après la basilique vaticane. Un siècle sera nécessaire à sa construction et plus de trois autres pour en terminer l'intérieur.
Après la découverte du Nouveau Monde par Christophe Colomb – dont la dépouille repose ici –, les richesses qui parviennent à Séville permettent de décorer l'édifice de vitraux, retables et tableaux de valeur. La cathédrale renferme des œuvres de Murillo, Zurbarán, Pedro de Campaña et Goya. Outre les tableaux, la cathédrale possède un somptueux retable sculpté de quarante-quatre panneaux (1482-1564), considéré comme le plus sophistiqué d'Espagne, et est célèbre pour l'impressionnante structure elliptique de la salle du chapitre. La cathédrale est percée de neuf portes. La porte principale (Puerta Mayor) se trouve sur la façade ouest, tandis que la Puerta del Perdón, au nord, est un parfait exemple de style mudéjar qui incorpore des éléments de la mosquée almohade originale. Le mudéjar est le résultat du syncrétisme entre architecture islamique et chrétienne.
Le terme issu de l'arabe *mudayyan* qui signifie « celui à qui il est permis de rester » est initialement employé pour désigner les musulmans soumis qui ont décidé de rester en Espagne après la Reconquête sans se convertir au catholicisme. La Puerta del Perdón donne sur le Patio de los Naranjos, un jardin d'inspiration islamique – on y trouve une fontaine pour ablutions – ainsi que sur la Giralda, l'élégant minaret construit entre 1172 et 1195. Transformé en clocher, il a été agrémenté de deux cloches à la fin du XVIe siècle.

100 en haut, à gauche L'extraordinaire coupole elliptique de la salle du chapitre. Des chefs-d'œuvre de Murillo y sont conservés.

100 à droite Conservé en la cathédrale, le sarcophage de Christophe Colomb (1890) est porté par des personnages à l'effigie des rois de Castille, León, Aragon et Navarre.

100-101 Par cette vue aérienne du centre historique de Séville, le regard embrasse les trois monuments inscrits au patrimoine mondial de l'Unesco. Au centre se trouve la cathédrale avec la célèbre Giralda, minaret érigé en 1198 et transformé par la suite en clocher. À droite, l'Alcazár et, à gauche au fond, l'édifice qui abrite l'Archivo de Indias.

101 en bas, à gauche Majestueuse voûte de la Capilla Mayor, portée par des piliers-colonnes. La chapelle, fermée par de superbes grilles, renferme en son sein le plus grand retable de la chrétienté.

101 en bas, à droite Adjacent à la cathédrale, le Patio de los Naranjos est, avec la Giralda, ce qu'il reste de la précédente structure mauresque. Au centre, parmi les orangers, se trouve la fontaine pour les ablutions dont se servaient les musulmans.

102 en haut Des azulejos et stucs sophistiqués ornent le salon des Ambassadeurs, composé de trois arcades symétriques en fer à cheval. C'est l'un des décors les plus spectaculaires de l'Alcazár.

102-103 Vue de l'Alcazár du haut de la Giralda. À l'origine, il s'agissait d'un ensemble de palais construits par les souverains almohades. En 1346, après la reconquête, le roi Pierre Ier les a aménagés à son goût pour en faire une somptueuse résidence.

102 au centre À l'intérieur de l'Alcazár, les appartements de Charles Quint sont ornés d'azulejos du XVIe siècle et de précieuses tapisseries de grandes dimensions.

102 en bas, à gauche Vue de la cour sur laquelle donnent les appartements grandioses construits à l'intérieur de l'Alcazár pour Charles Quint dans la première moitié du XVIe siècle.

102 en bas, à droite Une salle de l'Archivo General de las Indias, institution voulue par le roi Charles III en 1778. Abritées dans l'ancienne Lonja, loge ou Bourse du commerce, les Archives renferment environ 40 000 documents concernant les possessions espagnoles d'outre-mer, depuis la découverte de l'Amérique à l'indépendance des divers États.

L'Alcazár se dresse devant la cathédrale. Ce palais fortifié voulu en 913 par le calife Abd al-Raman III, de la dynastie des Almoravides, a été transformé en résidence royale par Pierre Ier dit le Cruel en 1350. Les modifications qu'il a apportées à la construction originale marquent l'apogée du style mudéjar à Séville. Pierre Ier n'a pas été le seul à intervenir sur l'architecture qui présente aujourd'hui divers styles, du renaissant au néoclassique.
Cet éclectisme se retrouve dans les jardins, notamment au sein du remarquable pavillon du XVIe siècle de Charles Quint – qui associe des éléments mauresques à des statues inspirées de la mythologie classique et des jeux d'eau (comme un orgue hydraulique) typiques de l'Italie renaissante – et le Jardín Inglés, du XVIIIe siècle, dans l'esprit paysagiste anglais. Séville est une ville de négoce, et ses commerçants se retrouvent devant l'Alcazár, entre les marches de la cathédrale et le Patio de los Naranjos.
En 1572, l'archevêque adresse une lettre indignée de protestation au roi Philippe II, qui s'exécute immédiatement en faisant construire une *Lonja* (ou loge) donnant sur cette même place. Juan de Herrera, qui avait conçu le monastère royal de Saint-Laurent à l'Escurial, est chargé des travaux. Le plan est carré, avec une façade bicolore ornée de piliers et de voûtes. Un siècle plus tard, la fortune des commerçants sévillans commence à décliner. En 1660, l'édifice abrite l'école de peinture de Murillo, puis tombe lentement en désuétude. L'idée de l'utiliser comme archives de tous les documents sur les possessions espagnoles aux Amériques date de 1778 et porte la signature de Charles III. La restauration de la *Lonja*, rebaptisée *Archivo General de Indias*, est terminée en 1789. Les Archives abritent aujourd'hui près de 40000 documents répartis en 16 sections. On y trouve des lettres manuscrites de Christophe Colomb, des cartes de navigation, des plans cadastraux et même une requête de Cervantès pour une cargaison provenant des Amériques.

Le paysage culturel de Sintra

PORTUGAL

INSCRIPTION : 1995
CRITÈRES : C (II) (IV) (V)

« Palais et jardins surgissent au milieu des roches, cascades et précipices ; des monastères haut perchés et, dans le lointain, une vue de la mer et du Tage… Ce paysage réunit l'aspect sauvage des Highlands occidentaux et celui verdoyant de la France méridionale. » C'est ainsi que George Byron, âgé de vingt et un ans, décrit à sa mère, dans une lettre, les merveilles de Sintra. Peu importe qu'il n'ait jamais vu les Highlands ni la Provence. Ses mots brossent un fidèle portrait de cette localité de moyenne montagne non loin de Lisbonne, en bordure de l'Atlantique vers Cabo da Roca, la pointe la plus occidentale du continent. Byron se retire ici en 1809 pour écrire *Le Pèlerinage de Childe Harold,* un grand poème épique dont les paysages de Sintra sont le décor principal. Considérée à l'époque romantique comme l'« Éden de l'Europe », cette région est choisie par les gens nobles et fortunés de toutes nationalités comme lieu de villégiature estivale. Néanmoins, l'origine de Sintra est plus ancienne. Grâce à sa situation géographique privilégiée et aux vues pittoresques que ses montagnes – la serra de Sintra – offrent, la région suscite déjà l'intérêt des Maures qui, aux VIIIe et IXe siècles, y font construire une forteresse, le Castillo dos Mouros, le bien nommé. Conquis en 1147 par Alphonse Ier Enriquez le Conquérant, le château devient et reste résidence des rois portugais jusqu'à la fin du XIVe siècle. Un temps abandonné, il est restauré sous le règne de Jean Ier le Grand qui ordonne la construction d'un palais dans le Chao da Oliva, l'actuel cœur historique de Sintra, vraisemblablement sur le site d'un ancien édifice maure. On lui doit l'aspect général que présente le site aujourd'hui. Manuel Ier y ajoute une aile et lui donne une note toute personnelle où se mêlent formes gothiques et musulmanes. Ce style « manuélin » sera repris ultérieurement dans d'autres œuvres portugaises. Essentiellement remanié à la Renaissance, le Paço Real est un ensemble architectural aux formes extravagantes. Ses deux cheminées coniques qui coiffent les cuisines sont devenues le symbole de Sintra. Le palais a accueilli de nombreux artistes et gens de lettres. Selon la légende, c'est ici que Luís Vaz de Camões a donné la première lecture publique de son poème *Les Lusiades*.

104 en haut Vue du Paço Real. Le style du palais est essentiellement gothique. On remarque aussi l'influence du style mauresque et les formes extravagantes du style manuélin. Les éléments architecturaux les plus visibles sont les deux gigantesques cheminées coniques qui coiffent les cuisines.

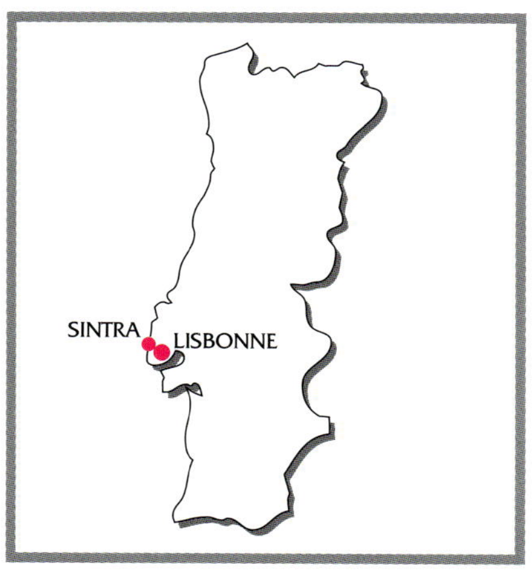

105 en haut Les bastions du bien nommé Castillo dos Mouros, premier édifice construit à Sintra par les Maures aux VIIIe et IXe siècles. Conquise par Alphonse Ier Enriquez en 1147, la forteresse devient résidence des rois portugais jusqu'au XVIe siècle.

104-105 La Sala das Armas est la plus spectaculaire du Paço Real. Les murs sont recouverts d'azulejos très sophistiqués et le plafond voûté à caissons est orné des armes de 72 familles de la noblesse portugaise.

105 en bas La Sala dos Cisnes doit son nom aux élégantes peintures de cygnes qui ornent son plafond. Située au premier étage du Paço Real, elle est une des salles les plus sobres. Les faïences polychromes des murs et leurs formes géométriques rappellent l'Espagne mauresque.

106 en haut Splendide Sala do Trono du Palácio de Queluz, conçue par l'architecte Jean-Baptiste Robillion. La sensation d'air et d'espace est accentuée par le jeu des miroirs qui ornent tous les murs. Leurs cadres, en bois et feuilles d'or, ont été réalisés par le sculpteur Silvestre Faria Lobo.

106-107 Bien que plus petit, le Palácio de Queluz est souvent comparé à Versailles. Ses jardins, décorés de fontaines et de statues, ont été conçus par Jean-Baptiste Robillion et par le jardinier hollandais José Van der Kolk selon le goût français du XVIIIe siècle.

107 en haut Détail d'une élégante statue de sphinx du jardin de Queluz. Imaginé comme un lieu de repos royal, le jardin était agrémenté d'oiseaux exotiques en cage, tandis que des cygnes blancs et noirs barbotaient dans les fontaines.

Les siècles suivants, les rois de Portugal font de Sintra leur *buen retiro*. En 1747, l'infant dom Pedro confisque la maison de campagne du marquis de Castelo Rodrigo et fait construire le Palácio de Queluz. Cet élégant édifice entouré d'un parc abrite un pavillon conçu par l'architecte français Jean-Baptiste Robillion, des statues rococo, un canal navigable décoré d'azulejos, et des fontaines. L'une d'elles, la fontaine de Neptune, a été attribuée au Bernin. Mais l'œuvre la plus surprenante de Sintra est sans doute le Palácio

107 en bas Merveilleux groupe sculpté de la fontaine de Neptune, devant l'entrée principale du Palácio de Queluz. Cette œuvre de marbre a été attribuée au grand maître italien le Bernin.

108 en haut Entrée surmontée de tourelles du Palácio da Pena. Le surprenant édifice est conçu en 1839 – selon la volonté de Ferdinand II de Saxe-Cobourg – par le baron allemand Ludwig von Eschwege. Ce dernier s'est immortalisé, sous les traits d'un cavalier guerrier, dans une statue qui se trouve sur le rocher devant le palais.

108 en bas Détail d'un ornement représentant une menaçante divinité des profondeurs, sur la façade du Palácio da Pena. Une grande partie des décorations, aussi bien intérieures qu'extérieures, sont réalisées en ciment.

da Pena. Sur les pics rocheux de la Serra, offrant une vue panoramique, il est construit sur les ruines du monastère hiéronymite de Nossa Senhora da Pena, érigé au XVIe siècle pour célébrer les exploits de Vasco de Gama. Voulu en 1839 par Ferdinand II de Saxe-Cobourg, époux de la reine Marie II de Portugal, le projet est confié à Ludwig von Eschwege. L'architecte crée un majestueux pastiche de coupoles, bastions, passages et ornements qui s'inspire d'un côté du château de Louis de Bavière et de l'autre des œuvres de Schinkel en Europe centrale.
Outre les résidences royales, Sintra renferme de nombreuses églises, monastères et *quintas* nobles. Parmi celles-ci figure l'extraordinaire demeure victorienne de Monserrate. Son histoire débute en 1793 lorsque William Beckford, richissime bourgeois anglais, achète le domaine et commence à décorer les intérieurs et les jardins selon son goût raffiné. Un demi-siècle plus tard, Monserrate est achetée par un autre Anglais, sir Francis Cook, qui remanie la demeure en prenant pour modèle les palais moghols de l'Inde.
Avec l'inauguration en 1887 de la ligne de chemin de fer Lisbonne-Sintra, les délices de cette localité deviennent accessibles à tous. Et malgré quelques concessions au modernisme, le charme romantique des lieux n'a pas changé.

108-109 Vue panoramique de Sintra avec le Palácio da Pena qui apparaît, féerique, dans la brume. Ses formes, qui rappellent celles du château de Louis de Bavière, sont une débauche de kitsch. Le gothique se mêle au style manuélin et aux triomphales architectures de Schinkel.

109 en bas, à gauche La quinta de Monserrate est une splendide demeure dont le nom est lié à deux personnages extravagants. Le premier est l'écrivain anglais William Beckford qui y vit de 1793 à 1799 et en fait un refuge arcadien pour bons vivants. L'industriel Francis Cook habite Monserrate une cinquantaine d'années plus tard. Il l'aménage selon un goût victorien orientalisant et enrichit les jardins de plantes tropicales et de tous les conifères connus à l'époque.

109 en bas, à droite Le Salão Nobre est décoré dans un style romantico-éclectique. C'est l'un des intérieurs les plus sobres du Palácio da Pena, édifié sur le site d'un monastère fondé pour célébrer l'approche de la flotte de Vasco de Gama qui revenait au pays.

110 en haut, à gauche
La cour d'entrée du palais royal (Budavári Palota). Actuellement, cet ensemble monumental abrite quatre musées dont les plus importants sont la Galerie nationale hongroise et le Musée historique de la ville de Budapest.

110 en haut, à droite
Bastion méridional de la forteresse médiévale originelle de Buda, la colline qui surplombe d'une soixantaine de mètres la rive droite du Danube.

Le panorama du Danube et le quartier du château de Buda

HONGRIE

BUDAPEST
INSCRIPTION : 1987
CRITÈRES : C (II) (IV)

À la fin du XIXe siècle, alors que l'Empire austro-hongrois marque le pas, Budapest vit un moment de gloire : l'Académie de musique présente fièrement Gustav Mahler et un jeune Béla Bartók, tandis que les palais de style Art nouveau poussent comme des champignons dans les quartiers résidentiels. Un réseau d'éclairage public illumine déjà les nuits citadines et, en 1896, la première ligne de métro de l'Europe de l'Est y est inaugurée. On célèbre en cette occasion le millénaire de l'État hongrois, mais l'histoire de la ville remonte à un passé encore plus lointain. Le premier village sur les collines de Gellért – *Ak Ink*, « eaux abondantes » – est fondé par les Celtes au Ier siècle av. J.-C. Il devient au début de l'ère chrétienne le chef-lieu de la province romaine de la Pannonie inférieure sous le nom d'Aquincum avant d'être rapidement envahi par les Huns. Après la dissolution de leur empire, la cité passe aux mains des Gépides, des Lombards, des Avars et autres peuples germaniques et d'Asie centrale. Les Magyars font leur apparition vers le IXe siècle, établissant leur capitale dans un premier temps à Esztergom puis, à partir du XIIIe siècle, à Óbuda, l'Aquincum romain, dans le voisinage duquel était apparue Pest, cité commerciale habitée par des populations germano-hongroises. Au milieu du XIIIe siècle, après l'invasion des Tatars, le roi Béla IV lance la construction du palais royal et des remparts fortifiés sur une terrasse surmontant d'une soixantaine de mètres la rive droite du Danube. Elle peut ainsi être facilement défendue de Pest, située dans la plaine. Buda, qui naît sur la colline de la forteresse, est la troisième ville fondée dans la région et commence rapidement à prospérer. En 1395, la seconde université du pays y est inaugurée et, en 1473, le premier livre hongrois *Budai krónika*, « La Chronique de Buda », y est imprimé. Capitale politique, économique et culturelle, Buda atteint son apogée aux XVe et XVIe siècles, devenant une destination prisée des voyageurs de l'Europe entière. Au début du XVIe siècle, les bastions qui protègent la ville sont consolidés, mais cela ne suffit pas à repousser les Turcs qui parviennent à la conquérir par la ruse.

L'occupation ottomane, qui marque une longue période de déclin, se termine en 1699. Détruite lors du long siège, Buda est désormais presque abandonnée. Jusqu'au milieu du XIXe siècle, elle est reléguée au rôle de modeste ville de province de l'empire des Habsbourg.

110-111 Vue d'ensemble de la ville. Au premier plan, la colline de Buda avec le palais royal. Érigé au XIIIe siècle, le palais est gravement endommagé lors de la sanglante bataille pour la libération de Budapest de la domination turque. Il est agrandi au XVIIIe siècle puis réaménagé en 1890 dans un style néobaroque.

111 à droite Fontaine baroque dédiée à Mathias Ier Corvin, le souverain et guide éclairé qui règne sur la Hongrie lors de la seconde moitié du XVe siècle. Fort d'une armée de 30 000 mercenaires, la bien nommée « Armée noire », il a le mérite d'arrêter l'avancée des Turcs.

111 en bas Entrée du palais royal par le bastion des Pêcheurs. On remarque, derrière le portail, la statue équestre en bronze – œuvre d'Alajos Stróbl – du roi canonisé Étienne Ier.

À nouveau sérieusement endommagée lors de l'occupation nazie, Buda se présente aujourd'hui comme un harmonieux mélange de styles les plus disparates. Ses avenues – dominées au nord par la forteresse et au sud par l'imposant palais royal – sont bordées d'édifices gothiques, renaissants et baroques. Ou encore de souvenirs de la domination turque comme les bains publics Király, construits entre 1566 et 1570, ultérieurement flanqués d'ailes néoclassiques.
Mais la construction la plus intéressante est l'église Notre-Dame, également appelée église Mathias puisqu'elle abrite la cuirasse de Mathias Ier Corvin, roi de 1458 à 1490. Son histoire, à l'instar de celle de la ville, n'est que blessures : le premier lieu de culte est construit sur ce site au XIIIe siècle mais est rapidement remplacé par une cathédrale gothique qui reste inachevée. Il est ensuite transformé en mosquée à l'époque ottomane. En 1686, la tour et la toiture s'effondrent. La reconstruction dote l'édifice d'éléments baroques puis, au XIXe siècle, à la suite de longues fouilles ayant mis au jour les vestiges de l'église médiévale, l'architecture gothique est remise à l'honneur. Le grand clocher néogothique et la porte sud, décorée à fresque par une *Mort de la Vierge*, sont particulièrement fascinants tandis que les murs intérieurs sont ornés de stucs et de peintures aux motifs ornementaux. Derrière l'église se dresse le bastion des Pêcheurs, dans un style oscillant entre néogothique et néoroman, d'où l'on profite d'un splendide panorama sur la ville. La corporation de pêcheurs voisine et le marché aux poissons qui s'y tenait au Moyen Âge lui ont valu son nom.
À quelques pas de là, coulent les eaux tranquilles du Danube qui séparent en deux l'âme de la capitale hongroise. Seule l'obstination de l'aristocrate István Széchenyi permet en 1848 qu'un pont enjambe le fleuve. Bloqué à Pest, alors que les funérailles de son père ont lieu à Buda, il est le commanditaire du *Széchenyi Lánchid*, le magnifique pont des Chaînes qui relie pour la première fois les rives du grand fleuve.

112 en haut Imposant édifice néogothique du quartier historique de la colline de Várhegy, sur la rive droite du Danube. Le fleuve traverse la ville sur une longueur de 28 kilomètres.

112 au centre Façade de l'église Notre-Dame, plus connue sous le nom d'église Mathias car elle abrite une cuirasse ayant appartenu à Mathias Ier Corvin. Construite vers 1260 en style gothique, elle a connu de nombreuses vicissitudes. Sous l'occupation turque, elle est utilisée comme mosquée avant d'être restaurée et modifiée par l'architecte Frigyes Schulek entre 1875 et 1896.

112 en bas Le bastion des Pêcheurs. Construit aux XIXe et XXe siècles dans un style qui oscille entre néoroman et néogothique, cet édifice de grès est richement orné de statues de héros moyenâgeux et de tours au faîte en forme de heaume, symbole des tribus magyares.

112-113 Vue du Danube et de Pest. Au centre, le célèbre pont des Chaînes, également appelé Széchenyi Lánchid, du nom du personnage qui, en 1839, en a commandé la construction à l'ingénieur anglais Adam Clark. La rive gauche du fleuve est dominée par l'édifice qui abrite le Parlement, un immense bâtiment, inspiré du palais de Westminster, construit entre 1884 et 1902, dans un style néogothique orientalisant par Imre Steindl.

113 en haut, à gauche Détail d'une vieille maison de Buda dont la petite niche votive protège une Vierge à l'Enfant.

113 en haut, à droite Ornement fantaisiste d'un palais jügendstil du quartier de Várhegy. Les témoignages de ce style néobaroque également appelé Art nouveau, en vogue dans les années 1900, sont nombreux à Budapest. Son plus grand représentant en Hongrie a été Ödön Lechner.

Le mont Athos

GRÈCE

CHALCIDIQUE
INSCRIPTION : 1988
CRITÈRES :
C (I) (II) (IV) (V) (VI) ; N (III)

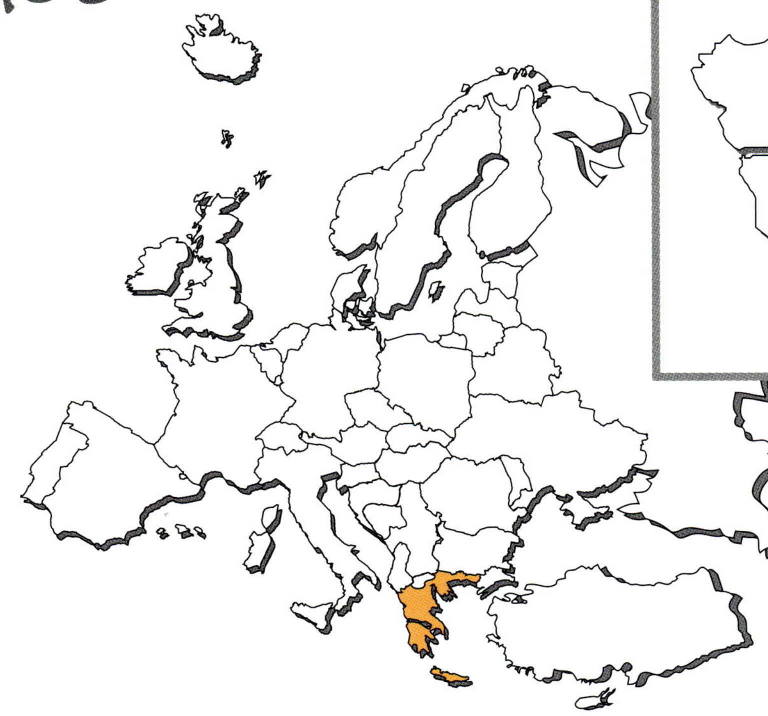

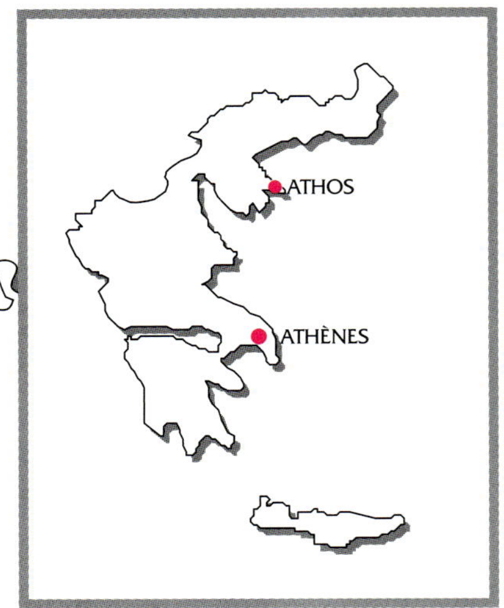

La Constitution grecque de 1927 contient une annexe consacrée au mont Athos. L'indépendance de la communauté monastique qui y vit y est définie tout comme ses relations avec l'État et l'Église, ses compétences administratives et les liens hiérarchiques internes à la communauté. Le document garantit que le mont Athos dépend du ministère des Affaires étrangères pour les questions politiques et du patriarcat de Constantinople pour les questions religieuses, sanctionnant ainsi une extra-territorialité qui couronne une longue histoire d'autonomie.

À l'époque classique, la localité est citée dans les œuvres d'Homère, d'Hérodote et de Strabon, avant de tomber aux mains des Romains. Aucun texte ne parle avec précision de l'installation des religieux mais la présence de moines et d'ermites sur le promontoire le plus septentrional de la Chalcidique, dominée par les 2 039 mètres du mont Athos, est mentionnée dès la fin du VIIIe siècle.

D'après la mythologie, Athos est un géant thrace qui aurait voulu jeter une immense pierre à Poséidon. La roche lui aurait cependant glissé des mains et aurait formé le mont qui a pris son nom. Une autre légende veut au contraire que le mont Athos – *Agios Oros* ou sainte montagne – ait été demandé en don au Fils de la Vierge, qui y avait fait naufrage alors qu'il rendait visite à Lazare.

Il est avéré qu'une délégation de moines participe au concile œcuménique de 843, convoqué par l'impératrice byzantine Théodora. En 885, l'empereur Basile promulgue un édit qui reconnaît officiellement le mont Athos comme territoire relevant de la juridiction exclusive des moines et des ermites qui choisissent d'y vivre dans la prière et la contemplation.

114 Détail d'une fresque dans le catholicon du monastère d'Iviron. Datant du XVIe siècle, cette fresque a été attribuée à l'artiste thébain Frangos Katelanos.

114-115 Fondé à la fin du Xe siècle par des ermites venant de l'actuelle Géorgie, le monastère d'Iviron se dresse sur un promontoire rocheux à pic sur la mer. Outre le catholicon, seize autres chapelles donnent sur la cour principale du monastère. L'une d'elles renferme l'icône miraculeuse de la Vierge Marie.

115 en haut, à gauche Une autre image des fresques du monastère d'Iviron. Le schéma iconographique ainsi que la datation laissent supposer que des peintres de l'école crétoise ont travaillé ici, influencés par l'art hellénistique.

115 en haut, à droite Consacré à la Nativité, le monastère de Simonopetra doit son nom à saint Simon, qui a vécu sur le mont Athos au milieu du XIVe siècle. Réparti sur sept niveaux, il est le plus imposant monastère de la région.

116 en haut Vue plongeant sur le monastère de la Grande Laure. Fondé en 963 par saint Athanase avec l'aide de l'empereur Nicéphore II Phocas, c'est le plus ancien monastère athonite et le seul à ne pas avoir été endommagé par des incendies.

116-117 Entrée de l'église de la Grande Laure, richement décorée en 1535 de fresques par l'artiste crétois Theophanis Strelitzas. Il est admirablement parvenu à conjuguer les formes propres à l'art hellénistique à une iconographie étroitement liée à l'orthodoxie.

117 à gauche Un des édifices de l'ensemble de la Grande Laure ou lavra. En activité pendant un millénaire, elle a toujours été considérée comme le principal monastère athonite, aussi bien par sa richesse que par le grand nombre de textes sacrés qu'elle renferme.

117 en haut, à droite Grandes coupoles sophistiquées du monastère de saint-Pantéléimon, également appelé Rousikon en raison de l'importante communauté de moines russes qui s'y est installée en 1875.

À la fin du IXe siècle, la communauté religieuse est déjà importante. Les moines vivent en ascètes, habitant des abris de fortune. Ils n'ont aucune organisation interne à l'exception du monastère de Kolobou, fondé en 872 près d'Ierissos. C'est au tournant du siècle suivant que le destin du mont Athos change, avec l'arrivée d'Athanase, moine de Trabzon. Fils d'une famille aisée, il fait vœu de pauvreté mais profite de l'amitié de l'empereur Nicéphore II Phocas pour construire la Grande Laure (lavra), le monastère qui aujourd'hui encore est le cœur de la communauté. L'église

centrale, le catholicon, avec les chapelles de Saint-Nicolas et des Quarante-Martyrs, abrite également le réfectoire, la cuisine et la bibliothèque. Les cellules monacales se trouvent dans les quatre ailes qui entourent le monastère. Athanase doit faire face à l'opposition des ermites, plus enclins à la méditation, qui protestent contre ce « massacre » urbanistique. L'empereur lui donne cependant raison et publie en 971 une bulle, le *Tragos*, première règle du mont Athos. Avec le soutien de Byzance, au cours du XIVe siècle, près de 40 monastères sortent de terre, en dépit des pressions de l'Église romaine qui entend réconcilier le catholicisme et l'orthodoxie. En 1453, après la chute de Constantinople, le mont Athos passe sous influence ottomane pour quatre siècles. Si les souverains turcs ne changent pas la règle, ils imposent des tributs toujours plus lourds. Les monastères se dépeuplent et doivent demander de l'aide aux Russes, Valaques et Moldaves. Au XIXe siècle, avec l'indépendance grecque, le mont Athos est visité par de nombreux moines de l'Europe de l'Est, russes en particulier. Ces derniers s'installent en 1875 dans l'imposant monastère de Saint-Pantéléimon, caractérisé par des coupoles en forme d'oignon, typiques de l'orthodoxie de la Russie tsariste. Aujourd'hui, le mont Athos abrite 20 monastères (et 1 500 moines). Leur architecture est un curieux mélange de styles, dû aux ajouts et réfections engagés à partir de l'époque byzantine. Chacun d'eux est un enchevêtrement d'édifices adossés les uns aux autres, une succession de chapelles dont chacune a une précieuse fonction. Néanmoins, peu de fresques originales nous sont parvenues. Celles de la Grande Laure datent du XIIIe siècle et certains fragments de mosaïque du monastère de Vatopedi datent du XIe siècle. Les portraits à fresque des saints Pierre et Paul du réfectoire sont plus tardifs. Chaque monastère contient cependant des icônes byzantines et des périodes ultérieures. Les bibliothèques renferment de précieux manuscrits grecs et slaves. En dépit de ses vicissitudes, le mont Athos est parvenu à conserver son charme naturel qui en fait un lieu de recueillement et de prière pour les mystiques de toute l'Europe. Il y survit une règle de fer qui, pour éviter toute tentation terrestre aux moines, interdit la présence des femmes en son sein.

Les zones historiques d'Istanbul

TURQUIE

Province d'Istanbul
Inscription : 1985
Critères : C (i) (ii) (iii) (vi)

Chaque 29 mai, Istanbul célèbre solennellement la conquête de Byzance par les Ottomans et la conversion à la foi musulmane, en 1453. Il est dit que le sultan Mehmet II, honoré pour l'occasion du titre de Conquérant, a remercié Allah de l'avoir guidé dans la prise de celle qu'il définit comme « la ville la plus grande et la plus belle au monde ».

La chronique de l'exténuant siège de Byzance est constellée de coups de théâtre, de mirobolants actes d'héroïsme, d'intrigues, trahisons et ruses. Comme l'idée de transporter les navires ottomans par la terre, jusqu'à une baie au sud de la ville afin de surprendre les Byzantins qui, pour protéger la Corne d'Or au nord – seul passage logique possible – y ont tendu une lourde chaîne en fer. Le « plus grand canon du monde », ouvrant d'énormes brèches dans les remparts, est décisif dans la prise de Byzance.

La précieuse arme est vendue à Mehmet II par un mercenaire hongrois venu, en réalité, sur les rives du Bosphore pour l'offrir aux Byzantins, en vaillant défenseur de la chrétienté. Mais l'argent a raison de la foi et, après s'être assuré que les Byzantins n'ont pas de quoi payer, il s'adresse aux musulmans, plus aisés.

La plus grande et la plus belle ville du monde n'est guère, à cette époque, que ruines. Elle croule sous les dettes et se dépeuple. Elle est en proie à un vertigineux déclin qui a débuté en 1204, lorsqu'elle a été conquise par les prétendus amis de la quatrième croisade. Ces derniers, au lieu de poursuivre leur route pour délivrer la Palestine et la Syrie des infidèles, ont trouvé plus approprié de piller les trésors d'Istanbul et de tenir la ville en échec pendant plus d'un demi-siècle.

Après trois jours de pillage dans les quartiers qui résistent – conformément la tradition guerrière ottomane – à Mehmet, le Conquérant entre dans Sainte-Sophie. Selon la légende, avant de franchir l'imposant portail, il se couvre la tête de cendre, en signe de respect pour cet

extraordinaire édifice qui revendique le titre de plus grande basilique de la chrétienté. Cela ne l'empêche pas néanmoins de la transformer en mosquée, mettant un terme à une histoire longue d'un millénaire. Aujourd'hui, Sainte-Sophie est devenue un monument historique et a officiellement perdu sa charge religieuse. Lorsqu'on y pénètre cependant, on est encore saisi par la symbolique de cet édifice grandiose voulu par l'empereur Justinien en 532, et terminé à peine six ans plus tard, pour célébrer la gloire de Dieu et restaurer la grandeur de l'Empire romain. Sainte-Sophie, consacrée à la Sagesse divine, est élevée sur les restes d'une basilique datant de l'époque de Théodose, elle-même construite sur le site de l'acropole de la période hellénistique.

Les travaux de Sainte-Sophie sont confiés à deux architectes grecs, Antémios de Tralles et Isidore de Milet, qui conçoivent une structure à la croisée entre les basiliques paléochrétiennes et les palais impériaux. Pour construire la coupole – un défi aux lois de la pesanteur pour l'époque –, des briques creuses en argile particulièrement poreuse et légère, importées expressément de Rhodes, sont utilisées. La décoration intérieure, requérant des matériaux précieux, est voulue par Justinien comme une série de mosaïques. Elles feront l'objet, par leur splendeur, d'une longue dispute entre l'Église et l'État byzantin. La première accuse les images réalistes resplendissantes d'or d'impiété et souhaite qu'elles soient remplacées par des représentations plus ascétiques. Néanmoins, les gouvernants, soutenus par le peuple qui accourt en masse rendre hommage à cette merveille, gagnent la bataille. Ayant survécu une première fois, la plupart des mosaïques ne résistent pas à la furie iconoclaste des musulmans. De celles qui nous sont parvenues – récupérées après une restauration qui a enlevé la couche de chaux appliquée à l'époque ottomane – les plus remarquables sont la *Deisis*, représentant le Christ trônant entouré de la Vierge et de saint Jean-Baptiste, dans la galerie sud, le Christ Pantocrator sur la troisième porte et les portraits de saints des galeries

118 en haut Le visage du Christ dans un détail de la mosaïque de la galerie est de Sainte-Sophie. Lorsqu'elles sont réalisées, au VIe siècle, les décorations de la basilique sont jugées impies par les représentants de l'Église byzantine, bien trop resplendissantes d'or et de matériaux précieux.

118 en bas Vue du somptueux intérieur de Sainte-Sophie ou temple de la Sagesse divine. On peut voir, sur l'image, la tribune impériale et la coupole centrale, de 32 mètres de diamètre.

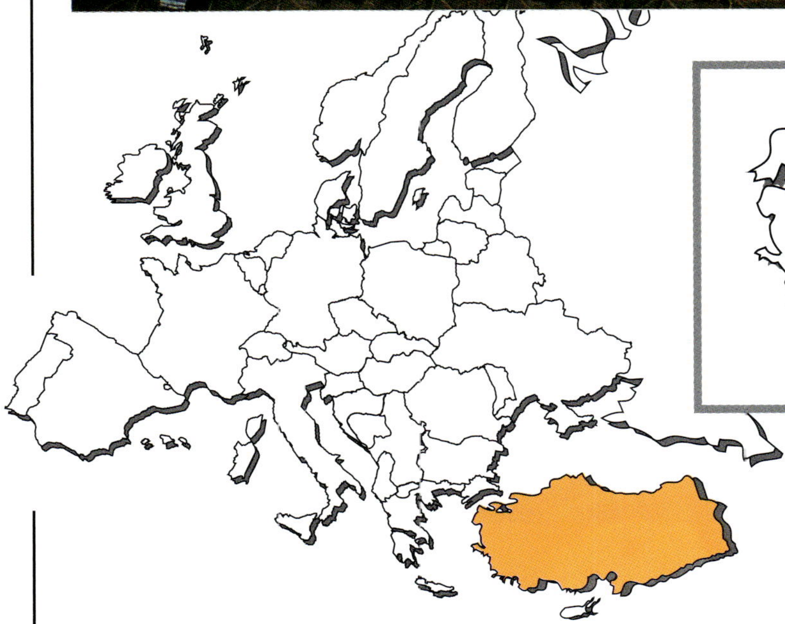

119 *Sur cette vue aérienne, Sainte-Sophie apparaît dans toute sa splendeur. Lorsque, en 1453, la ville est conquise par le sultan Mehmet II, la basilique est convertie en mosquée, ce qu'elle restera jusqu'en 1932. Depuis, transformée en musée sous la tutelle de l'État turc, elle a perdu son caractère religieux.*

120 Le palais de Topkapi, construit entre 1459 et 1465, a représenté pendant près de quatre cents ans le symbole de l'Empire ottoman. Conformément à la tradition islamique, le palais se compose d'une série de pavillons disposés autour de nombreuses cours.

120-121 Visible de très loin aussi bien par sa masse imposante que par ses six hauts minarets, la Sultan Ahmet Camii a été érigée en 1609 en face de sa rivale, la majestueuse Sainte-Sophie.

121 en haut La Süleymaniye Camii dominant la Corne d'Or. Cette mosquée a été réalisée par le grand architecte Sinan entre 1550 et 1557 pour Soliman.

supérieures, originairement réservées aux femmes.

Pour les Ottomans, Sainte-Sophie a toujours été un modèle et un défi. Construire une mosquée qui l'égale en magnificence est un impératif absolu dès l'époque de Mehmet II. Il faut néanmoins un siècle de domination sur la ville avant d'y parvenir. Le sultan Soliman le Magnifique confie à Sinan, janissaire et architecte du génie militaire, la construction, dominant la Corne d'Or, de la Süleymaniye Camii, mosquée qui lui est consacrée. Sinan – qui auparavant a effectué des travaux de consolidation et de restauration à Sainte-Sophie – est immédiatement obsédé par ce monument. Afin de montrer qu'il est capable de « surpasser les Grecs », il réalise entre 1550 et 1557 un immense édifice surmonté d'une coupole qui surprend par la rigoureuse géométrie des espaces, le parfait équilibre entre ombre et lumière et l'élégant minimalisme des décorations. À côté de celle qui est devenue le symbole d'Istanbul l'Ottomane – et qui a fait de Sinan « le Michel-Ange turc » – se dressent quatre fins minarets.

Six minarets dominent la seconde rivale de Sainte-Sophie, la Sultan Ahmet Camii, érigée en vis-à-vis au début du XVIIe siècle. Celle que l'on appelle aussi la mosquée Bleue frappe par l'extraordinaire harmonie de ses formes, surmontées d'une coupole, et par les élégantes faïences bleues provenant de la ville d'Iznik qui en recouvrent entièrement les murs. Istanbul conserve d'extraordinaires monuments d'époque ottomane, notamment le fabuleux palais de Topkapi, le Grand Bazar avec ses caravansérails *(han)* et des dizaines de mosquées.

121 au centre, à gauche
Intérieur de la Sultan Ahmet Camii, plus connue sous le nom de mosquée Bleue puisque tous ses murs sont entièrement recouverts de 20 000 carreaux de faïence de couleur bleue provenant de la ville d'Iznik.

121 au centre, à droite
Une des salles du harem du palais de Topkapi, richement décorée. Au cours des siècles, les voyageurs occidentaux ont subi la fascination de ce lieu mystérieux. On dit qu'à l'époque de Mehmet II 688 odalisques y ont vécu. La plus célèbre femme du harem a été Roxelana, puissante concubine de Soliman le Magnifique.

121 en bas, à gauche
Entrée de la Sultan Ahmet Camii. On remarque les décorations ornées d'arabesques et l'énorme lampadaire, caractéristique des mosquées turques.

Mais l'attention de l'Unesco s'est focalisée sur des monuments plus anciens, de l'époque de Constantinople et de Byzance. Nécessitant de considérables interventions de restauration, ils restituent l'âme de la ville qui, au cours de sa longue histoire, a vu fleurir de grandes civilisations. La ville est toujours parvenue à renaître de ses cendres – en changeant de nom, de Constantinople à Byzance puis Istanbul – chaque fois plus majestueuse qu'avant. Exemple parfait de cette continuité – et avertissement pour les gouvernants –, l'antique hippodrome qui correspond aujourd'hui à la grande place comprise entre Sainte-Sophie et la mosquée Bleue et sous laquelle se trouve la somptueuse citerne construite pour garantir l'approvisionnement en eau de la ville en cas de siège. L'empereur Constantin, qui agrandit l'hippodrome, y fait transporter une colonne qui se dressait auparavant à Delphes devant le temple d'Apollon. Ce lieu devient immédiatement un point de rencontre citadin, vocation qu'il a conservé jusqu'à ce jour. À l'époque byzantine, des courses de coches et de chevaux s'y déroulent. Souvent, les résultats des courses entraînent des révoltes qui ont des répercussions sur la vie politique et peuvent mener à la destitution de l'empereur. Des siècles plus tard, lors des émeutes qui marquent le déclin des Ottomans, il est le théâtre, en 1826, du tristement célèbre massacre des janissaires par le sultan Mahmud II. Le complexe système défensif d'Istanbul est une autre preuve de l'histoire et de la puissance de la ville. Tourné vers la terre ferme, il a été construit au Ve siècle et comprend 96 tours, 13 portes simples et 11 autres portes protégées par des bastions. Les remparts ont été percés une première fois par les croisés puis par le puissant canon hongrois de Mehmet II, mais sont restés dans un excellent état de conservation jusqu'à la fin du XIXe siècle. Devenus inutiles, ils ont été abandonnés et sont tombés en ruine. Les travaux de restauration, commencés en 1980, ont fait l'objet de vives polémiques car peu respectueux de l'original.

Ces dernières décennies, Istanbul a connu une augmentation démographique exponentielle. Elle est aujourd'hui une métropole de 10 millions d'habitants au développement urbanistique incontrôlé. De nombreux trésors antiques ont été englobés dans des quartiers ghettos et leur sauvegarde est une entreprise désespérée. C'est ce qui est arrivé, par exemple, au splendide ensemble monastique du Christ Pantocrator, du XIIe siècle, constitué de trois églises ornées d'élégantes mosaïques qui ont abrité pendant les deux siècles suivants les sépultures des empereurs byzantins. Avec la conquête ottomane, l'ensemble est devenu une école coranique puis une mosquée, portant le nom de Zeyrek Camii. Ouvert au culte musulman aujourd'hui encore, l'ensemble monastique est considéré par l'Unesco comme l'un des cent sites en danger dans le monde.

122 en haut, à gauche
Au centre de l'hippodrome, actuelle esplanade séparant Sainte-Sophie de la mosquée Bleue, se dresse un obélisque égyptien. Haut de 60 mètres au départ, il s'est brisé lors de son transport. On y trouve également une colonne provenant du temple d'Apollon à Delphes.

122 en bas, à droite
Probablement construite sous l'empereur Constantin, la citerne de la basilique ou Yerabatan Sarayi, est un extraordinaire réservoir d'eau souterrain. L'espace, qui pouvait contenir 80 000 mètres cubes d'eau, est porté par une forêt de 336 colonnes aux chapiteaux corinthiens.

122-123 Vue d'une galerie principale du Grand Bazar, jonchée de tapis et autres babioles. À l'intérieur du complexe, on compte plus de 5 000 échoppes.

123 en haut, à gauche
Érigés au Ve siècle sous l'empereur Théodose II, les remparts de Constantinople avaient une circonférence de 6 650 mètres. Tombés en ruine, leur restauration fait l'objet d'un projet controversé.

123 en haut, à droite
Le monastère du Christ Pantocrator dont l'église a été fondée au XIIe siècle par l'impératrice Irène.

La vieille ville de Damas

SYRIE

DISTRICT ADMINISTRATIF DE DAMAS
INSCRIPTION : 1979
CRITÈRES : C (I) (II) (III) (IV) (VI)

On a dit que tout homme cultivé devait considérer la Syrie comme sa seconde patrie : elle a vu naître l'agriculture, l'alphabet, les trois grandes religions monothéistes, la philosophie, le commerce et l'art de la diplomatie. Damas et Alep se disputent le titre de plus vieille ville du monde. En réalité, des fouilles récentes ont mis au jour les vestiges d'un foyer urbain plus ancien à Hama, à mi-chemin entre les deux villes. Mais le litige subsiste.
Son nom arabe, Dimachq-al-Cham, ou Cham, comme l'appellent ses habitants, évoque le fils aîné de Noé qui, selon la Bible, s'y serait installé après le Déluge. Toutefois, le premier témoignage écrit sur la ville a été fourni par une tablette en terre cuite datant du néolithique, découverte à Mari, au bord de l'Euphrate. Et au IXe millénaire, comme l'atteste un document rédigé sur papyrus, elle commerçait avec l'Égypte. Ces documents fragmentaires ne permettent pas de savoir qui régnait sur la ville à cette époque lointaine. En revanche, il est établi qu'au IIe millénaire Damas était la capitale du royaume des Araméens, puis qu'elle fut conquise en 732 par le roi d'Assyrie Téglath-Phalasar III. En 538, après une courte parenthèse de trente ans durant laquelle elle fut dominée par le roi babylonien Nabuchodonosor II, Cyrus s'empara de la ville et en fit l'un des centres de l'Empire perse. Prise par Alexandre en 333, Damas se retrouva au cœur d'un immense empire, qui comprenait toute l'Asie Mineure et s'étendait jusqu'à l'Afghanistan. Mais l'âge d'or de Damas débuta en 64 av. J.-C., avec l'arrivée des Romains, qui entraîna la construction d'une ville magnifique sur les fondations anciennes ; elle se rangea vite parmi les dix principaux centres de l'Empire romain.
À cette époque, les habitants de Damas, véritable tête de pont du commerce entre l'Europe et l'Orient, constituaient

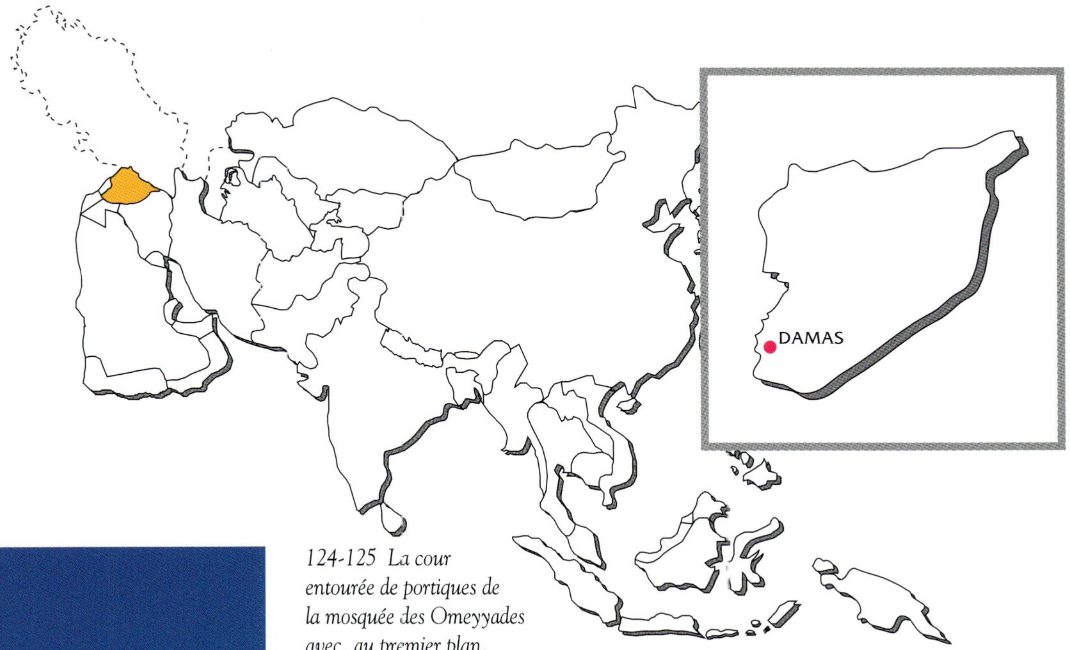

124-125 La cour entourée de portiques de la mosquée des Omeyyades avec, au premier plan, le trésor octogonal où l'on conservait les objets précieux. Pour des raisons de sécurité, il est juché sur huit colonnes surmontées de chapiteaux corinthiens provenant de temples de la période romaine.

125 en bas, à gauche Une vue de la mosquée des Omeyyades, entourée des édifices qui forment le souk d'al-Hamadiyyeh.

125 au centre, à droite L'immense salle de prière de la mosquée des Omeyyades. Au centre se trouve le monument de marbre érigé au XIXe siècle à l'emplacement où, selon la légende, on aurait enseveli la tête de saint Jean-Baptiste, qui compte parmi les prophètes de l'islam.

l'aristocratie mercantile de l'empire. Les épées et les tissus de Damas étaient des marchandises recherchées jusque dans les provinces les plus reculées.
En 34 apr. J.-C., un dignitaire romain, Paul – ou Saul – de Tarse, se trouvait par hasard sur la route par laquelle de fabuleuses richesses affluaient à Damas quand il eut une vision qui le poussa à se convertir au christianisme – la nouvelle religion qui mettait alors l'Empire romain sens dessus dessous. Un siècle plus tard, la ville obtiendra que son évêque n'ait de comptes à rendre qu'au patriarche d'Antioche.
En 395, l'Empire byzantin se substitua à l'Empire romain. Mais le véritable tournant, après mille ans de domination

124 en haut C'est le sultan mamelouk Qait Bey qui fit ériger en 1488, en style égyptien, le minaret occidental baptisé al-Garbiyya.

124 en bas Ce sont des artisans byzantins qui réalisèrent la mosaïque ornant le mur sud de la mosquée des Omeyyades. Bien qu'une grande partie des décorations se soit détériorée au cours des siècles, celle-ci – qui représente les jardins du paradis d'Allah – est l'une des plus grandes mosaïques du monde.

occidentale, ce sera la conversion en masse, en partie forcée, des habitants de Damas à l'islam, une toute nouvelle religion importée de la péninsule Arabique par les troupes des califes omeyyades. Ces puissants souverains, éblouis par la beauté de la ville, en firent en 656 la capitale de la première grande puissance musulmane de l'histoire, qui dominait un territoire allant de l'Atlantique à l'Indus.

Aujourd'hui, la vieille ville de Damas, entourée par ses hautes murailles, offre un extraordinaire mélange architectural d'éléments omeyyades, romains, paléochrétiens et byzantins imbriqués.
Le cœur de la ville omeyyade est la Grande Mosquée, édifiée sur le site d'un ancien temple dédié au dieu araméen Hadad, sur lequel on érigea à l'époque romaine un temple de Jupiter puis, par la suite, une église consacrée à saint Jean-Baptiste.
Le calife al-Walid ibn Abd al-Malik entreprit la construction de l'édifice en 705, pour célébrer la puissance de la dynastie. Les travaux – qui coûtèrent la somme fabuleuse de onze millions de dinars d'or – ont duré dix ans et mobilisé 1 200 artisans. Les façades austères ne laissent nullement présager que l'intérieur renferme l'une des plus grandioses glorifications de la grandeur d'Allah.
Par la porte du Paradis, l'entrée principale de la Grande Mosquée, on accède à une immense cour entourée de portiques.

À l'origine, toutes les parois externes étaient couvertes de mosaïque sur une superficie de 4 500 mètres carrés. Le terrible incendie de 1893 en a détruit la plus grande partie. Ce qui subsiste témoigne toutefois d'un art de la mosaïque comparable uniquement à celui de Sainte-Sophie, à Istanbul, ou des basiliques de Ravenne. L'art des artisans byzantins, habitués à créer des œuvres figuratives, était si accompli que le calife trouva un stratagème pour déroger au principe islamique interdisant de reproduire les figures. Il déclara que l'on représenterait la « Cité de Dieu » sur les murs de la Grande Mosquée. On adopta l'or et trente tonalités différentes de vert, qui contrastent avec le bleu du lapis-lazuli et avec l'aigue-marine des fleuves du paradis d'Allah. Par ailleurs, al-Walid, qui appréciait l'architecture romaine, ordonna de réemployer les colonnes du temple de Jupiter. Ainsi le trésor (Bait al-Hal), où les notables damascènes conservaient leurs objets et leurs documents précieux, est une structure octogonale recouverte de tesselles étincelantes prenant appui sur des colonnes à chapiteaux corinthiens.

La présence, dans la salle de prière, du sépulcre de saint Jean-Baptiste, laisse transparaître la parenté entre l'islam et le christianisme. Sans compter que l'un des minarets est dédié à Jésus. Les musulmans croient que, le jour du Jugement dernier, le Christ descendra sur terre en prenant appui sur cette tour massive.

Damas est l'une des quatre villes saintes de l'islam; on prétend qu'une prière dite à la Grande Mosquée en vaut dix mille prononcées ailleurs. La ville abrite par ailleurs les tombeaux d'éminents personnages, comme ceux de Saladin, le chef militaire qui donna bien du fil à retordre aux croisés, et de Sayyida Ruqqaya, la petite-fille du Prophète, vénérée par les chiites. En revanche, l'humble église souterraine d'Ananie, l'ascète – canonisé par la suite – qui accueillit saint Paul, possède une grande valeur symbolique aux yeux des chrétiens. Et à côté des rues où, aujourd'hui encore, vivent des chrétiens, subsistent quelques anciennes maisons juives.

En 750, les Abbassides mirent fin au califat omeyyade et transférèrent la capitale à Bagdad. Toutefois, les édifices damascènes continuèrent à servir de modèle aux villes arabes d'al-Andalus, telle Cordoue.

On retrouve aussi le motif décoratif des roses de Damas à l'Alhambra de Grenade.

Après une longue période de prospérité commerciale, la ville déclina à l'époque des croisades et, en 1400, fut mise à sac par les troupes mongoles de Tamerlan.

En 1516, survinrent les Ottomans; ils dominèrent la ville jusqu'à la fin de la Première Guerre mondiale. À l'époque turque, Damas s'enrichit d'édifices fastueux et connut un second âge d'or. Aimant la beauté et les plaisirs terrestres, les Ottomans restaurèrent la Grande Mosquée et firent de la ville un centre commercial très animé.

À l'intérieur des remparts, peu de choses ont changé depuis cette époque. Après la Bab al-Faraj, la porte principale, on traverse le souk al-Hamadiyyeh, couvert d'une structure métallique voûtée, comme la plupart des pittoresques souks urbains.

Puis, après avoir franchi les vestiges d'un arc romain, on arrive à la Grande Mosquée pour se perdre ensuite dans un dédale de ruelles, qui recèlent des trésors tels que les hammams et les caravansérails *(khan)*; celui qu'Assad Pacha al-Azem, gouverneur de Damas au milieu du XVIIIe siècle, fit construire dans le souk aux épices (al-Bzourieh) est remarquable par ses dimensions et sa splendeur. Assad Pacha fit aussi bâtir le palais Azem, une charmante résidence comportant toute une série de patios fleurant bon les bougainvillées et les jasmins; depuis 1952, il abrite le musée des Arts et Traditions populaires, qui renferme des milliers d'objets précieux dans ses salles ornées de boiseries. Ce palais encouragea les notables ottomans à se faire construire des demeures qui constituent un véritable hymne à la joie de vivre. On peut citer notamment Bait Siba'i et Bait Nizam, qui ont retrouvé leur splendeur d'antan : des restaurations ont ravivé les fresques, les stucs, les boiseries et les marbres polychromes.

En y pénétrant, on comprend les mots d'un poète damascène anonyme pour qui les maisons de sa ville sont faites de boue, d'eau, de bois, de paille, de couleurs, de pierre, de marbre, de verre, de poésie et d'amour.

126 à gauche Le mausolée de Sayyida Ruqqaya fut construit au XIXe siècle, en style persan, en l'honneur de la petite-fille du Prophète vénérée par les chiites. La tombe de la jeune martyre est un lieu de pèlerinage qui attire des centaines de milliers de femmes.

126 à droite Édifiée en 1196, la tombe de Saladin, héros de l'islam, a été négligée pendant des siècles, jusqu'à ce que le Kaiser Guillaume II la fasse restaurer en 1898 en hommage au sultan ottoman Abdülhamid II.

127 en haut Bait Azem, la splendide demeure du gouverneur ottoman de Damas, fut édifiée au milieu du XVIIIe siècle. Ses somptueux intérieurs et ses patios abritent aujourd'hui le musée des Arts et Traditions populaires.

127 en bas, au centre Le splendide décor de marbres polychromes des murs et de la fontaine, dans l'une des pièces de Bait Nizam, l'une des résidences ottomanes les plus somptueuses et les mieux conservées de la vieille ville.

127 en bas, à droite La porte Orientale – Bab Charqi – est aujourd'hui le monument le plus ancien de Damas ; c'est aussi le seul des sept ou huit accès de l'époque romaine qui ait conservé sa forme d'origine.

Jérusalem et ses remparts

ISRAËL

District de Jérusalem
(site proposé par la Jordanie)
Inscription : 1981
Inscription sur la liste du patrimoine mondial en péril : 1982
Critères : C (ii) (iii) (vi)

En 1947, les Nations unies ont approuvé une résolution faisant de Jérusalem un *corpus separatum* n'appartenant ni à Israël ni à la Palestine. Mais plus d'un demi-siècle après, les parties en cause, qui ont malheureusement plus souvent recours au langage des armes qu'à la diplomatie, ne sont toujours pas parvenues à un accord sur le statut de la ville – problème d'une immense portée symbolique, véritable nœud gordien situé au cœur d'un conflit apparemment sans fin. L'inscription du site sur la liste du Patrimoine mondial de l'Unesco, en 1981, a été suivie dès 1982 par son inscription sur celle des sites menacés. Car Jérusalem ne subit pas seulement les séquelles de l'extrémisme arabo-israélien, elle souffre aussi d'une croissance urbaine anarchique,

de l'impact du tourisme et d'une grande négligence à l'égard de ses monuments. Car en étant considérée en principe comme la ville de tout le monde, elle finit malheureusement par ne plus être la ville de personne.

Jérusalem est une ville sainte pour les trois grandes religions monothéistes : le judaïsme, le christianisme et l'islam. Pour les juifs, c'est l'emplacement du sacrifice d'Isaac. Pour les chrétiens, c'est le lieu de la crucifixion et de la résurrection du Christ. Et pour les musulmans, c'est d'ici que le prophète Mahomet est monté au ciel. Bien que Jérusalem présente aujourd'hui l'aspect d'une ville moderne, la Vieille Ville – une superficie de 1 kilomètre carré entourée de remparts de 12 mètres de haut et de 4 kilomètres de long – évoque cinq mille ans d'histoire tourmentée. Fondée au IIIe millénaire par les Cananéens, Jérusalem entra brusquement dans l'éternité vers 1000 av. J.-C., quand le roi David conquit la cité et que le roi Salomon y édifia le Temple. En 586 av. J.-C., Nabuchodonosor la mit à feu et à sang, détruisit le Temple et déporta ses habitants à Babylone. Cinquante ans plus tard, le Perse Cyrus le Grand conquit Babylone et permit aux Hébreux de retourner à Jérusalem et d'y reconstruire le Temple. Les Perses contrôlèrent la ville jusqu'à l'arrivée d'Alexandre le Grand en 333 av. J.-C. En 198, le roi séleucide Antiochus III conquit la Judée – dont Jérusalem était la capitale – ; elle fut tributaire de la Syrie jusqu'à ce que les juifs se révoltent. Le Temple fut consacré à nouveau en 168 et la ville prospéra sous la dynastie juive des Maccabées, jusqu'à la conquête romaine, en 63 av. J.-C. Sous Hérode, le souverain imposé par Rome, Jérusalem fut reconstruite. Mais le pouvoir, à cette époque, était exercé par des gouverneurs romains. Ce fut l'un d'eux, Ponce Pilate, qui autorisa l'exécution du Christ. Les juifs tentèrent à plusieurs reprises de se libérer de la tutelle romaine. Après la révolte de 70 apr. J.-C., le second Temple fut incendié, et après celle de 135, les juifs furent même bannis de Jérusalem. Au IVe siècle, une fois le christianisme adopté comme religion officielle de l'Empire romain, la ville devint un important lieu de pèlerinage chrétien. On édifia de nombreuses églises, dont

128 en bas, à gauche
La porte Dorée – Bab al-Rahmeh – est mentionnée par les textes des trois religions monothéistes. Pour le judaïsme, c'est par là que le Messie entrera dans Jérusalem. Pour le christianisme, c'est par là que Jésus y est entré pour la dernière fois. Pour l'islam, c'est la porte de la Rétribution du Coran, que les justes franchiront le jour du Jugement dernier.

128-129 Vue panoramique de Jérusalem. On distingue, au premier plan, la vaste esplanade sur laquelle est édifié le Dôme du Rocher. Une population – estimée à 700 000 personnes – qui ne cesse de croître, l'impact du tourisme de masse et l'interminable conflit israélo-palestinien menacent sérieusement l'antique et fragile équilibre de la ville.

129 au centre, à droite
À l'intérieur des remparts longs de 4 kilomètres, la Vieille Ville donne l'impression d'un labyrinthe comptant plus d'une centaine de rues et plus d'un millier d'échoppes.

129 en bas, à droite
Suq Khan as-Zeit est la voie la plus fréquentée du quartier arabe de Jérusalem, la zone la plus densément peuplée de la Vieille Ville.

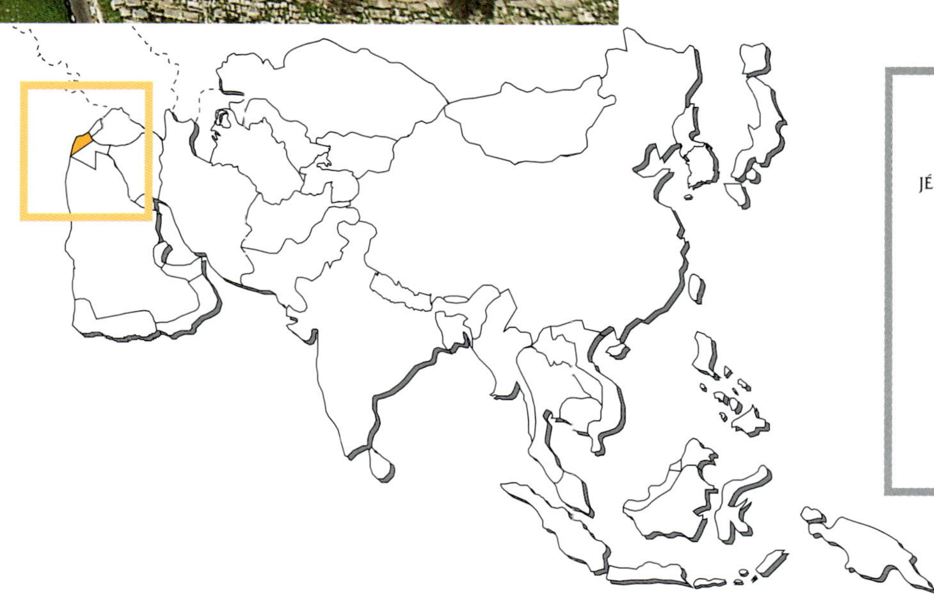

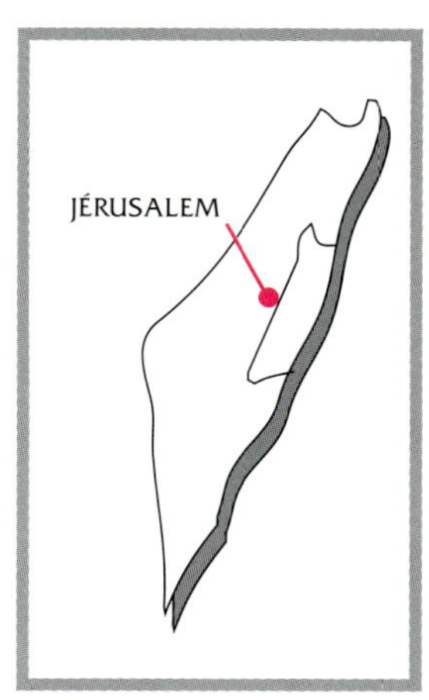

celle du Saint-Sépulcre, à l'emplacement présumé du tombeau du Christ.
Si l'on excepte la brève parenthèse de la domination perse, entre 614 et 628, la ville appartint à l'Empire romain – puis à l'Empire byzantin – jusqu'à ce que les Arabes s'en emparent en 638 et édifient le Dôme du Rocher à l'emplacement du Temple. Malgré cet affront, la cohabitation pacifique entre juifs, chrétiens et musulmans dura jusqu'à 996, moment où le calife fatimide al-Hakim entreprit de persécuter les populations non musulmanes. Cela déclencha les croisades et, en 1099, après un long siège, les croisés s'emparèrent de Jérusalem. Un peu moins d'un siècle plus tard, Saladin reprit la ville qui resta sous domination musulmane – passant de la dynastie ayyoubide aux Mamelouks puis aux Ottomans – jusqu'à l'arrivée des Britanniques en 1917. Jérusalem fut alors, jusqu'en 1948, la capitale du mandat britannique sur la Palestine.
Ensuite, le plan d'internationalisation de la ville a échoué à cause de la guerre de 1948 et de celle des Six-Jours, en 1967. La suite constitue une chronique douloureuse.
Les remparts de la Vieille Ville, érigés par les Ottomans à la fin du XVIe siècle, entourent un espace divisé en trois quartiers, juif, musulman et chrétien.
En plus de souks pittoresques et de maisons de pierre blanche, Jérusalem compte une grande quantité d'édifices religieux ayant survécu aux destructions et aux transformations, qui témoignent de sa nature trois fois sainte. Le mur des Lamentations, le Saint-Sépulcre et le Dôme du Rocher sont les lieux les plus chargés de symboles pour chacune des trois religions. Ils ont aussi une forte connotation culturelle et politique.
Dans la tradition mystique juive, le mont Moriah, inclus dans la section occidentale des remparts, constitue le centre de l'univers. C'est ici qu'Abraham, le patriarche du peuple d'Israël, se prépara à sacrifier son fils Isaac. Et c'est ici que Salomon construisit le Bet-El, le Temple, pour y abriter l'Arche d'alliance. Depuis la destruction du second Temple, en 70 apr. J.-C., il n'en subsiste que ce que les juifs appellent HaKotel HaMa'aravi, c'est-à-dire le mur des Lamentations, qui fut érigé par Hérode, puis englobé dans les fortifications ottomanes. Ici, depuis des siècles, les juifs viennent à toute heure du jour et de la nuit pleurer la disparition du Temple ; et glisser entre les pierres des petits papiers pliés où ils inscrivent leurs prières les plus intimes et leurs confessions.
Le mur des Lamentations est surmonté par le Dôme du Rocher, le Qubbat as-Sakhra,

130 en haut Le mur dit « des Lamentations » est ainsi nommé parce que le peuple juif s'y rend pour pleurer la destruction du second Temple, incendié en 70 apr. J.-C. à l'issue d'une révolte. Dans les fissures, entre les pierres, les fidèles déposent des petits bouts de papier sur lesquels ils inscrivent leurs prières.

130 en bas L'habitude de se rendre en pèlerinage au mur des Lamentations date de la période ottomane. Les édifices de ce vieux quartier se pressaient alors contre la paroi, ce qui laissait peu d'espace pour prier. Le quartier arabe qui se trouvait à cet emplacement fut rasé en 1967, après la guerre des Six-Jours.

131 Le mur des Lamentations – HaKotel HaMa'aravi – fut construit sous Hérode, en 20 av. J.-C. pour soutenir le terre-plein sur lequel se trouvait le second Temple. Aujourd'hui, le Dôme du Rocher domine le Mur, comme pour symboliser la difficile cohabitation entre l'islam et le judaïsme.

le plus ancien chef-d'œuvre de l'art islamique. Sa construction, qui dura de 685 à 691, fut pour ainsi dire un acte politique. Le calife Abd al-Malik voulut ainsi affirmer sa suprématie sur ses rivaux de la péninsule Arabique et, en interprétant à sa convenance la sourate XVII du Coran, il affirma que c'était à l'emplacement des ruines du Temple d'Israël que Mahomet avait entrepris son voyage au ciel.
Autour de la roche où serait restée imprimée la marque du pied du Prophète, on créa un édifice extraordinaire.
Sur une plate-forme de pierre on édifia une structure constituée de deux colonnades concentriques, la première octogonale, la seconde circulaire, qui supportent une coupole de 20 mètres de diamètre. L'ensemble fait 30 mètres de haut. L'intérieur est orné de précieuses mosaïques aux motifs géométriques, calligraphiques et floraux, qui couvrent une superficie de 1 280 mètres carrés. Les plus anciennes ont été réalisées par des artisans byzantins. Après la prise de Jérusalem, les croisés consacrèrent le Dôme au culte chrétien et dressèrent au sommet de la coupole une croix d'or qui fut enlevée par les Ottomans. C'est Soliman le Magnifique, au XVIe siècle, qui orna la coupole et les parois extérieures de carreaux de faïence bleus – la couleur du ciel, et donc de l'infini – et or – symbole de la puissance d'Allah. Au début des années 1990, le roi Hussein de Jordanie a rendu hommage au troisième lieu saint de l'islam par ordre d'importance – après La Mecque et Médine – en faisant recouvrir la coupole de feuilles d'or pur.

132 en haut, à gauche Deux colonnades concentriques, l'une de plan octogonal, l'autre de plan circulaire, soutiennent la grande coupole de 20 mètres de diamètre du Dôme.

132 en haut, à droite Au début des années 1990, le roi Hussein de Jordanie, dont la famille s'enorgueillit de descendre en ligne directe du prophète Mahomet, fit recouvrir la coupole du Dôme du Rocher de feuilles d'or pur.

132 en bas Sous la coupole du Dôme du Rocher se trouve le rocher sacré sur lequel Abraham aurait préparé le sacrifice de son fils et d'où Mahomet serait monté au ciel pour prendre place au côté d'Allah.

132-133 Construit entre 685 et 691 sur l'ordre du sultan Abd al-Malik, le Dôme du Rocher – Qubbat as-Sakhra – est le plus ancien chef-d'œuvre de l'art islamique. Pour affirmer la suprématie de l'islam, le sultan ordonna à ses architectes de prendre comme modèle la rotonde du Saint-Sépulcre.

133 en haut Le sultan Soliman le Magnifique fit décorer les parois extérieures et la voûte du Dôme du Rocher de 45 000 carreaux de faïence bleus et or – symbolisant la couleur du ciel et la puissance d'Allah.

134 en haut La chapelle des Quarante Martyrs, la chapelle grecque orthodoxe Saint-Jean et la chapelle Saint-Jacques donnent, à gauche, sur la cour par laquelle on accède à l'église du Saint-Sépulcre – sa façade a été construite au XIIe siècle, à l'époque des croisades.

134 en bas Vue panoramique de l'église du Saint-Sépulcre. Entièrement entourée par les habitations, l'église est pratiquement étouffée par le développement urbain de Jérusalem.

Le Saint-Sépulcre se trouve un peu plus loin des lieux saints juifs et musulmans, à l'extrémité d'une rue que la tradition identifie avec la *via dolorosa,* cadre de la Passion du Christ. L'empereur Hadrien avait édifié à cet endroit un temple en l'honneur de Vénus. On dit que la mère de l'empereur Constantin, venue à Jérusalem en 326, y aurait découvert la Sainte-Croix et ordonna par conséquent d'y construire une église. Ne voulant pas reprendre la structure du temple païen, elle adopta la forme de la basilique – un édifice civil destiné aux réunions et au commerce. L'église du Saint-Sépulcre fut rasée à plusieurs reprises, mais sous sa forme actuelle, qui date des croisades, elle est fidèle au plan de l'église bâtie à l'époque de Constantin. On a ajouté à la Rotonde de 40 mètres de diamètre, lieu présumé de la crucifixion et de la mort du Christ, une seconde basilique superposée, des galeries et des cours à portiques. Les représentants de six cultes chrétiens se relaient dans la journée pour garder le lieu le plus saint de la chrétienté.

Outre ces hauts lieux des trois religions, on découvre dans les moindres recoins de la Vieille Ville des monastères et des églises liés aux différents cultes chrétiens – dont Sainte-Anne, bâtie à l'endroit où aurait habité la Vierge –, des synagogues, des collèges talmudiques, des mosquées, des édifices civils d'époque mamelouke et ottomane.
Et la ville trois fois sainte attire une incroyable quantité de visiteurs du monde entier, tous habités par le même désir de paix.

135 en haut, à gauche
Le Katholicon, le chœur grec de l'église du Saint-Sépulcre, où sont représentées six confessions chrétiennes.

135 en haut, au centre
L'autel de la Vierge se trouve à l'emplacement présumé du Calvaire, où eut lieu la crucifixion.

135 en haut, à droite
La pierre de l'onction, sur laquelle on oignit le corps de Jésus après l'avoir déposé de la croix, se trouve à l'entrée du Saint-Sépulcre.

135 en bas, à gauche
À la Rotonde de 40 mètres de diamètre bâtie à l'emplacement présumé de la crucifixion, s'adjoignirent au cours des siècles de nombreuses chapelles, où ont été ensevelies des personnalités qui jouèrent un rôle de premier plan dans la défense du Saint-Sépulcre, comme les croisés Baudouin Ier et Godefroy de Bouillon.

135 en bas, à droite
Fresque ornant une voûte de l'église du Saint-Sépulcre représentant le Christ en majesté.

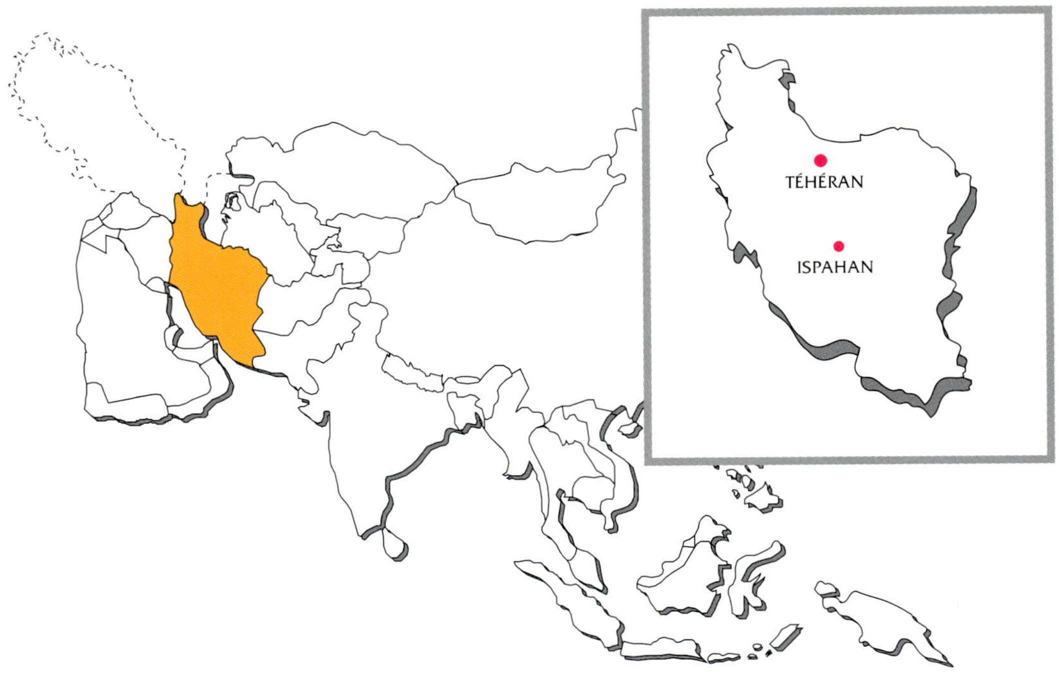

136 en haut La Meidan-e Imam, l'ex-place du Roi, qui symbolisa autrefois la puissance de l'Empire séfévide, mesure 500 mètres sur 180. Elle est bordée par la mosquée du Roi, la mosquée de Cheikh Lotfollah, le palais royal d'Ali-Qapou et l'entrée du grand bazar.

136-137 La superbe cour centrale de la mosquée du Roi. Les portails et les arcades ornés de précieux carreaux de faïence turquoise et or se reflètent dans le grand bassin aux ablutions. Construite au début du XVIIe siècle, la mosquée du Roi marque l'apothéose de l'architecture persane.

137 en haut, à droite Outre de délicats motifs floraux, l'intérieur de la mosquée du Roi est orné de précieuses calligraphies réalisées par Ali Reza Abbassi. Appartenant à la famille séfévide et né à Tabriz, il fut l'artiste persan le plus renommé de son temps.

Le Meidan-e Imam à Ispahan

IRAN

Iran
Province d'Ispahan
Inscription : 1979
Critères : C (I) (V) (VI)

« Ispahan est le centre du monde », disaient tous ceux qui visitaient la ville au XVIIe siècle, émerveillés par ses édifices grandioses et son commerce prospère. Pourtant, cette merveille a surgi en moins d'une trentaine d'années, par la volonté d'un souverain ambitieux qui avait su s'attacher les services de deux mercenaires. En effet, durant tout le XVIe siècle, la dynastie séfévide, qui régnait sur la Perse depuis le milieu du XIVe siècle, avait vu son territoire se restreindre considérablement face à l'avancée des troupes ottomanes. Jusqu'au jour où sir Anthony Sherley et son frère Robert frappèrent à la porte du chah Abbas Ier. Les deux aventuriers anglais lui proposèrent, en échange de substantielles rétributions et d'honneurs, d'entreprendre des démarches diplomatiques auprès des cours européennes pour qu'elles soutiennent les Séfévides contre les Ottomans. Les deux Anglais lui proposèrent aussi d'apprendre aux Persans à utiliser la poudre et à construire des canons. L'accord fut scellé et, en l'espace de deux ans, fort de ces innovations techniques, Abbas Ier put reconquérir une bonne partie de la Perse. Entré triomphalement à Ispahan en 1598, le souverain décida d'en faire sa nouvelle capitale et entreprit de construire des édifices destinés à célébrer sa grandeur.
À la place du modeste palais turc, il fit ériger l'Ali Qapou, le palais royal de six étages donnant sur l'ancienne esplanade de Nagach-e-Jahan qu'il fit agrandir, en lui conférant un périmètre de 500 mètres sur 150. À l'est de la place, qu'il rebaptisa Meidan-e Chah – la place du Roi ; on l'a rebaptisée par la suite Meidan-e Imam –, il fit construire la mosquée du Roi (Masdjed e-Chah).
Achevé après la mort du chah Abbas Ier en 1628, l'édifice est considéré comme l'un des plus beaux monuments de l'art persan. On estime que sa construction a nécessité 18 millions de briques et 472 500 carreaux de faïence bleus et turquoise. Traditionnellement, les artisans locaux utilisaient des carreaux d'une seule couleur et créaient des motifs en les alternant lorsqu'ils les posaient.
Mais Abbas Ier, impatient de voir l'édifice achevé, ordonna d'accélérer le processus en faisant poser des carreaux déjà ornés de motifs floraux.
La grande porte d'entrée, haute de 27 mètres, est surmontée d'une majestueuse coupole et flanquée de deux minarets de forme circulaire. Pour faire correspondre l'entrée de la mosquée et l'axe de la place tout en orientant le mirhab vers La Mecque, l'architecte Abu'l Qasin utilisa un stratagème : il fit pivoter de 45 degrés le plan de l'ensemble disposé autour d'une cour à arcades, comprenant divers vestibules, une grande salle de prière surmontée d'une coupole de 52 mètre de haut et une école coranique.
En 1602, le souverain fit ériger à l'ouest de Meidan-e Imam une autre mosquée en l'honneur de son gendre Cheikh

137 au centre Vue d'Ispahan avec, au premier plan, les deux minarets de la mosquée du Roi et, au second plan, la mosquée du théologien chiite Cheikh Lotfollah. En dépit des dimensions modestes de cet édifice, sa coupole ornée d'arabesques rivalise esthétiquement avec celle de la mosquée du Roi.

137 en bas À l'intérieur de la mosquée du Roi, seuls les piliers de la salle de prière ne sont pas couverts de carreaux de faïence. L'immense ensemble abrite plusieurs écoles coraniques.

Lotfollah, un célèbre théologien chiite. De dimensions plus modestes et dépourvue de minarets parce qu'elle était réservée à l'usage exclusif de la famille royale, elle rivalise avec la Masdjed e-Chah, pour le raffinement de ses faïences et de sa structure. Enfin, au nord de la place, s'ouvre le magnifique portail du Qeyssarieh, l'immense bazar de la ville. Pour que le commerce redevienne florissant, Abbas Ier attira à Ispahan d'habiles négociants arméniens et concéda des privilèges aux représentants des Compagnies anglaise et hollandaise des Indes orientales. Les deux mosquées, le palais royal et le bazar forment un ensemble harmonieux grâce aux élégantes arcades qui bordent les quatre côtés de la place, véritable centre symbolique de la puissance d'Abbas Ier. Bien qu'il ait mérité une place de premier rang dans le domaine de l'art persan, le souverain fut par ailleurs tristement célèbre pour sa cruauté. C'est lui qui introduisit de force la doctrine chiite dans le pays, en massacrant les sunnites, et qui imposa la langue persane (ou farsi). Il avait tellement peur d'être victime d'un complot qu'il fit tuer son fils aîné et crever les yeux aux deux plus jeunes pour qu'ils ne puissent pas régner après lui.

À sa mort, c'est son petit fils Safi Ier qui lui succéda. Il est lui aussi passé à la postérité pour avoir systématiquement éliminé tous les prétendants au trône, sans oublier sa propre mère. C'est Abbas II, un enfant de dix ans à peine, qui lui succéda ; manipulé par ses conseillers et ses tuteurs, il marqua le déclin de la dynastie séfévide et d'Ispahan. Au début du XVIIIe siècle, la ville fut mise à sac par les Afghans et, en 1736, la capitale de la Perse transférée à Mechhed.

138 en haut, à gauche
Détail de décoration florale polychrome sur fond bleu en carreaux de faïence.

138-139 Un raccourci original : l'un des deux minarets de la mosquée du Roi et la coupole de la mosquée de Cheikh Lotfollah. On les a ornés de carreaux de faïence en employant le procédé dit « des sept couleurs » (heft rangi).

139 en haut L'un des espaces internes richement ornés de la mosquée de Cheikh Lotfollah, que le chah Abbas Ier fit édifier entre 1602 et 1619 en l'honneur de son gendre. La mosquée était réservée à l'usage exclusif de la famille royale.

139 en bas La mosquée de Cheikh Lotfollah. L'imposante porte monumentale comporte une voûte ornée de motifs géométriques évoquant une cascade de stalactites. Ce genre de décoration a été emprunté à des édifices plus anciens, d'époque omeyyade et abbasside.

Le Tadj Mahall

INDE

AGRA, UTTAR PRADESH
INSCRIPTION : 1983
CRITÈRES : C (I)

140 à gauche, au centre
Le jardin du Tadj Mahall, évocation du paradis d'Allah, associe les traditions moghole, persane et arabe. Le grand bassin qui le divise, au centre, sur toute sa longueur symbolise le Kawthar, le bassin céleste de l'Abondance, mentionné dans le Coran.

140 à gauche, en bas
Le portail d'entrée du Tadj Mahall, construit en grès rouge, est orné d'arabesques et d'inscriptions coraniques sculptées dans le marbre blanc. Si le grand porche est caractéristique de l'architecture islamique, les tours qui le flanquent appartiennent à la tradition hindoue.

140-141 Le mausolée du Tadj Mahall, haut de 75 mètres, repose sur une plate-forme carrée de 57 mètres de côté. Au bâtiment principal, surmonté d'un dôme bulbeux, sont associés quatre minarets isolés, situés aux quatre angles.

Pour construire le Tadj Mahall, le monument le plus célèbre de l'Inde, il fallut vingt années de travaux. Pour loger les 20 000 ouvriers, hommes et femmes, une ville nouvelle fut fondée : Mumtazabad, l'actuelle Tadj Gandj, située à proximité de l'immense chantier.
Mille éléphants transportèrent jusqu'à Agra les énormes blocs de marbre blanc, extraits des carrières de Makrana, dans le Rajasthan. La ville voisine de Fatehpur Sikri fournit 114 000 chariots de grès rouge, et ses habitants furent employés pendant des années à la cuisson des briques. Une chronique persane du XVIIe siècle rapporte que, pour décorer le Tadj Mahall, des sommes fabuleuses furent dépensées à l'achat de lapis-lazuli afghans, de turquoises tibétaines, de cristaux chinois, de jaspes du Pendjab, d'onyx persans, d'agates yéménites, de coraux de la mer Rouge et de calcédoines européennes. Alors que les marchands de Jaipur fournissaient les diamants, la magnétite fut achetée à Gwalior, et la cornaline à Bagdad. Toutes ces sommes furent prélevées sur la fortune d'un seul homme : l'empereur moghol Chah Djahan, qui, paré du titre de « roi du monde », régna de 1627 à 1666 sur un territoire s'étendant de Kandahar, à l'ouest, jusqu'à l'Assam, à l'est, et depuis le massif du Pamir, au nord, jusqu'à la plaine du Deccan, au sud. Jamais un souverain indien n'avait régné sur un empire aussi vaste.
Malgré l'ampleur du chantier, Chah Djahan n'imposa, dit-on, aucun impôt supplémentaire à son peuple : la construction du Tadj Mahall fut, pour ainsi dire, une « affaire personnelle ».
Ce monument extraordinaire, décrit par Rabindranath Tagore (1861-1941), le plus

grand poète indien du XXe siècle, comme une « larme sur le visage de l'éternité », est probablement le plus grand don d'amour qu'un homme ait jamais fait à une femme. Chah Djahan fit en effet construire ce mausolée pour sa femme adorée Mumtaz Mahall, morte en 1631.
Si la défunte n'était pas la seule épouse de l'empereur, qui entretenait un harem de 5000 concubines, elle fut la seule qu'il épousa par amour, sans penser à la raison d'État. Fille d'un haut dignitaire perse, la jeune femme s'appelait en réalité Arjmand Banu Bégum ; le surnom de Mumtaz Mahall, « l'Élue du Palais », lui avait été donné par son beau-père Jehangir au lendemain de son mariage, le 27 mars 1612. Jusqu'à la mort de Mumtaz Mahall, les deux époux furent inséparables : lui ne cessa jamais de la couvrir de bijoux fabuleux ; elle lui apportait son aide, même dans les affaires d'État, et le suivait à la guerre. De leur union naquirent quatorze enfants, mais la naissance du dernier, que Mumtaz Mahall mit au monde dans une tente, au cours d'une campagne militaire dans le Deccan, lui coûta la vie.
La légende rapporte qu'au moment de rendre le dernier soupir, Mumtaz Mahall fit promettre à Chah Djahan de lui construire la plus belle sépulture du monde. Quelle que soit la vérité, l'empereur ne trouva la paix qu'après avoir achevé le Tadj Mahall. De retour à Agra, il acheta un terrain situé au bord de

la Yamuna, qui devait à la fois accueillir le tombeau *(rauza)* et servir de lieu de pèlerinage *(urs)* lors des cérémonies commémorant la mort de Mumtaz Mahall. Au cours des siècles, de multiples hypothèses ont été formulées sur l'identité des architectes. Certains ont même voulu attribuer le mausolée à Pietro Veroneo, qui fut au service de l'empereur durant la durée de sa construction. Néanmoins, il paraît improbable qu'un architecte italien, fût-il le contemporain du Bernin, eût été capable de concevoir un monument qui conjugue aussi parfaitement les traditions indienne et persane. L'état actuel de la recherche laisse plutôt penser que le projet fut l'œuvre conjointe de plusieurs architectes orientaux.

Orné d'arabesques et d'inscriptions coraniques, un portail monumental en grès rouge, flanqué de tours de style hindou, constitue l'accès au Tadj Mahall. Une fois le portail franchi, le visiteur découvre le mausolée, magnifique construction de 75 mètres de haut, qui repose sur un socle quadrangulaire de 57 mètres de côté. Aux quatre angles se dressent autant de minarets, qui sont légèrement penchés : cette inclinaison souligne l'effet de perspective et renforce leur résistance aux secousses sismiques. Surmonté d'un pinacle en cuivre de 9 mètres de haut, l'énorme dôme bulbeux, autrefois doré, fut probablement conçu par un architecte turc, Ismaïl Effendi, qui avait travaillé pour les sultans ottomans à Istanbul.

La construction du Tadj Mahall, qui s'étendit de 1632 à 1648, témoigne d'une grande maîtrise technique. Coiffés d'un dôme qui pèse près de 12 000 tonnes, les murs extérieurs supportent un poids de 86 tonnes par mètre carré. Revêtu de marbre, l'édifice est soutenu par des arcs renforcés par des briques, des poteaux de bois et des piquets de fer enfoncés dans la plate-forme. Un système de puits protège le site contre les crues de la Yamuna, dont le cours fut détourné de façon que la terrasse arrière surplombe la rive droite.

À la prouesse technique des architectes s'ajoute l'habileté extraordinaire des artisans qui ont exécuté l'ornementation du mausolée, composée d'inscriptions coraniques, d'arabesques florales et de motifs géométriques. Mais ce raffinement n'enlève rien à l'impression de simplicité et d'harmonie qui se dégage du monument dans son ensemble.

De part et d'autre du mausolée se dressent deux édifices identiques en grès rouge,

coiffés chacun de huit coupoles. Alors que le bâtiment de gauche, tourné vers La Mecque, est une mosquée, le bâtiment de droite, appelé Jawab, « la Réponse », était destiné à recevoir les pèlerins. Au centre, enfin, s'étend le Char Bagh, le jardin de style persan créé à l'image du paradis. Orné de fontaines, il obéit à une géométrie parfaite, régie par la répétition du chiffre quatre et de ses multiples : ce grand carré, divisé en quatre parties, contenait à l'origine seize parterres, qui contenaient chacun quatre cents fleurs.
À l'intérieur du mausolée, le cénotaphe de Chah Djahan est le seul élément qui rompt la symétrie de l'ensemble. Dans l'immense salle, ornée de pierres précieuses, de mosaïques et de motifs sculptés dans le marbre, le cénotaphe de Mumtaz Mahall, situé au centre, est en effet flanqué sur sa gauche du cénotaphe de l'empereur. Le schéma asymétrique se retrouve dans la crypte, située sous la chambre funéraire, qui contient les tombeaux de Mumtaz Mahall et de Chah Djahan.
La violation du principe de symétrie qui gouverne l'ensemble du complexe s'explique par l'inachèvement du projet. À vrai dire, Chah Djahan repose ici contre sa volonté : l'empereur avait prévu de faire construire sur la rive opposée de la Yamuna un second mausolée en marbre noir, identique au Tadj Mahall, et de réunir les deux sites par un pont en or massif. Après sa mort, cependant, son fils Aurangzeb, qui était monté sur le trône après avoir exterminé toute sa famille, jugea inopportun de se lancer dans un chantier de cette envergure et fit placer le tombeau de son père dans le Tadj Mahall. Après le règne de Chah Djahan, qui avait marqué l'apogée de l'Empire moghol, la rébellion de plusieurs provinces précipita le déclin de la dynastie. Délaissé, le mausolée du Tadj Mahall fut exposé aux pillages. Alors que des pierres précieuses étaient volées en grand nombre, la porte d'entrée en argent fut fondue, puis remplacée par une porte en cuivre. Aussitôt installés en Inde, les Britanniques emportèrent la couverture en or du dôme et lui substituèrent une couverture en cuivre. L'idée fut même lancée de démolir le mausolée et de vendre aux enchères ses bas-reliefs, qui auraient peut-être trouvé leur place dans un château de la campagne anglaise. À l'exemple de Rudyard Kipling, qui décrivit le Tadj Mahall comme « la porte d'ivoire à travers laquelle passent les rêves », nombreux étaient pourtant les Britanniques qui le considéraient comme la huitième merveille du monde. Après l'indépendance de l'Inde, le monument fut l'objet d'une patiente restauration. Aujourd'hui, il a retrouvé tout son éclat, même si les fumées toxiques des quelque deux cents fonderies d'Agra mettent en péril la blancheur du marbre.

143 à droite, en haut
Les revêtements de marbre blanc sont le plus souvent ornés de motifs végétaux, rehaussés d'incrustations de pierres précieuses ou semi-précieuses.

143 à droite, en bas
À l'arrière, le Tadj Mahall surplombe la rive droite de la Yamuna, dont le cours fut détourné pour les besoins de la scénographie. Le spectacle des architectures qui se reflètent à la surface de l'eau souligne leur rigoureuse symétrie. À l'origine, l'intention de l'empereur était de construire sur la rive gauche un mausolée identique, en marbre noir, qui aurait abrité son tombeau.

142-143 Une vue latérale du Tadj Mahall. Chacun des quatre côtés est percé d'une grande arcade en carène, flanquée de deux étages de niches, qui trahit l'influence persane. À droite, le minaret tronconique qui se dresse à l'angle de la terrasse rappelle plutôt la tradition hindoue.

143 en bas, à gauche
À l'intérieur du mausolée, une balustrade de marbre, dont les motifs ajourés reproduisent des arabesques végétales, entoure les cénotaphes de l'empereur Chah Djahan et de son épouse Mumtaz Mahall. Les tombes se trouvent dans une crypte, située sous le périmètre délimité par la balustrade.

La Cité interdite

CHINE

Pékin
Inscription : 1987
Critères : C (iii) (iv)

Les autorités de la République populaire de Chine l'ont rebaptisée Gu Gong, le « musée du Palais », mais pour tous les Chinois, elle restera toujours Zijin Cheng, la « Cité interdite ». L'immense palais impérial de Pékin, qui s'étend sur 740 000 mètres carrés et rassemble 9 999 constructions, est le plus vaste complexe architectural du pays. La peine de mort punissait tous ceux qui osaient franchir sans autorisation les portes de la somptueuse résidence qui fut celle des vingt-quatre empereurs des dynasties Ming et Qing. Pour les « fils du Ciel », qui ne pouvaient se mêler au commun des mortels, la Cité interdite était une prison dorée. Comment faisaient-ils, dans ce monde clos, pour gouverner un empire aussi vaste ?

La question ne trouve pas facilement sa réponse. Sans doute les rituels compliqués qui rythmaient les journées de l'empereur étaient-ils aussi un moyen de détourner son attention des manœuvres de tous ceux qui, dans son entourage, exerçaient la réalité du pouvoir.

En 1407, à l'aube de sa cinquième année de règne, Yongle, empereur de la dynastie des Ming, commença la construction de la Cité interdite. Un million d'ouvriers, dont 100 000 artisans triés sur le volet, participèrent à l'immense chantier, qui fut achevé quatorze ans plus tard. Les pierres destinées aux bas-reliefs et aux terrasses furent extraites des carrières de Fangshan, situées aux portes de Pékin. Pour les transporter, des puits furent creusés le long de la route, à une distance de 50 mètres l'un de l'autre ; en hiver, la route aspergée d'eau se couvrait d'une couche de verglas, qui permettait de faire glisser les énormes blocs. Le bois de camphrier, destiné aux colonnes, provenait des provinces méridionales du Yunnan et du Sichuan. Les tuiles vernissées de couleur jaune, la couleur impériale, furent cuites dans des fours aménagés à proximité du chantier. Les murs extérieurs, épais de 8,60 mètres à la base et de 6,66 mètres au sommet, furent revêtus d'un badigeon de couleur rouge, mêlé à du riz glutineux et à du blanc d'œuf. À l'intérieur, le sol des pavillons fut revêtu de briques. À l'exception des terrasses et des toitures, les constructions étaient entièrement en bois, de sorte qu'à la suite des nombreux incendies qui dévastèrent la Cité interdite, la plupart des édifices conservés datent des XVIIIe et XIXe siècles. La Cité interdite est divisée en deux parties, l'une réservée aux palais officiels, l'autre aux appartements privés. Le complexe est organisé le long d'un axe nord-sud : au centre s'alignent les pavillons impériaux, ouverts au sud, dont les noms sont empruntés à la tradition confucianiste ; sur les côtés, les pavillons privés, qui comprennent les appartements des concubines, des domestiques et des eunuques, sont disposés de façon symétrique. La porte du Méridien (Wumen), qui se dresse à près de 36 mètres de hauteur, est la principale entrée de la Cité interdite. Construite en 1420 et restaurée en 1801, elle est percée de cinq arcades et surmontée de cinq pavillons. Le passage par l'arcade centrale était réservé à l'empereur, ainsi qu'à son épouse, le jour de son mariage, et aux élèves de l'école confucianiste, le jour de la remise des diplômes. C'est du pavillon central que l'empereur assistait aux défilés militaires ou proclamait le nouveau calendrier. La grande cour sur laquelle s'ouvre la porte du Méridien est traversée par le ruisseau aux Eaux d'or (Jinshuihe), franchi par cinq ponts de marbre, symbole des cinq vertus du confucianisme. Au fond de la cour, la porte de l'Harmonie suprême (Taihemen), gardée par deux lions de bronze doré, ouvre sur une vaste cour, qui pouvait accueillir 100 000 personnes. C'est là que se dresse le pavillon de l'Harmonie suprême (Taihedian), le plus grand palais de la Cité interdite, qui, avec ses 37,44 mètres, est aussi le plus haut de Pékin. Symbole de la puissance impériale, la salle principale, dont les 72 colonnes sont ornées de dragons et de nuages, accueillait les

144-145 La Cité interdite, qui fut la résidence de 24 empereurs Ming et Qing, couvre 740 000 mètres carrés et abrite 9 999 édifices. Un million d'ouvriers travaillèrent à sa construction, qui dura quatorze ans, entre 1407 et 1421.

145 au centre, à gauche La grande cour sur laquelle s'ouvre la porte du Méridien (Wumen) est traversée par le ruisseau aux Eaux d'or (Jinshuihe), qui est franchi par cinq ponts de marbre, symbole des cinq vertus du confucianisme.

145 au centre, à droite Le pavillon de l'Harmonie suprême (Taihedian) se dresse sur une terrasse ornée de tortues à tête de dragon, en bronze doré. Sur le dos de la tortue, un couvercle dissimule la cavité où l'on faisait brûler l'encens.

145 en bas, à droite La salle principale du pavillon de l'Harmonie suprême, la plus vaste construction de la Cité interdite, était réservée aux cérémonies officielles.

144 en haut, à gauche Conformément à la tradition chinoise, le sommet des pavillons est orné de figures zoomorphes, les wenshou. Sur le pavillon de l'Harmonie suprême, l'extrémité de la toiture est surmontée d'une divinité chevauchant un phénix.

cérémonies officielles : c'est là que, le jour de son anniversaire, l'empereur recevait l'hommage de la cour.
Les salles latérales étaient réservées aux audiences et aux dépôts de documents. Le pavillon de la Source littéraire (Wenyuange) abritait la Sikuquanshu, la « Collection complète des livres des quatre bibliothèques », qui comprenait près de 80000 volumes. Devant le palais de l'Harmonie suprême, deux grands vases de bronze conservent le souvenir de ceux qui étaient disposés tout autour du pavillon et qui, dans la crainte des incendies, étaient toujours remplis d'eau. À l'intérieur, des dragons de bronze à cinq griffes, dont le poids est estimé à 4 tonnes, étaient réputés attirer la pluie.
Le pavillon de l'Harmonie préservée (Baohedian), qui était utilisé pour les grands banquets de la cour, est le deuxième palais par ordre d'importance. Construit en 1420, remanié en 1625 et en 1765, il associe à l'élégance de son architecture la surprenante animation de ses jeux d'eau. Un système complexe de conduites faisait en sorte que, les jours

de pluie, l'eau jaillissait des 1412 têtes de dragon en marbre qui étaient disposées sur des colonnes, tout autour de la salle.
De là, une stèle de marbre placée à l'horizontale, longue de 16,50 mètres et décorée de dragons jouant avec une perle, mène à la partie de la Cité interdite qui abrite les appartements privés. Le visiteur découvre d'abord le palais de la Pureté céleste (Qianqinggong) et le palais de la Tranquillité terrestre (Kunninggong). Construit en 1420, le premier pavillon, qui fut d'abord une résidence privée de l'empereur, puis une salle d'audience, abrite quatre miroirs monumentaux. C'est dans cette salle qu'en 1722 et en 1785 l'empereur offrit le banquet des Mille Anciens, auquel furent conviés tous les sexagénaires de toutes les provinces de l'empire.
Dans le palais de la Tranquillité terrestre, seul exemple d'architecture mandchoue de la Cité interdite, l'empereur passait traditionnellement sa première nuit de noces. Dans la chambre nuptiale, les murs sont peints en rouge, couleur du mariage, et ornés de l'idéogramme du double bonheur. Les lits en maçonnerie *(kang)*, pourvus d'un système de chauffage, sont encore en place. À côté se trouve la salle où, chaque jour, des sacrifices étaient offerts au dieu du foyer Zaojun.
Plus loin, le Jardin impérial (Yuhuayuan), qui occupe une superficie de 12000 mètres carrés, est orné de délicates constructions réservées aux passe-temps

146 en haut L'escalier d'entrée du pavillon de l'Harmonie préservée (Baohedian) est orné d'une stèle de marbre, longue de 16 mètres et large de 3 mètres, où des dragons sont représentés dans un décor de nuages.

146 au centre, à gauche La porte de la Pureté céleste (Qianqingmen) donne accès à la partie privée de la Cité interdite. Sous la dynastie Qing, l'empereur donnait audience à ses conseillers en siégeant sur le trône placé au centre de la porte.

146 au centre, à droite Construit en 1420, le palais de la Pureté céleste (Qianqinggong) fut d'abord une résidence privée de l'empereur, puis fut transformé en salle d'audience. Placé au centre du pavillon, le trône est entouré de riches décorations et de miroirs monumentaux.

146 en bas Détail de l'escalier du trône, dans le palais de la Pureté céleste (Qianqinggong). Le pavillon conserve de splendides balustrades en ébène sculpté, ainsi qu'un grand nombre de brûle-parfum.

147 La porte de la Pureté céleste (Qianqinggong) est gardée par deux lions de bronze doré, qui posent chacun une patte sur une sphère, symbole du pouvoir impérial et de l'unité de l'empire.

148 en bas, à droite et 149 en bas, à droite Outre une vingtaine de petits pavillons, le Jardin impérial (Yuhuayuan) abrite un grand nombre de sculptures en bronze, qui représentent souvent des figures animales, réalistes ou fantastiques.

149 en haut Construit en 1417 sous la dynastie Ming, le pavillon de la Pluie et des Fleurs est un des pavillons qui ornent le Jardin impérial (Yuhuayuan).

de la famille impériale. Devant le pavillon principal se dresse un pin, vieux de quatre siècles, qui symbolise l'harmonie entre l'empereur et l'impératrice.

Parmi les pavillons qui composent la partie privée de la Cité interdite, il faut mentionner aussi le palais de la Nourriture de l'esprit (Yangxindian), qui abritait les appartements privés de l'empereur. C'est là que, le 12 février 1912, après le coup d'État de Sun Yat-sen, l'empereur Puyi signa son acte d'abdication ; âgé de six ans à l'époque, l'empereur déchu vécut dans la Cité interdite jusqu'en 1924.

Non loin de là, les Six Palais occidentaux (Xiliugong), qui abritaient les appartements des concubines, ont conservé des meubles et des objets de la fin de la période Ming. À côté, le pavillon de la Longévité tranquille (Ningshougong), conçu en 1689 comme une réplique du palais de la Tranquillité terrestre, abrite une collection de 100 000 peintures, alors que le pavillon de la Longévité joyeuse (Luoshoutang) conserve une statue en jade de 1 tonne, ainsi qu'une natte, longue de 2,16 mètres et large de 1,39 mètre, composée de fines bandes d'ivoire. Les collections présentées réunissent aussi des bijoux et des meubles Ming, des reliquaires tibétains et des peintures sur soie.

Un grand nombre d'objets qui avaient appartenu aux empereurs furent emportés par l'armée de Sun Yat-sen ; aujourd'hui, ces pièces constituent le noyau des collections du Musée national de Taipei, à Taiwan. Pour les remplacer, les autorités de la Chine populaire rassemblèrent des pièces originaires de toutes les provinces de Chine. L'entrée principale de la Cité interdite fut également surmontée d'un portrait monumental de Mao Zedong, qui sourit au peuple, tourné vers la place Tian'anmen, symbole de la Chine nouvelle.

148-149 Construit sous la dynastie Ming, le palais de la Nourriture de l'esprit fut remanié par l'empereur Yongzheng au début du XVIIIe siècle. C'est dans ce pavillon que, le 12 février 1912, le dernier empereur de Chine, le jeune Puyi, âgé de six ans, signa son acte d'abdication.

148 en bas Une des portes du Jardin impérial (Yuhuayuan), qui s'étend, sur une superficie de 12 000 mètres carrés, à l'extrémité nord de la Cité interdite.

Les monuments historiques de Kyoto

JAPON

ÎLE DE HONSHU,
PRÉFECTURE DE KYOTO
INSCRIPTION : 1994
CRITÈRES : C (II) (IV)

150 en haut Fondé au VIe siècle et consacré à la divinité tutélaire de la famille des Kamo, le temple Kamigamo est un des rares temples de Kyoto qui sont antérieurs à l'érection de la ville au rang de capitale (794 apr. J.-C.).

Vers 1600, la famille des Tokugawa, puissant clan de shogun, les seigneurs de la guerre, commença à transférer le siège du pouvoir politique à Edo. Néanmoins, Kyoto, dont le nom signifie « ville capitale », resta la capitale impériale jusqu'en 1868, quand l'empereur Meiji établit le siège du Dajokan, le Grand Conseil, organe principal du pouvoir, à Edo, qui prit le nom de Tokyo, la « capitale orientale ».

La vieille ville de Kyoto, qui se voyait ainsi privée de son titre de capitale, était née onze siècles plus tôt. C'est à la fin du VIIIe siècle, en effet, que l'empereur Kanmu, soucieux de s'affranchir de l'influence exercée par les monastères bouddhiques de Nara, avait décidé de fonder une nouvelle capitale. D'abord établie à Nagaoka, la résidence impériale fut transférée dix ans plus tard, en 794 apr. J.-C., à l'emplacement de la future Kyoto, dans la partie méridionale de l'île de Honshu. D'abord appelée Heiankyo, « capitale de la paix », la ville s'étendait sur 24 kilomètres carrés, cernée de trois côtés par les montagnes. Inspiré par l'urbanisme de Chang'an (aujourd'hui Xi'an), la capitale de la dynastie chinoise des Tang, son plan en damier la divisait en plus de 1 200 quartiers de dimensions identiques. Entourée par une levée de terre, elle s'ouvrait au sud par une grande porte : le Rashomon, point de départ de l'artère principale, la Suzaku, au fond de laquelle se dressait le palais impérial. Outre la résidence de l'empereur, le complexe abritait des bâtiments administratifs et utilitaires. Dès l'origine, le projet avait prévu l'emplacement de deux marchés, ainsi que les quartiers des artisans et des commerçants. Des parcelles de terrain furent octroyées aux familles nobles, selon leur rang. Cette première tentative de planification urbaine détermina l'organisation de la ville jusqu'à la fin du XIIe siècle, soit pendant toute la période de Heian. Et même si Kyoto fut victime d'incendies et de guerres, qui la détruisirent presque complètement, le réseau actuel des rues conserve encore le souvenir du plan originel.

La ville possède aussi des monuments qui sont antérieurs à sa fondation, comme les temples Shimogamo et Kamigamo. Une légende attribue à deux divinités,

150 en bas À l'intérieur du pavillon du Phénix (Ho-oh-do) du Byodo-in, la grande statue du Bouddha Amitabha est entourée de 52 effigies en bois de bodhisattva qui dansent et jouent de la musique.

150-151 Construit la rive occidentale de la rivière Uji, le Byodo-in est une ancienne résidence aristocratique qui fut transformée en sanctuaire en 1052. Le pavillon du Phénix (Ho-oh-do), qui reproduit le palais céleste d'Amitabha dans la Terre Pure, est son pavillon central. Flanqué de deux petits édifices auxquels il est relié par deux galeries, il se reflète dans les eaux d'un étang artificiel.

Kamo taketsu-no-mikoto et Tamayori-hime, la découverte du lieu où fut érigé, au VIe siècle, le temple Shimogano. Ces deux divinités protectrices sont toujours vénérées dans les 53 salles qui composent le temple. Le temple de Kamigamo est, lui aussi, antérieur à la période de Heian. Construit au milieu de jardins, il se dresse entre la première et la seconde *torii*, les portiques caractéristiques des temples japonais, près de l'endroit où sont élevés les pur-sang pour les cérémonies sacrées. Le Byodo-in et le Daigo-ji sont les principaux temples conservés de la période de Heian. Construit sur la rive occidentale de la rivière Uji, le premier était la résidence d'un noble qui, en 998, l'offrit au fonctionnaire Fujiwara-no-Michinaga. À sa mort, en 1052, son fils voulut en faire un lieu où vénérer le souvenir de son père. Spectaculaire, le pavillon du Phénix (Ho-oh-do) reproduit le palais céleste d'Amitabha dans la Terre Pure. Ses couloirs latéraux sont surmontés de toitures ornées de deux phénix aux ailes déployées. À l'intérieur, la grande statue du Bouddha Amitabha est entourée de 52 effigies

151 en haut, à droite
Composé d'un ensemble de plus de cent pavillons, le Daigo-ji est dominé par sa pagode de cinq étages qui, achevée en 952 par l'empereur Murakami, est le plus ancien monument de Kyoto. La plupart des autres édifices remontent au XVIe siècle.

151 en bas, à droite
Détail des toitures de la pagode du Daigo-ji. Des consoles finement sculptées supportent les toitures qui s'avancent en auvents.

de bodhisattva qui dansent et jouent de la musique.
Partiellement reconstruit après le XVIe siècle, le Daigo-ji abrite une pagode de cinq étages qui, achevée en 952, est le plus ancien monument de Kyoto qui soit parvenu jusqu'à nous. Construit en 796 pour invoquer la protection des dieux, le To-ji date également de la période de Heian. Fondé deux ans plus tard, le temple Kiyomizu fut érigé à la demande du prêtre Enchin par le général Sakanoue Tamuramaro. Légèrement antérieur, l'Enryaku-ji fut fondé en 788, sur le mont Hiei, par le moine bouddhiste Saicho, qui réunit autour de lui une grande communauté de fidèles. Un siècle plus tard, l'empereur Uda acheva la construction du Ninna-ji, commencé par son père en 886, et dont les responsables furent choisis pendant des siècles, jusqu'à la dynastie Meiji, parmi les princes de la famille impériale. Tous ces temples subirent de nombreuses destructions au cours de leur histoire, de sorte que la plupart des complexes conservés portent la trace de multiples remaniements.
Durant la période de Heian, Kyoto accueillit une intense activité littéraire et religieuse, qui jeta les bases de la tradition nationale. En 905, sur l'ordre de l'empereur, Ki-no-Tsurayuki dirigea la rédaction du *Kokin-waka-shu*, recueil de poèmes classiques qui ouvrit la voie à des œuvres comme le *Genji-monogatari*, premier roman de l'histoire, ou les *Notes de chevet*, recueil de notes et d'anecdotes composé par une dame de la cour, Shei Shonagon. À la même époque, l'Enryaku-ji vit naître le culte bouddhiste Tendai, alors que le courant Shingon s'imposait au To-ji.
Les périodes de Kamakura (1185-1333), de Muromachi (1333-1573) et de Momoyama (1573-1598) furent marquées par les guerres civiles et par les destructions, mais aussi par l'apparition du bouddhisme zen, jodo, jodo shin et nichiren. C'est au cours de la période kamakura que fut érigé le Kozan-ji, fondé par le moine Myoe dans un lieu retiré, propice à la contemplation. Fondé à l'époque Muromachi, le Saiho-ji doit son surnom de Koke-dera (« temple des mousses ») aux 120 espèces de mousses qui peuplent ses jardins, parmi les harmonieuses compositions de sable et de pierres. Fondé en 1339 par le premier shogun de Kyoto, Ashikaga Takauji, en l'honneur de l'empereur Godaigo, le Tenryu-ji fut construit sur le site d'une ancienne résidence impériale et entouré d'un jardin dont la composition est attribuée au maître zen Muso Kokushi (1271-1346). Situé derrière l'Ho-jo,

152 à gauche, en haut
Le To-ji, ou temple de l'Est, fut fondé en 796 pour attirer la protection des dieux sur la nouvelle capitale. À la fin de la période de Heian (XIIe siècle), il vit fleurir le culte bouddhiste shingon.

152 à gauche, en bas
D'après la légende, c'est en 778 que le moine Enchin construisit une petite chapelle à l'endroit où, vingt ans plus tard, fut érigé le temple Kiyomizu. La plupart des édifices parvenus jusqu'à nous furent néanmoins reconstruits, sur l'ordre du shogun Iemitsu Tokugawa, entre 1631 et 1633.

152 en haut, au centre
Ce dragon orne le Todoroki, un des portiques d'entrée du temple Kiyomizu. Recouverte de cuivre, la sculpture est une fontaine : l'eau jaillit de la bouche de l'animal.

152 en haut, à droite
Outre le pavillon principal et une pagode de trois étages, le temple Kiyomizu comprend de superbes jardins.

152-153 Construit à partir de 1603, le Ni-jo est constitué de deux édifices, le Hon-maru et le Nino-maru, dont les salles sont décorées de peintures et de panneaux de bois sculpté.

un des pavillons du complexe, ce jardin, composé d'étangs entourés de parterres, associe les traditions aristocratiques et le style zen, qui joue sur les variations saisonnières des formes et des couleurs. Le Rokuon-ji et son pavillon d'Or, construit en 1397, le Jisho-ji et son pavillon d'Argent, qui abrite une statue du vénérable Avalokiteshvara, ainsi que le Ryona-ji, fondé en 1450 et entouré d'un célèbre jardin de rochers, datent également de la période Muromachi. C'est à cette époque que le théâtre nô, la cérémonie du thé ou l'ikebana, l'art des arrangements floraux, conçu en 1462 par Ikenobo Senkei pour décorer la demeure d'une famille noble, prirent leur essor à Kyoto.
Après la guerre d'Onin (1467 et 1477), qui provoqua la destruction d'une grande partie de la ville, le XVIe siècle fut marqué par des luttes intestines d'où sortit vainqueur le clan des Momoyama. À Oda Nobunaga, qui prit le pouvoir en 1573, succédèrent Toyotomi Hideyoshi, puis Tokugawa Ieyasu, qui, après avoir éliminé leurs rivaux, réussirent à réunifier le Japon sous leur autorité.
Après que Hideyoshi eut commencé à transférer les temples épargnés par la guerre dans le quartier de Teramachi, Iesayu poursuivit son œuvre et fit bâtir le Nijo-jo. Construit à partir de 1603, ce palais fut la résidence officielle des Tokugawa jusqu'en 1867, c'est-à-dire durant toute la période d'Edo. Composé du Hon-maru et du Nino-maru, il est décoré dans le style de la période Momoyama, particulièrement raffiné. Même si Kyoto n'était plus la capitale politique du pays, la période d'Edo fut une époque de paix et de stabilité, durant laquelle la ville conserva une intense activité artistique et commerciale.
Le shogun Tokugawa Iemitsu restaura de nombreux édifices : entre 1631 et 1633, il fit reconstruire le temple Kiyomizu ; en 1644, le To-ji fut pourvu d'une pagode de cinq étages qui, avec ses 57 mètres, est la plus grande du Japon.
Épargnée par les bombardements de la Seconde Guerre mondiale, Kyoto conserve le souvenir du Japon des siècles passés. En 1994, de grandes manifestations furent organisées pour célébrer l'anniversaire de sa fondation, douze siècles plus tôt. Aujourd'hui, c'est à Kyoto, héritière d'un patrimoine exceptionnel, que les traditions du Japon sont restées les plus vivantes.

La médina de Fès

MAROC

Fès
Inscription : 1981
Critères : C (ii) (v)

En 1921, une circulaire du maréchal Lyautey interdit l'entrée des mosquées et des lieux d'études islamiques aux non-musulmans au Maroc, conformément aux dispositions du traité du 30 mars 1912 instituant le Protectorat français. Il n'est donc pas permis aux visiteurs d'entrer dans les édifices sacrés pour en admirer la décoration, mais ils peuvent apprécier le charme de la médina de Fès, constituée d'un lacis de près d'un millier de ruelles enchevêtrées, dont les couleurs, les parfums, les sons évoquent l'époque où la ville se prévalait du titre de capitale impériale.

Située à l'extrémité orientale du fertile plateau du Saïs, entourée au sud par les collines qui précèdent les monts de l'Atlas, Fès fut fondée en 789 par le sultan Idris Ier, qui se targuait de descendre en ligne directe du prophète Mahomet. Le nom de la ville dérive du mot arabe *fas*, qui désigne la houe d'or et d'argent avec laquelle le souverain délimita le périmètre de la future ville. Mais c'est son fils Idris II qui fit de Fès la capitale de la dynastie idriside en 809. Une dizaine d'années après, le sultan y accueillit 8 000 familles musulmanes qui fuyaient le califat omeyyade de Cordoue ; elles s'installèrent sur la rive droite du cours d'eau saisonnier qui traverse la vallée, l'oued Fès. En 825, ce sont des juifs et des Berbères venus de Kairouan, en Tunisie, qui occupèrent à leur tour la rive gauche. À l'époque, les deux bourgades vivaient à part, chacune entourée d'un haut mur. Les Cordouans édifièrent la mosquée al-Andalus, dont le style évoque l'architecture de l'Espagne musulmane. Curieusement, c'est une femme – Fatima,

la fille d'un commerçant de Kairouan –, qui fonda sur l'autre rive la mosquée d'al-Qarawiyin (c'est-à-dire des Kairouans). On lui adjoignit vite une madrasa – une école coranique – aujourd'hui considérée comme la plus ancienne université du Maghreb.
En l'espace d'un siècle, les deux centres ont prospéré et se sont dotés d'autres mosquées, de bains publics, de marchés et de caravansérails pour accueillir les marchands.

En 1055, Fès tomba aux mains des Almoravides, qui choisirent Marrakech pour capitale ; un siècle plus tard, elle fut conquise par les Almohades. Pour s'attirer la faveur de la population, les sultans almohades firent démolir des murs des deux cités et construire une nouvelle enceinte renforcée de puissantes tours défensives qui les englobaient toutes deux.
Le début de la fortune commerciale de la ville et son essor sur le plan religieux et culturel sont liés à l'avènement de la nouvelle dynastie. Ce sont aussi les Almohades qui ont agrandi la mosquée d'al-Qarawiyin qui put ainsi accueillir jusqu'à 20 000 fidèles, grâce à l'adjonction d'une vaste cour entourée de portiques dont le style rappelle l'Alhambra de Grenade. Ils l'ont aussi ornée de carreaux de faïence blancs et bleus.
La ville a été dotée d'un réseau hydraulique complexe sous le règne du sultan Youssef Ben Tachfine. À la fin du XIIe siècle, les mosquées, les madrasas et

154 en haut La cour des ablutions de la mosquée d'al-Qarawiyin. Fondée en 859 par une femme originaire de Kairouan, Fatima ibn Muhammad, elle fut agrandie en 656 puis en 1135. C'est la plus grande mosquée du pays et elle abrite, aujourd'hui encore, un important centre d'études islamiques.

154-155 Panorama de Fès el-Bali, le noyau originel de la ville, qui fut fondé en 789 par le sultan Idris Ier à l'extrémité orientale du plateau du Saïs. Vue d'en haut, la médina de Fès frappe par l'aspect homogène et compact de son plan.

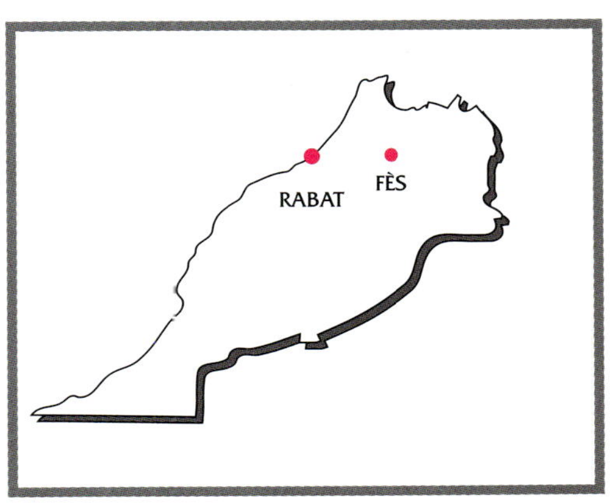

154 en bas Les toits couverts de carreaux de faïence verts de la mosquée al-Qarawiyin. Cet énorme complexe religieux comporte également une bibliothèque où sont conservés plus de 30 000 ouvrages anciens.

155 en haut Les puissantes tours des remparts de Fès datent du XIIe siècle. Cette muraille fut érigée par les sultans almohades pour remplacer les fortifications du IXe siècle. À l'origine, la ville était constituée de deux bourgades distinctes peuplées de réfugiés venus respectivement de Cordoue et de Kairouan.

155 au centre, à droite L'une des imposantes portes donnant accès à la médina. Elle témoigne de l'importance de la ville au cours des siècles et de l'habileté des architectes musulmans de la fin du Moyen Âge.

155 en bas, à gauche L'entrée de la mosquée al-Andalus, construite au IXe siècle. Son architecture et ses décorations s'inspirent du style mauresque espagnol.

la majeure partie des habitations disposaient de l'eau courante.

En 1250, la dynastie mérinide s'empara du pouvoir et Fès retrouva son statut de capitale. L'enceinte était déjà devenue trop étroite pour accueillir les nouveaux habitants et les troupes qui accompagnaient les nouveaux dirigeants. On édifia donc Fès el-Jdid – Fès la Neuve – et on rebaptisa le noyau d'origine Fès el-Bali – Fès la Vieille. C'est l'actuelle médina.

Au début du XVIe siècle, le développement de Fès marqua un temps d'arrêt sous la dynastie saadienne. Mais, à partir de 1666, la ville connut un nouvel âge d'or sous le règne du sultan alaouite Moulay al-Rachid. Les commerçants de la médina se réunirent en corporations. Les caravansérails et les souks furent réaménagés en fonction des marchandises que l'on y vendait. Cette organisation subsiste encore de nos jours dans ce qui est devenu la plus grande médina du Maghreb.

La Bab Bou Jeloud, la porte décorée de carreaux de faïence verts, hommage à l'islam, et bleus, hommage à la couleur de la ville, qui donne accès à Fès el-Bali, constitue le point de départ de la Talaa Kebira, la rue principale bordée d'édifices d'époque almohade. De là partent les ruelles qui mènent aux divers souks, sur lesquelles donnent les échoppes des céramistes, des cordonniers, des marchands de tissus ou d'épices et les ateliers particulièrement caractéristiques où l'on tanne et où l'on teint les peaux.

L'arrivée des Français a coïncidé avec le transfert définitif de la capitale à Rabat ; pourtant ils furent les premiers à reconnaître l'importance historique de Fès comme centre spirituel et intellectuel. Au point d'interdire de construire de nouveaux édifices à l'intérieur de la médina, et d'entreprendre une œuvre de restauration qui se poursuit encore aujourd'hui. Elle implique également la sauvegarde des traditions artisanales et commerciales qui ont rendu la ville célèbre.

156 Les décorations de pierre et de bois extrêmement raffinées d'un palais noble de l'époque mérinide, au cœur de la médina de Fès el-Bali.

157 en haut, à gauche Cet édifice très élégant, le funduq en-Nejjarin, ou « palais des charpentiers », est l'un des caravansérails de l'époque mérinide où les marchands pouvaient résider quand ils venaient à Fès.

157 en haut, à droite L'un des souks que l'on rencontre dans les ruelles proches de la Talaa Kebira, la rue principale de la plus grande médina du Maghreb. Depuis 1666, les commerçants de la médina sont organisés en corporations soigneusement contrôlées.

157 en bas, à gauche Détail de la Bab Bou Jeloud. Ornée de carreaux de faïence verts – couleur de l'islam – et bleus – couleur de la ville –, elle mène à la madrasa du même nom et à la rue Talaa Kebira.

157 en bas, à droite Fès est célèbre dans le monde entier pour ses tanneries. On peut voir ici les bacs destinés à la teinture qui se trouvent d'habitude sur les toits en terrasse des ateliers où l'on tanne les peaux.

L'ancienne ville de Ghadamès

LIBYE

HAMADAH AL-HAMRA
INSCRIPTION : 1986
CRITÈRES : C (V)

Selon une légende targuie, le nom de Ghadamès dérive de l'arabe et rappelle la mésaventure d'une caravane qui avait oublié une partie de ses vivres à l'emplacement où elle avait campé. Le lendemain, au moment de préparer le repas, quelqu'un se serait lamenté d'avoir laissé le nécessaire là où l'on avait pris le « repas d'hier » – *ghada ams*. En réalité, l'histoire de la magnifique oasis, située dans le désert de Tripolitaine (hamadah al-Hamra), à l'endroit où la Libye, l'Algérie et la Tunisie se touchent, remonte à l'aube de la civilisation. On a détecté les premières traces d'implantation humaine dans la région il y a près de 10000 ans, entre le paléolithique et le néolithique, alors que le Sahara était encore une plaine fertile. Ensuite la présence de la source d'Aïn al-Faras explique la formation à cet endroit d'une vaste oasis s'étendant sur près de 75 hectares; elle devint une étape sur la voie caravanière qui unissait le Soudan à la Méditerranée. Son importance augmenta à partir de 19 av. J.-C., quand les Romains y fondèrent Cidamus, qui allait rester en leur pouvoir pendant plusieurs siècles. Au IIIe siècle, ils y entretenaient une garnison assez nombreuse, et entre le IVe et le Ve siècle, à l'époque byzantine, on y créa un évêché. L'âge d'or de Ghadamès a commencé avec la conquête arabe, en 667, sous la direction de Sidi Uqba. En l'espace de quelques années, Ghadamès allait jouer un rôle crucial de point de jonction à l'intérieur de ce monde arabe qui allait bientôt s'étendre jusqu'à l'Atlantique. Important centre commercial à partir du VIIIe siècle, la ville est agencée autour d'une place centrale sur laquelle donnent les deux grandes mosquées Jami al-Atiq et Yunus, qui comptent parmi les plus

158 à gauche Une vision des rues étroites de l'oasis de Ghadamès. Le centre urbain est agencé autour de la place, ou majlis, comprise entre les deux mosquées, Jami al-Atiq, la plus ancienne, et Yunus.

158 à droite Beaucoup d'édifices de Ghadamès sont blanchis à la chaux et présentent des structures extérieures de forme triangulaire, très en pointe. On ignore encore la signification de ces ornements architecturaux.

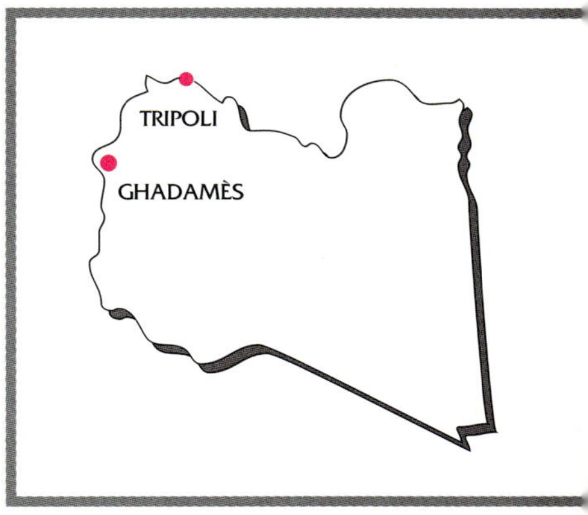

anciennes de la Libye et comportent respectivement deux et trois nefs parallèles à la *qibla*.
Mais la caractéristique la plus remarquable de Ghadamès – la perle du Désert –, c'est son tissu urbain, unique par son originalité et son harmonie architecturale. L'isolement à la lisière septentrionale du grand désert a favorisé l'apparition de solutions d'urbanisme que l'on ne rencontre nulle part ailleurs. Pour les protéger de la chaleur torride l'été et du froid l'hiver, les rues étroites et tortueuses de l'oasis ont été couvertes de pièces d'habitation, et la ville s'est ainsi transformée en un enchevêtrement

158-159 Vue d'ensemble de Ghadamès. La présence de l'ancien puits artésien d'Aïn al-Faras, ou source du Serment, a permis la formation d'une oasis s'étendant sur 75 hectares, où l'on recense près de 25 000 palmiers.

159 en haut L'entrée, ou ajard, d'une habitation caractéristique de l'oasis. Au rez-de-chaussée, on trouve également une resserre, le tali ni ajard, et une autre pièce de service.

inextricable d'espaces privés et publics. Construites en limon, en argile et en troncs de palmier, les habitations de Ghadamès s'étagent sur trois niveaux qui correspondent aux diverses fonctions des espaces. Au rez-de-chaussée, deux pièces de service donnent sur l'entrée, alors que le *tamanat*, la pièce principale de la maison, éclairée par une grande lucarne pratiquée dans le plafond, se trouve au premier étage. Au-dessus, une série d'escaliers mène à d'autres pièces occupant l'espace qui couvre la rue.

Des terrasses, où est aménagée la cuisine et sur lesquelles donnent les pièces réservées aux femmes, occupent le niveau supérieur. Les habitations de Ghadamès se sont conservées jusqu'à nos jours, bien que, durant les cent cinquante dernières années, l'oasis ait connu bien des vicissitudes. La prospérité apportée par les routes transsahariennes ayant pris fin, Ghadamès passa en 1860 sous la tutelle de Tripoli. Plus tard, elle opposa une résistance longue et acharnée à la conquête italienne de la Libye.

En 1940, elle passa sous le contrôle des Français ; elle connut alors sa période la plus difficile. Très endommagée durant la guerre, elle fut contestée jusqu'en 1951, année où la Tunisie accepta de la céder à la Libye. Dans les années cinquante, on y achemina l'électricité, mais désormais, le destin de Ghadamès était scellé. Il n'y avait plus assez d'eau. Les femmes devaient transporter l'eau des puits jusqu'à la mosquée puis emporter l'eau sale. L'abandon définitif de la ville débuta en 1982.

160 L'entrée d'une maison. Tous les édifices de l'oasis sont construits en terre crue, tandis que les structures portantes horizontales sont en bois de palmier.

161 en haut Les rues de Ghadamès sont étroitement unies aux maisons. Les unes et les autres s'imbriquent dans un seul et unique tissu urbain, qui a évolué au cours des siècles pour favoriser la vie dans ces conditions climatiques extrêmes.

161 au centre, à gauche Les rues de l'oasis ont une largeur comprise entre 2,50 et 3 mètres et sont surmontées d'arcs décoratifs ou d'espaces d'habitation.

161 au centre, à droite La pièce principale des habitations de Ghadamès est le temanat. Haut de 4-5 mètres et presque de forme cubique, il est entouré de pièces situées à différents niveaux, auxquelles on accède par des escaliers.

161 en bas Les cuisines de Ghadamès, appelées ajurer, se trouvent au dernier étage de la maison, celui réservé aux femmes. Elles donnent sur une terrasse d'où l'on peut accéder aux maisons voisines.

Le Caire islamique

ÉGYPTE

GOUVERNORAT DU CAIRE
INSCRIPTION : 1979
CRITÈRES : C (I) (V) (VI)

Les habitants du Caire soutiennent que le Khan al-Khalili – le plus grand bazar de la ville –, construit en 1392, a joué un rôle fondamental dans la découverte de l'Amérique. Car, disent-ils, les caravelles de Christophe Colomb sont parties chercher une nouvelle route commerciale afin de mettre fin au monopole du Caire, alors aux mains des Mamelouks, sur le commerce des épices dans tout le monde connu. C'est peut-être une exagération, mais, dès sa fondation, la ville a joué un rôle qui a dépassé les limites de l'Égypte et même du continent africain. Aujourd'hui al-Qahira – son nom signifie « la Triomphante » en arabe – est, avec son immense agglomération de 15 millions d'habitants, la plus grande ville d'Afrique. Au point que les Égyptiens l'appellent simplement Misr – c'est-à-dire l'Égypte. Contrairement à ce que l'on pourrait croire étant donné que la civilisation égyptienne se perd dans la nuit des temps, la naissance du Caire est relativement récente. Sa fondation officielle remonte à 969. Avant cette date, trois petites villes ont existé sur le site d'al-Qahira. La première, Fustat, qui n'était guère plus qu'un campement militaire au début, fut fondée en 640 par

le premier gouverneur arabe de l'Égypte. Cette petite ville prospéra sous les Omeyyades, jusqu'en 750. Elle se retrouva alors aux mains des Abbassides qui fondèrent al-Aksar, sur l'autre rive du Nil. En 870, le général ibn-Touloun se révolta contre les califes abbassides de Bagdad et s'autoproclama souverain d'Égypte, fondant la dynastie des Toulounides et la nouvelle cité d'al-Qatai. En 879, il fit construire une mosquée qui porte son nom. C'est, aujourd'hui encore, le plus grand et le plus ancien édifice de ce genre en Égypte. Malgré l'adjonction d'un mirhab orné de mosaïques à l'époque mamelouke et les restaurations entreprises par les Ottomans, ce monument nous est parvenu presque intact. Au cœur de l'édifice se trouve une fontaine destinée aux ablutions. La salle de prière, qui comprend plusieurs nefs, est ornée de panneaux de sycomore gravés de versets de Coran.
Une trentaine d'années après, les Abbassides se vengèrent en détruisant

le palais royal et les célèbres jardins d'al-Qatai ; et Fustat redevint le siège du pouvoir. Mais les Abbassides étaient aux abois, alors qu'une nouvelle dynastie, celle des Fatimides, avait fait son apparition en Tunisie. Tirant leur légitimité du fait qu'ils descendaient en ligne directe de Fatima, la fille du Prophète, ils se lancèrent à la conquête de l'Orient pour diffuser la « vraie foi », celle des chiites, dans tout le monde arabe. Les Fatimides confièrent le commandement de l'expédition chargée de prendre Fustat à Djarchar, un esclave affranchi d'origine sicilienne devenu général. C'est lui qui administra ensuite la nouvelle capitale de l'Égypte fatimide. Le premier monument érigé par Djarchar fut un hommage à la foi chiite.
La mosquée al-Azhar, dédiée à la fille de Mahomet, Fatima al-Zahraa, fut inaugurée en 972. Très rapidement, on lui adjoignit une école coranique. Le premier cours eut lieu en 975, ce qui fait d'al-Azhar l'une des plus anciennes universités du monde. Pratiquement au même moment,

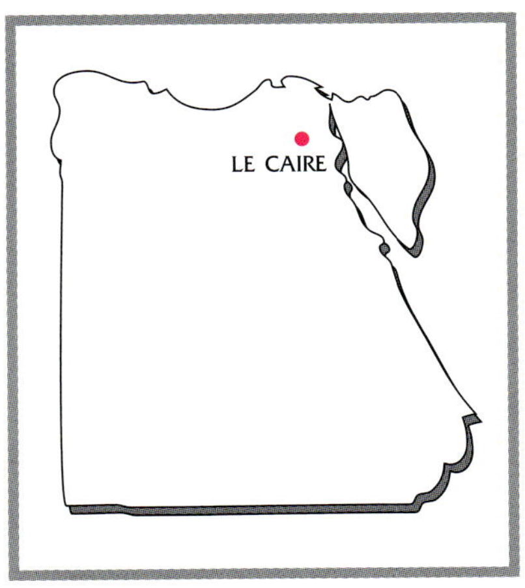

162 en haut Motifs décoratifs des parois externes de la mosquée d'Ahmed ibn-Touloun, édifiée en 879 par le souverain toulounide du même nom.

162-163 Vue panoramique de la mosquée al-Azhar. Édifiée en 972 en hommage à la foi chiite du gouverneur fatimide Djarchar et dédiée à Fatima, la fille du Prophète, elle abrita vite une école coranique destinée à devenir l'une des plus importantes universités du monde islamique.

163 au centre, en haut Le portique de la madrasa Taybesir, située à l'intérieur de la mosquée al-Azhar ; elle fut construite en 1309. L'édifice qui l'entoure abrite la bibliothèque.

163 au centre, en bas Vue en perspective de l'intérieur de la mosquée al-Azhar. L'édifice, qui n'a cessé de recevoir des modifications au cours des siècles, trahit l'influence des dynasties qui ont régné au Caire.

163 en haut, à droite La cour entourée de portiques de la mosquée d'ibn-Touloun avec, au centre, l'édicule qui abrite la fontaine aux ablutions.

164 en haut, à gauche Les coupoles de la mosquée de Mohammed Ali ont été conçues par l'architecte Youssouf Bouchnaq et construites entre 1830 et 1857, en style ottoman, selon les désirs de Mohammed Ali Pacha, alors gouverneur d'Égypte.

164 en haut, à droite L'intérieur de la mosquée de Mohammed Ali, communément appelée « la mosquée d'albâtre » à cause de l'utilisation abondante de ce matériau précieux – provenant de Béni Souef – dans la salle de prière.

164-165 La Citadelle, le splendide ensemble fortifié que Saladin fit construire entre 1176 et 1183 pour protéger la ville des attaques des croisés. Depuis lors, la forteresse aux murs hauts de 10 mètres et épais de 3 mètres, a toujours reçu une garnison.

165 en haut Construite par le calife al-Aziz et par son fils al-Hakim, entre 990 et 1013, la mosquée d'al-Hakim est la seconde mosquée fatimide du Caire par sa taille. Au fil des siècles, elle servit aussi de prison aux croisés capturés, d'entrepôt aux troupes de Bonaparte et enfin d'école sous le président Nasser.

la décadence de Bagdad et la prise de Cordoue par les Espagnols entraînèrent la fermeture des universités de ces deux villes ; les savants et les hommes de lettres de tout le monde musulman affluèrent au Caire. À la fin du XIe siècle, al-Azhar était fréquentée par 10 000 étudiants, et depuis lors elle n'a jamais cessé d'être un véritable phare de la culture islamique ; au cours des siècles, c'est également de là que sont partis tous les changements politiques et sociaux en Égypte.
Du point de vue architectural, l'actuelle mosquée al-Azhar, au cœur du vieux Caire islamique, constitue un stupéfiant palimpseste de tous les styles et de toutes les influences culturelles qu'a connus l'Égypte. Elle est dominée par cinq minarets ornés de petits balcons et d'élégants bas-reliefs, et elle compte six entrées. L'entrée principale, la Bab al-Mutayini, ou porte du Barbier (parce que c'est là que les étudiants étaient rasés avant de commencer à fréquenter l'université), date du XVIIIe siècle. De là, une petite cour mène à la madrasa d'Aqbaughawiya, édifiée en 1340, qui abrite aujourd'hui la bibliothèque. Par la Bab al-Qaitbay, en revanche, on accède à la cour la plus vaste, sur laquelle donnent des parties construites à différentes époques, dont les noms et les décorations reflètent les régions du monde musulman d'où venaient les étudiants et les enseignants.
La mosquée d'al-Hakim, édifiée entre 990 et 1013, date aussi de l'époque fatimide ; malgré les remaniements de l'époque mamelouke, elle a conservé ses parois de marbre d'origine et ses précieuses décorations en stuc. Elle possède par ailleurs une énorme importance sur le plan historique puisque c'est le fondateur de la secte des druses qui l'a fait construire.
La mosquée al-Aqmar, ou mosquée Grise, un élégant édifice de pierre aux portes monumentales ornées de stalactites, et certaines des plus belles portes de la ville, comme la Bab al-Nasr et la Bab Zuwaila, datent de la fin du XIe siècle.
Mais à cette époque-là, les Fatimides étaient sur le déclin. Au début du XIIe siècle, l'Égypte était un champ de bataille où s'affrontaient les croisés et une nouvelle puissance islamique surgie des steppes d'Asie centrale, les Seldjoukides. Ces derniers prirent Le Caire en 1168 sous la direction de Nour ed-Din. Le nouveau souverain mourut l'année suivante, et c'est un jeune officier qui se retrouva sur le trône. Il était destiné à devenir l'un des personnages les plus célèbres de l'histoire médiévale : c'était Salah ed-Din, mieux connu en Occident sous le nom de Saladin.
Le souverain favorisa la concorde entre les habitants du Caire et enrichit la ville de nouveaux monuments. La Citadelle – à laquelle on peut juste reprocher d'avoir été construite en partie avec des blocs de pierre pris aux pyramides égyptiennes – est l'un des joyaux du Caire. Ses murs sont hauts de 10 mètres et épais de 3 et les édifices situés à l'intérieur attestent le génie militaire de Saladin. Notamment la citerne profonde de 87 mètres qui pouvait assurer une réserve d'eau pratiquement illimitée en cas de siège. Au cours des siècles, la citadelle fut agrandie et on y édifia un palais royal et des écuries pouvant loger 4 800 chevaux.

165 en bas, à gauche La Bab Zuwaila délimite la partie méridionale du Caire fatimide. La ville n'eut pas de véritables fortifications jusqu'en 1087. Badr ed-Din al-Gamali décida alors de la doter d'une enceinte percée de trois grandes portes, dont on confia la construction à des architectes syriens.

165 en bas, à droite Détail de l'un des cinq minarets de la mosquée al-Azhar, avec la ville en arrière-plan. Le Caire compte aujourd'hui 15 millions d'habitants ; c'est la ville la plus peuplée du continent africain.

166 en bas, à gauche On considère que la mosquée-madrasa de Sultan Hassan est le monument le plus homogène et le plus cohérent du Caire du point de vue stylistique. Construite en 1256 pour le sultan Hassan bin Muhammad bin Qala'un, elle permet à chacune des quatre grandes sectes sunnites de disposer de sa propre école tout en partageant la mosquée avec les trois autres.

166 en haut Quelques tombeaux des souverains mamelouks, les esclaves affranchis qui se sont emparés du pouvoir à la mort du dernier descendant de Saladin.

En 1182, Saladin partit défendre la Palestine et la Syrie et ne revint plus. Ses soldats et les dignitaires de sa cour étaient en majorité d'anciens esclaves ou des prisonniers de guerre convertis à l'islam qui avaient gagné la confiance des Seldjoukides et avaient acquis une forte influence sur les rouages de l'État. On les appelait les Mameloukѕ et ce sont eux qui s'emparèrent du pouvoir au Caire à partir de 1249, à la mort du dernier descendant de Saladin. Ils régnèrent sans partage jusqu'à la fin

du XVe siècle et continuèrent à embellir Le Caire de mosquées, d'édifices publics et résidentiels, de hammams, d'écoles coraniques, de mausolées, de caravansérails, de marchés et de fontaines. Le monument le plus caractéristique de l'architecture mamelouke est le Sultan Qala'un, qui comprend une mosquée, une madrasa, un mausolée et un hôpital *(mauristan)* resté en fonction jusqu'en 1920. Parmi les édifices religieux, on remarque la mosquée Aqsunqur, du XIVe siècle, connue sous le nom de mosquée Bleue à cause de ses faïences

166-167 Les coupoles de Hauch al-Bacha, d'un style étonnamment rococo trahissent la volonté des Mamelouks d'imprimer leur marque à la ville, désir que reflète une floraison d'édifices publiques, d'écoles coraniques, de mosquées, de caravansérails.

167 en haut Le cimetière méridional du Caire comprend le complexe de Hauch al-Bacha, avec les tombeaux des Mamelouks, qui ont régné sur la ville entre le milieu du XIIIe siècle et la fin du XVe siècle.

bleues et turquoise provenant d'Iznik, et la mosquée al-Mu'ayyad, ou mosquée Rouge, du XIIIe siècle, qui abrite des décorations extrêmement raffinées en marbre enchâssé d'ivoire et de nacre. L'époque mamelouke a coïncidé avec l'apogée de la splendeur du Caire. La ville est alors devenue, comme on l'a déjà signalé, le point central du commerce entre l'Orient et l'Occident. L'ouverture de la route du cap de Bonne-Espérance, en 1488, a coïncidé

167 en bas, à droite
Située à proximité de la Bab Zuwaila, la mosquée al-Mu'ayyad – ou mosquée Rouge – fut édifiée entre 1415 et 1420 par le souverain du même nom. À l'intérieur, les murs sont entièrement couverts de marbres polychromes créant des motifs géométriques.

167 au centre, à droite
Dans la Shari al-Muizz, une rue du Caire fatimide, le souverain mamelouk al-Mansour Qala'un fit édifier en 1284 le complexe de Sultan Qala'un, premier spécimen de l'architecture syrienne qui caractérise l'époque mamelouke.

avec la fin du monopole égyptien et avec la défaite des Mamelouks face aux Ottomans, qui allaient dominer l'Égypte jusqu'au début du XIXe siècle. Toutefois, la tradition mercantile de la ville est encore bien vivante, comme le démontrent ses nombreux marchés, à commencer par le Khan al-Khalili. Tandis que les activités artisanales traditionnelles des Cairotes – très habiles dans divers domaines comme la bijouterie, la production du verre, la sculpture du bois et la broderie des tissus – sont regroupées entre les murs d'Al-Ghuri Wakala, l'un des édifices les plus remarquables de la ville, édifié pour accueillir les marchands venus d'Asie, d'Afrique et d'Europe.

La statue de la Liberté

ÉTATS-UNIS

New York
Inscription : 1984
Critères : C (i) (vi)

168 en haut, à gauche Offerte en cadeau aux États-Unis pour célébrer le centenaire de l'indépendance, la statue de la Liberté n'est en réalité inaugurée que le 28 octobre 1886.

Le soir du 3 juillet 1986, des milliers de personnes assistent, dans le port de New York, à un spectacle pyrotechnique qui a coûté 2 millions de dollars. Une somme considérable mais dérisoire comparée aux 87 millions de dollars dépensés pour restaurer la statue de la Liberté à l'occasion des festivités de son centenaire. Mais la restauration de celle qui, depuis un siècle, est le symbole de l'Amérique, grâce à l'opiniâtreté et à la générosité d'un sculpteur français, semble ne pas avoir de prix.
L'idée d'une imposante sculpture – symbolisant la fraternité qui unit la France et les États-Unis dans leur lutte pour la liberté – germe dans la tête de Frédéric Auguste Bartholdi dès 1865, à l'occasion de la capitulation des troupes sudistes lors de la guerre de Sécession.
En 1871, l'artiste français traverse l'Atlantique pour présenter son projet au président Ulysses Grant. Il est convenu, en fin de compte, que l'œuvre sera dévoilée le 4 juillet 1876 pour célébrer le centenaire de l'indépendance et que le gouvernement américain prendra également part à sa construction, en réalisant le soubassement. Mais les prévisions sont optimistes. L'économie des deux pays tourne au ralenti et, pendant des années, les financements sont arrêtés. Jusqu'à ce que Joseph Pulitzer – célèbre pour le prix de journalisme qui porte son nom – lance une campagne pour récolter des fonds dans les colonnes de son journal new-yorkais, *The World*, avec une série d'éditoriaux cinglants qui invitent les Américains à prendre part à l'entreprise.
La statue est enfin achevée en 1884.
Un an après, le soubassement étant prêt, les 350 pièces de cuivre qui la composent sont expédiées par-delà l'Atlantique à bord de la frégate française *Isère*.

Le 28 octobre 1886, sur l'île Bedloe, dans la rade du port de New York, *La Liberté éclairant le monde* – tel est le nom de l'œuvre – est inaugurée par le président S. G. Cleveland, avec plus de dix années de retard. Haute de 46 mètres – 93 mètres avec le socle en ciment – et pesant 27 000 tonnes, la statue de la Liberté est constituée d'une armature centrale en acier, conçu par Alexandre Gustave Eiffel. Elle sert de structure portante à une coque en lames de cuivre de 2,37 millimètres d'épaisseur seulement, pesant malgré tout 31 tonnes. Son histoire est plutôt agitée.
Pour réaliser la plus grande statue en métal jamais construite, Bartholdi procède par maquettes de tailles successives, dont certaines sont conservées au musée de la statue, situé à l'intérieur du soubassement.
Pour réaliser le visage de la Liberté, le sculpteur choisit sa mère pour modèle.
Mais face à la fatigue de celle-ci lors des séances de pause, il doit arpenter les rues de Paris, à la recherche d'une femme lui rappelant les traits de sa mère. Il rencontre Jeanne-Émilie Baheux de Puysieux qui, de modèle, deviendra son épouse.

En partant de la base de la statue de la Liberté, il faut gravir 354 marches pour atteindre la couronne, point le plus élevé accessible au public, d'où l'on jouit d'un spectaculaire panorama sur la baie de New York. Cette couronne a une grande valeur symbolique : ses sept rayons représentent, selon les interprétations, les sept océans (Arctique, Antarctique, Atlantique Nord et Sud, Pacifique Nord et Sud, et Indien) ou les sept continents (les deux Amériques, l'Europe, l'Asie, l'Afrique, l'Océanie et l'Antarctide). Les fenêtres de la couronne représentent les 25 « pierres gemmes naturelles » de la terre.
Le flambeau que tient la statue de la main droite, restauré en 1986 et recouvert d'or à 24 carats, symbolise la lumière portée par la Liberté, tandis que la table qu'elle a dans la main gauche porte, gravée en chiffres romains, la date de l'indépendance américaine : 4 juillet 1776. La toge, enfin, rappelle la république de Rome, la première « expérience » démocratique de l'histoire, tandis que la chaîne brisée à ses pieds symbolise la victoire sur l'esclavage.
Érigée dans la cour de Fort Wood, construit sur l'île Bedloe pour protéger le port, la statue de la Liberté est confiée dans un premier temps à l'United States Lighthouse Board, institut en charge de la conservation des phares, puis au ministère de la Guerre et enfin, depuis 1933, au National Park Service. En 1956, l'île est rebaptisée Liberty Island. Personne n'a jamais vu la statue briller de sa couleur de cuivre : en raison de l'oxydation rapide du métal, elle a déjà une couleur brun foncé, presque noire, lorsqu'elle atteint le port de New York. Vingt ans plus tard, elle a revêtu sa couleur verte caractéristique, évoquant l'espoir d'une vie nouvelle pour des générations entières d'émigrants venus chercher fortune en Amérique.

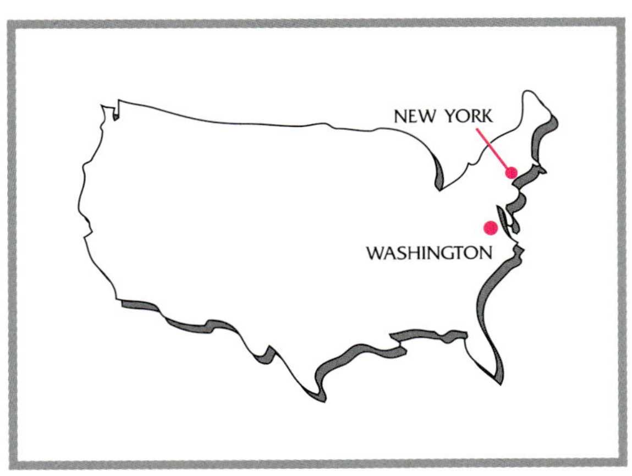

168 au centre Située dans la cour de Fort Wood, sur l'île Bedloe, dans la rade du port de New York, la statue de la Liberté est posée sur un soubassement en forme d'étoile à huit branches, à l'intérieur duquel se trouve le musée.

169 au centre
De nombreux éléments de La Liberté éclairant le monde, titre officiel de l'œuvre, ont une valeur symbolique ; ainsi le flambeau, recouvert d'or, représente cette lumière qu'apporte la Liberté, et la toge de la statue rappelle la république de Rome, premier exemple de démocratie.

169 en haut, à droite
Sur la table que la Liberté tient dans sa main gauche est gravée la date du 4 juillet 1776, jour de l'indépendance des États-Unis d'Amérique.

Pueblo de Taos

ÉTATS-UNIS

VALLÉE DE TAOS, NOUVEAU-MEXIQUE
INSCRIPTION : 1992
CRITÈRES : C (IV)

170 en haut Le panorama encore sauvage de la vallée de Taos, où coule un petit affluent du Rio Grande. Les Indiens Pueblo construisent quelques villages dans cette région à partir du XIIIe siècle. Le Pueblo de Taos, qui nous est parvenu presque intact, date de 1350 environ.

Chaque année, fin août, près du lac Bleu, se déroule la cérémonie d'initiation du Pueblo de Taos, rite nécessaire pour prendre part à la vie religieuse et aux charges politiques de la communauté. Pour les Indiens Pueblo de la vallée de Taos, baignée par un affluent du Rio Grande, ce lac est le berceau du peuple indigène qui a colonisé la région du Nouveau-Mexique et de l'Arizona.
En 1970, par une décision qui fait date dans la réconciliation entre les États-Unis et les autochtones, le gouvernement fédéral restitue aux Pueblo le lac sacré qui, du sommet des montagnes, domine la vallée dans laquelle ils vivent.

170 en bas Devant la majeure partie des habitations du Pueblo de Taos, on trouve des hornos, ces fours circulaires pour cuire le pain dont la structure, rappelant celle des fours arabes, a été apportée par les Espagnols à partir de 1540.

Bien que des fouilles aient apporté la preuve d'habitats humains primitifs vieux de plus de cinq mille ans, les premiers Indiens dont nous avons connaissance sont les Anasazi – les « Anciens » – vivant dans la région vers le IXe siècle. Leur civilisation est peu connue mais l'on sait qu'ils habitent dans des abris creusés dans le sol, avant que ne débute la construction des édifices pueblo.
Le village de Pueblo de Taos est construit au milieu du XIVe siècle. Les premiers Européens qui y pénètrent, en 1540, sont les conquistadores du capitaine Pedro de Alvarado, rapidement suivis des missionnaires franciscains. Grâce à la générosité du roi Philippe II d'Espagne, les Indiens Pueblo se voient accorder une certaine autonomie et les communautés vivent relativement en paix jusqu'à la fin du siècle. Sous la domination espagnole, les constructions en adobe des Pueblo subissent manifestement l'influence de l'architecture espagnole, elle-même largement influencée par l'architecture arabe. Les Pueblo connaissent la technique des briques crues depuis des siècles mais découvrent seulement alors l'utilisation de moules en bois pour donner aux briques une forme régulière. Ils commencent à construire des fours circulaires pour cuire le pain, pratique manifestement arabe.
Puis, au XVIIe siècle, la puissance espagnole devient plus autoritaire. En 1680, les Pueblo, las de subir un tel joug, fomentent une révolte qui est matée en 1692. Au siècle suivant, le Nouveau-Mexique voit s'installer une vaste communauté agricole et naître des usines autosuffisantes non loin des villages locaux. L'autarcie des villages espagnols assure aux Pueblo un isolement relatif, favorisant la transmission des traditions et cet esprit d'indépendance qui les anime encore aujourd'hui. Mais, en 1821, le Mexique obtient l'indépendance de l'Espagne et des frictions apparaissent rapidement entre le nouveau pays et les trappeurs qui s'y sont aventurés depuis la côte Est en quête de peaux de bête. Ces « coureurs des bois » vivent coude à coude avec les Indiens, apprennent leurs techniques de chasse et adoptent leurs coutumes. Ils se retrouvent à leurs côtés pour faire face aux attaques que les tribus nomades des plaines comme les Navajo et les Apache lancent contre les villages des Pueblo sédentaires. La conquête de

170-171 Tous les édifices du village, recouverts d'une dernière couche d'argile, sont en adobe, des briques de boue mêlée de paille séchées au soleil. Bien que souffrant beaucoup de l'humidité après chaque saison des pluies, ce matériau offre l'avantage de retenir la chaleur en hiver et de rester frais en été.

l'Ouest américain se solde par la guerre du Mexique en 1846, entraînant l'annexion de la province au territoire américain du Nouveau-Mexique.
Quelques années plus tard, lors de la guerre de Sécession, Kit Carson défend vaillamment le drapeau de l'Union qui flotte sur le Pueblo de Taos. Mais les invasions d'« intrus » ne s'arrêtent pas là. Dans les années 1870, la ruée vers l'or fait converger dans la vallée de nouveaux habitants en quête de richesses.
Au tournant du siècle, les artistes tombent sous le charme du village. Ernest Blumenschein et Bert Philips fondent en 1898 une « colonie » d'avant-garde intellectuelle dont font partie la peintre Georgia O'Keeffe, le photographe Ansel Adams, le psychanalyste Carl Jung et l'écrivain D.H. Lawrence.
En dépit des innombrables influences externes, l'architecture et la culture du Pueblo de Taos nous sont parvenues intactes. Ce village est un des plus vieux habitats du territoire américain.
Les Pueblo y conservent leur souveraineté grâce au bureau du gouverneur de la tribu et au conseil tribal. Leur activité artisanale et l'industrie touristique leur assurent une certaine autonomie financière.

171 en bas L'église San Francisco de Asís est une des constructions les plus intéressantes du Pueblo de Taos. À la fin du XIXe siècle, de nombreux artistes et membres de l'avant-garde intellectuelle tombent sous le charme de l'architecture primitive du village.

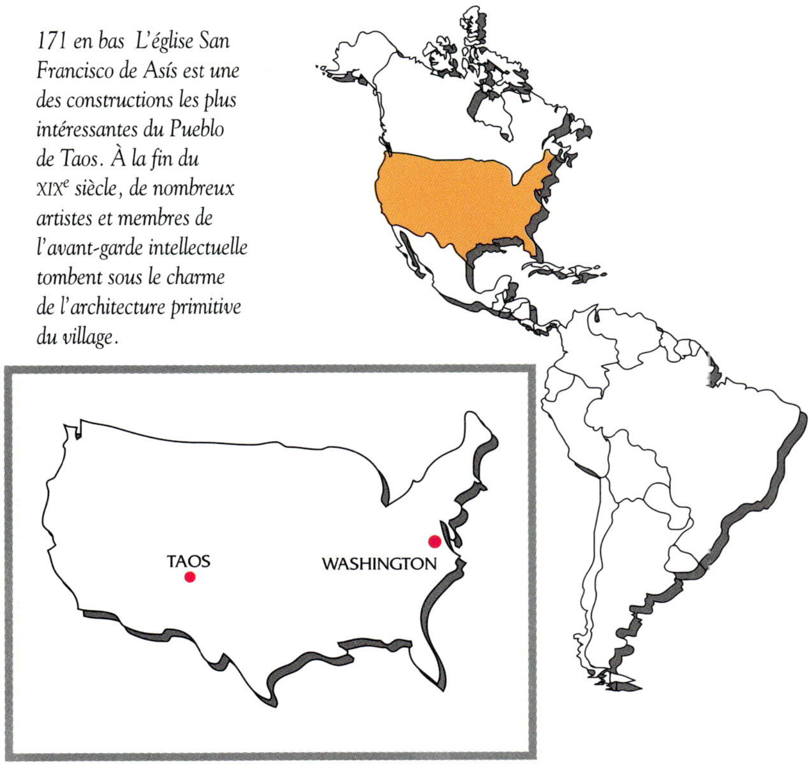

Le centre historique d'Oaxaca

MEXIQUE

ÉTAT D'OAXACA
INSCRIPTION : 1987
CRITÈRES : C (I) (II) (III) (IV)

172 en haut Les arcades du Zócalo, lieu de rencontre des habitants d'Oaxaca. Au second plan, on voit la façade de style plateresque de l'église de la Compañía de Jesús, construite par les jésuites en 1579.

172-173 Vue de la Plaza de la Constitución d'Oaxaca, ou Zócalo, le soir, sur laquelle donne l'imposante cathédrale. L'architecture de l'édifice n'est pas à la hauteur de sa charge religieuse. Construite en 1574, elle subira de considérables modifications lors des quatre siècles qui suivront.

Au cœur d'Oaxaca, une demeure coloniale de la Calle García Vigil abrite un musée consacré à Benito Juárez, le citoyen oaxaqueño dont les habitants sont les plus fiers. Élu président du Mexique en 1858, Juárez – Indien Zapotèque d'origine modeste, élevé par des franciscains dans cette même demeure – entre dans l'histoire pour avoir décidé de lutter contre les préjudices sociaux, le pouvoir exorbitant de l'Église et, à partir de 1862, contre l'invasion française. Sa devise

« El respecto al derecho ajeno es la paz » (le respect des droits des autres est la paix) devient rapidement le leitmotiv de tous les libérateurs qui se battent pour la démocratisation du pays.

Dès ses origines, Oaxaca est une ville paisible où cohabitent volontiers Olmèques, Zapotèques et Mixtèques. Les conquistadores espagnols sont également accueillis sans heurts majeurs. Aujourd'hui encore, 16 groupes ethniques, parlant environ 150 dialectes, vivent dans la région. Au mois de juillet, la ville célèbre la *Guelaguetza*, fête très colorée où les divers groupes de danse indigènes se produisent et échangent des cadeaux en témoignage de leur respect réciproque.

En 1521, après la conquête de Tenochtitlán, Hernán Cortés envoie les troupes de son lieutenant Francisco Orozco vers Huaxyacac – comme s'appelait alors le principal centre de la vallée située à 1 600 mètres d'altitude et entourée de collines. Bien qu'Orozco lui ait fait part dans une lettre de sa réticence à occuper la région, où il n'a trouvé aucune mine mais rencontré des Indiens très combatifs, Cortés entend contrôler la situation en personne.

Il s'éprend de la beauté naturelle du lieu et parvient à trouver un accord avec les indigènes. Le 25 avril 1532, le roi d'Espagne promulgue la naissance de la ville, conférant à Cortés le titre de Marqués del Valle de Oaxaca. Alonso García Bravo, l'architecte de l'Escurial qui a déjà planifié la structure de Mexico et de Veracruz, est appelé pour ordonner le plan de la ville. De part et d'autre du Zócalo, une des plus belles places du pays, il commence la construction de la cathédrale – sur le site d'un temple zapotèque consacré aux morts – et du siège du pouvoir espagnol. De la place partent des rues qui, selon l'urbaniste, sont également à l'image de l'équilibre entre le sacré et le profane. Étonnamment, il n'est pas nécessaire d'ériger un mur d'enceinte. Oaxaca, en effet, est laissée relativement libre de vaquer à ses affaires. La région est fertile et se prête volontiers à la culture du maïs, du blé, du café et de la canne à sucre dont on fait des douceurs pour la cour d'Espagne. Dans les champs des environs, on découvre que de la cochenille, parasite du blé, on peut extraire une teinture rouge pour le textile.

Au lendemain de sa fondation, les dominicains arrivent et

173 à gauche La Calle Macedonio Alcalá, principale rue piétonne de la ville, est bordée de vieilles maisons de notables espagnols. Certaines abritent aujourd'hui des musées ou galeries d'art.

173 à droite Les couleurs vives et les balustrades en fer forgé sont caractéristiques des façades des demeures de style colonial traditionnelles du centre historique d'Oaxaca.

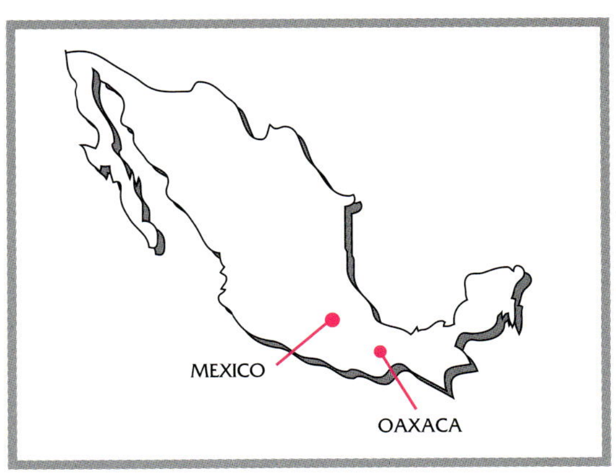

commencent à construire des édifices à la gloire de Dieu. Il est évident qu'à Oaxaca le baroque espagnol s'est harmonieusement marié à la tradition indigène, et ses églises, aux décorations élaborées, marquent le sommet de l'architecture métisse du Mexique.
Plus encore que la cathédrale – dont la construction dure jusqu'en 1733 –, l'église Santo Domingo frappe par sa beauté et son extravagance. Sa façade, datant de la fin du XVIe siècle, en pierre finement sculptée, est flanquée de deux clochers. L'intérieur est couvert d'or à foison. Le maître-autel et les décorations des murs et du plafond voûté, représentant des scènes bibliques, sont extraordinaires. Sur le mur inférieur du chœur se trouve un bas-relief en stuc doré qui représente l'arbre généalogique de l'ordre dominicain, en forme de sarments de vigne. L'église jouxte un imposant monastère qui abrite aujourd'hui le musée régional. De précieux objets d'orfèvrerie mixtèque trouvés dans une tombe lors de fouilles sur le site voisin de Monte Albán y sont, entre autres, exposés.
La basilique Nuestra Señora de la Soledad et l'église San Felipe Neri sont d'autres joyaux du baroque colonial. Cette dernière, utilisée comme caserne lors de la révolution, a été restaurée en 1920. Les artisans y ont ajouté des éléments d'Art nouveau, style qui caractérise également l'élégant Teatro Macedonio Alcalá, à deux pas du Zócalo, sous les arcades duquel les habitants aiment se retrouver. Les écrivains et les artistes qui ont immortalisé les beautés d'Oaxaca sont nombreux. Friedrich Nietzsche aurait aimé s'y retirer et Aldous Huxley et Italo Calvino y ont séjourné.

174 en haut, à gauche Consacrée en 1697 en l'honneur de la Virgen de la Soledad, patronne d'Oaxaca, la basilique est un des plus éclatants exemples d'architecture baroque de la ville. À l'intérieur est conservée une représentation de la Vierge, vénérée pour ses pouvoirs miraculeux.

174 en haut, à droite L'imposante façade de l'église Santo Domingo comprend un corps central haut de 26 mètres et deux tours de 35 mètres dont les coupoles sont recouvertes d'azulejos. L'austérité de l'extérieur contraste avec les folles décorations baroques de l'intérieur.

174 en bas L'entrée principale du Teatro Macedonio Alcalá. Inauguré le 15 septembre 1909, il sera également pendant cinquante ans un casino. Son intérieur est décoré en un pompeux style Empire.

175 en haut L'intérieur de l'église Santo Domingo, superbe exemple du baroque mexicain, est recouvert d'or à foison. Le maître-autel est extraordinaire, tout comme les décorations de la voûte avec ses médaillons représentant des scènes bibliques et des martyrs dominicains.

175 en bas Sur la façade de l'église Santo Domingo, on peut voir ce bas-relief qui représente saint Dominique et saint Hippolyte soutenant l'Église, sur laquelle descend l'image du Saint-Esprit.

Trinidad et la vallée de Los Ingenios

CUBA

Province de Sancti Spíritus
Inscription : 1988
Critères : C (iv) (v)

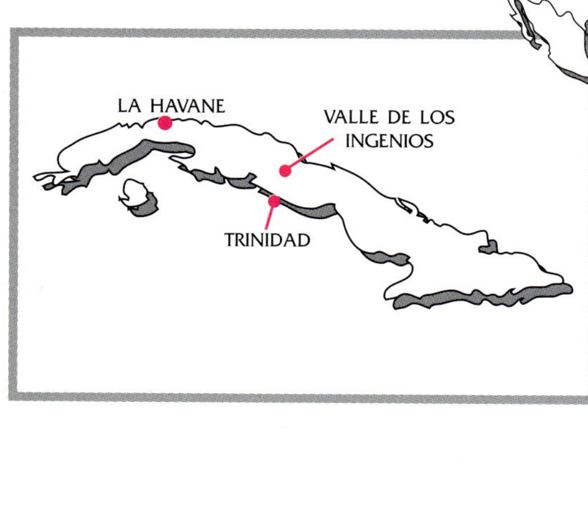

Assis à l'ombre des patios des vieilles maisons coloniales peintes en bleu, jaune et rose, les anciens de Trinidad aiment raconter l'histoire, transmise de génération en génération, du jour le plus joyeux de la ville. Cela se passe en 1850, lorsque le port voisin accueille un bateau chargé de meubles, objets et ustensiles français, commandés par le Conde de Brunet pour meubler sa demeure de la Plaza Mayor. Tous les muletiers de Trinidad sont engagés pour transporter ce précieux chargement sur l'inaccessible sentier qui relie alors le port à la ville. Le soir venu, tous se réunissent

en 1514, lorsque le capitaine Diego Velázquez y installe son camp de base pour explorer les richesses du Nouveau Monde. C'est de Trinidad que, quatre ans plus tard, Cortés part à la conquête du Mexique. Mais Trinidad reste surtout un repaire de contrebandiers jusqu'à la fin du XVIIIe siècle. Puis quelques propriétaires terriens y émigrent, fuyant la sanglante révolte des esclaves d'Haïti qui met à feu et à sang leurs plantations de canne à sucre. Aux yeux des nouveaux venus, la vallée de San Luis, proche de Trinidad – dominée par le massif d'Escambray et fertilisée par le río Agabama – est parfaite pour la culture de la canne. D'autant plus qu'avec la fermeture des raffineries d'Haïti, le prix du sucre atteint des sommets. Ainsi, sur l'initiative de quelques planteurs français, rapidement suivis des notables espagnols, en l'espace de vingt ans, est apparue – éparpillée sur les 227 kilomètres carrés de la vallée de San Luis – une cinquantaine d'*ingenios*, ces plantations sucrières dotées

176 en bas Ce splendide patio est celui de la résidence Brunet où ont habité les riches propriétaires de plantations de canne à sucre. L'édifice a été transformé en 1974 en musée romantique.

177 en haut Grâce au grand nombre d'habitations de style colonial très bien conservées, Trinidad est considérée comme l'une des plus belles localités des Caraïbes.

177 en bas, à gauche Une salle du musée romantique, inauguré en 1974 dans la somptueuse demeure à deux étages construite pour le Conde de Brunet vers 1840.

sur la place pour célébrer l'arrivée de miroirs aux cadres somptueux, de lits à baldaquin et de porcelaines de Limoges. Aujourd'hui, ces trésors – ainsi que d'autres objets provenant des maisons de maître de Trinidad – sont rassemblés dans le musée romantique, abrité dans l'ancienne demeure Brunet. Ils témoignent de l'époque où cette localité du centre de Cuba était le florissant fief des seigneurs de la canne à sucre.
En réalité, l'histoire de Trinidad a commencé dès les premières heures de la colonisation espagnole, plus précisément

de moulins pour le raffinage du sucre. On estime que près de 2 800 esclaves *macheteros* y travaillent, procédant à la coupe (ou *zafra*) de 4 000 tonnes de canne nécessaires à la production de 700 tonnes de sucre en pains, 1 000 barils d'*aguardiente* et 1 000 barils de mélasse par an. Enrichis par ce commerce lucratif, les grands propriétaires de Trinidad rivalisent pour se faire construire de somptueux palais, renfermant des patios débordant de fleurs tropicales où il est fait un vaste usage, pour les décorations, de bois sculpté, de fer forgé et de stuc. La construction de la charmante

176-177 Rue typique du centre de Trinidad, bordée de maisons coloniales peintes de couleurs vives. Au fond, on aperçoit le clocher de l'église San Francisco de Asís.

177 en bas, à droite Symbole de la Valle de los Ingenios, la tour Manacas-Iznaga est érigée au début du XIXe siècle. De son sommet, on surveille le travail des macheteros dans les champs de canne à sucre. Haute de 43,5 mètres, elle compte 184 marches.

178-179 Donnant sur la Plaza Mayor, la Santísima Trinidad est la plus grande église de Cuba. De style néoclassique, elle est construite en 1892 sur le site d'une ancienne église du XVIe siècle. Pour son autel, des essences de bois précieuses ont été préférées au marbre traditionnel.

179 en haut, à gauche Certaines des vieilles maisons de Trinidad abritent aujourd'hui des musées. L'hôtel de la famille de propriétaires terriens Sánchez Iznaga, construit en 1738, accueille le Museo de la Arquitectura.

179 en haut, à droite Une autre rue du centre colonial de la ville. Au XVIIIe siècle, tout un quartier de Trinidad a été habité par les corsaires. Bon nombre de leurs maisons se trouvent dans l'actuelle Calle Ciro Redondo.

église de la Santíssima Trinidad – plus grand lieu de culte chrétien actuel de Cuba – débute en 1817. La splendeur de son architecture et de son autel fait de l'ombre à l'église du Convento de San Francisco de Asís, construite cent ans plus tôt. L'industrie sucrière jusqu'alors prospère commence à décliner au début du XXe siècle, le sol s'appauvrissant et la construction du port de la ville voisine de Camagüey portant ombrage à Trinidad. Il nous est parvenu de cette époque les maisons de ville, attribuées après la révolution castriste au peuple – vraisemblablement des descendants des esclaves qui se sont échinés dans les plantations – ou transformées en musées. Le plus important complexe agricole industriel des Caraïbes, au cœur de celle qui est appelée la Valle de los Ingenios, compte 77 édifices. On peut y voir onze résidences de maître, ce qu'il reste des ateliers de trois sucreries, des machines, des magasins et des *bohíos*, les maisons des esclaves *macheteros*. Les édifices les mieux conservés sont ceux de la sucrerie Manacas-Iznaga. Ce domaine, le plus grand, restera le plus productif jusqu'en 1857. On peut encore y voir circuler le *tren jamaiquin* – appelé ainsi car la voie ferrée venait de la Jamaïque, alors possession britannique – autrefois utilisé pour transporter le suc de canne jusqu'aux fourneaux de raffinage. Sur cette plantation se dresse également la tour Manacas-Iznaga, construite au début du XIXe siècle pour surveiller les travaux des champs et éviter toute tentative de fuite des esclaves. Premier édifice de la vallée déclaré monument national, cette tour en est devenue le symbole.

178 en haut Vue générale du centre de Trinidad. Le premier village espagnol de la Valle de San Luis est fondé en 1514 par le capitaine Diego Velázquez qui y installe son camp de base pour explorer les richesses du Nouveau Monde.

178 au centre en haut et en bas Deux des 14 salles du musée romantique, où sont conservés les objets, cadres et ustensiles du XIXe siècle ayant appartenu à de riches barons cubains du sucre.

180 *Située dans le quartier du Pelourinho, l'église baroque do Rosário dos Pretos date du XVIIe siècle et a été construite par des esclaves. Ceux-ci travaillaient surtout la nuit et achetaient des matériaux de contrebande.*

Le centre historique de Salvador de Bahia

BRÉSIL

ÉTAT DE BAHIA
INSCRIPTION : 1985
CRITÈRES : C (IV) (VI)

181 en haut, à gauche
Les maisons de style colonial de la Praça da Sé, au cœur de la ville. La place doit son nom à Sé da Bahia, une des plus somptueuses églises d'Amérique latine construite ici en 1533 et démolie 400 ans plus tard.

181 en bas, à gauche
Surmontée d'une coupole, la majestueuse façade principale de l'hôtel de ville, l'ancienne résidence des gouverneurs. Bahia a été la capitale de l'Amérique portugaise jusqu'en 1763, année où la monarchie décida de lui ôter ce statut au profit de Rio de Janeiro.

181 en bas, à droite
Le port de Bahia. Sur la gauche, l'Elevador Lacerda, le gros ascenseur installé en 1868 pour faciliter l'accès à la ville haute.

Tous les ans, le 31 décembre, l'image du Senhor bom Jesus dos Navegantes est portée à l'église Nossa Senhora da Conceição d'où, le lendemain matin, une procession maritime de plusieurs dizaines d'embarcations part pour célébrer l'arrivée du nouvel an. L'effigie du Christ est ensuite ramenée à l'église Nossa Senhora da Boa Viagem, bondée de fidèles, où elle est conservée jusqu'à l'année suivante. Bien que ce rite soit d'origine portugaise, il n'y a rien d'étonnant à ce que Salvador de Bahia commence l'année sur la mer et par une cérémonie religieuse, car ces deux éléments font depuis toujours partie intégrante de la vie de cette cité.
Capitale de l'État de Bahia, au nord-est du Brésil, Salvador se dresse dans la baie de Todos os Santos, une anse ample et sereine baptisée ainsi par l'équipage d'Amerigo Vespucci qui arriva là le 1er novembre 1501. Quelques années plus tard, le vaisseau du commandant Diogo Álvares y échoua et ce dernier fut accueilli par la tribu tupinambá, installée sur la côte. Après avoir épousé la fille du chef taparica, Álvares joua un rôle décisif quand le roi de Portugal, João III, ordonna de créer une ville dans cette baie. En 1549, placée sous le commandement du capitaine Tomé de Souza, une flotte transportant pas moins de 1 000 colons quitta les côtes européennes. Arrivés dans la baie de Todos os Santos, ils furent accueillis avec tous les honneurs par Álvares lui-même et les autochtones. C'est ainsi que naquit Salvador de Bahia, capitale de la nouvelle colonie portugaise, et Tomé de Souza reçut le titre de gouverneur du Brésil.
En pratiquement cinquante ans, la ville comptait 1 600 habitants et devait sa prospérité au commerce de la canne à sucre, du tabac et du coton. Un peu plus tard, Bahia se lança dans le trafic très fructueux d'esclaves qui en fit une ville multi-ethnique, avec des indios sud-américains, des colons portugais et des esclaves africains. Une prospérité aussi soudaine ne pouvait pas passer inaperçue et les étrangers organisèrent très vite des expéditions pour tenter de conquérir la ville. Les premiers furent les Hollandais de la Compagnie des Indes occidentales qui s'en emparèrent entre 1624 et 1625.
Une fois la paix revenue, Bahia accumula de nouveaux trésors, grâce à l'or et aux

181 au centre, à droite
L'autel baroque de l'église du couvent do Carmo. Fondé au XVIIe siècle, celui-ci présente une très belle architecture et a été le théâtre d'événements importants liés à l'indépendance du Brésil.

182 en haut *Le cloître du couvent Saint-François, décoré d'azulejos blancs et bleus. Les franciscains sont arrivés à Bahia en 1587, mais ils durent attendre un siècle pour que les autorités leur donnent un terrain pour leur couvent.*

182 en bas *Vue du Pelourinho, avec ses maisons coloniales dominées par les deux clochers identiques de Nossa Senhora da Conceição. Le nom de ce quartier signifie « lieu des coups de fouet » car c'est ici que l'on vendait les esclaves.*

diamants extraits des mines de l'intérieur du pays. Les riches dignitaires portugais se mirent à construire de splendides demeures et de somptueuses églises baroques.

La ville était alors importante et comptait en 1763 quelque 60 000 habitants de toutes castes et nationalités, mais, à cette époque, la monarchie portugaise décida de déplacer la capitale à Rio de Janeiro, elle aussi très prospère. Ce fut donc le début d'un lent déclin de Salvador de Bahia, lequel se poursuivit même après l'indépendance du Brésil obtenue en 1822.

La ville est célèbre pour ses monuments d'époque coloniale. La ville basse en conserve les principaux témoignages avec les vestiges des fortifications construites pour défendre le port et le Mercado Modelo où les navires déchargeaient toutes sortes de marchandises. Au sommet d'un col se trouve aussi la majestueuse église do Nosso Senhor do Bomfim, consacrée au saint patron de la ville. La vie quotidienne de Bahia se déroulait essentiellement dans la ville haute, reliée au port par un ascenseur construit en 1610 par les jésuites qui voulaient alléger le travail des esclaves. Il n'en reste plus la moindre trace. En revanche, on peut encore voir l'Elevador Lacerda, un gros ascenseur en fer et à vapeur installé en 1868. En plus des demeures de la noblesse et des riches marchands, la ville haute abrite la plupart des églises de Bahia. La légende veut qu'il y en ait 365, une pour chaque jour de l'année, témoignage de la richesse de l'histoire religieuse d'une cité où le catholicisme a souvent assimilé les croyances animistes des esclaves africains dans un syncrétisme qui a ensuite donné lieu au culte du candomblé. La plus belle est sans aucun doute Saint-François, avec ses murs et son autel entièrement dorés à la feuille.

Non loin de là, on accède à l'ancien quartier de Pelourinho, un ensemble impressionnant d'édifices construits entre les XVIe et XVIIIe siècles et dont le nom signifie « lieu des coups de fouet », car c'est là que l'on pratiquait la traite des esclaves. Le vieux marché des esclaves, dans le Largo do Pelourinho, accueille aujourd'hui la Fundação Casa de Jorge Amado, en hommage au grand écrivain brésilien qui, pendant ses études universitaires, vivait dans un hôtel tout proche.

183 en haut, à gauche Située sur la place du même nom, l'église Saint-François a été construite entre 1708 et 1723. D'un baroque exubérant, elle est considérée comme la plus belle église brésilienne.

183 en haut, à droite Nosso Senhor do Bonfim est l'église la plus aimée de Bahia. Située dans la ville basse, elle a été terminée en 1772 et sa façade rococo est décorée d'azulejos portugais.

183 en bas Exemple majeur du baroque portugais, l'intérieur de Saint-François est une débauche de décorations en bois de jacaranda entièrement dorées à la feuille.

Les Sites Archéologiques

Introduction

185 Ce visage d'une apsara, créature qui égaie les palais divins des souverains khmers, fait partie des décorations d'Angkor Vat, au Cambodge. Sur cette terre, hindouisme et bouddhisme se sont rencontrés aux XIIe et XIIIe siècles et cohabitent harmonieusement.

Le 23 novembre 1972, la conférence générale de l'Unesco rédigeait à Paris la Convention instituant la Liste du patrimoine mondial, qui entra en vigueur le 17 décembre 1975. L'objectif ambitieux de l'Organisation des Nations unies pour l'éducation, la science et la culture était d'identifier, d'étudier et de sauvegarder des monuments, des complexes, des sites – œuvres de l'homme et de la nature – qui présentent une valeur universelle exceptionnelle du point de vue historique, artistique, scientifique, environnemental, archéologique ou anthropologique.
Près de quarante ans plus tard, la Liste du patrimoine mondial est un extraordinaire inventaire de lieux et d'œuvres qui embrasse simultanément l'histoire de l'homme et de la Terre, offrant un précieux outil pour « lire » la nature et la culture et, surtout, le lien étroit qui les unit. C'est, en une seule expression, la mémoire historique de la planète.
L'intention de ce livre est de donner une idée de l'inestimable héritage placé sous la protection de l'Unesco.
Pour se débrouiller dans un panorama aussi vaste et hétérogène, nous avons choisi de séparer les trésors de l'art des grands sites naturels et des anciennes civilisations. Et si la distinction entre patrimoine culturel et patrimoine naturel est déjà explicitement définie à l'intérieur de la Convention, il a été plus difficile de définir la ligne de démarcation entre les monuments architecturaux et les sites archéologiques. Un critère uniquement temporel aurait probablement faussé la lecture historique. Aussi avons-nous pensé que cet ouvrage devait évoquer tous les sites caractérisés par un développement culturel significatif, et qui cependant, en raison du déclin des civilisations qui les ont construits ou par abandon, ont cessé de rassembler les hommes, ainsi que les localités où ont été retrouvées des traces permettant de reconstruire le parcours évolutif de notre espèce.
Pour obtenir son inscription sur la Liste du patrimoine mondial à titre de bien culturel, un monument, un complexe ou un site doit répondre pour le moins à l'un des critères suivants :
I) constituer un chef-d'œuvre du génie créatif humain ;
II) témoigner d'un échange d'influences considérable, au cours d'une période donnée ou dans un domaine culturel défini, sur le développement de l'architecture ou de la technologie des arts monumentaux, sur la planification urbaine ou encore la création de paysages ;
III) apporter un témoignage unique ou du moins exceptionnel sur une tradition culturelle ou sur une civilisation vivante ou disparue ;
IV) offrir un exemple éminent d'un type de construction ou ensemble architectural, technologique ou paysager qui illustre une ou plusieurs périodes significatives de l'histoire humaine ;
V) constituer un exemple remarquable d'établissement humain ou d'occupation du territoire traditionnel représentatif d'une ou plusieurs cultures, notamment lorsqu'il devient vulnérable sous l'effet de changements irréversibles ;
VI) être directement ou matériellement associé à des événements ou à des traditions vivantes, idées, croyances, œuvres artistiques ou littéraires qui ont une signification universelle exceptionnelle. En s'appuyant sur ces critères, le patrimoine mondial de l'Unesco compte 188 biens d'intérêt archéologique, répartis dans 66 pays.
Avec les 100 que nous avons sélectionnés pour en donner une description plus détaillée dans cet ouvrage, nous avons essayé d'offrir le tableau le plus complet possible des antiques civilisations, sans toutefois négliger les lieux où ont été retrouvés d'importants témoignages de l'évolution ni ceux où ont été produites les premières manifestations figuratives.
Cependant, une évaluation objective de l'héritage qui nous est parvenu à travers les siècles de certaines cultures particulièrement influentes nous a inévitablement conduits à mettre l'accent sur ce que l'Égypte antique, le monde romain et grec et – de l'autre côté de l'Atlantique – les grandes civilisations précolombiennes nous ont laissé.

Stonehenge et Avebury

ROYAUME-UNI

COMTÉS DE WILTSHIRE ET WESSEX
INSCRIPTION : 1986
CRITÈRES : C (I) (II) (III)

186-187 Stonehenge, site mégalithique le plus célèbre et le plus mystérieux du monde, est apparu entre 3100 et 1600 avant notre ère. Au-delà du mythe et du folklore, la communauté scientifique n'est pas parvenue, à ce jour, à donner de réponses claires à sa fonction.

Qui a érigé Stonehenge ? Au fil des siècles, des milliers de légendes ont fleuri, des hypothèses ont été avancées, plus ou moins sérieuses. Étaient-ce les Celtes, les Saxons, les Égyptiens, les Romains, le peuple de l'Atlantide, ou encore les extraterrestres ? Ou – comme cela a été affirmé – ces pierres ont-elles été placées de manière stratégique par un groupe anglais de fanatiques en quête d'une nouvelle spiritualité, en pleine Beatlesmania ? Cette dernière hypothèse, pour le moins, est à bannir. Les premiers écrits sur Stonehenge remontent à 1135. Dans son *Histoire des rois de la Grande-Bretagne*, Geoffrey de Monmouth prétend que les pierres ont été apportées d'Afrique en Irlande par une tribu de géants. Elles ont ensuite traversé la mer en volant grâce à Merlin l'Enchanteur, et se sont dressées dans la plaine de Salisbury en hommage au roi Arthur. Les druides, prêtres du peuple celte, ont quant à eux toujours revendiqué la paternité de Stonehenge. Jusqu'en 1985, les membres de l'Ancien Ordre des druides avaient l'habitude de se retrouver sur place, vêtus de tuniques blanches et munis de harpes et de trompettes, pour célébrer des rites initiatiques à l'occasion du solstice d'été. Au-delà du mythe et du folklore, la communauté scientifique n'est pas parvenue à ce jour à donner de réponses claires à la fonction du plus célèbre site mégalithique du monde. Dans la dernière étude à ce sujet, publiée en 2003 dans le *Journal of the Royal Society of Medicine*, le gynécologue Anthony Perks pense que le cercle dessiné par les rochers du site est une représentation de l'organe sexuel féminin, le passage à travers lequel Terre-Mère – principale divinité du néolithique – accouche des plantes et des animaux. L'affirmation a provoqué une vague de polémiques et a été réfutée par écrit par David Miles, archéologue responsable du site depuis des années. Quoi qu'il en soit, Stonehenge – issu d'un mot saxon signifiant « gibet de pierre » – est réalisé en trois phases, entre 3100 et 1600 av. J.-C. Lors de la première phase sont érigés un talus circulaire d'environ 90 mètres de diamètre délimité par un fossé et, non loin, un cercle composé de 56 fosses appelées « trous d'Aubrey », du nom du personnage qui les a décrites pour la première fois en 1666. Vers 2550 av. J.-C., lors de la deuxième phase, les premières pierres apparaissent. Dites *blue stones*, elles sont de dimensions réduites, même si elles pèsent près de 5 tonnes chacune. Elles sont transportées – vraisemblablement par mer, puis sur la rivière Avon et enfin sur terre – sur les 380 kilomètres qui séparent les carrières de Pembroke, dans le sud-ouest du pays de Galles, de la plaine de Salisbury. C'est lors de la dernière phase de construction, à partir de 2100 avant notre ère, que Stonehenge prend la structure que nous lui connaissons, composée de mégalithes de près de 30 tonnes chacun provenant des collines de Marlborough, distantes d'une trentaine de kilomètres. Ces blocs de pierre du tertiaire éocène sont appelés *sarsen*, terme qui, en vieux dialecte du Wessex, semble vouloir dire « étranger ». L'élément le plus extérieur de Stonehenge est une allée de 600 mètres de longueur, délimitée par deux fossés parallèles espacés de 23 mètres. Cette allée mène à la Heel Stone, un *sarsen* qui, lors du solstice d'été, projette son ombre précisément jusqu'au centre du site. On rejoint plus loin le talus circulaire. À l'entrée se trouve la Slaughter Stone – Pierre du Sacrifice –, appelée ainsi en raison des taches rouges nées de l'action érosive millénaire de la pluie sur le fer présent dans la roche. De là, on admire la partie centrale du site, constituée de structures mégalithiques concentriques. La plus extérieure se compose de 30 *sarsen* (17 sont encore à leur place) hauts de 4 mètres et reliés par un cercle de linteaux au moyen de joints à mortaise et tenon. À une distance de 3 mètres de cette structure se dresse un cercle de 60 *blue stones* (à terre et brisées pour la plupart) hautes de 2 mètres environ. À l'intérieur des deux cercles se trouve une imposante structure en fer à cheval, aujourd'hui incomplète, se composant de cinq trilithes – le plus haut mesure 7 mètres – formés de deux pierres dressées surmontées d'une troisième pierre horizontale. Enfin, un fer à cheval plus modeste de *blue stones* renferme l'Altar Stone qui ne dispose pourtant pas du système d'écoulement des autels des temples sacrificiels érigés à cette époque. L'aspect spectaculaire et la renommée de Stonehenge font de l'ombre aux autres sites néolithiques qui constellent le comté du Wiltshire. Parmi eux, citons

187 en haut Ce point de vue permet d'admirer pleinement le cercle de sarsen, *ces énormes pierres que des hommes, il y a 3 000 ans, ont transportées à Stonehenge depuis les collines de Marlborough, distantes d'une trentaine de kilomètres.*

187 en bas Ces cinq imposants trilithes, formés de deux pierres dressées et d'un linteau, sont placés en fer à cheval dans la partie interne du cercle de Stonehenge. La plus haute structure du cromlech mesure 7,77 mètres.

188 Toute la région du comté de Wiltshire est riche de cercles de pierres, menhirs et tertres circulaires qui, à l'instar de ceux de l'image, se trouvent dans un champ de blé, non loin d'Avebury.

188-189 Avec une superficie de 11,50 hectares, le cercle de pierres d'Avebury est le plus grand du monde. L'impressionnant talus était autrefois haut de 17 mètres, du fond du fossé qui le délimitait au point le plus haut de l'enceinte.

celui de Silbury Hill – qui abrite le plus grand tumulus préhistorique d'Europe – et la West Kennet Long Barrow, la plus grande tombe à chambre d'Angleterre. Non loin se dresse Avebury, le plus grand cercle de pierres du monde, couvrant une superficie d'environ 11,50 hectares. Il était autrefois formé d'un talus de près de 1 600 mètres de circonférence renfermant un cercle de 98 pierres (dont 27 sont encore sur place), provenant des Marlborough Downs, comme celles de Stonehenge. Le site d'Avebury abrite aussi des mégalithes de taille considérable, comme la Swindon Stone, pesant 60 tonnes, et la Devil's Chair, à laquelle on attribue le pouvoir de faire apparaître le diable si l'on en fait cent fois le tour en courant dans le sens contraire des aiguilles d'une montre.
Les experts s'accordent à considérer Stonehenge et Avebury comme des lieux de culte. Jusque-là, nous sommes dans le domaine des certitudes. Parmi les multiples spéculations sur Stonehenge, beaucoup concernent les remarquables coïncidences astronomiques. Mais rien ne permet d'affirmer que le site a été un observatoire des phénomènes célestes, comme beaucoup le pensent, ou un calendrier indiquant le retour des saisons, pour l'ensemencement et la récolte du blé. D'autres, poussant encore plus loin, affirment qu'il servait à prévoir les éclipses, même s'il est improbable que les habitants de Stonehenge aient eu des connaissances aussi avancées.
À moins que... et là entre en jeu une autre théorie, selon laquelle Stonehenge serait l'œuvre d'un cerveau unique. Comme si un être issu d'une culture supérieure était arrivé dans la plaine de Salisbury pour donner aux habitants les connaissances techniques nécessaires à l'édification de ces mégalithes et était régulièrement revenu lors de 1 500 ans où le monument a évolué. Mais cette théorie ne vaut que si l'on croit aux extraterrestres et aux soucoupes volantes.

189 en bas, à gauche Les plus intéressantes « pierres » d'Avebury sont la Swindon Stone qui, avec ses 60 tonnes, est la plus grande du cercle, et la légendaire Devil's Chair, le « Fauteuil du Diable ».

189 en bas, à droite Il ne reste aujourd'hui que 27 des 98 pierres du site. Au fil des siècles, les autres ont été détruites, fortement chauffées par des feux avant d'être arrosées d'eau froide. Les fragments ainsi obtenus ont servi à construire le village d'Avebury.

21 lampes en pierre brute et une finement travaillée, 14 têtes de lance en os, une « palette » de peintre – grâce à laquelle il a été possible d'étudier les pigments utilisés par les artistes paléolithiques – et 8 amas de minerais dont étaient extraits les pigments. En tout, près de 1 500 incisions ont été cataloguées à Lascaux, aussi bien sur les parois que sur la voûte de la grotte. Selon les estimations, elles ont été réalisées entre 17 000 et 15 000 ans plus tôt. Elles représentent l'apogée de l'art pariétal paléolithique qui, au magdalénien, soit entre 18 000 et 11 000 ans, a connu une grande diffusion dans toute la Dordogne. Dans la seule vallée de la Vézère, 147 sites préhistoriques sont recensés ainsi que 25 grottes ornées de peintures rupestres qui ont permis de reconstruire la vie d'*Homo sapiens* juste avant l'introduction de l'agriculture. Les merveilles de la grotte de Lascaux sont néanmoins interdites au public depuis plus de 40 ans. En 1955, en raison d'un excès de dioxyde de carbone, les premières traces de détérioration commencent à apparaître sur les précieuses peintures. Quelques années plus tard, on remarque d'inquiétantes taches vertes dues à la présence d'algues et de champignons.
C'est André Malraux, ministre de la Culture, qui décide de fermer la grotte, le 20 avril 1963. En supprimant les causes de pollution environnementale, les peintures de Lascaux ont retrouvé leur état initial et n'ont donc pas disparu à jamais. En 1980, les autorités françaises

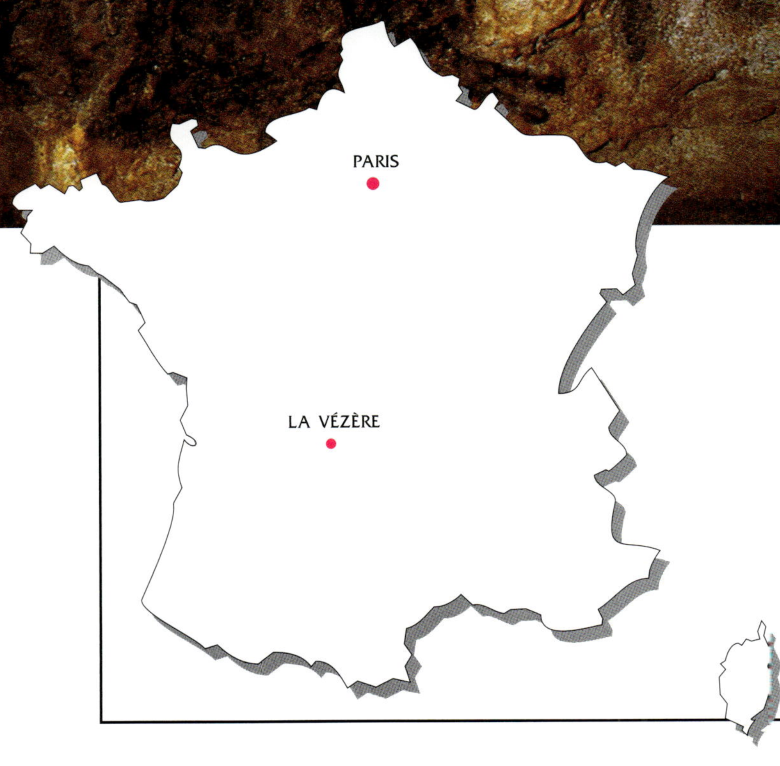

190 en haut Un taureau aux cornes majestueuses se détache sur une paroi de Lascaux.

190 en bas, à gauche Les peintures pariétales de l'Abside de la salle des Taureaux sont l'un des plus extraordinaires témoignages d'art paléolithique.

190-191 Bovins et chevaux au galop animent l'intérieur de la salle des Taureaux.

191 en haut et en bas Pour peindre les 1 500 figures des grottes de Lascaux (en bas, le « cheval chinois »), les hommes du paléolithique ont utilisé 12 pigments, du jaune pâle au noir.

ont décidé de réaliser une réplique entière de la grotte, exécutée avec un soin extrême et des matériaux qui ont permis de rendre avec précision les couleurs, les incisions et même la granularité de la roche originale. Lascaux II a ouvert ses portes en 1983. En 2001, une reconnaissance de la « véritable » grotte a démasqué une nouvelle menace : sur les roches et au sol, des colonies de bactéries et de champignons ont été trouvées, qu'il a fallu combattre avec des fongicides et des antibiotiques. Si le problème est résolu, le fragile équilibre de cet incroyable patrimoine de l'aube de l'humanité demeure préoccupant.

Le pont du Gard

FRANCE

PROVENCE
INSCRIPTION : 1985
CRITÈRES : C (I) (III) (IV)

En 1958, une crue exceptionnelle du Gardon provoque de considérables dégâts dans la région de Nîmes. Le pont ferroviaire moderne qui enjambe la rivière non loin de Remoulins est littéralement balayé. Un peu plus en amont, le pont du Gard, vieux de plus de 2000 ans, a résisté à la violence des eaux. Si, d'un côté, après l'urgence, on s'est réjoui de la solidité du pont érigé par les Romains – une construction monumentale qui, avec plus de deux millions de visiteurs par an, est la deuxième attraction touristique provinciale de la France après le Mont-Saint-Michel –, d'un autre côté, les ingénieurs du XXe siècle n'ont pu que se sentir battus

par leurs « collègues » de l'Antiquité. Des documents historiques attribuent le projet du pont du Gard et de l'aqueduc qui, de la source d'Ucetia (l'actuelle Uzès), alimentent en eau Nemausus (Nîmes), à Agrippa, gendre d'Auguste. Connu pour son talent d'ingénieur, Agrippa visite la Gaule en 19 av. J.-C. ; peu après débutent les travaux de ce colossal ouvrage d'adduction d'eau.

Vraisemblablement achevé sous Trajan (98-117 apr. J.-C.), l'aqueduc a un tracé en forme de U. Long de 49 kilomètres, dont 35 en souterrain, il a un dénivelé total de 17 mètres. Ce qui frappe toutefois, ce n'est pas tant sa longueur que l'extraordinaire précision avec laquelle il est réalisé : de la source au grand réservoir (le *castellum*) situé dans ce qui est alors la périphérie de Nîmes, l'eau s'écoule avec une déclivité constante de 34 centimètres au kilomètre. Puis du *castellum* partent 10 canaux qui approvisionnent en eau les thermes, les édifices publics et les habitations des quelque 50000 habitants de la ville. Ils ont ainsi à disposition 400 litres par jour et par personne, quantité d'eau considérée acceptable d'après nos standards actuels. Il a été calculé que la réalisation de l'aqueduc a coûté 30 millions de sesterces, l'équivalent de 50 années de solde de 500 officiers des légions romaines.
Le pont du Gard symbolise la grandeur de l'ouvrage. À la fois majestueux et élégant, d'une allure presque délicate, le pont mesure près de 300 mètres de longueur et s'élève à 48 mètres au-dessus de la rivière, en trois niveaux d'arcades superposés. Le premier niveau, avec 6 arches de largeurs comprises entre 15,75 et 21,50 mètres, supporte une route élargie au XVIIIe siècle afin d'être carrossable. Le deuxième niveau compte 11 arches tandis que le dernier – au sommet duquel se trouve la conduite d'eau – se compose de 35 petites arches. La pierre qui a servi à sa construction est riche en concrétions fossiles et provient des carrières voisines. Sa couleur jaune

clair s'harmonise parfaitement avec le paysage verdoyant de collines et de vignobles. Chaque bloc, pesant près de 6 tonnes, a été assemblé à sec avec une surprenante précision.
La présence constante d'habitations et le développement de cette région de Provence ont été providentiels pour la sauvegarde du pont. Les premiers travaux de restauration datent de

l'époque de Napoléon III. Les derniers, terminés il y a peu, ont coûté 30 millions d'euros, servant essentiellement à financer un centre d'accueil pour les visiteurs. L'ouvrage de consolidation du monument romain a simplement consisté à remplacer 300 mètres cubes de pierre, soit à peine 5 % de la structure dans son ensemble.

192 Cette vue de face du pont du Gard permet d'apprécier pleinement l'harmonie des trois rangées d'arcades superposées. Le pont est la deuxième attraction touristique provinciale de France, après le Mont-Saint-Michel.

192-193 Grandiose, et en même temps élégant et délicat, le pont du Gard est long de près de 300 mètres et domine le Gardon du haut de ses 48 mètres. La couleur jaune clair des pierres s'harmonise parfaitement avec le paysage.

193 en bas Le pont romain, partie d'un aqueduc long de 49 kilomètres qui alimente Nemausus (Nîmes) est conçu par Agrippa, gendre d'Auguste, vers 19 av. J.-C., et achevé sous Trajan.

Les monuments romains d'Arles

FRANCE

Bouches-du-Rhône, Provence
Inscription : 1981
Critères : C (ii) (iv)

L'*Arène à Arles* de Vincent Van Gogh – aujourd'hui au musée de l'Ermitage à Saint-Pétersbourg – est un tableau magnifique. Les couleurs chaudes et les coups de pinceau frénétiques donnent une sensation d'attente anxieuse et de passion irrésistible, identiques à ce qu'éprouvent, justement, les spectateurs de la corrida. En 1888, lorsque le tableau est peint, l'amphithéâtre d'Arles est restauré depuis une cinquantaine d'années. Après des siècles où il a fait l'objet de saccages, est devenu une place forte puis a été habité, cet extraordinaire monument romain a retrouvé sa vocation initiale : accueillir des spectacles cruels.

Construit entre l'an 90 et 100 de notre ère, il a une forme elliptique – le plus grand axe mesure 136 mètres, le plus petit 107 – et peut accueillir 24 000 personnes. Il se compose de deux rangées de 60 arches chacune. L'arène véritable est séparée de la *cavea* par un grand mur, destiné à protéger les spectateurs contre une éventuelle fuite des animaux féroces utilisés lors des jeux. Cette construction grandiose n'est pas le seul vestige qui témoigne de l'importance de la ville à l'époque romaine. Colonisée par les vétérans de la IVe légion de Jules César, Arles, ou mieux, Julia Arelate Sextanorum, est en 49 av. J.-C. un petit bourg sur la rive gauche du Rhône, peuplé de gens d'origines celto-ligure et grecque. Proche de la mer, plus qu'aujourd'hui, la ville jouit rapidement d'une économie florissante et se dote d'un ambitieux plan d'urbanisme. Les habitations, s'étendant sur 40 hectares, sont protégées par des remparts, le tronçon de route la reliant à Marseille servant de *decumanus* tandis que le *cardo* et les autres voies sont tracés pour former un damier. La construction d'un théâtre de 10 000 spectateurs (restauré et actuellement réutilisé) et du forum remonte à l'époque d'Octavien Auguste – entre 40 et 15 av. J.-C.
Le forum s'étend autour du sanctuaire du *Genius Augusti* entouré de portiques reposant sur des cryptoportiques.
Après une période de stagnation économique entre le IIe siècle et le milieu du IIIe siècle, Arles connaît une sorte de renaissance grâce à l'essor de l'industrie textile et à l'habileté de ses tailleurs de pierre, célèbres dans tout l'empire pour la production de sarcophages. Si bien qu'au IVe siècle, élu empereur, Constantin décide de s'y établir en honorant la ville du titre de *Gallula Roma*, « petite Rome des Gaules ». Le monumental programme d'agrandissement destiné à faire d'Arles une digne résidence impériale date de cette époque. De la demeure de l'empereur ne restent que les thermes. Les cryptoportiques, situés sous le sanctuaire dédié à Auguste et qui se visitent, sont restaurés par Constantin. Ils se composent de deux galeries d'arcades longues de 90 mètres. Dans l'une ont été découvertes les bases de deux colonnes de granit portant une inscription qui mentionne les monuments avec lesquels l'empereur a embelli la ville et les noms des personnages qui ont dirigé les travaux.

194 en haut L'épais mur d'enceinte circulaire de l'amphithéâtre d'Arles, caractérisé par des arc en plein cintre, alternant avec des cadres rectangulaires et des tours, se tient à l'endroit du castrum que Jules César fait construire pour cantonner ses légions lors de la consolidation de la conquête de la Gaule.

194 en bas Les passages souterrains de l'amphithéâtre sont restés quasi intacts, avec leur couverture originelle, ce qui n'est par exemple pas le cas du Colisée. À l'instar d'autres structures similaires, ces locaux servent souvent à entreposer la machinerie scénique.

194-195 Le spectaculaire amphithéâtre d'Arles est le premier monument romain de Provence. Construit entre 90 et 100 de notre ère, il a fait l'objet de saccages par la suite avant de devenir une forteresse puis d'être habité.

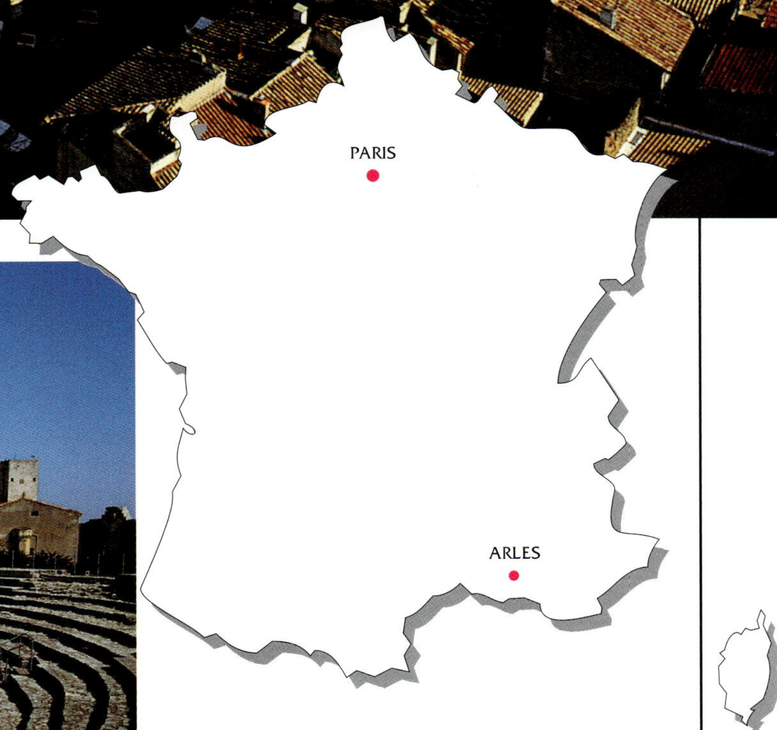

195 en bas *L'élégante structure du théâtre a été construite sous Octavien. Fondée par les Celtes, Arles est colonisée par les Romains qui la rendent monumentale et lui donnent le nom de Colonia Julia Paterna Arelate Sextanorum.*

L'ensemble archéologique de Mérida

ESPAGNE

PROVINCE DE BADAJOZ, ESTRÉMADURE
INSCRIPTION : 1993
CRITÈRES : C (III) (IV)

196 *L'austère pont sur le Guadiana est l'un des plus prestigieux trésors de Mérida et le plus long ouvrage romain de ce type parvenu jusqu'à nous. Construit vers la fin du Ier siècle apr. J.-C., il compte 81 arches, pour une longueur totale de 792 mètres.*

En 1991, le Puente Lusitania est inauguré à Mérida. Si cette structure qui enjambe le Guadiana fait la fierté des habitants, ce n'est pas seulement parce qu'elle a été dessinée par Santiago Calatrava, un des célèbres architectes contemporains du pays. Mérida a pour ainsi dire un rapport spécial avec les ponts. La première pierre de cet ouvrage moderne appartient déjà à un précédent pont. En 25 av. J.-C., Publius Carisius,

légat d'Auguste, arrive sur la rive du Guadiana. La région est fertile, de nombreuses sources jaillissent dans les hauteurs environnantes et le granit abonde. Cela détermine la naissance de la Colonia Augusta Emerita, peu à peu peuplée par les vétérans des légions V Alaudae et X Gemina qui ont victorieusement combattu les populations cantabriques et asturiennes, dernières poches de résistance à l'avancée de l'empire vers l'extrémité ouest du monde connu.

La nouvelle colonie se dote rapidement d'un aqueduc qui amène les eaux de la source de Proserpina, au nord de la ville. Long de 830 mètres et parfois haut de 25 mètres, cet ouvrage hydraulique se distingue par sa triple rangée d'arcs. Bien qu'aujourd'hui plus de la moitié en ait été détruite, la puissance et l'élégance de cette structure sont encore manifestes, accentuées par le singulier effet chromatique du granit et des briques qui le composent.
Le pont sur le Guadiana apparaît à la même époque. Long de 792 mètres, il compte 81 arches et s'élève en son point le plus haut à 12 mètres au-dessus du fleuve. Principal accès à Mérida à l'époque romaine, il deviendra, à partir du XVIe siècle, un point clé de la *Via de la Plata*, voie par laquelle les Espagnols transportent l'argent des colonies d'Amérique jusqu'aux coffres de Madrid.
La ville se développe rapidement. En 15 av. J.-C., Agrippa, gendre d'Auguste, s'y rend pour présider aux célébrations de la fondation de la province de Lusitanie, dont Mérida devient la capitale. À cette occasion, Agrippa inaugure le théâtre, pouvant contenir 6 000 spectateurs et dont la *cavea* est divisée en trois rangées de gradins réservées aux différentes classes sociales. L'amphithéâtre, où près de 14 000 personnes peuvent assister à des combats de gladiateurs, est terminé quelques années plus tôt.
À partir de là, une série de constructions monumentales font de Mérida le *speculum et propugnaculum Imperii Romani*. Au Ier siècle de notre ère, grâce à l'appui des empereurs de la dynastie

196-197 *L'amphithéâtre de Mérida, inauguré en l'an 8 av. J.-C., à l'occasion des jeux du cirque, a pu accueillir jusqu'à 14 000 spectateurs, sur trois niveaux de gradins.*

197 en bas, à gauche *Long de 1 600 mètres, l'aqueduc de San Lázaro ou de Rabo de Buey (la « queue de bœuf ») traverse l'Albarregas pour amener en ville l'eau provenant de sources souterraines.*

197 en bas, à droite *L'aqueduc de Los Milagros, long de 830 mètres et haut de 25, est construit en deux étapes, entre la fin du Ier siècle av. J.-C. et le IIIe siècle apr. J.-C. L'installation amène en ville l'eau captée dans le bassin artificiel du lac de Proserpina.*

MADRID
MÉRIDA

des Julio-Claudiens, la ville abrite une garnison de 90 000 soldats. L'économie de l'Espagne romaine connaît par ailleurs une rapide expansion. Le forum est pavé de plaques de marbre, et le cirque – grandiose construction de forme elliptique, d'une capacité de 30 000 spectateurs – ainsi que le principal édifice religieux de la ville sont construits. En dépit de son nom, le temple de Diane – à la croisée du *cardo* et du *decumanus* – est voué au culte impérial, comme en témoignent la découverte de la statue du *Genius Augusti* et le groupe d'Énée, Anchise et Ascagne.

Mérida connaît son apogée au IIe siècle apr. J.-C., sous Trajan et Hadrien, tous deux nés en Espagne. C'est à cette époque que remonte la construction de nombreuses villas patriciennes ornées de mosaïques – conservées aujourd'hui au musée archéologique – et l'agrandissement des structures préexistantes.

La ville gagne en population, grâce à l'arrivée de garnisons provenant des provinces nord-africaines.

Ces soldats y apportent une nouvelle religion liée au culte de Mithra. Mérida devient ainsi en 155 un site clé du mithraïsme, comme le prouvent les nombreux bas-reliefs retrouvés en ville, représentant le dieu combattant un taureau. C'est à Mérida qu'est née la passion des Espagnols pour la tauromachie.

198 en haut, à gauche et à droite La grande mosaïque de pavement représentant une scène de vendange (à droite un détail) est incontestablement le principal intérêt de la maison romaine de l'Amphithéâtre, remarquable exemple de demeure patricienne de la fin de l'empire disposée autour d'un atrium central orné d'un péristyle.

198 en bas Situé au cœur de l'actuelle Mérida, le temple de Diane – construit à cheval entre le Ier et le IIe siècle apr. J.-C. – est un somptueux édifice de granit, périptère hexastyle, mesurant 41 mètres sur 22.

198-199 Construit en 15 av. J.-C. par Agrippa en hommage à la ville qui vient d'être désignée capitale de la Lusitanie, le théâtre romain de Mérida a une capacité d'environ 6 000 places.

199 en bas Une scène de chasse à la panthère est représentée sur cette mosaïque du IVe siècle, conservée au musée national d'art romain, qui abrite une extraordinaire collection de mosaïques, sculptures et fresques provenant des villas romaines de Mérida ainsi que des objets des fouilles de la nécropole découverte lors des travaux de construction du musée.

Le centre historique de Rome

ITALIE

LATIUM
INSCRIPTION : 1980,1990
CRITÈRES : (I) (II) (III) (IV) (VI)

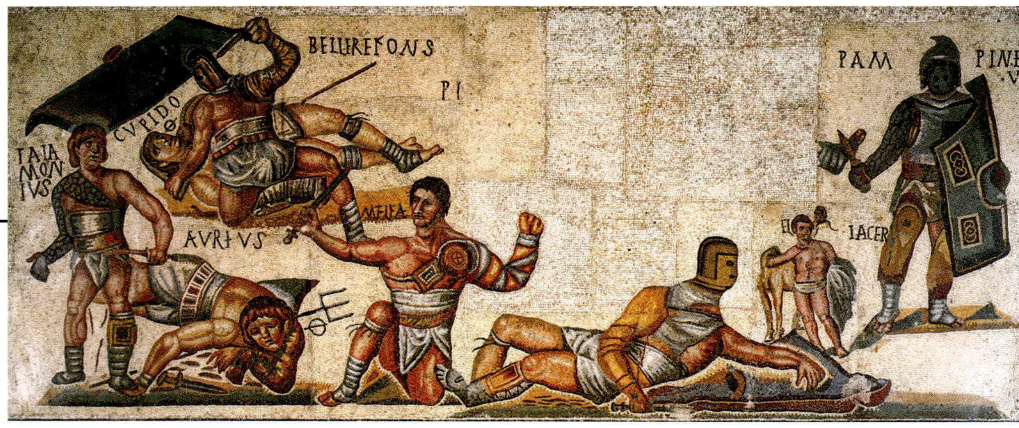

Panem et circenses. Littéralement, « du pain et des jeux ». C'est ainsi qu'en 81 de notre ère, dans ses *Satires*, Juvénal synthétise la formule qui permet de garder le contrôle sur le peuple romain. Distribution de produits alimentaires, bains publics et thermes d'un côté, gladiateurs, animaux exotiques, compétitions sportives et représentations théâtrales de l'autre. Tels sont les instruments des empereurs romains pour apaiser le mécontentement populaire. Rome est, par ailleurs, la première métropole que le monde connaît. Avec un million, peut-être un million et demi d'habitants, une organisation urbanistique complexe et une réalité morphologique qui impose de sévères limites à une urbanisation rationnelle, la ville souffre déjà de problèmes de circulation et d'encombrement identiques à ceux que nous rencontrons dans nos villes, et s'inquiète des dangers relatifs à l'hygiène, aux incendies, à l'ordre public. Il n'est donc pas étonnant que les empereurs essaient de distraire les citoyens de leurs soucis quotidiens. Lorsque Juvénal écrit ses diatribes, le plus célèbre des monuments romains consacrés aux jeux vient d'être inauguré. Voulu par Vespasien et inauguré par Titus en 80 apr. J.-C., le Colisée, ou amphithéâtre Flavien, avec ses quatre niveaux, atteint 48 mètres de hauteur pour un diamètre de 188 mètres. Il peut accueillir 50 000 spectateurs. Sa construction a nécessité 100 000 mètres cubes de travertin et 300 tonnes de fer. Le premier niveau, haut de 10,50 mètres, est orné de semi-colonnes doriques. Le deuxième, haut de 11,85 mètres, est orné de colonnes ioniques et le troisième, de 11,60 mètres, de colonnes corinthiennes. Le quatrième niveau, moins ouvragé, est pourvu d'un ensemble de poteaux permettant de fixer le *velarium*, grande toile servant à protéger les spectateurs du soleil. Fondée en 753 av. J.-C. dans la région de la colline Palatine et entourée de nombreux villages, Rome, à la fin du VIIIe siècle av. J.-C., est déjà une des plus importantes agglomérations de Méditerranée. Les premiers travaux publics sont réalisés sous Tarquin l'Ancien et Servius Tullius : routes, places, adduction d'eau et égouts et même les premières interventions de pavage urbain (625 av. J.-C.), encore visibles aujourd'hui dans le secteur des forums impériaux. En 509 avant notre ère, la ville se dote d'un système de gouvernement républicain et devient,

200 en haut D'origine rituelle, les numéros de gladiateurs deviennent de cruels jeux publics en 105 av. J.-C. Cette mosaïque du IVe siècle apr. J.-C. représente divers types de combattants avec les noms individuels ou de « corporation » de chacun.

200 en bas, à gauche et à droite Le Colisée, ou plus exactement l'amphithéâtre Flavien, est construit en cinq ans, entre 75 et 80 apr. J.-C. Son quatrième niveau n'est cependant posé que quelques années plus tard, sous Domitien. La tribune impériale et celle des prêtres se trouvent sur les côtés opposés de l'axe majeur de l'édifice. On peut voir, sur cette vue aérienne, la complexité de la structure souterraine, qui abritait écuries et entrepôts.

201 Le forum romain s'étire vers le Colisée : on y distingue aisément le temple d'Antonin et Faustine, très bien conservé, la basilique de Maxence, à gauche, et les trois colonnes restantes du temple de Castor et Pollux.

en l'espace de quelques siècles, la capitale d'un empire. Entre les IIIe et IIe siècles av. J.-C., grâce à sa victoire dans les guerres puniques, Rome domine la Méditerranée.
C'est sous l'empire que l'*Urbs* se dote de presque tous les monuments qui nous sont parvenus. Les forums sont le cœur de la Rome impériale. Construits pour célébrer la grandeur de la ville et voués à des fonctions administratives, ils sont construits dans une zone qui servait aux combats de gladiateurs. Ils se composent de cinq ensembles – le forum de César, le forum d'Auguste, le forum de la Paix, le forum de Nerva et le forum de Trajan –, et leur naissance marque le passage de la république à l'empire : suivant les traces de Jules César, qui fait construire le premier forum en 46 av. J.-C., tous les plus grands empereurs veulent y laisser leur empreinte. Elle est une des plus riches et intéressantes zones archéologiques au monde.
S'étirant sur 78 mètres par 160, le forum de César se compose d'une place rectangulaire dont les côtés sont bordés d'un double portique. Dans le fond se dresse le temple de Vénus Genetrix, que César fait élever pour célébrer la victoire de Farsalo. Construit pour aérer le forum romain, l'ensemble est l'un des plus éclatants monuments d'auto-célébration du pouvoir politique.
Pour son forum, situé un peu plus au nord, Auguste doit acheter de nombreuses

202 en haut, à gauche Composé en partie de bas-reliefs d'autres monuments, l'arc de Constantin célèbre la victoire du pont Milvius, à la suite de laquelle l'empereur concédera la liberté de foi aux chrétiens.

202 en haut, à droite Les colonnes grises de la basilique Ulpia, partiellement comblées de briques, encadrent la colonne Trajane. Le forum de Trajan est par ailleurs le plus somptueux de Rome.

202-203 La Voie sacrée, axe du forum romain, est dominée par les voûtes de la basilique de Maxence. Devant, les vestiges du porticus Margaritaria, qui abrite vraisemblablement les boutiques des joailliers.

203 en haut S'inspirant de la colonne Trajane, celle de Marc Aurèle illustre ses entreprises militaires contre les Sarmates et les Germains. La frise en relief nous informe sur les manœuvres, l'habillement et la vie des légions impériales.

habitations privées du quartier voisin de la Suburra. Inauguré en l'an 2 av. J.-C., il est peuplé de statues géantes dont une, représentant l'empereur et haute de 17 mètres, est adossée au mur construit pour protéger le forum des incendies. Au fond de la place, le gigantesque temple consacré à Mars Ultor, dieu de la Guerre, est une autre imitation du forum de César. De puissantes colonnes cannelées soutiennent un tympan triangulaire bordé de représentations de Mars, Vénus, Énée et Romulus.
Les forums de Vespasien, de la Paix et de Nerva sont moins spectaculaires. Le premier est une place monumentale sur les bords de laquelle Vespasien fait construire, entre 71 et 75, le *Templum Pacis*, pour célébrer la paix après les guerres civiles. Le forum de Nerva – également dit « de transition », car situé dans un espace exigu entre le forum d'Auguste, celui de César, le forum républicain et celui de la Paix, qu'il relie les uns aux autres – est commencé par Domitien, mais n'est inauguré qu'en 98 de notre ère par Nerva, dont il prend le nom. Construit pour célébrer la victoire en Dacie en 105 apr. J.-C., le forum de Trajan est en revanche plus majestueux. Pour sa réalisation, on n'hésite pas à déblayer une partie du Quirinal pour y construire les marchés de Trajan qui s'étendent sur le sol escarpé de la colline. Le forum abrite la colonne Trajane, inaugurée le 18 mai 113. Elle se compose de colossaux blocs de marbre, dont l'intérieur creusé abrite en sa base la tombe de l'empereur et un escalier en colimaçon qui grimpe jusqu'à son sommet. Une longue frise, dans laquelle

203 au centre Le plan du forum de Trajan, dessiné par Apollodore de Damas, est encore visible en certains endroits. La colonne blanche qui se détache sur l'arc des bâtiments précède le marché dont les boutiques s'articulent sur six niveaux.

203 en bas La colonne de Marc Aurèle se compose de 28 tambours de marbre, ornés de 20 circonvolutions de reliefs. Sa restauration par Sixte V, en 1588, a entraîné la substitution de la statue de l'empereur, à son sommet, par celle de saint Paul.

sont sculptés plus de 2 500 personnages, court autour du fût en racontant les épisodes des deux campagnes de Dacie. Toute la Rome antique est constellée de colonnes célébrant les entreprises guerrières. Marc Aurèle fait lui aussi ériger un monument pour commémorer ses victoires contre les Germains. Débutée en 176 et achevée en 193, la colonne mesure 100 pieds de hauteur – unité de mesure de l'époque –, soit près de 30 mètres. Elle atteint 42 mètres lorsque le pape Sixte V fait poser la statue de saint Paul à son sommet en 1589. Elle se compose de 28 tambours de marbre superposés, et la spirale sculptée en bas relief compte 21 circonvolutions. Elle abrite à l'intérieur un escalier en colimaçon de 203 marches qui monte jusqu'à la statue. Parmi les autres monuments protégés par l'Unesco comme patrimoine mondial de l'humanité, le Panthéon est l'un des plus majestueux et des mieux conservés. Érigé par Marcus Vipsanius Agrippa en 27 av. J.-C., et reconstruit par Hadrien entre 118 et 125 de notre ère, il est le résultat de la réunion d'un édifice rond, recouvert d'une coupole hémisphérique et d'un *pronaos* rectangulaire orné de colonnes. Un mur circulaire soutient le tambour, haut de plus de 30 mètres. La coupole se termine par un œil central, d'un diamètre de 9 mètres, qui éclaire l'intérieur. En 609, le pape Boniface IV le transforme en église chrétienne. Il abrite aujourd'hui les tombeaux de Raphaël, Victor-Emmanuel II, Umberto Ier et Marguerite de Savoie. D'imposants édifices funéraires sont également inscrits au patrimoine de l'humanité, dont le colossal mausolée dont Auguste ordonne la construction en 28 av. J.-C., après avoir soumis Antoine et Cléopâtre. Haut de 44 mètres pour 87 de diamètre, il se compose d'un corps cylindrique revêtu de blocs de travertin, au centre duquel s'ouvre une porte précédée d'un court escalier et flanquée de deux piliers sur lesquels sont posées des plaques de bronze gravées, relatant les *Res gestae*, hauts faits de l'empereur. Le *dromos* débouche sur deux couloirs annulaires qui entourent la chambre mortuaire. En son centre, un noyau cylindrique revêtu de blocs de travertin est l'épine dorsale de l'édifice. Le mausolée d'Hadrien, construit à partir de 121 apr. J.-C. et connu aujourd'hui sous le nom de château Saint-Ange, est tout aussi remarquable. Il se compose à l'origine d'un embasement carré sur lequel se dresse la masse cylindrique que l'on voit encore, haute de 21 mètres pour 64 mètres de diamètre. Au centre se dresse un second cylindre, plus petit, qui abrite les cendres d'Hadrien. Au-dessus, où se trouvent aujourd'hui l'ange et son épée, un char tiré par quatre chevaux de bronze transporte au ciel l'effigie de l'empereur.

204 en haut et 204-205 Le mausolée d'Auguste, datant de 28 av. J.-C., a abrité les cendres du premier empereur de Rome et de quelques membres de sa famille. Diversement utilisé par la suite (forteresse, carrière, théâtre jusqu'en 1936), il conserve en partie deux des trois étages qu'il comptait.

204 en bas Situé en position dominante sur la rive droite du Tibre, le mausolée d'Hadrien, aujourd'hui connu en tant que château Saint-Ange, assume déjà à l'époque impériale les fonctions de forteresse. Par la suite, les papes y trouveront refuge par temps de troubles.

205 en bas, à gauche La fonction des caissons, bien plus que décorative, permet d'alléger le parfait hémisphère de la coupole du Panthéon, éclairée par la lumière du jour qui pénètre par un oculus de 9 mètres de diamètre qui symbolise le soleil.

205 en bas, à droite Le Panthéon, une des constructions les plus hardies au monde, est resté tel quel malgré les cataclysmes humains et naturels qui ont secoué Rome au fil des siècles. Le béton qui forme la coupole est mélangé à des matériaux de plus en plus légers jusqu'à l'oculus sommital.

206 en haut, à gauche Partie d'une mosaïque bicolore, cet Éros à cheval sur un dauphin décorait le sol d'une salle des thermes de Caracalla, jadis les plus grandioses de Rome.

206 en haut, à droite Des peintures murales ont été conservées dans les salles qui nous sont parvenues de la Domus Aurea de Néron, commencée en 64 apr. J.-C., et dont l'empereur, qui se suicide en 68, ne profite pas longtemps.

Telle est une brève description des monuments que l'Unesco a explicitement cités pour justifier l'inscription de Rome au patrimoine mondial.

Mais l'héritage laissé par la Ville éternelle nécessiterait beaucoup plus d'espace. À commencer par les thermes de Caracalla, ou par l'anneau du Circus Maximus qui, après sa reconstruction par Trajan au IIe siècle apr. J.-C., comptait plus de 300000 places. Sans oublier des monuments découverts plus récemment, comme la Domus Aurea (la résidence de Néron), ou les tombes sur l'Appia antica. Les fouilles archéologiques continuent : Rome n'a pas fini de nous livrer les richesses de son passé.

206 au centre La trace laissée par le Circus Maximus renvoie aux premiers siècles de Rome, sous le règne de Tarquin l'Ancien. Il accueille des courses de chevaux du IVe siècle av. J.-C. au VIe siècle apr. J.-C., et peut contenir, à partir du IIe siècle apr. J.-C., plus de 300000 spectateurs.

206 en bas La Salle octogonale de la Domus Aurea est le pivot de l'immense structure néronienne. Elle ne se visite que sur réservation. Après la mort de l'empereur, tout est fait pour en démanteler la structure et la réutiliser autrement, afin d'en faire disparaître le souvenir.

206-207 L'homme disparaît parmi les éléments grandioses des thermes de Caracalla, les plus splendides de l'histoire, dont la grandeur est encore visible dans leurs ruines. L'installation comprend, outre les bassins d'eau chaude et froide, des boutiques, bibliothèques, salons de massage et de soins et des jardins.

207 en bas
Des 30 000 mètres carrés de peintures murales qui ornent la Domus Aurea, 1 200 ont été restaurés. Elles nous sont parvenues car les pièces qui les renferment ont été enterrées, à l'époque romaine, sous d'autres structures monumentales, et comblées de détritus.

Pompéi, Herculanum et Oplontis

ITALIE

PROVINCE DE NAPLES, CAMPANIE
INSCRIPTION : 1997
CRITÈRES : C (III) (IV) (V)

« Un nuage noir et terrible, déchiré d'éclairs serpentants de feu, s'ouvrait en vastes lueurs d'incendie : elles étaient semblables à la foudre mais encore plus étendues… Peu après, ce nuage descendit vers la terre et recouvrit la mer… » Ces mots sont extraits de l'une des lettres de Pline le Jeune à Tacite, dans lesquelles il décrit la catastrophique éruption du Vésuve. Lorsqu'elle survient, le 24 août 79 apr. J.-C., Pline est encore un enfant et se trouve à Misène, sur la côte campanienne, en compagnie de son oncle, Pline l'Ancien. Dès l'aube, de faibles secousses telluriques accompagnées d'une sinistre odeur de soufre poussent l'aîné, célèbre naturaliste, à prendre la mer pour essayer d'atteindre Pompéi et Herculanum où il pourra observer – et annoter – la « terrible merveille » d'un peu plus près. Avec des centaines d'autres, Pline l'Ancien trouvera la mort dans l'éruption. Mais ses carnets seront transcrits par son neveu. Ils sont la plus vive chronique de l'hécatombe qui a touché les magnifiques villes de la côte campanienne. Le Vésuve ayant commencé à gronder quelques jours plus tôt, les habitants de Pompéi se préparent à fêter les *Vulcanalia*, rites sacrificiels pour gagner les grâces du dieu du Feu qui habite les entrailles de la Terre. Certains décident de quitter la ville, mais la plupart sont pris par surprise par l'assourdissante pluie de pierres ponces projetées de la montagne. Et lorsque, le 25 août au matin, le volcan libère, à plus de 100 kilomètres à l'heure, un nuage incandescent de cendres et de lapillis, il n'y a plus d'échappatoire. Sont ainsi ensevelies sous un manteau de cendres de 6 mètres d'épaisseur les deux villes qui ont fait la fierté des Romains, lieux de repos et de villégiature des familles patriciennes.

Fondée au VIe siècle av. J.-C. par les Osques, Pompéi tombe sous l'influence des Grecs, est occupée quelques années par les Samnites et devient colonie romaine en 89 av. J.-C., lorsque le général Lucius Cornelius Sulla y fonde la Colonia Cornelia Veneria Pompeianorum. Rapidement, la ville – qui se dresse sur un plateau face à la mer à l'embouchure du Sarno et qui est entourée de terres fertiles – se pare d'édifices publics et privés, dont notamment le temple consacré à Vénus. Elle fait même l'objet d'une « agitation architecturale » sous Auguste (27 av. J.-C.-14 apr. J.-C.) et sous Tibère (14-37 apr. J.-C.). Puis, en 62, un violent séisme touche toute la région au pied du Vésuve. C'est pourquoi, 17 ans plus tard, lors de l'éruption, Pompéi et Herculanum, comme les autres villes de la côte, ressemblent à un immense chantier. Lorsque l'épaisseur de cendres est enlevée – à l'époque des Bourbons de Naples –, les villes apparaissent telles qu'elles sont en 79 apr. J.-C., livrant un merveilleux témoignage sur le mode de vie des Romains. Temples, thermes, maisons, villas urbaines et rurales, théâtres, routes, aqueducs, ateliers en tout genre et même lupanars qui « revivent » aujourd'hui dans toute leur splendeur. Des meubles, des ustensiles en bois et des vivres ont même été conservés à Herculanum, site le plus proche du Vésuve.

208 en bas Ce paysage bucolique, surmonté d'un masque tragique, se trouve dans la maison de Vénus à la coquille. L'ironie du sort veut qu'en 79 apr. J.-C. cette belle demeure, assez méconnue, ait été en cours de restauration.

208-209 Sur cette magnifique vue aérienne, on aperçoit la cavea du Grand Théâtre, parfaitement bien conservée, légèrement orientée vers le nord-ouest, dans l'axe du cardo maximus et du Vésuve.

209 en haut, à gauche Réalisé sous Néron, lors des dernières années de Pompéi, ce portait du boulanger Terentius Neo et de son épouse, aujourd'hui au Musée archéologique de Naples, était exposé dans le tablinum de leur maison.

209 en haut, à droite Sapho est le nom conventionnel de cette peinture probablement imaginaire, ne s'inspirant d'aucune personne réelle. En effet, l'écriture ne faisait pas partie des loisirs communs des Romaines.

209 au centre Apollon archer, dans l'angle sud-est des ruines noircies du temple qui lui est dédié : on a sans doute essayé de sauver l'original de cette statue (aujourd'hui au Musée national de Naples) qui a été retrouvé à l'extérieur de l'édifice.

209 en bas Les fontaines sont souvent ornées de bustes desquels jaillit le jet d'eau. L'une d'elles, décorée d'un visage féminin avec corne d'abondance, a valu à l'un des decumani de Pompéi le nom de « voie de l'Abondance » (que l'on voit ici).

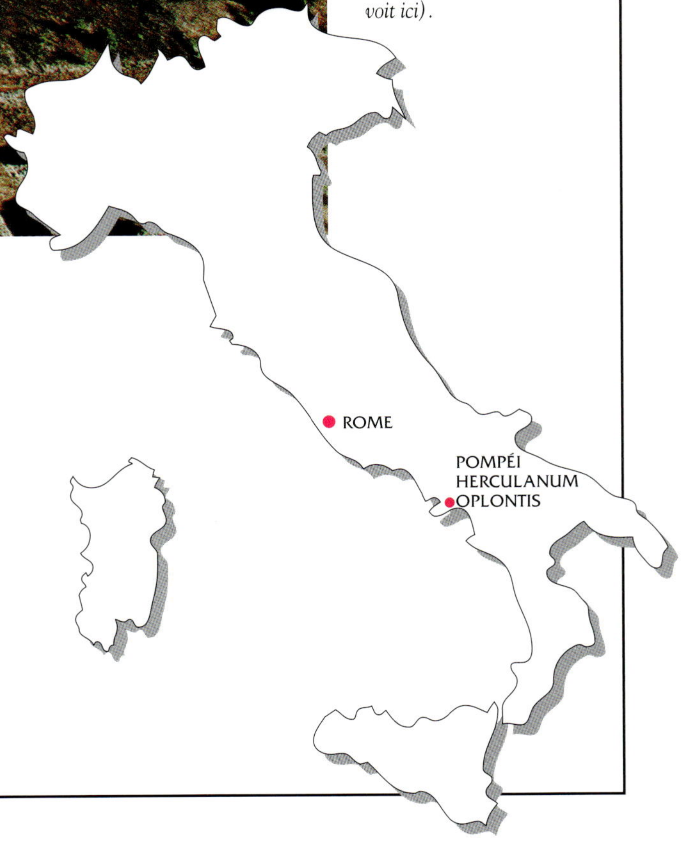

210 en haut Des vasques en marbre et un chérubin ornent un péristyle de la maison des Vettii, qui a conservé la plupart de ses décorations originelles.

210 en bas Dans la maison des Vettii, l'aecus (la « salle d'apparat » évoquée par Pline et Vitruve) est décoré de vues théâtrales et d'illustrations mythologiques, le tout traité avec un sens extraordinaire des volumes et de la perspective.

210-211 Alexandre le Grand, à gauche, tête nue, se prépare à jeter sa lance sous le regard déconcerté de Darios. Cette célèbre mosaïque décore la maison du Faune.

Les fouilles de Pompéi, concernant 44 des 63 hectares sur lesquels s'étend la ville, sont une succession d'édifices de grande valeur historique et artistique.
Au-delà des temples – dont notamment celui d'Isis, voulu par Popidius Ampiatus, esclave affranchi devenu l'homme le plus riche de la ville –, du forum, des thermes, les nombreuses demeures privées sont très intéressantes. La maison du Faune, appelée ainsi pour la statuette de bronze posée au centre de l'*impluvium* – bassin recueillant l'eau de pluie dans la cour principale –, occupe une superficie de près de 3 000 mètres carrés. Érigée après le tremblement de terre de 62 apr. J.-C. sur une précédente construction, son plan très articulé en fait la plus majestueuse des demeures urbaines de Pompéi. Les diverses pièces, réparties autour de deux atriums et de deux jardins avec péristyle, sont ornées de fresques, tandis que les nombreuses sculptures et mosaïques – dont l'exceptionnel pavement représentant la bataille entre Darios et Alexandre – sont aujourd'hui conservées au Musée archéologique de Naples. Les décorations murales sont typiques des demeures patriciennes : elles sont caractérisées par un « réalisme illusoire », ou par des architectures peintes et, parfois, animées par des personnages mythologiques dans le dessein d'ouvrir les perspectives des pièces et d'agrandir les espaces.

211 en bas Les Vettii, riche famille de libertins, arrivent à Pompéi dans les premières années du Ier siècle apr. J.-C. La demeure qui prend leur nom est restaurée après le grave tremblement de terre de l'an 62, signe avant-coureur de la catastrophe. Les nouvelles fresques sont réalisées en style IV, caractérisé par l'emploi de motifs fantastiques, presque célestes. Tel est le cas de ces chérubins, occupés à fabriquer des parfums et dont les deux personnages centraux pilent les ingrédients.

212 en haut Les thèmes traditionnels, liés aux mythes de Mars et Vénus (à gauche de l'image), illustrent les fresques du tablinum de la maison de Lucretius Frontus. Le nom de ce personnage apparaît dans certaines inscriptions recommandant que ce dernier soit élu édile.

212-213 La villa des Mystères doit son nom à la séquence picturale qui illustre les diverses étapes d'un rite d'initiation aux « mystères » dionysiaques, dont la pratique, fondée sur des bases différentes de celles de la religion publique, est liée au silence des initiés. Silènes, satyres, bacchantes et démons flagellateurs composent un cycle qui est déjà célèbre à l'Antiquité.

Nombreuses et magnifiques, les fontaines, souvent enrichies de sculptures, ornent les jardins privés.

Toutes ces caractéristiques se retrouvent dans chaque villa. La plus somptueuse de Pompéi est la villa des Mystères, exemple parfait de luxueuse demeure résidentielle et en même temps de *villa rustica*, consacrée aux activités de production.

*213 en haut Une simple table de marbre décore aujourd'hui l'*atrium *de la maison de Frontus. On aperçoit le bassin de l'*impluvium *au premier plan et le* tablinum *dans le fond. La maison a été dégagée en 1900 et immédiatement dotée d'un toit pour en protéger les peintures peu à peu mises au jour.*

214 en haut, à gauche
Le triclinium de la maison de Neptune et Amphitrite à Herculanum conserve une nymphée, dans le fond, et une mosaïque polychrome, à droite, à laquelle l'édifice doit son nom.

214 en haut, à droite
Voué au culte de l'empereur, le collège des prêtres Augustali, à Herculanum, décoré de peintures de style III, est administré par six hommes en charge par an. La divinisation d'Auguste est officialisée par Tibère quelques années avant l'éruption.

214-215 *Cette vue aérienne englobe toute la zone des fouilles d'Herculanum. En haut à droite, on reconnaît les thermes suburbains, en bas à gauche, le collège des prêtres* Augustali *et, au premier plan au centre, les thermes urbains. La ville, à la différence de Pompéi, a été recouverte de boue et de détritus volcaniques.*

215 *en haut Un buste et une vasque de marbre émergent de la pénombre des thermes suburbains, dont le vestibule est éclairé par un puits de lumière surplombant les arcades.*

215 *en bas La maison aux Cerfs, une des plus grandes d'Herculanum, a été construite entre 55 et 70 de notre ère. Les édifices de cette modeste agglomération sont bien conservés, notamment sur les hauteurs. La ville devait compter un tiers des habitants de Pompéi, soit 5 000 personnes environ.*

À Herculanum, où l'on peut admirer entre autres un théâtre de 3 000 places, une basilique et un complexe thermal avec palestre annexe, se trouve la tout aussi exceptionnelle villa des Papyrus. Construite sur une série de terrasses descendant vers la mer, elle possède une piscine de 66 mètres de longueur et un péristyle de près de 100 mètres de longueur sur 37 de largeur. Elle est décorée de superbes mosaïques, de 50 statues de bronze et 21 de marbre. Attribuée à Appius Claudius Pulcher, homme de culture et ami de Cicéron, cette villa doit son nom à l'importante découverte, en son sein, d'une bibliothèque de 1 758 papyrus portant des textes grecs du philosophe épicurien Philodème de Gadara.

À Oplontis, à 5 kilomètres environ de Pompéi, là où se trouve l'actuelle Torre Annunziata, on découvre deux autres demeures extraordinaires. La première, parfait exemple de villa d'*otium*, est attribuée à Poppée Sabine, seconde épouse de Néron. Immense et fastueuse – elle comprend également un très élégant quartier thermal –, elle est construite au Ier siècle apr. J.-C. et agrandie sous Claudius. La seconde, dite « de Licinius Crassus », est un complexe résidentiel rattaché à une exploitation chargée de transformer les produits agricoles et de commercialiser le vin. Lors de l'éruption, 54 hommes ont trouvé refuge dans ses entrepôts.

De ces derniers, comme des nombreux autres morts de Pompéi et d'Herculanum, les archéologues ont pu réaliser des moulages, en coulant du plâtre dans les cavités laissées par les corps dans la cendre. Ces moulages, réalistes jusque dans les expressions des visages et les plis des vêtements, constituent le plus atroce et fascinant témoignage de ce jour fatidique.

Cilento et le Vallo Diano, avec les sites archéologiques de Paestum et Velia

ITALIE

PROVINCE DE SALERNE, CAMPANIE
INSCRIPTION : 1998
CRITÈRES : C (III) (IV)

Chantées par Virgile et d'autres poètes romains, les roses de Paestum ont longtemps été plus célèbres que ses temples. On a admiré les rosiers luxuriants, sur fond de ruines, dans les dessins de Piranèse. On en a lu des descriptions dans *Voyage en Italie* de Goethe. En 1802, Johann Gottfried Seume, grand voyageur, vient à pied de Leipzig pour pouvoir s'enivrer de leur parfum. Il faut dire que la fertile plaine où se dresse Paestum – bordée d'un côté par la mer Tyrrhénienne et de l'autre par les vertes hauteurs du Cilento – possède une nature et un climat au charme extraordinaire. Ce sont justement le paysage, l'abondance d'eau et la proximité de la mer qui font jouer

à la région du Cilento et du Vallo Diano, depuis des temps immémoriaux, un rôle fondamental dans le développement de la civilisation méditerranéenne. Habitée depuis le néolithique, la région est colonisée par des populations égéo-anatoliennes. Au VIIe siècle av. J.-C., des hommes venus de Thessalie fondent Poseidonia, ville qui sera rebaptisée Paestum en 237 av. J.-C., avec l'arrivée des Romains. Liée aux mythes d'Ulysse et des sirènes, de Jason et des Argonautes, de la bataille entre Héraclès et les Centaures, Poseidonia devient prospère et majestueuse, comme en témoignent les temples en pierre calcaire de couleur rose qui nous sont parvenus en exceptionnel état de conservation. L'édifice le plus ancien est la « basilique », appelée ainsi au XVIIIe siècle par les archéologues des Bourbons, initiateurs des premières campagnes de fouilles. Il s'agit en réalité d'un temple dédié à Héra. Construit en style dorique au milieu du VIe siècle av. J.-C., il a miraculeusement conservé toutes ses colonnes fuselées, dont le fût est élargi

216 à gauche Le temple de Neptune (460 av. J.-C.), le plus grand édifice sacré de Paestum et le mieux conservé, est à l'origine consacré à Héra. Présentant six colonnes en façade et 14 sur les longueurs, il semble être le fruit d'une grande expertise architecturale, reconnaissable dans les détails et dans l'harmonie de l'ensemble.

216-217 La basilique, à droite de l'image (à gauche, le temple de Neptune), est le plus vieux monument de Paestum (550 av. J.-C. environ). Elle doit son nom à une fausse interprétation qui remonte au XVIIIe siècle, lorsque les archéologues prennent le temple, en réalité dédié à Héra, pour un édifice civil d'époque romaine.

217 en haut Le temple de Cérès, ou Athenaion, se dresse au sommet de la ville. Édifié vers 500 av. J.-C., il est d'un grand intérêt architectural, puisqu'il associe styles dorique archaïque et ionique.

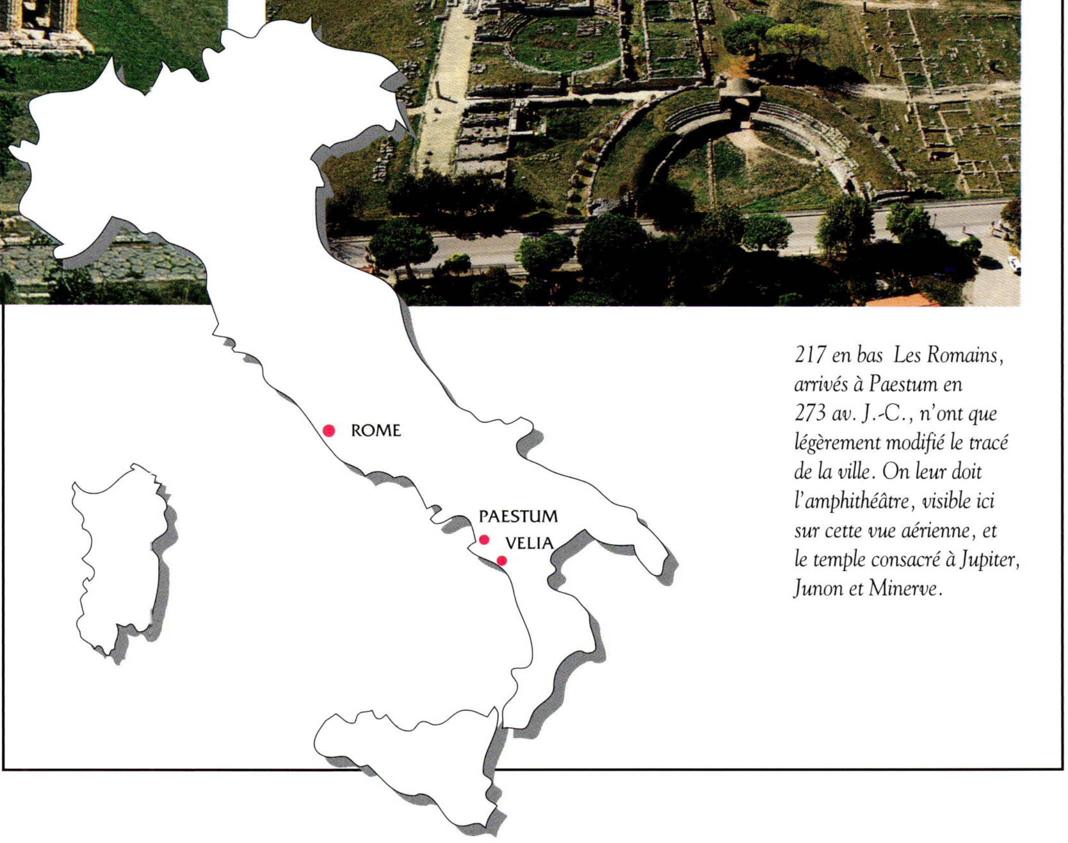

au centre, et les chapiteaux portent une couronne de feuilles godronnées. Aligné sur la basilique, le temple de Neptune, ou Poseidonion, est le plus grand et le mieux conservé des édifices de la ville. Construit entre 460 et 450 av. J.-C., toujours de style dorique, il rappelle par sa majesté et par son style le temple de Zeus à Olympie.

217 en bas Les Romains, arrivés à Paestum en 273 av. J.-C., n'ont que légèrement modifié le tracé de la ville. On leur doit l'amphithéâtre, visible ici sur cette vue aérienne, et le temple consacré à Jupiter, Junon et Minerve.

218 en haut La dalle de couverture de la tombe du Plongeur est aujourd'hui conservée au Musée archéologique national de Paestum. Les archéologues sont d'avis que la délicate représentation du jeune homme nu se jetant d'un plongeoir symbolise le passage entre la vie et la mort.

218-219 et 219 en bas Les plaques latérales de la tombe du Plongeur représentent un banquet. La comparaison de ces scènes conviviales avec d'autres, très semblables, présentes sur les céramiques attiques, a permis de dater la tombe des environs de 475-470 av. J.-C.

Au-delà des ruines de l'amphithéâtre et des constructions civiles se trouve l'Athenaion – rebaptisé temple de Cérès. Datant de 510 av. J.-C. environ, mêlant styles dorique et ionique, il a des proportions plus légères et élégantes que celles des autres temples. Au IVe siècle av. J.-C., les Grecs de Poseidonia cohabitent avec les Lucaniens et les Étrusques ; peu à peu, leurs cultures se mêlent. On doit aux Lucaniens la construction d'imposants remparts en forme de quadrilatère avec un angle arrondi. Les tombes de la vaste nécropole qui se développe en bordure de la ville sont d'influence étrusque. Parmi celles-ci, découvertes à partir de 1968, citons celle dite « du Plongeur », qui doit son nom à la remarquable peinture de son couvercle, représentant un jeune homme en train de s'élancer d'un plongeoir. La rencontre avec Rome, survenue en 273 av. J.-C., a pour conséquence architecturale la construction du temple italique, dédié à la triade capitoline Jupiter, Junon et Minerve. Le changement de nom n'entamera en rien l'autonomie de la ville, qui restera libre encore longtemps.

La ville voisine d'Élée, ou Velia, partage le même destin. Les fouilles y sont encore en cours, mais de nombreuses choses ont été perdues au début du Moyen Âge lorsque les Normands ont utilisé les pierres de ses temples pour construire un château. Velia conserve néanmoins dans sa mémoire l'époque glorieuse où elle a enfanté les philosophes Parménide et Zénon d'Élée. Époque lointaine où la culture de la Grande-Grèce était celle, universelle, de la Méditerranée.

220-221 *La présence d'un lieu de culte à Delphes, visible ici dans sa quasi-totalité, est déjà prouvée à l'époque mycénienne, mais le premier sanctuaire de l'oracle n'est construit qu'au début du* VIIIe *siècle av. J.-C.*

220 en bas *L'omphalos, ou « nombril », est la pierre qui marque le centre de la Terre, au cœur sacré de Delphes. Très ancienne, la pierre conservée au musée local n'est pourtant pas l'originale, perdue il y a des siècles.*

221 à gauche *Œuvre de Polymède d'Argos, qui l'a sculpté entre 610 et 580 av. J.-C., ce kouros de style dorique archaïque (de 2 mètres de hauteur) fait partie d'un couple de statues représentant Cléobis et Biton, les fils pieux d'une prêtresse d'Héra. Selon une autre interprétation, il s'agirait des Dioscures. Découverts dans le sanctuaire d'Apollon en 1893, les kouroi sont conservés au musée de Delphes.*

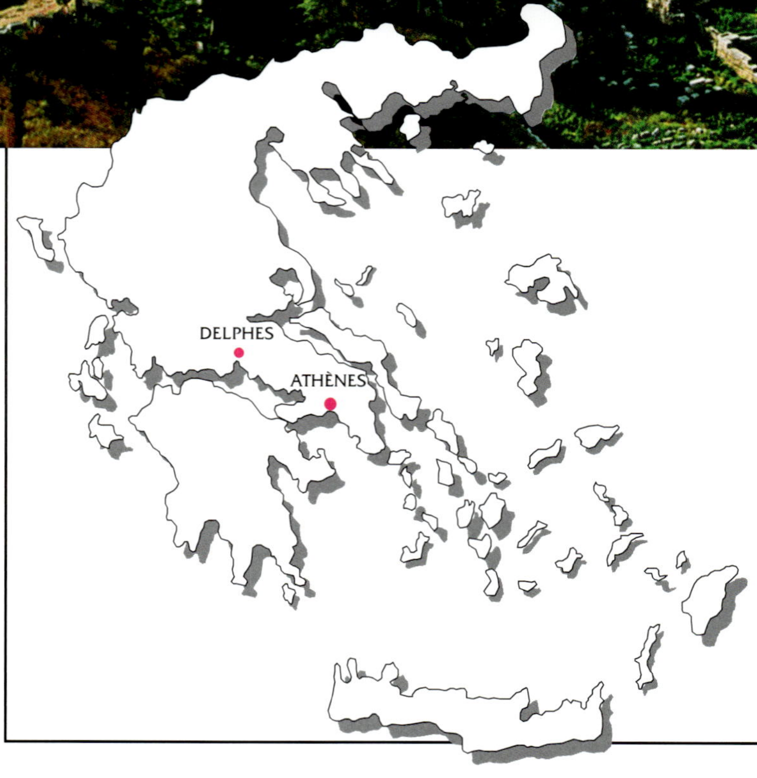

221 en haut, à droite *Utilisé lors des jeux Pythiques, seconds en importance après les jeux Olympiques, le stade de Delphes est construit au* V^e^ *siècle av. J.-C. et réaménagé au* IIe *siècle apr. J.-C. aux frais d'Hérode Attique. C'est à cette occasion qu'ont été ajoutés les gradins en pierre et l'entrée monumentale.*

Delphes
GRÈCE

PRÉFECTURE DE PHOCIDE, GRÈCE CENTRALE (STEREÁ ELLADÁ)
INSCRIPTION : 1987
CRITÈRES : C (I) (II) (III) (IV) (VI)

La légende de la naissance du plus important site religieux de la Grèce antique commence avec deux aigles qui, libérés en vol par Zeus aux antipodes de la Terre, se rencontrent en un lieu – baptisé Delphes par la suite – où le roi des dieux pose la pierre sacrée *(omphalos)* qui marque le centre du monde. C'est là que s'installe la déesse Gaia et son fils, le serpent Python, jusqu'à ce qu'Apollon, fasciné par la beauté du lieu, quitte le sommet de l'Olympe pour s'en emparer, mettant à mort le serpent lors d'un rude combat. Dès lors, Apollon y installe sa demeure neuf mois de l'année, s'imposant le reste du temps une période d'exil pour expier la mort de son rival. Lors de sa présence à Delphes, il parle aux humains à travers son oracle, la Pythie. Passant de la légende à l'histoire, les premiers témoignages de la présence d'un lieu de culte à Delphes remontent à l'époque mycénienne. La construction d'un sanctuaire pour accueillir l'oracle d'Apollon date du début du VIIIe siècle av. J.-C. La littérature grecque et romaine – dont Pline, Platon, Eschyle, Cicéron et Strabon – abonde en descriptions du site et des prophéties qui y sont prononcées. La Pythie est consultée par les dirigeants, les colonisateurs et les simples citoyens, affligés de problèmes de santé ou d'argent. Les réponses de l'oracle apparaissent même dans les récits mythologiques : la plus célèbre est celle d'Œdipe – à qui il est prédit qu'il tuera son père pour épouser sa mère – qui tente, en vain, d'échapper à son destin.
Les vestiges du sanctuaire d'Apollon Pythien sont ceux d'un édifice de style dorique du IVe siècle av. J.-C., construit sur un autre bâtiment plus ancien. Tous deux contiennent une salle souterraine (l'*adyton*, ou « zone interdite ») dans laquelle siège la Pythie en tenant un rameau d'olivier. Selon la tradition, la femme – qui peut être jeune ou vieille, de la noblesse ou du peuple, sa seule obligation étant d'être née à Delphes – tombe dans une sorte d'extase et reçoit l'inspiration d'une fumée à l'odeur douce qui émane d'une fissure du sol. Après des siècles de discussion, la récente découverte de traces de gaz enivrant provenant d'une nappe sous le site archéologique a prouvé la véracité des anciens textes grecs et romains.
Bien qu'encore évocatrice, Delphes n'est plus que l'ombre de ce qu'elle a été

221 en bas, à droite
De la cavea du théâtre de Delphes, avec ses 35 rangées de sièges, les spectateurs peuvent assister aux péans, représentations de la bataille d'Apollon contre Python, et aux danses rituelles en l'honneur du dieu.

au temps de sa splendeur – c'est-à-dire jusqu'en 191 apr. J.-C., année de la conquête romaine –, lorsque, des quatre coins de la Méditerranée, on y vient en apportant des dons pour remercier Apollon et son oracle. Les objets mis au jour, de précieuse facture, sont conservés dans le musée annexe au site archéologique, mais il reste peu des nombreux édifices, temples votifs et 3 000 statues qui bordent la Voie sacrée, principal accès au temple d'Apollon.

Le seul édifice que les archéologues ont été en mesure de reconstruire est le trésor des Athéniens, érigé à la fin du VIe siècle, après la bataille de Marathon. On distingue par ailleurs clairement les ruines de l'autel de Chios (Ve siècle av. J.-C.) en marbre blanc et noir, du portique des Athéniens (478 av. J.-C.), de style ionique, et des deux fontaines monumentales, de la première époque romaine, qui décorent la fontaine de Castalie, où les pèlerins se purifient avant

222 à gauche Le Sphinx de Naxos (au musée de Delphes), hommage rendu à l'oracle au milieu du VIe siècle av. J.-C., a le visage d'une femme et le corps d'un chien ailé.

222-223 Sur ce panorama de la Marmaria, la « carrière de marbre », on voit la tholos, le sanctuaire d'Athéna Pronaia (IVe siècle av. J.-C.) et les vestiges d'un précédent temple d'Athéna, sans doute construit à la fin du VIe siècle av. J.-C.

223 en haut, à gauche Construite vers 380 av. J.-C., la tholos a été en partie reconstruite en 1938. On ne sait à quoi elle sert mais, étant donné son raffinement, il s'agit d'un édifice important, peut-être un sanctuaire de Gaia.

223 en haut, à droite Le portique des Athéniens est construit en 479 av. J.-C. pour abriter le butin de la bataille navale de Salamine, conclue par la cuisante défaite des Perses.

d'interroger l'oracle. Deux édifices publics d'intérêt sont mieux conservés que les édifices religieux : le théâtre, du IVe siècle av. J.-C. et reconstruit par les Romains à l'époque impériale, et le stade, bâti au Ve siècle av. J.-C. pour accueillir les jeux Pythiques – seconds en importance après les jeux Olympiques – et réaménagé au IIe siècle apr. J.-C. aux frais d'Hérode Attique. Après avoir conquis Delphes, les Romains se sont plus intéressés à ses richesses et à sa gloire sportive qu'à sa valeur religieuse. Les Pythies se sont néanmoins encore succédé pendant deux siècles dans l'*adyton* pour dispenser leurs prophéties, jusqu'en 393, lorsque l'empereur Théodose abolit les « rites honteux et jeux païens », mettant définitivement fin au destin du lieu.

224 en haut Le Musée archéologique de Delphes abrite une grande partie de la riche statuaire du site mais également des œuvres précieuses provenant des trésors et des sanctuaires ainsi que des objets « mineurs », comme ce bouton doré d'une robe de cérémonie.

224-225 Splendide exemple d'art archaïque mature, le bas-relief du trésor de Siphnos est une illustration de la gigantomachie, ou guerre menée par les dieux de l'Olympe contre les Géants. Les trésors abritent les dîmes payées à Apollon par les cités-États helléniques.

225 en haut, à gauche Un griffon d'inspiration asiatique orne ce panneau votif, conservé au musée de Delphes. Inauguré en 1903 et agrandi à plusieurs reprises, depuis 1974 le musée abrite une nouvelle salle consacrée aux objets en or et ivoire.

225 en haut, à droite Cette tête réalisée grandeur nature selon la technique chryséléphantine, utilisant de l'or pour les vêtements et de l'ivoire pour la chair, représente probablement le dieu Apollon.

L'Acropole d'Athènes

GRÈCE

ATTIQUE
INSCRIPTION : 1987
CRITÈRES : C (I) (II) (III) (IV) (VI)

226-227 Habitée dès le néolithique, à l'époque mycénienne, l'Acropole est une citadelle fortifiée. Au VIe siècle av. J.-C., le tyran Pisistrate lance les travaux qui lui donnent une allure monumentale. Le Parthénon, ou temple d'Athéna Parthenos, domine le panorama.

226 en bas Le Parthénon, dont on voit ici la façade ouest, est construit entre 447 et 432 av. J.-C. Les trois statues originales du tympan ouest, représentant la dispute entre Athéna et Poséidon, sont conservées au musée de l'Acropole.

227 en bas Trois jeunes hydrophores (porteurs d'eau) portent leurs hydries sur l'épaule gauche dans un détail de la frise septentrionale du Parthénon. Dans son ensemble, cette section représente une procession sacrificielle. Les blocs, longs en moyenne de 1,22 mètre, sont conservés en partie au musée de l'Acropole et au British Museum.

La sagesse sublime, en temps de guerre comme en temps de paix, est la caractéristique d'Athéna, déesse éponyme de la plus splendide et puissante des villes grecques. Selon le mythe, elle dispute (et remporte) la possession de l'Attique à son frère Poséidon et la remet au vieux roi Cécrops, lui apparaissant dans sa divine magnificence au sommet de la colline sur laquelle naîtra l'Acropole. À cette occasion, la déesse lui offre un olivier, qu'elle oppose au cheval, efficace instrument de guerre que Poséidon vient d'offrir au roi.

L'intelligence du souverain le conduit à accepter, avec reconnaissance, l'apparent symbole modeste du travail dur et honnête, du commerce de l'huile qui en découle et – surtout – de la paix et de la justice, nécessaires pour la richesse et l'expansion de la ville. Bien que l'on fasse remonter à cet événement légendaire la construction, au VIIe siècle av. J.-C., de temples dédiés à Athéna, Zeus, Artémis, Héraclès et même Poséidon dans ce qui va devenir le cœur religieux de la *polis* athénienne sur l'éperon rocheux qui domine aujourd'hui la chaotique capitale de la Grèce, ce lieu est en réalité habité dès le néolithique, et les Mycéniens y ont érigé une citadelle fortifiée.

Le tyran Pisistrate lance, au VIe siècle av. J.-C., une série de travaux qui vont donner à l'Acropole une allure monumentale. Il instaure également les Panathénées – fêtes et jeux qui se tiennent tous les quatre ans, en août, en l'honneur de la déesse. Cent ans plus tard, après le funeste intervalle de l'invasion des Perses – qui défigurent l'Acropole en y dressant leurs idoles –, le souverain Cimon confie à l'architecte Callicratès le projet d'un temple fastueux, dédié à Athéna Parthénos.

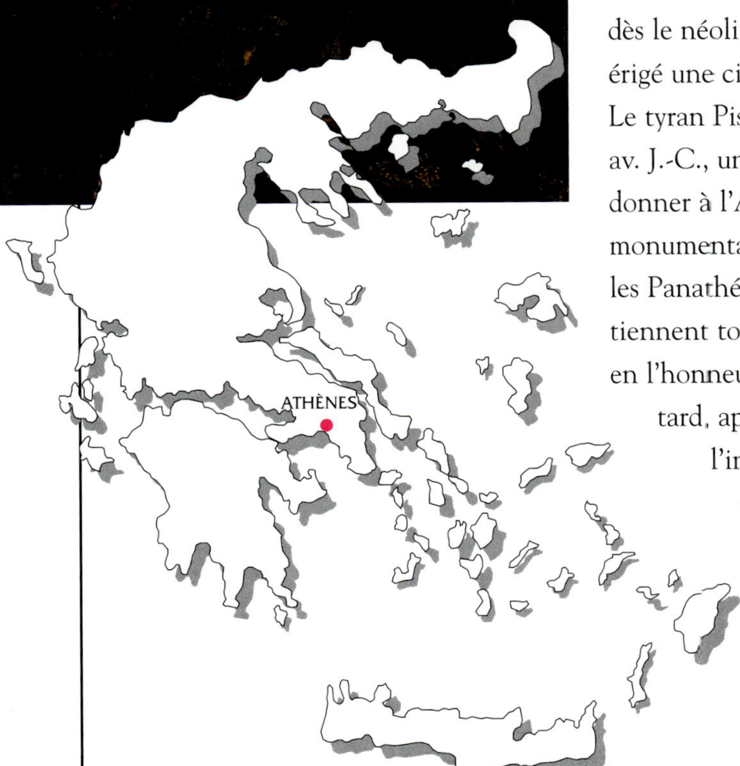

L'an 449 av. J.-C. marque un tournant dans l'histoire de l'Acropole : la colline est alors transformée en un complexe architectural, le plus grandiose et le plus éloquent du monde classique, point de rencontre idéal et monumental des idées philosophiques, des valeurs éthiques et religieuses, de la volonté politique et des compétences techniques de la superbe *polis* athénienne. Ce tournant est initié par deux personnages majeurs : Périclès, incarnation même de la démocratie athénienne, et Phidias, son ami de toujours, probablement le plus grand sculpteur de l'histoire.

Le temple d'Athéna Parthénos de Callicratès – universellement connu comme le Parthénon –, dont la construction connaît un temps d'arrêt, est achevé sous la direction de l'architecte Ictinos. Celui-ci fait évoluer le projet d'origine en un extraordinaire périptère octastyle d'ordre dorique, dans lequel chaque mesure, chaque proportion, chaque forme n'est autre que la transposition sur pierre des théories arithmétiques, géométriques et philosophiques de Pythagore et Platon. Les innombrables solutions de perspective et les finesses qui créent d'extraordinaires

illusions d'optique afin d'affiner et d'harmoniser les divers éléments du monument surprennent encore aujourd'hui. Mais, au-delà de la prouesse architecturale, c'est la décoration du Parthénon – œuvre de Phidias et de son atelier comptant les meilleurs ouvriers de l'époque – qui en fait un monument qualifié à juste titre d'« expression de la perfection ». Malheureusement, la gigantesque statue d'Athéna réalisée par Phidias en ivoire et or, selon la technique chryséléphantine, a été détruite, et une grande partie des frises qui le décoraient ne peut plus être admirée sur place. Elles sont désormais conservées auprès du British Museum de Londres et autres musées d'Europe. Néanmoins, devant le Parthénon, l'imagination n'a aucun mal à « recoller » tous ces chefs-d'œuvre sur les frontons du temple. Autrefois peints de couleurs vives, ils représentent la naissance d'Athéna sortie de la tête de Zeus et la dispute entre la déesse et Poséidon pour le contrôle de la ville. Les frises des 92 métopes (dont 41 sont encore à leur place) représentent des allégories de la lutte entre le Bien et le Mal : de la bataille des Grecs contre les Troyens (images épiques qui évoquent l'opposition encore brûlante contre les détestés Perses) aux conflits avec les Amazones, les Centaures et les Géants. Ou encore, la frise ionique de la *cella*, chef-d'œuvre absolu de Phidias. Au-dessus s'étire la longue procession des habitants d'Athènes lors des fêtes panathéniennes. La stupéfiante beauté plastique, la richesse des détails jusque dans le plus délicat drapé des robes ou le soin minutieux apporté à chaque bijou, chaque coiffure, tout comme la puissance d'expression de chaque visage et de chaque geste – rendant immédiatement visible la psychologie des personnages du cortège – prouvent l'exceptionnelle sensibilité de Phidias pour la figure humaine, d'un point de vue aussi bien strictement physique que philosophique. Le Parthénon étant presque achevé, en 437 av. J.-C., Périclès inaugure les travaux qui dotent le temple de l'Acropole d'une entrée digne, dont les proportions, l'élégance et la solennité s'accordent parfaitement. Un défi difficile qu'un autre grand architecte, Mnésiclès, relève avec enthousiasme. Les travaux sont finis en un temps record, en tout juste quatre ans. Ils ont pour résultat les Propylées, conçus par Mnésiclès selon une perspective « ascendante » qui résout

228 en haut Le portique des Caryatides, sur le côté sud de l'Érechthéion, est construit en style ionique vers 420 av. J.-C. Les originaux des six gracieuses caryatides, probablement dues à Alcamène, sont conservés au musée de l'Acropole, à l'exception d'un qui se trouve au British Museum de Londres.

228 au centre La façade de l'Érechthéion est ornée de six élégantes colonnes ioniques. La tradition veut que l'édifice se tienne là où Athéna et Poséidon se sont disputé Athènes, non loin de l'olivier sacré offert par la déesse.

228 en bas Construit en style ionique vers la fin du Ve siècle av. J.-C. par l'architecte Callicratès, le petit temple d'Athéna Niké est un édifice amphiprostyle, c'est-à-dire de forme rectangulaire, avec deux portiques ornés de colonnes sur ses côtés les plus courts.

228-229 Cette vue permet d'observer l'angle sud-ouest de l'Érechthéion, sur lequel se détache le portique des Caryatides. Construit en style ionique vers 420 av. J.-C., l'édifice est divisé en deux parties, destinées au culte des deux principales divinités de l'Attique : Athéna et Poséidon-Érechthée.

229 en haut Les Propylées, monumentale entrée de l'Acropole, sont conçus par Mnésiclès et construits entre 437 et 432 av. J.-C. Ils comprennent un bâtiment central et deux corps latéraux. L'aile nord abrite la pinacothèque, dont les murs sont décorés de fresques et de panneaux peints.

230 en haut À l'extrémité sud-ouest de l'Acropole, le théâtre d'Hérode Attique s'ouvre vers le sud, sur la ville moderne. L'édifice, encore utilisé pour d'importantes représentations théâtrales, est offert à la ville par le fameux mécène lettré et sophiste du IIe siècle apr. J.-C. Hérode Attique a été consul d'Antonin le Pieux et a donné à Athènes des leçons de rhétorique.

230-231 La cavea du théâtre de Dionysos Eleuthère (Ve siècle av. J.-C.) s'appuie sur le versant sud de l'Acropole, dont on aperçoit l'extrémité sud-ouest dans le fond. Ce théâtre, le plus célèbre du monde grec, doit son nom aux Grandes Dionysies, compétitions de théâtre en l'honneur du dieu protecteur de la musique.

230 en bas Outre les ruines d'un portique de l'agora romaine, la tour des Vents date de la fin de l'époque hellénistique, au Ier siècle av. J.-C. Cette structure a une double fonction : elle contient à l'intérieur une horloge hydraulique et présente encore, à l'extérieur, des reliefs représentant les vents. Une girouette sur le toit permet de connaître la direction du vent et de l'identifier en fonction du relief qu'elle indique.

231 en haut Vu de l'intérieur, ce propylée constitue l'entrée occidentale de l'agora romaine. Il ne reste de cette dernière que quelques modestes vestiges, mais il s'agissait d'un ensemble considérable : un quadrilatère d'arcades, bordé d'ateliers sur trois côtés, délimitait une superficie de 10 000 mètres carrés.

231 en bas, à gauche
L'Héphaistéion, ou temple d'Héphaïstos, est également appelé Théséion car il aurait contenu la dépouille mortelle du héros, découverte au Ve siècle av. J.-C. par l'homme politique et général Cimon sur l'île de Skyros, où il combat les Perses. Le temple est surtout célèbre pour son état de conservation, seul édifice à avoir gardé son toit d'origine.

231 au centre, à droite et en bas, à droite
Représentant probablement un triton, cette statue colossale brisée (en haut) a été découverte non loin de l'odéon d'Agrippa. L'odéon se dressait devant la stoa (portique) d'Attale, visible sur l'illustration du bas, restaurée au point de paraître contemporaine ; elle accueille aujourd'hui le musée de l'Agora.

à la perfection le problème du « contraste » avec le Parthénon, en distribuant l'élégante structure ornée de colonnes, scandée d'ailes avec arcades, le long d'un escalier raide qui accentue le sentiment de sacralité de l'Acropole. Une dizaine d'années plus tard, Callicratès réalise à nouveau, sur un éperon rocheux à côté des Propylées, le très raffiné et original temple dédié à Athéna Niké, décoré d'allégories de la Victoire par un magistral élève de l'école de Phidias resté malheureusement anonyme. Le dernier édifice construit sur l'Acropole, au tournant du siècle, est l'Érechthéion. Situé au nord du Parthénon, non loin de l'olivier sacré que la tradition veut être le don d'Athéna à la ville, ce temple n'a pas de paternité certaine. Il est consacré aux cultes archaïques liés aux personnages divins de Poséidon et Héphaïstos. Ce monument est caractérisé par une loggia dont les colonnes portantes sont remplacées par six gracieuses figures féminines, les célèbres caryatides, œuvre probable d'Alcamène, autre élève de Phidias. Actuellement, le portique est soutenu par des copies des statues. Les originaux ont été placés à l'abri de la pollution atmosphérique dans le musée annexe. Malgré le déclin d'Athènes, l'Acropole connaît une longue période où elle a fait l'objet d'une grande vénération, au-delà du religieux. Pour les Romains, elle est un extraordinaire musée qui renferme l'essence même de la philosophie, de la politique et de l'esthétique grecques. Un modèle à suivre, en somme. Par la suite, le Parthénon sera transformé en église byzantine, puis en mosquée, mais, à l'instar des autres édifices de l'Acropole, utilisés à des fins diverses, il traverse presque indemne les temps les plus sombres. Sa première blessure ne lui est infligée qu'en 1687. À cette époque, la colline est occupée par les Turcs qui ont fait de l'antique temple d'Athéna Parthénos leur dépôt de munitions lors d'un assaut des Vénitiens. Ces derniers, venus par la mer, lancent une bombe incendiaire qui cause une terrible explosion et détruit une bonne partie du temple. Mais l'attaque la plus grave – quoique pacifique – a lieu au début du XIXe siècle. Par amour du beau, ou peut-être par convoitise, lord Elgin, ambassadeur de Sa Majesté britannique à Constantinople, fait enlever les chefs-d'œuvre de Phidias pour les emporter dans son pays.

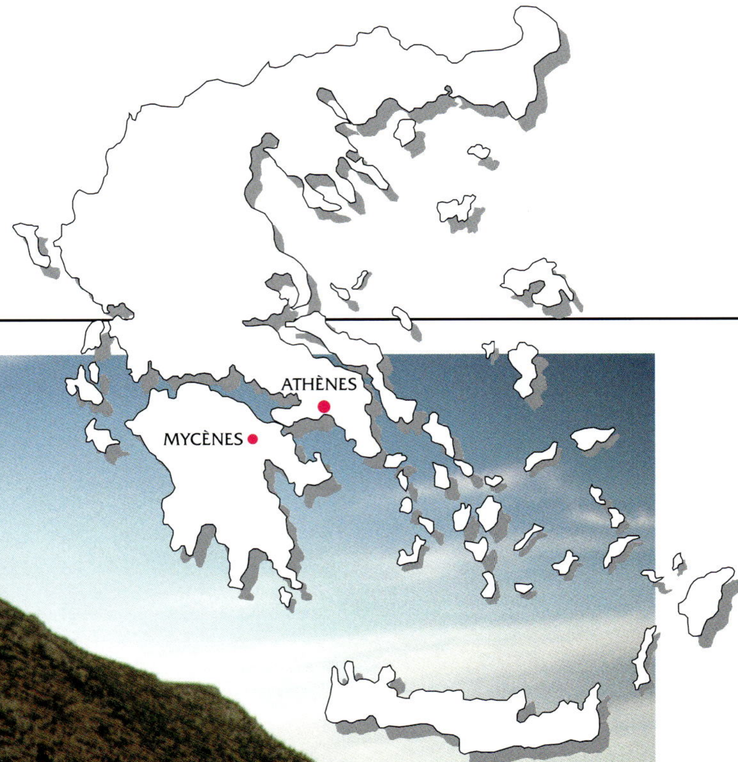
ATHÈNES
MYCÈNES

Mycènes et Tirynthe

GRÈCE

PROVINCE D'ARGOLIDE, PÉLOPONNÈSE
INSCRIPTION : 1999
CRITÈRES : C (I) (II) (III) (IV) (VI)

232 Situé dans un lieu austère, sur un col étroit entre deux pics des monts Eubée, en Argolide, la ville de Mycènes a donné vie à la plus importante civilisation de la préhistoire grecque, prospère entre les XVIe et XIIe siècles av. J.-C. Son mur d'enceinte, épais de 6 à 8 mètres, s'étire sur plus de 1 kilomètre de longueur.

233 en haut Familièrement appelé « l'Agamemnon de Schliemann », ce masque funéraire en or travaillé au repoussé, découvert par l'archéologue allemand le 6 décembre 1876 dans la tombe V du cercle funéraire A de Mycènes, date de la seconde moitié du XVIe siècle av. J.-C. Il est conservé au Musée archéologique national d'Athènes.

233 en bas Une noble dame est représentée sur ce fragment de fresque d'un palais mycénien, actuellement conservé au Musée national d'Athènes.

« Je suis heureux d'annoncer à Votre Majesté que j'ai découvert les tombes qui, selon la tradition, appartiennent à Agamemnon, Cassandre, Eurymédon et leurs compagnons. J'ai découvert dans les tombeaux d'immenses trésors qui pourraient, à eux seuls, animer le plus splendide des musées. » C'est ce qu'écrit Heinrich Schliemann, le 6 décembre 1876, au roi Georges Ier de Grèce. L'archéologue allemand est dans un état de fébrile agitation : il fouille le site de Mycènes depuis trois mois seulement et a déjà obtenu de merveilleux résultats, donnant raison à son intuition. Il a en effet suivi à la lettre les indications contenues dans les écrits de Pausanias, voyageur et chroniqueur grec du IIe siècle apr. J.-C. qui identifie la ville comme la patrie des Achéens entrés en guerre contre Troie, comme le raconte Homère dans *l'Iliade*. Ce jour-là, il tient dans ses mains un merveilleux masque en feuille d'or, tout juste sorti d'une tombe. « J'ai vu le visage d'Agamemnon ! » bafouille-t-il. Bien que beaucoup aient vu en lui un rustre autodidacte ayant les pires travers d'un marchand, Schliemann a le mérite incontestable d'ouvrir un monde nouveau aux recherches archéologiques, en pénétrant le secret de la plus importante civilisation de la préhistoire grecque, prospère entre les XVIe et XIIe siècles av. J.-C.
En vérité, on connaît déjà l'exact emplacement de Mycènes depuis une trentaine d'années. Sur un plateau étroit entre deux pics des monts Eubée, en Argolide, ont été trouvées la sobre et monumentale porte des Lionnes – appelée ainsi pour les deux animaux stylisés sculptés en bas relief sur les colonnes qui soutiennent le linteau en forme de triangle – et une partie du colossal mur d'enceinte de plus de 1 kilomètre de périmètre et d'une épaisseur de 6 à 8 mètres. Mais Schliemann ne s'intéresse pas aux remparts ni aux vestiges du palais royal, des lieux de culte, des habitations et des greniers. Il y creuse de grossières tranchées, entraînant la perte de précieux témoignages sur la haute et moyenne période mycénienne. Cela lui permet cependant de découvrir le cercle funéraire A (avec 19 tombes), à l'intérieur du mur d'enceinte, et le cercle funéraire B (avec 25 tombes dont 14 royales), un peu plus loin que la porte des Lionnes, qui comprend ledit tombeau d'Agamemnon. Les deux complexes, datant respectivement du XVe et du XVIe siècle av. J.-C., renferment des tombes à chambre, creusées dans la roche, et d'autres à tumulus. On y retrouve des bijoux, des masques et des vases en or et en argent précieusement

234 en haut La tholos (construction circulaire ou à coupole pseudo-ogivale) de la tombe de Clytemnestre, une des neuf tombes à coupole de Mycènes, date de la fin du XIVe siècle av. J.-C.

234 au centre, à gauche et en bas, à droite Les plus belles tombes royales mycéniennes (en haut, le trésor d'Atrée, en bas, la tombe de Clytemnestre) sont précédées d'un long dromos, ou voie sacrée.

234 au centre, à droite Les habitations mycéniennes sont très abîmées, en partie à cause de Schliemann qui, cherchant la nécropole, n'a pas hésité à creuser de larges tranchées au travers.

234 en bas, à gauche De la porte des Lionnes, la Grande Rampe, dont certaines parties sont dotées de marches, mène au palais royal des Atrides.

235 Entourée de quatre colossaux monolithes, la porte des Lionnes se compose d'un triangle de décharge sur lequel sont sculptés en bas relief deux lionnes stylisées, de part et d'autre d'une colonne. Sobre et austère, elle représente dans son ensemble l'expression la plus haute de l'architecture mycénienne.

ornés de motifs abstraits, des morceaux d'étoffe et des biens de lointaines provenances – Nubie, Anatolie, Syrie et Mésopotamie – prouvant le niveau élevé de civilisation et de richesse de la première période mycénienne. Porté par son enthousiasme – et utilisant toujours comme « guide » les mythes homériques –, en 1884, Schliemann, aidé de Wilhelm Dörpfeld, entreprend une nouvelle campagne de fouilles en Argolide, mettant au jour la cité perdue de Tirynthe qui, dans *l'Iliade*, a pour roi Diomède. Tirynthe est également ceinte de murailles qui s'étirent sur 700 mètres et atteignent 8 mètres d'épaisseur, renfermant une série de cellules et de couloirs et un vaste palais royal. Son plan urbanistique aux caractéristiques stratigraphiques particulières la lie indissociablement à Mycènes dès l'aube de la civilisation mycénienne. Pour les visiteurs, les ruines de Mycènes et de Tirynthe n'ont pas le charme d'autres sites archéologiques plus élégants et plus « récents » de la Grèce. Mais, pour les archéologues, elles jouent un rôle capital dans la compréhension de la civilisation hellénique, fille de la civilisation mycénienne. Même si, à contrecœur, ils doivent remercier ce « visionnaire » de Schliemann…

236 à gauche Les tombes du cercle funéraire A contiennent des objets usuels comme cette longue broche en or et argent, retrouvée sur le corps d'une défunte enterrée dans la tombe III.

236-237 Le cercle funéraire A compte six tombes royales, de 1 à 4 mètres de profondeur, renfermées dans un double mur d'enceinte circulaire. Elles abritaient 19 corps et des trésors funéraires, représentant un total de 14 kilogrammes d'or.

236 en bas Moins élaboré que le masque dit « d'Agamemnon », cet exemple date du XVe siècle av. J.-C. et est conservé au Musée archéologique national d'athènes.

237 en bas, à gauche Une scène de chasse au lion, réalisée en or et argent, décore cette lame de poignard en bronze, découverte dans le cercle funéraire A et datant du XVIe siècle av. J.-C.

237 en bas, à droite Trouvée dans la tombe IV du cercle funéraire A, la coupe de Nestor, haute de 14,50 centimètres, présente des anses se terminant par deux figures animales semblant en mordre le bord ou s'y désaltérer.

Les temples mégalithiques de Malte

MALTE

Diverses localités des îles
de Malte et de Gozo
Inscription : 1980, 1992
Critères : C (iv)

En 1913, intrigué par les propos d'un paysan se lamentant d'avoir de gros blocs de pierre dans son champ, non loin du village de Paola, l'archéologue maltais Themistocles Zammit décide d'aller voir ce qu'il en est. C'est ainsi qu'il découvre le temple mégalithique de Tarxien. Dix ans plus tôt, un autre concours de circonstance avait dévoilé l'accès d'un extraordinaire temple hypogée : Hal Saflieni. Des ouvriers occupés à creuser un puits avaient dû interrompre les travaux lorsqu'ils étaient tombés sur une dalle rocheuse qui cachait – comme on allait le découvrir par la suite – trois salles souterraines. Creusées dans la roche il y a environ 6000 ans, elles contiennent une chambre probablement affectée aux cérémonies et une série de catacombes dans lesquelles sont découverts pas moins de 7000 sépultures, amulettes, statuettes, vases et autres objets.

Au début du XXe siècle, Malte et Gozo intéressent grandement de nombreux chercheurs, notamment britanniques. Attirés par le casse-tête des monuments mégalithiques disséminés sur les deux îles, ils lancent une vaste campagne de fouilles. Imposants, plus anciens parfois que Stonehenge, ils ont été construits entre 4000 et 2500 av. J.-C., par un peuple vraisemblablement arrivé sur les côtes maltaises de Sicile et dont la civilisation prospère a soudain disparu, à cause d'une invasion dévastatrice ou d'une épidémie. Aujourd'hui encore, il est difficile d'en savoir plus sur la culture et le destin de ce peuple.
Ce sont des hommes pacifiques (aucune arme, même rudimentaire, n'a été retrouvée sur les sites, ni aucune architecture défensive), des paysans qui possèdent des animaux domestiques et ont développé de considérables compétences artisanales. Quant à leur « vie spirituelle », la découverte de nombreuses statuettes, parfois de considérables dimensions, représentant la Déesse Mère – une représentation commune à toute la région méditerranéenne – indique qu'ils

pratiquent des cultes liés à la fertilité. On ne sait pas si les prêtres de ce culte sont des hommes ou des femmes, s'ils sont également les chefs de la communauté ou s'ils n'ont qu'un rôle cérémoniel. Les principaux temples de Malte – Tarxien et Hal Saflieni, Hagiar Qin, Mnajdra, Skorba et Ta'Hagrat, Tal Qadi et Bugibba –, comme le complexe de Ggantija, à Gozo, sont construits par deux, non loin l'un de l'autre, laissant

238 en haut, à gauche Le complexe de Tarxien (dont une des entrées est montrée ici) est découvert en 1913 par l'archéologue maltais Themistocles Zammit.

238 en bas, à gauche Il ne reste que la partie inférieure de cette colossale effigie de la Déesse Mère à Tarxien. La découverte d'images liées à ce culte et de restes de sacrifices animaliers prouve que les complexes de Malte et de Gozo sont des temples.

238 en haut, à droite La « femme endormie », de Hal Saflieni, est une des images de la Déesse Mère les plus raffinées, liée au culte de la fertilité commun dans toute la Méditerranée.

238-239 Tarxien représente l'apogée de l'expression artistique des premiers Maltais. Les décorations s'inspirent de la nature : les motifs dominants sont les spirales et figures de poissons.

239 en haut, à gauche Le complexe de Tarxien couvre 4 200 mètres carrés. Bon nombre des structures datent de 3000-2500 av. J.-C., mais le cœur plus ancien date de 3600 av. J.-C.

239 en haut, à droite L'hypogée rupestre de Hal Saflieni, creusé à partir de 4000 av. J.-C., se compose d'une chambre servant sans doute aux cérémonies et de catacombes qui contiennent les restes de 7 000 personnes.

certains penser qu'ils sont respectivement destinés à des prêtres et prêtresses. Chacun des complexes mégalithiques a une couverture en semi-coupole ; on pense que le reste du toit était en peau d'animaux. Malgré leurs dimensions considérables (Tarxien s'articule sur 4 200 mètres carrés), les temples – dont le plan est tréflé – ont une chambre centrale d'un diamètre de 5 mètres pour une hauteur d'un peu plus de 3 mètres. Cet espace trop exigu pour permettre l'accès de plus d'une dizaine de

personnes en même temps laisse penser que le peuple n'est pas admis aux rites. Par ailleurs, d'après les traces retrouvées sur les murs, on suppose que la pièce était entièrement revêtue de stuc peint de couleur ocre orné de motifs de spirales et d'animaux réalisés avec une grande maîtrise artistique.
Dans certains temples, enfin, la chambre centrale contient, sur le mur face à l'entrée, une niche (appelée « niche de l'oracle ») dans laquelle la lumière du soleil entre les jours d'équinoxe. Les mégalithes en corrélation avec l'alignement du soleil sont très nombreux sur Malte. Certains pensent même qu'ils forment le premier calendrier de l'histoire, faisant de l'île un centre d'intérêt pour les passionnés du « New Age ».

240 en haut Le complexe de Hagiar Qin se situe sur un haut plateau au sud de Malte. Rien n'indique que les temples ont eu un toit de pierre et l'on suppose qu'ils étaient recouverts de tentures en peau de bêtes.

240-241 Mnajdra, le plus ancien temple de Malte, date de 4000 av. J.-C. Son plan tréflé est commun à tous les sites mégalithiques de l'île.

240 en bas, à gauche Creusée dans un monolithe, cette entrée d'un des temples de Hagiar Qin a été appelée « porte de l'Oracle ». Le complexe est construit entre 3600 et 2700 av. J.-C.

240 en bas, à droite Bien que les complexes soient très étendus, les dimensions des chambres pour le culte sont réduites, laissant supposer que les rites ne sont pas ouverts au peuple.

241 en haut Ce passage conduit aux chambres cérémonielles de Hagiar Qin. On sait très peu de choses sur les habitants de Malte au néolithique, sur leur disparition due peut-être à une guerre ou à une épidémie.

241 au centre Hagiar Qin – qui en ancien maltais signifie « pierres dressées » – doit son nom aux menhirs placés sur le périmètre du complexe, pesant chacun près de 70 tonnes.

241 en bas Selon une vieille légende, le temple de Ggantija, sur l'île de Gozo, est la demeure de Qala, géante à la force extraordinaire.

Carthage

TUNISIE

District de Tunis
Inscription : 1979
Critères : C (ii) (iii) (vi)

242-243 De nos jours, il ne reste que le soubassement des thermes d'Antonin qui supportait les magasins et les fours où l'eau était chauffée. Les salles thermales se trouvaient à un étage surélevé, dotées de colonnes gigantesques. L'une d'elles, mesurant 15 mètres de haut et couronnée d'un chapiteau corinthien, est visible à droite sur la photographie – elle a fait l'objet d'une reconstitution récente.

Entre 218 et 217 av. J.-C., Hannibal, jeune général carthaginois, traverse les Alpes à la tête d'une armée composée de 38 000 soldats, 8 000 cavaliers et 40 éléphants. Il a l'intention de frapper l'ennemi en plein cœur afin de conquérir Rome et d'obtenir la domination de la Méditerranée. Ses victoires de la Trébie, de Trasimène et de Cannes semblent lui donner raison, mais son avancée est stoppée aux portes de Rome, dont le pouvoir réorganise rapidement une très nombreuse armée et sera finalement vainqueur en Afrique. En 202, après seize ans de guerre ininterrompue, Scipion l'Africain contraint la cité de Zama à la reddition : c'est la défaite la plus rude infligée aux Carthaginois. De Carthage, l'Histoire a surtout retenu les trois guerres puniques au cours desquelles la ville défie l'hégémonie romaine, mais une légende la fait naître en 814 av. J.-C., date officielle de sa fondation par Didon. Celle-ci fuit Tyr après le meurtre de son mari par Pygmalion, son frère, qui convoite le trône. En réalité, des colons phéniciens de Tyr créent un nouveau comptoir sur les côtes de la Tunisie actuelle. De la Carthage punique, détruite d'abord par les Romains puis par les Arabes vers 700 apr. J.-C., il subsiste peu de vestiges. Les plus intéressants se situent sur la colline de Byrsa où se dressait l'acropole alors cernée d'un mur d'enceinte. Des sépultures y ont été découvertes, mais aucun édifice public, aucun habitat n'a survécu aux conquêtes. De rares éléments ont permis d'identifier en 1921 le tophet, lieu destiné aux sacrifices à proximité duquel se dressait un temple dédié aux dieux phéniciens Tanit et Baal. Découvert en 1921, le tophet a livré des urnes, contenant des ossements calcinés d'animaux et de jeunes enfants, surmontées de stèles votives. C'est là un aspect intéressant de la civilisation carthaginoise qui suscite encore de nombreuses questions. Un étang bordant la mer, voilà tout ce qu'il reste des deux grands ports, marchand et militaire, qui ont fait la grandeur de Carthage. De l'époque romaine, sont conservés les vestiges du monumental édifice thermal d'Antonin, construit entre 146 et 162 apr. J.-C. De nos jours, on ne peut plus en voir que le soubassement sur lequel se dressaient les pièces réservées aux employés et les fours chauffant l'eau surmonté de colonnes de 2 mètres

242 en bas Construits en bordure de mer entre 146 et 162 apr. J.-C., les thermes d'Antonin sont sans doute l'un des plus grands ensembles architecturaux de Carthage. Le seul frigidarium devait occuper un espace de 47 mètres sur 22.

243 en haut, à gauche La majeure partie des vestiges de Carthage, comme ceux visibles sur la photographie, datent de l'époque romaine. L'habitat punique originel a été détruit par les Arabes aux VIIe et VIIIe siècles.

243 en haut, à droite En style arabisant, le musée de Carthage – visible à l'arrière-plan derrière des pièces d'époque romaine – abrite des collections appartenant à trois grandes périodes : phénicienne et punique, romaine et arabe.

243 au centre La maison à la Volière (qui doit son nom à une mosaïque figurant de nombreux oiseaux) conserve un splendide péristyle.

243 en bas Le parc des villas romaines qui s'étend jusqu'à la mer permet d'apprécier la structure de ces habitations. Ici, les fouilles ont mis au jour de nombreuses demeures patriciennes dont les mosaïques sont conservées au musée du Bardo.

244 en haut et 244 en bas, à gauche De près de 2 mètres de diamètre, les colonnes monolithiques de soutien des salles des thermes d'Antonin devaient peser environ 70 tonnes. L'un des chapiteaux, récemment découvert, mesure 1 mètre de haut et pèse 4 tonnes.

244 au centre, à gauche Célébré comme l'un des plus remarquables du monde romain, l'amphithéâtre de Carthage est réputé jusqu'aux confins de l'Empire pour les combats de bêtes et de gladiateurs, avant de devenir le lieu de martyre des chrétiens. Admiré jusqu'au Moyen Âge pour l'élégance de ces arcades, il a été peu à peu dépouillé de ses pierres dont il ne subsiste actuellement que de rares vestiges.

244 au centre, à droite Le théâtre d'Hadrien, édifice relevé grâce à des fonds privés, accueille de nos jours un festival international de musique, de chant et de danse en juillet et en août.

244 en bas, à droite Cette mosaïque figurant un cavalier placé devant un palais arborant une végétation tropicale a été découverte sur la colline de Borj-Jedid. Les versants de cette éminence livrent encore actuellement du matériel de plusieurs périodes, dont des tombes puniques.

243 La terrasse de la maison de la Volière est couverte d'un vaste pavement provenant d'une autre résidence, qui présente une alternance de panneaux carrés de mosaïque figurant des chevaux et des cavaliers et des carreaux de marbre. Des 98 tableaux originaux, 62 sont conservés.

de diamètre et de 70 tonnes environ. Récemment, une colonne a été reconstituée : elle mesure 15 mètres de haut, tandis que la voûte du *frigidarium*, en cours de reconstitution, devrait dépasser 20 mètres.
Non loin de là se dresse la basilique de Domus el-Karita, dont le nom est peut-être une déformation du latin Domus Caritatis où saint Augustin prêche entre 399 et 413. L'amphithéâtre est un lieu où se déroulent des combats de gladiateurs, entre eux ou contre des animaux sauvages, célèbres dans tout le monde romain. Celui de Carthage, l'un des plus grands de l'Empire romain, est à peine visible de nos jours parmi les pins, car la majeure partie des pierres a été emportée au fil des siècles pour être remployée dans d'autres constructions. Au nord-est de cet édifice, une série de grandes citernes constituent la principale réserve d'eau de la ville à l'époque romaine.
Il ne reste presque rien du théâtre construit sous le règne d'Hadrien, des temples et des habitations de cette antique puissance méditerranéenne.
Ce sont les collections du Musée national de la ville, situé dans les locaux du séminaire des pères blancs à côté de la cathédrale Saint-Louis construite par les Français en 1890, qui évoquent la splendeur de Carthage. Elles sont composées de vases, de sculptures, d'inscriptions, de céramiques découvertes pendant les fouilles, témoignages de la Carthage punique, romaine et arabe, vestiges d'un empire disparu.

Sabratha

LIBYE

District de Zawia
Inscription : 1982
Critères : C (iii)

Si Italo Balbo, gouverneur de la Libye italienne, n'est pas passé dans l'histoire pour ses dons de stratège militaire ou d'administrateur, les amoureux des antiquités lui sont gré d'avoir contribué à redonner au théâtre de Sabratha sa splendeur originelle. Subjugué par la beauté des ruines, Balbo puise largement dans les caisses de l'État pour financer une campagne de fouilles et de restaurations de grande envergure. Les travaux sont confiés aux archéologues Bartoccini, Giusti, Caffarelli et Caputo qui reconstituent fidèlement le plus grand théâtre d'Afrique, construit en 190 apr. J.-C. sous le règne de l'empereur Commode. La *cavea,* capable d'accueillir 5 000 spectateurs, mesure près de 95 mètres de diamètre. La longue scène rectangulaire est cernée d'une remarquable *frons scaenae* (mur de scène) formée de trois étages à exèdres et de trois ordres de 96 colonnes corinthiennes en marbre de couleur, couronnées de chapiteaux au décor raffiné.
Les sculptures en haut relief des exèdres offrent des scènes allégoriques illustrant les relations entre Rome et Sabratha, composées de scènes de danses et de personnages mythologiques. Mais le théâtre n'est pas la seule merveille de Sabratha. Fondée par des colons puniques au IVe siècle av. J.-C., cette cité portuaire de la Tripolitaine romaine connaît une période de prospérité entre 138 et 210 apr. J.-C., en fournissant à Rome des animaux sauvages et de l'ivoire. Pendant ce siècle d'or, la ville se couvre de constructions monumentales en marbre et en grès recouvert de stuc. Parmi elles, le temple d'Isis – son culte est très répandu dans les cités romaines et, à Sabratha, elle est vénérée comme la protectrice des marins – se distingue avec sa position privilégiée face à la mer, mais aussi le Capitole, le sanctuaire de Sérapis, le temple de Liber Pater et le mausolée B. Ce monument, reconstitué par les archéologues italiens, est formé d'une base ornée sur chaque face de trois colonnes engagées sur laquelle repose un deuxième étage triangulaire comprenant des sculptures et des métopes et une troisième en forme de pyramidion.
Si nombre des statues et des mosaïques de Sabratha ont disparu ou sont conservées dans le musée situé en lisière du site archéologique, il émane une grandeur pérenne des constructions destinées à la vie communautaire de la cité, à l'image du forum, de la curie et de trois élégants complexes thermaux. Entamé au IIIe siècle

246 en haut et en bas
Le pulpitum du théâtre est formé de niches sculptées de scènes en haut et en bas relief où apparaissent des divinités, des danseuses, des acteurs et des scènes historiques témoignant des relations existant entre Rome et Sabratha.

246 au centre
Cet imposant théâtre, le plus grand d'Afrique, est conçu sous Commode et réalisé à l'époque sévérienne (75-200). Le monument a retrouvé sa splendeur originelle grâce à une savante restauration réalisée pendant la période de colonisation italienne de la Libye.

246-247 *L'élégante* frons scaenae *du théâtre de Sabratha évoque la façade d'un palais royal. Mesurant 45 mètres de long, elle est formée d'un triple ordre de 96 colonnes en marbre de couleur surmontées de chapiteaux au décor élaboré. Les côtés sont fermés par des* versurae *(« encognures ») où le tracé rectiligne du mur de scène rejoint celui de la* cavea.

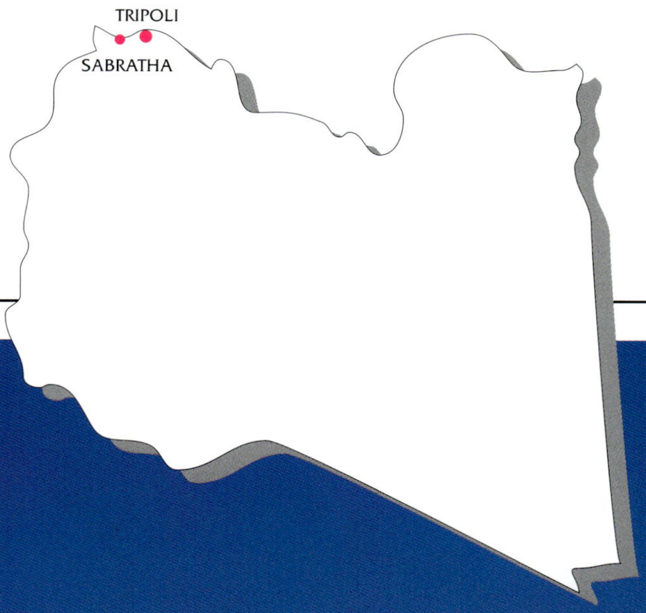

apr. J.-C., le déclin de Rome affecte profondément Sabratha, victime en outre d'un violent tremblement de terre en 365 apr. J.-C. La cité doit attendre près de deux siècles avant de retrouver une certaine importance sous les Byzantins, au VIe siècle. Le mur d'enceinte et la basilique de Justinien datent d'ailleurs de cette période.

En réalité, Sabratha possède déjà une basilique – dont il ne reste plus que les fondations –, laquelle sert de tribunal et de lieu de célébration du culte des empereurs à partir du Ier siècle apr. J.-C., avant d'être transformée en église chrétienne trois cents ans plus tard.

En 158 apr. J.-C., elle est le théâtre d'un événement qui a des résonances dans l'ensemble du monde romain car c'est en ses murs que se déroule le procès du philosophe Apulée, accusé d'avoir séduit et épousé Pudentilla, une riche veuve, pour s'emparer de ses biens grâce à ses pouvoirs magiques. L'auteur de *L'Âne d'or* est son propre défenseur : sa plaidoirie dure quatre jours d'affilée au terme desquels il est relâché. Ce chef-d'œuvre de l'art oratoire, publié sous le titre *De la magie ou Apologie d'Apulée*, n'apporte pas seulement la célébrité à son auteur, mais reste une source précieuse pour la connaissance de la vie quotidienne dans la Sabratha du IIe siècle apr. J.-C.

248 en haut Grâce à ses symboles et à la richesse du vêtement, cette statue acéphale a pu être attribuée à l'empereur Titus. Elle est conservée au musée de Sabratha qui possède par ailleurs une riche collection d'objets puniques.

248 en bas, à gauche L'amphithéâtre de Sabratha est bâti, non loin du superbe théâtre, entre la fin du IIe et le début du IIIe siècle. Outre la grande cavea, il conserve intacts deux tunnels perpendiculaires à l'arène permettant de faire entrer les animaux.

248 en bas, à droite Vue panoramique de la zone résidentielle donnant sur la mer. C'est précisément sa position géographique favorable qui permet à Sabratha de prospérer, dès l'époque phénicienne, grâce au commerce maritime.

248-249 Occupant une remarquable position en surplomb de la mer, le temple d'Isis conserve deux rangées de colonnes et une partie de son podium. Du fait de sa position excentrée, l'édifice est partiellement exclu du mur d'enceinte élevé au IVe siècle.

249 en bas, à gauche Façonnées dans le grès local de médiocre qualité, les colonnes du temple d'Isis conservent une partie de l'abondant décor stuqué destiné aussi à protéger les monuments.

249 en bas, à droite Ce buste de Jupiter, qui fait peut-être partie du décor sculpté du Capitole, est l'un des chefs-d'œuvre conservés au Musée archéologique de Sabratha.

250

250 en haut, à gauche Un bassin octogonal s'ouvre sur une belle mosaïque ornant le tepidarium des somptueux thermes d'Océan. De là, on bénéficie d'une superbe vue sur la côte et sur les vestiges des entrepôts de l'antique port de la cité.

250 en haut, à droite Le dieu Océan, à la barbe verte et fournie, la tête ceinte d'une couronne de fruits, est cerné d'un octogone en mosaïque ornant le centre du tepidarium des thermes.

250 au centre Lieu de rencontre des sénateurs, la curie de Sabratha conserve une grande partie de ses colonnes sur lesquelles reposent des chapiteaux corinthiens en marbre blanc. L'édifice donne sur le forum, le cœur de la vie urbaine.

250 en bas Cette délicate statue en marbre représente l'une des Naïades, les nymphes protectrices des eaux de source. Elle a orné l'une des nombreuses fontaines de Sabratha.

250-251 *La masse du mausolée B se découpe sur les vestiges de Sabratha. Le monument funéraire terminé par un pyramidion allie les styles punique, égyptien, hellénistique et romain. Les décors en haut relief, remarquables, sont délimités par des lions et surmontés à l'origine de statues de 3 mètres de haut actuellement conservées au musée du site.*

251 en haut *Ce panneau de mosaïque raffiné, qui figure un saint chrétien, date du renouveau de Sabratha à l'époque byzantine et se trouve, comme les autres mosaïques mises au jour sur le site, dans le musée attenant.*

Leptis Magna

LIBYE

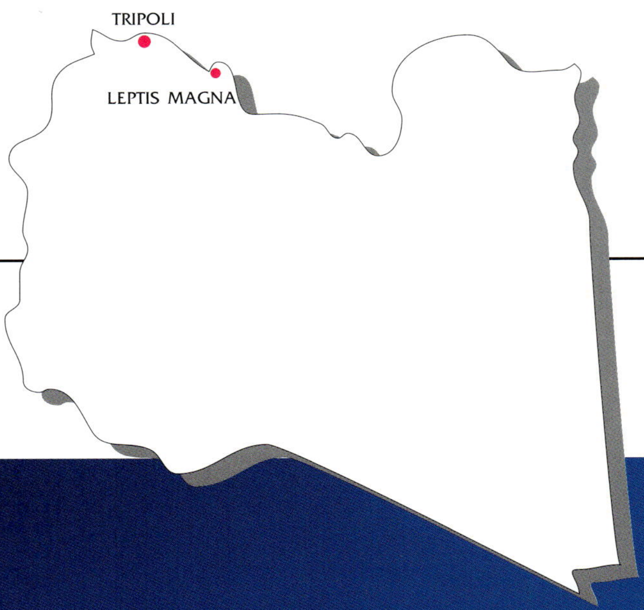

DISTRICT D'AL KHOMS
INSCRIPTION : 1982
CRITÈRES : C (I) (II) (III)

252-253 Commandité par Annobal Tapapius Rufus, riche citoyen de Leptis, le marché est un grand espace rectangulaire cerné de portiques dont le centre est occupé par deux kiosques à tambour circulaire entourés d'un portique octogonal.

252 en bas Orné de colonnes corinthiennes et de splendides bas-reliefs en marbre, l'arc de Septime Sévère (20 mètres de haut) est érigé au croisement du cardo et du decumanus maximus en 203 apr. J.-C. pour célébrer la visite de l'empereur à sa ville natale.

253 en haut Une volée de marches et un arc donnent accès au forum. Le grès d'excellente qualité utilisé pour la construction des principaux monuments de Leptis Magna provient des carrières de Ras el-Hammam, à une vingtaine de kilomètres au sud de la ville.

Fils de riches marchands d'origine punique, Septime Sévère (né à Leptis en 146 apr. J.-C.) est envoyé à Rome alors qu'il est à peine adolescent. C'est un « véritable Africain » qui parle mal le latin. Mais, en quelques années, grâce à son opiniâtreté, à son courage et à son éloquence, il se fait remarquer à la cour impériale. Sa rapide ascension le conduit au sommet puisqu'il devient empereur en 193. Dix ans plus tard, il retourne dans sa patrie, Leptis Magna, qui a obtenu son épithète en 116 apr. J.-C. lorsque Trajan en a fait une colonie. L'empereur fait ériger un arc de triomphe monumental qui porte son nom à l'entrée de la ville, encadré de quatre fontaines ornées de colonnes et de bas-reliefs.
Il fait reconstruire entièrement le port relié au cœur de Leptis Magna par une imposante voie à colonnes, inaugure un élégant nymphée et un forum cerné d'une forêt de colonnes aux arcades ornées de têtes de Méduse. Mais la basilique, dotée d'une abside à chaque extrémité, reste le monument le plus extraordinaire, dont la construction commence sous son règne pour s'achever sous celui de son fils Caracalla. Quadrilatère de 72 mètres sur 40, elle est animée d'un abondant décor d'entrelacs, de feuilles d'acanthe, de raisins et de grenades avec des scènes consacrées aux divinités de la cité.
En réalité, la cité est grandiose avant Septime Sévère : avec 80 000 habitants, elle est connue dans tout l'Empire romain comme la « perle de l'Afrique ». Fondée par des Phéniciens venus de Tyr, Leptis reste sous la domination de Carthage jusqu'en 146 av. J.-C., lorsque sa rivale historique est battue par les Romains. Devenue le principal centre de Tripolitaine et de l'ensemble de la province d'Afrique, Leptis s'enrichit par le commerce de l'or, de l'ivoire, de l'ébène, des esclaves et des animaux sauvages destinés aux jeux du cirque, grâce à son port et à l'habileté de ses marchands. La fièvre qui anime boutiques et comptoirs du marché fait écho à l'activité édilitaire, où les constructions – civiles et religieuses – se font de plus en plus monumentales. Celles-ci sont financées par les riches familles de négociants entraînés dans une surenchère pour importer les marbres les plus prisés

et recourir aux maîtres d'œuvre les plus habiles. Le riche Annobal Tapapius Rufus souhaite éblouir ses concitoyens en faisant construire le théâtre (1 ou 2 apr. J.-C.) – orné, de statues, peut-être le joyau de la cité – et le marché (9-8 av. J.-C.) doté en son centre de deux élégants kiosques octogonaux,

253 au centre Délimitée par des colonnes en granit rose, la palestre des thermes luxueux d'Hadrien inaugurés en 127 apr. J.-C. ouxte le forum. L'ensemble se trouve à proximité du cours de l'ouadi Lebda dont les eaux sont canalisées pour les bains.

253 en bas Le decumanus maximus (21 mètres de large), qui a conservé son pavement originel, aboutit au port. Son parcours est scandé par l'arc monumental de Septime Sévère et ceux, plus modestes, de Tibère (37 apr. J.-C.) et Trajan (ci-dessus) érigé entre 109 et 111 apr. J.-C.

254 en haut *Le forum sévérien est une vaste place rectangulaire de 100 mètres sur 60 ceinte de hauts murs et entourée par des portiques à colonnes. Il est composé de matériaux précieux : cipolin vert, granit rose d'Égypte pour les colonnes et marbre blanc pour le pavement.*

254 au centre *L'inscription sur le portique du forum célèbre Septime Sévère, lequel, né à Leptis en 146 apr. J.-C., devient empereur à quarante-sept ans. Il revient en 203 et attribue à la ville différents privilèges.*

cerné de portiques abritant de nombreux comptoirs pour exposer les marchandises. Septime Sévère est à l'origine de l'œuvre la plus singulière de Leptis, un immense amphithéâtre installé dans une ancienne carrière, non loin de la mer.

Avant Septime Sévère, d'autres empereurs ont jugé la cité digne d'attention. Hadrien l'a pourvue d'un magnifique complexe thermal, de deux grands temples donnant sur le port et d'un mur d'enceinte. Auparavant, Néron a peut-être fait aménager les quais du promontoire. En effet, Leptis Magna ne possède pas

254 en bas Rythmant jadis les arcades des portiques, les protomés de Méduse gisent désormais sur l'immense esplanade du forum sévérien. Le site a été beaucoup et souvent pillé, déjà au XVIe siècle, le consul français de Tripoli, Claude Lemaire, rapporte en France 200 colonnes et de nombreux marbres décorés.

254-255 La construction de la grande basilique sévérienne s'étend sur les règnes de Septime Sévère et de son fils Caracalla. Au VIe siècle, l'édifice est transformé en église chrétienne par Justinien.

255 en bas, à gauche Sur ce détail, deux chapiteaux surmontent des colonnes en granit rose et soutiennent les cariatides du seul tronçon conservé du fronton décorant l'abside nord de la basilique sévérienne.

255 en bas, à droite Rendu plus vivant encore par la chaude lumière du soleil, le décor de l'un des pilastres de l'abside nord de la basilique sévérienne se compose de nombreux personnages mythologiques, dieux et demi-dieux surgis d'un entrelacs de vignes et de grappes.

256 en haut Forêt de colonnes donnant sur le port de Leptis Magna. La ville est fondée à la fin du VIe siècle av. J.-C. par des Phéniciens originaires de Tyr, qui choisissent ce lieu à cause de sa crique offrant un accostage sûr sur la côte entre Alexandrie et Carthage.

256 en bas, à gauche et à droite et 257 en bas, à droite Le musée de Tripoli conserve des statues provenant du théâtre de Leptis (de gauche à droite) : Athéna coiffée d'un casque corinthien avec une lance et un bouclier à ses pieds, une nymphe, un portrait de Marc Aurèle. Ces sculptures sont datées des Ier et IIe siècles apr. J.-C.

de véritable port, le promontoire sur lequel s'établit la ville est donc régularisé sur ses bords nord-est et est. Vers 250 apr. J.-C., avec l'extinction de la dynastie des Sévères, la cité décline rapidement, à l'image de son commerce, avant de disparaître en 365 lors du tremblement de terre qui détruit toutes les cités de Tripolitaine. Peu auparavant, la cité connaît une éclaircie sous les règnes de Dioclétien et de Constantin. C'est à l'époque du second empereur qu'est enterré un trésor de plus de 100 000 pièces de monnaie. Mis au jour en 1981, il constitue la plus belle découverte numismatique de l'Antiquité. De nos jours, certaines pièces sont exposées, parmi d'autres trésors, dans le musée contigu au site archéologique de Leptis Magna.

256-257 Occupant une position panoramique, le théâtre de Leptis (inauguré en 1 ou 2 apr. J.-C.) est l'un des plus remarquables du monde romain. Sa construction est financée par le marchand Annobal Tapapius Rufus, celui qui a offert un marché à ses concitoyens dix ans plus tôt.

257 en bas, à gauche
Accessible par une arcade, une colonnade dotée de chapiteaux corinthiens cerne l'une des salles d'un édifice thermal de Leptis Magna. Sur le côté court de la vasque, des degrés étroits facilitent la pénétration dans l'eau.

Memphis et sa nécropole
Les pyramides de Gizeh à Dahchour

ÉGYPTE

GOUVERNORAT DE GIZEH
INSCRIPTION : 1979
CRITÈRES : C (I) (III) (VI)

Memphis est l'une des plus anciennes capitales d'Égypte, appelée d'abord la « Muraille blanche », sans doute en référence à l'aspect de son palais fortifié qui n'est en réalité qu'une partie de la cité certainement située à l'emplacement de l'actuelle Abousir. À une époque, l'un de ses temples, le « château du *ka* de Ptah » *(hou.t-ka-Path)*, l'un de ses édifices religieux, lui donne son nom traduit par les Grecs en *Aegyptos* devenu Égypte. Le nom le plus adapté reste sans doute *Ankh Taoui*, « le lieu qui lie les deux terres ». Située sur la pointe

du delta du Nil, à la confluence des routes commerciales reliant l'Orient à l'Occident, la ville nous est connue sous un nom assez singulier, Memphis, qui dérive de celui de la pyramide du roi Pépi Ier, *Men-nefer*, en passant par le copte *Memphe* et le grec *Memphis*. Memphis, résidence royale et capitale de l'Égypte à la période protodynastique et à l'Ancien Empire (3000-2195 av. J.-C.), est pendant au moins deux millénaires l'un des centres les plus peuplés et les mieux connus de la région dont la magnificence transparaît déjà dans les textes d'Hérodote, de Strabon et de Diodore de Sicile. De nos jours, plus que les rares vestiges mis au jour à Mit Rahina et à Saqqarah, ce sont les immenses nécropoles – qui s'étendent sur plus de 30 kilomètres du nord au sud et couvrent la lisière du désert sur la rive occidentale du Nil – et les pyramides (Helouan, Dahchour, Saqqarah, Abousir, Zawiyet el-Aryan, Abou Roach et, naturellement Gizeh) qui témoignent de la splendeur de la cité. Selon Flinders Petrie, archéologue britannique du XIXe siècle, Memphis devait mesurer 12 kilomètres de long sur 6 de large et être développée autour du temple de Ptah, dans la zone moderne de Mit Rahina. Ptah devient la divinité poliade dès le début de la période dynastique, même plus tôt semble-t-il, et le premier temple érigé en son nom est peut-être dissimulé sous une butte, le Kôm el-Fakhry. Seule la partie occidentale du temple le plus récent, datant du règne de Ramsès II, a été fouillée. Elle est formée d'un pylône massif et d'une salle hypostyle. À proximité, des dépôts de fondation indiquent la présence d'un temple plus ancien, attribué à Thoutmosis IV (XVIIIe dynastie – 1550-1291 av. J.-C.). La grandeur de Memphis se manifeste plus à l'ouest avec les pyramides de Dahchour, à l'extrémité sud de la nécropole dont la pyramide de Snéfrou – premier souverain de la IVe dynastie – sert de référence et marque le passage des pyramides à degrés aux pyramides lisses. Trois autres pyramides de Dahchour appartiennent à des pharaons de la XIIe dynastie, Amenemhat II, Amenemhat III et Sésostris III. À côté des tombes royales, il existe deux groupes de mastabas de notables – sépultures de plan rectangulaire formées de deux pièces, une chambre funéraire et une chapelle –, parmi lesquels

ceux des princesses Iti, Khnemt, Itiwert et Sitmerhut, filles d'Amenemhat II et d'autres proches des pharaons de la XIIe dynastie. C'est cependant en se dirigeant plus au nord, vers Saqqarah, qu'il est possible d'embrasser toute l'histoire de l'Égypte ancienne, en commençant par le premier mastaba en brique crue de Ménès, l'initiateur légendaire de la Ire dynastie, considéré comme le créateur de Memphis jusqu'à la période gréco-romaine. Le long de la lisière orientale du haut plateau se dressent les tombes des membres de la famille royale, officiers et dignitaires de la Ire dynastie. Le paysage de Saqqarah est

258 La pyramide rouge de Dahchour – ainsi nommée à cause de la couleur du granit qui la compose – a été construite sous le règne du roi Snéfrou (IVe dynastie). Avec 105 mètres de haut, c'est la troisième plus grande pyramide après celles de Kheops et de Khephren.

258-259 Le monument funéraire de Djéser dans la nécropole de Saqqarah est le premier exemple, et le plus achevé, de la typologie des pyramides à degrés, dérivées de la superposition de simples mastabas (monument funéraire trapézoïdal).

259 en haut Les fondations du temple funéraire de Sahouré, second roi de la Ve dynastie, précèdent les vestiges de la pyramide du souverain à Abousir. Il s'agit dès l'origine d'une véritable pyramide, puisque ses pans sont lisses et non à degrés.

259 au centre La pyramide de Snéfrou à Meïdoum, dont il reste l'imposant noyau, est commencée comme une pyramide à degrés, et dotée de faces lisses dans un second temps.

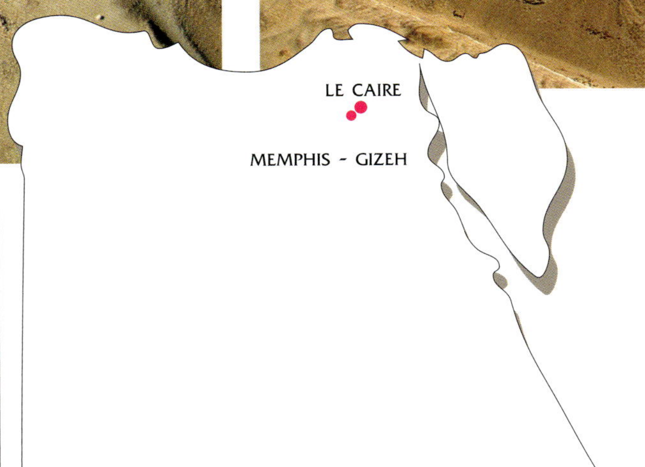

dominé par le complexe de la pyramide à degrés du roi Djéser, la plus ancienne des quelque 80 pyramides égyptiennes connues. Construite au XXVIIe siècle av. J.-C., la pyramide est cernée de temples et d'édifices destinés à la célébration des jubilés royaux. Saqqarah abrite 13 autres pyramides royales, parmi lesquelles se distinguent celles de Sekhemkhet, successeur de Djéser à la IIIe dynastie, d'Ounas et de Téti (Ve et VIe dynastie), de Pépi Ier (VIe dynastie) et de Djédéfré (IVe dynastie), occupant la partie la plus septentrionale de la nécropole.

259 en bas L'ère des pyramides s'achève avec la XIIe dynastie. À Lahoun, le monument du roi Sésostris II – présenté ici et dont il ne reste que des ruines – est resté inachevé à cause de la mort prématurée du souverain.

260 en haut, à gauche *Ce relief figure des porteurs d'offrandes ornant la tombe de Ti, intendant des pyramides et des temples solaires de Saqqarah et chef coiffeur à la cour.*

260 en haut, à droite *Le noble Ptahotep fait face à son nom écrit en hiéroglyphes finement sculptés sur une paroi de son mastaba à Saqqarah. Son nom signifie : « Ptah est heureux ».*

Le nord de la pyramide de Djéser est occupé par la plus grande concentration de tombes non royales de l'Ancien Empire, ainsi que par un nombre indéterminé de tombes plus récentes. Une centaine de ces sépultures mériteraient une mention, soit parce qu'elles appartiennent à des notables, soit par des détails de leur structure, de leur architecture ou de leur décor. Récemment encore, les égyptologues travaillant sur ce site ont relevé de nouveaux éléments pour orienter

260 en bas *Mérérouka, à droite, figure avec sa mère et sa femme, sculptées en petites dimensions, dans son vaste mastaba de Saqqarah. À gauche, il apparaît avec l'un de ses fils.*

261 *Le statue du vizir Mérérouka se trouve dans la grande salle de son mastaba à l'intérieur de la stèle-fausse porte. Les tombes des grands dignitaires sont élevées à proximité de la pyramide du souverain qu'ils ont servi, en l'occurrence ici, le roi Téti.*

262 en haut La grande galerie de la pyramide de Kheops, au cœur du plus grandiose monument de Gizeh, est formée d'assises de blocs placés légèrement en saillie les uns par rapport aux autres jusqu'au sommet. La pyramide de Kheops est le plus grand monument érigé par l'homme en 4 000 ans d'histoire.

leurs recherches. En poursuivant vers le nord, on peut découvrir les monuments les plus célèbres, ceux qui figurent dans la liste des sept merveilles du monde livrée par Philon de Byzance au IIIe siècle av. J.-C. mais les seuls visibles de nos jours : les pyramides de Gizeh, appartenant respectivement à Kheops, Khephren et Mykérinos, trois rois de la IVe dynastie qui gouvernent l'Égypte pendant la quasi-totalité du XXVIe siècle av. J.-C. Le haut plateau de Gizeh domine la plaine d'une quarantaine de mètres et, de là, on distingue dans le lointain les terres de la pointe du delta du Nil. En réalité, il est utilisé comme nécropole dès la période protodynastique, mais les sépultures royales connaissent leur apogée avec ces souverains.

Érigée en 35 ans, la pyramide de Kheops se compose d'environ 2 300 000 blocs de pierre pesant entre 2 et 70 tonnes chacun; elle s'élevait à l'origine à 146,60 mètres de hauteur avec une base carrée de 230 mètres de côté. De nos jours, abîmée par l'érosion, elle n'atteint plus que 138,75 mètres. Située à 17 mètres de haut, l'entrée donne dans un corridor étroit qui descend sur plus de 77 mètres puis devient horizontal avant d'aboutir à une chambre funéraire jamais réalisée. Pour découvrir sa sépulture, il faut emprunter un corridor latéral, à 19 mètres de l'entrée, qui s'élève jusqu'à un croisement. De là, un passage horizontal conduit à une chambre intermédiaire, connue comme la « chambre de la reine », tandis que la grande galerie, qui mesure près de 48,50 mètres de long sur 8,50 de haut avec un plafond en voûte d'arêtes, s'achève finalement dans la chambre funéraire. Une fois les travaux terminés, son plafond cède : c'est pourquoi la momie du pharaon n'a jamais reposé dans le sarcophage en granit.

262 en bas L'inclinaison impressionnante des faces de la pyramide de Kheops (51 degrés contre 40 degrés pour la pyramide de Snéfrou, la première pyramide parvenue intacte jusqu'à nous) la fait culminer à l'origine à 146 mètres de hauteur (comparés aux 138,75 mètres actuels).

262-263 On ignore pourquoi la pyramide de Mykérinos (visible derrière les monuments funéraires des reines) est aussi modeste par rapport aux deux « géantes » de Gizeh. Quoi qu'il en soit, elle est la seule à être restée inviolée jusqu'en 1837 lorsque le colonel Vyse découvre son entrée.

263 en bas, à gauche L'une des parois internes de la pyramide de Mykérinos (cinquième roi de la IVe dynastie) est creusée de niches, peut-être destinées à recevoir des offrandes.

263 en bas, à droite La chambre funéraire de la pyramide de Khephren est recouverte de dalles de granit rose placées en saillie, ce qui permet de mieux répartir la pression exercée par le poids de la partie supérieure de la pyramide. La paroi gauche conserve la trace de la venue des archéologues au XIXe siècle avec l'inscription triomphante de Belzoni au moment de la découverte en 1818.

Scoperta da G. Belzoni.

Khephren fait élever son monument funéraire un peu plus au sud de celui de son père. Mesurant 215 mètres de côté, sa pyramide aux pans plus inclinés, culminait à 143,50 mètres (136,40 mètres actuellement).

Sur le côté et en aval de la pyramide de Khephren, se trouvent deux temples mieux conservés que ceux de Kheops, mais surtout l'énigmatique et gigantesque Sphinx (74 mètres de long, 20 mètres de haut) modelé dans une masse rocheuse se trouvant dans les carrières creusées pour l'édification de la pyramide de Kheops. Monument unique en Égypte, sa datation oscille entre les règnes de Kheops et de Khephren. Le sphinx est tout à la fois l'image symbolique du roi Khephren, mais aussi le gardien de la nécropole de Gizeh. Mesurant 65 mètres de haut sur 103,40 de côté, la pyramide de Mykérinos, fils de Khephren, est, chronologiquement, la dernière à occuper l'espace encore disponible sur le versant sud de Gizeh. Elle est aussi la dernière tombe monumentale de la IVe dynastie, même si la disposition des chambres est comparable, par son importance, à celle de la pyramide de Kheops. Les temples offrent, eux aussi, un plan simple mais enrichi d'une statuaire abondante réalisée en matériaux divers. L'ère de construction des pyramides s'achève alors définitivement. Les sources de l'époque livrent peu de renseignements sur le mode de construction des trois pyramides, mais il est vraisemblable qu'une rampe – droite ou hélicoïdale – a été installée pour transporter les blocs de pierre jusqu'à 30 mètres de haut. Il reste indéniable cependant que l'ensemble des pyramides de Gizeh, merveille du monde parvenue pratiquement intacte jusqu'à nous, suscite l'étonnement et l'admiration depuis 4 500 ans, tant et si bien qu'en juillet 1798, avant la bataille de Gizeh, Bonaparte se serait adressé à ses soldats en ces termes : « Du sommet de ces pyramides, quarante siècles vous contemplent. »

264 en haut Le Sphinx est sans doute le monument le plus célèbre de l'Égypte antique, dont il est devenu le symbole. Doté d'un corps de lion et d'une tête d'homme, il a été sculpté vers 2500 av. J.-C. à l'image du roi Khephren.

264 en bas En face du Sphinx s'étend un vaste sanctuaire construit en plusieurs phases, formant le complexe funéraire de Khephren. La rampe qui monte jusqu'à la pyramide de ce dernier est visible en bas à droite sur notre photographie.

265 Le Sphinx est composé de plusieurs parties distinctes, présentant chacune une couleur différente. La tête, plus sombre, est la partie la plus résistante du monument – à l'exception du nez, cassé dès l'Antiquité ! – tandis que les pattes, revêtues de calcaire fin, sont faciles à remplacer ou à restaurer.

Thèbes antique et sa nécropole

ÉGYPTE

GOUVERNORAT DE QENA
INSCRIPTION : 1979
CRITÈRES : C (I) (III) (VI)

À une cinquantaine de kilomètres au sud du Caire, là où le Nil, cantonné de montagnes basses et plissées, décrit une anse étroite, le tourisme ne date pas d'hier. Et avec lui l'irrépressible désir qu'ont les visiteurs de laisser une trace de leur passage sur les monuments et les œuvres d'art. À Thèbes, capitale de l'Égypte au Nouvel Empire (1550-1069),

les graffitis des touristes font partie intégrante de son histoire. Les premiers visiteurs de l'époque ptolémaïque sont les voyageurs grecs et romains.
Sur les parois des tombes des pharaons dans la Vallée des Rois, ils ne laissent pas moins de 2 000 graffitis, auxquels s'ajoutent des inscriptions en phénicien, en chypriote, en lycien et en copte notamment. Ces témoignages rappellent que la grandeur de l'Égypte est déjà légendaire avant le début de l'ère chrétienne.

Les historiens grecs classiques, Strabon et Diodore de Sicile, suivis par le Romain Pausanias, décrivent Thèbes – Waset pour les Égyptiens – comme une cité dotée de merveilles incroyables : c'est pourquoi les habitants fortunés de l'autre rive de la Méditerranée s'aventurent en terre égyptienne pour découvrir les temples magnifiques, les impressionnants colosses de Memnon ainsi que l'immense nécropole de la Vallée des Rois. Pour Diodore, « les tombes n'ont laissé aucune opportunité à la postérité de créer rien de plus beau ».
De nos jours, Louqsor – la cité née sur la rive gauche du Nil à l'emplacement de l'ancienne capitale et dans une zone habitée depuis au moins 250 000 ans – est considérée comme le plus extraordinaire musée à ciel ouvert au monde.
À quelques kilomètres au nord de la cité moderne, s'élève le temple d'Amon-Ré à Karnak, consacré au dieu du Soleil, l'un des plus vénérés de l'Égypte ancienne. Bâti vers 1900 av. J.-C. par un pharaon du Moyen Empire, Sésostris Ier (XIIe dynastie), cet édifice a connu d'incessantes restructurations jusqu'au IVe siècle apr. J.-C. Chaque pharaon a voulu laisser son empreinte, car le temple d'Amon-Ré reflète la conception que les anciens Égyptiens ont du monde. Celui-ci est disposé sur deux axes, l'un, est-ouest, marque le parcours du soleil, symbole de la nature divine des phénomènes, l'autre, nord-sud, est parallèle au cours du Nil, lié au territoire et à la fonction royale qui voit dans le pharaon la fusion d'éléments divins et humains capable d'assurer la prospérité éternelle du royaume.

Plus au sud, au cœur même de la cité, sur la rive orientale du Nil, se dresse le temple de Louqsor érigé sous le règne d'Aménophis III (1387-1350 av. J.-C.), relié au premier temple par une longue voie processionnelle dallée et cantonnée de sphinx, le *dromos*, dont un tronçon est visible devant le temple. Sa construction, contemporaine du

temple, s'achève sous le règne de Ramsès. D'après les témoignages des papyrus, le grand temple de Karnak n'abrite pas moins de 20000 prêtres consacrés au culte d'Amon. Une fois par an, à l'occasion de la « belle fête d'Opet », la statue d'Amon est transportée en procession jusqu'au temple de Louqsor sur un simulacre de barque en bois doré.

266 en haut Ce colosse de Ramsès II se trouve dans le temple de Louqsor.

266 en bas La grande salle hypostyle du temple de Karnak compte 134 colonnes de grès se dressant sur 5000 mètres carrés en 16 files de colonnes. Celles de la nef centrale s'élèvent à 24 mètres de haut.

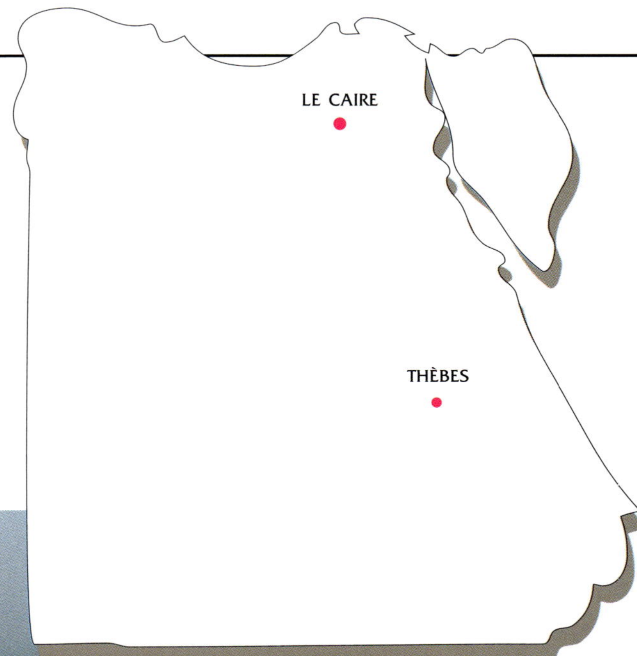

266-267 Il fallut 16 siècles, entre 1950 et 350 av. J.-C. pour édifier le complexe d'Amon-Ré à Karnak. À gauche, vers le fleuve, se dresse le pylône de Ramsès II et d'Horemheb, tandis qu'au premier plan, face au lac sacré et au huitième pylône, s'alignent les fondations des greniers et des entrepôts du temple.

267 en haut, à gauche Les ruines du temple de Louqsor se trouvent à quelques mètres du Nil, sur la « rive des vivants », à l'est. La grande colonnade d'Aménophis III est d'abord enfermée dans un édifice parallélépipédique ; elle s'élève au centre de notre photographie.

267 en haut, à droite Le pylône de Ramsès II, cantonné des colosses figurant le souverain, donne accès au temple de Louqsor où est conduite la statue d'Amon une fois par an, au cours de la grandiose fête d'Opet, pendant la saison des inondations.

268 en haut *Quatre colosses acéphales s'alignent dans la seconde cour du Ramesseum qui précède la salle hypostyle. L'omniprésence de l'image de Ramsès II a fait l'objet d'interprétations variées où prime cependant une volonté de propagande.*

268 en bas *Même vu du ciel, il est difficile d'avoir une idée exacte de l'ampleur du complexe édifié à Thèbes-Ouest sous Ramsès II, baptisé Ramesseum par Champollion en 1839. Le noyau palatial en granit a résisté aux atteintes du temps, tandis que des annexes, édifiées en brique crue, matériau plus économique, il ne reste que les fondations.*

Dans Thèbes-Ouest, Aménophis III (1387-1350) fait aménager non seulement son temple funéraire et son tombeau, mais aussi son palais au bord d'un lac artificiel relié au Nil par un canal. Comme les autres types d'habitat égyptien, le palais construit en brique de boue – raison pour laquelle de nombreux édifices ont disparu – doit abriter, outre le roi, son épouse Tiy et ses 317 concubines hittites reçues en cadeau de noces lors de son mariage avec une princesse de ce royaume. *Malkata*, le nom arabe du palais, est aussi le siège de l'administration ; non loin de là, un village s'est développé pour les serviteurs et les artisans œuvrant pour le pharaon. À quelque 1 500 mètres, les colosses de Memnon, deux statues monolithiques en grès figurant Aménophis III assis (hauteur : 17 mètres ; poids : 1 000 tonnes) marquent l'entrée de l'emplacement originel du temple funéraire du pharaon. Là, au pied de la falaise calcaire de Deir el-Bahari et derrière ce premier temple monumental, sont alignés 14 « temples des millions d'années », temples funéraires d'autant de pharaons, dont Ramsès II, Aménophis II et Séthi Ier, pour ne citer que les plus célèbres. Ces édifices doivent se conserver pour l'éternité afin que les rois ne soient jamais oubliés par leurs sujets.

De nos jours comme dans le passé, Thèbes doit d'abord sa célébrité à la Vallée des Rois et, dans une moindre mesure, à la Vallée des Reines, les deux nécropoles

268-269 *Entre 2050 et 1450 av. J.-C., au pied de la falaise de Deir el-Bahari sont construits les grands temples de Montouhotep II, de la reine Hatshepsout et de Thoutmosis III. Dans la Vallée des Rois – partie supérieure de la photographie –, l'aube naissante laisse entrevoir l'entrée de certaines sépultures.*

269 en haut *Les Colosses de Memnon se dressent à l'entrée du temple funéraire d'Aménophis III, père d'Akhenaton, le pharaon hérétique. Des statues très détériorées il émane néanmoins une sévère grandeur.*

269 au centre À Médinet Habou, les vestiges du migdol, tour d'origine mésopotamienne, précèdent le pylône et le palais d'apparat du temple de Ramsès III, qui a régné un siècle environ après son illustre prédécesseur Ramsès II.

269 en bas Le portique donnant sur la seconde cour du temple de Ramsès III est en excellent état de conservation. Il est doté de colonnes papyriformes sculptées en relief et peintes. Sur la droite, le roi reçoit l'hommage du dieu Atoum

développées derrière la falaise. Entre les deux s'étendent les nécropoles civiles, improprement appelées les « tombes des nobles », un ensemble de 500 sépultures qui se différencient de celles des rois et reines par leur structure architectonique et la modestie de leur décor.
La Vallée des Reines compte entre 75 et 80 tombes élevées, entre la XVIIIe et la XXe dynastie, pour les épouses des pharaons, mais aussi pour des enfants et des proches.
On y trouve la sépulture de la reine Tyti (XXe dynastie), celle du jeune Khaemouset et d'Amenhikhopeshef, un fils de Ramsès III. Mais la plus connue, considérée comme l'une des plus belles tombes de l'Égypte ancienne, est assurément celle de Néfertari, l'épouse favorite de Ramsès II. Entièrement peinte, elle présente des scènes où la reine « la plus belle de toutes », accompagne les divinités égyptiennes, vêtue de blanc, la tête ceinte d'une dépouille de vautour parfois surmontée de deux plumes se détachant d'un mortier.
Dans la Vallée des Rois, une profonde fissure dans le calcaire de la montagne a

270 en haut, à gauche Maât reçoit les offrandes de la reine Néfertari (non visible). Celle-ci meurt avant son époux Ramsès II. Après avoir été honorée dans plusieurs monuments, dont le petit temple d'Abou-Simbel, la dame disparaît des chroniques.

270 en haut, à droite Ta Set Neferou (« lieu des fils de roi ») se trouve au sud-ouest de la Vallée des Rois. Cette zone accueille les tombes des princes et des princesses de la XVIIIe dynastie, puis celles de reines, à l'image de Néfertari, grande épouse royale de Ramsès II.

270-271 Un plafond orné d'une myriade d'étoiles sur un fond bleu surmonte la chambre funéraire de Néfertari. Au fond, tournée vers le nord, on voit la porte donnant accès à la demeure dite d'Osiris, le dieu qui incarne la puissance régénératrice de la végétation.

271 en haut Néfertari consacre des offrandes alimentaires à Osiris, le dieu ressuscité figuré sous forme de momie à la peau verte (à gauche de l'image) et à Atoum. Parmi les offrandes, on reconnaît les dos de bêtes décapitées et différentes formes de pain.

271 au centre Néfertari joue seule une partie de senet, l'ancêtre du jeu de l'oie ou des dames. Il pourrait s'agir de l'une des nombreuses épreuves auxquelles doit faire face le défunt, en solitaire ou avec l'aide de divinités amies, lors du voyage vers l'au-delà.

271 en bas En plusieurs endroits de sa tombe, Néfertari est couronnée d'une dépouille de vautour surmontée d'un mortier, couronne portée par la reine mère. Elle est vêtue d'un vêtement cérémoniel blanc.

272 en haut Le plafond de la chambre funéraire de Ramsès VI à Thèbes-Ouest se développe autour du dédoublement du corps de la déesse Nout le long duquel sont accomplis les voyages diurne et nocturne du soleil, figuré respectivement par des cercles rouges et des étoiles.

272 en bas Chiffres et constellations (les astres sont représentés par des cercles rouges), mais aussi figures divines et animales ornent le plafond astronomique de la chambre funéraire de la tombe de Séthi Ier, père de Ramsès II.

révélé 62 tombes. Beaucoup renferment les dépouilles mortelles de pharaons, certaines appartiennent à des dignitaires, d'autres encore se présentent comme de simples puits funéraires dépourvus d'inscriptions.

Thoutmosis Ier (1504-1492) est sans doute le premier roi enterré dans la nécropole au début de la XVIIIe dynastie au fond de la vallée, où se trouvent aussi celles de Séthi II et de Siptah. Une petite vallée latérale abrite les sépultures d'Hatshepsout et de Thoutmosis IV,

tandis que le cœur de la nécropole enferme celles de 15 autres pharaons. Le plan d'une tombe royale, complexe, comprend généralement un escalier, une descenderie aboutissant dans une ou plusieurs salles et, enfin, la chambre sépulcrale destinée à contenir le sarcophage du souverain.

Les parois sont ornées de bas-reliefs polychromes ; les scènes figurées représentent le monde de l'au-delà et le voyage entrepris par le pharaon pour parvenir jusqu'au royaume d'Osiris. Symbole du triomphe de la puissance égyptienne à son apogée et lieu d'émerveillement pour les Grecs et les Romains, Thèbes tombe ensuite dans l'oubli pendant de longs siècles à l'issue de la conquête arabe de l'Égypte. Elle est redécouverte au début du XVIIIe siècle par le jésuite Claude Sicard, qui identifie précisément le site de la Thèbes antique dont on ignore alors la localisation. En 1737, Frederik Norden, un officier danois, est chargé par le roi de faire une relation détaillée sur l'Égypte et ses monuments. Il croise sans doute le révérend Richard Pococke qui est le quatrième voyageur de l'époque moderne à pénétrer dans la Vallée des Rois et le premier à en dresser une carte détaillée. Au début du XIXe siècle, l'expédition de Bonaparte et la publication de la *Description de l'Égypte* de Vivant Denon marquent le début de recherches plus méthodiques, mais il faut attendre 1850 pour que Thèbes fasse l'objet de fouilles systématiques.
On ne peut parler des fouilles thébaines sans mentionner les noms d'égyptologues illustres, comme Theodor Davies ou encore Howard Carter. C'est d'ailleurs ce dernier qui découvre en 1922 l'une des tombes les plus fascinantes et les plus riches de la Vallée des Rois, celle de Toutankhamon, le roi-enfant.

272-273 Des divinités (Hathor au premier plan sur les deux piliers) donnent la vie au roi Aménophis II, coiffé du némès dans les peintures ornant les six piliers de la chambre funéraire de la tombe de ce pharaon de la XVIIIe dynastie.

273 en haut Les petites « taches » sombres visibles au fond de la Vallée des Rois correspondent aux entrées des tombes royales dont la nouvelle typologie, développée au Nouvel Empire, prévoit de creuser de longues descenderies vers la chambre funéraire. La tombe de Toutankhamon se trouve dans la zone claire au centre de l'image.

273 en bas La déesse Nephthys déplie ses ailes pour protéger un angle du sarcophage externe de Toutankhamon en quartzite rouge finement sculpté. La célébrité de cette tombe s'explique par le fait qu'elle a été retrouvée pratiquement intacte, mais elle est de petites dimensions, en comparaison avec les autres sépultures royales.

Nemrut Dag
TURQUIE

ANATOLIE ORIENTALE
INSCRIPTION : 1987
CRITÈRES : C (I) (III) (IV)

En février 2003, l'archéologue turc Mahmud Arslan a annoncé la découverte de la chambre funéraire d'Antiochos Ier, roi de Commagène, à l'intérieur d'un tumulus de pierre situé au sommet du mont Nemrut, à 2 206 mètres d'altitude. Avant Arslan et son équipe d'une quarantaine d'archéologues et de géologues, beaucoup de chercheurs avaient vainement tenté de percer les secrets de ce tumulus de pierre de 50 mètres de hauteur et de 150 mètres de diamètre. Les techniques les plus modernes permirent enfin de détecter la chambre quadrangulaire creusée dans la roche.
On y a découvert trois sarcophages contenant les dépouilles d'Antiochos Ier, de son père Mithridate Kallinikos et d'un autre personnage non identifié. Cette découverte ajoute un élément fondamental à notre connaissance de l'histoire de l'une des régions les plus mystérieuses de la Turquie. Repéré à la fin du XIXe siècle par un géologue au service des Ottomans, le site de Nemrut Dag, perché dans les monts Taurus, en Anatolie orientale, faisait surgir des méandres de l'histoire la personnalité mégalomane du roi Antiochos Ier. Issu en 80 av. J.-C. du morcellement de l'Empire séleucide, lui-même né des cendres de celui d'Alexandre le Grand, le royaume de Commagène était un État-tampon entre les Romains et les Perses. Son fondateur, Mithridate Kallinikos, s'allie à Rome, mais quand son fils Antiochos Ier accède au trône en 69 av. J.-C., il croit assurer son indépendance en menant une politique pro-perse tout en témoignant de son amitié aux Romains. Antiochos Ier s'est forgé une généalogie le faisant descendre des dieux de l'Olympe et d'Alexandre le Grand. Mais ces vantardises ne lui seront d'aucune utilité : après lui, les rois de Commagène seront

des fantoches aux ordres des Romains, et, en 72 apr. J.-C., l'empereur Vespasien annexe purement et simplement le royaume à la province romaine de Syrie. Les superbes temples et le tumulus *(Hiérothéséion)* qu'Antiochos Ier a fait édifier à Nemrut Dag prouvent qu'il avait une haute idée de lui-même. Il a laissé là une longue inscription (le *Nomos*, un texte de 217 lignes) trahissant aussi bien ses prétentions divines que son rêve de voir son royaume durer éternellement.

À côté du tumulus, trois plates-formes sont aménagées dans la roche. De celle située le plus au nord, où se trouvaient les logements des prêtres, ne subsistent que les pierres qui la délimitaient ; les bas-reliefs qui l'ornaient ont été effacés par l'usure du temps. En revanche, celles qui se trouvent à l'est et à l'ouest sont impressionnantes : ce sont deux espaces cultuels à ciel ouvert abritant chacun les restes de cinq statues colossales. Outre leurs dimensions imposantes

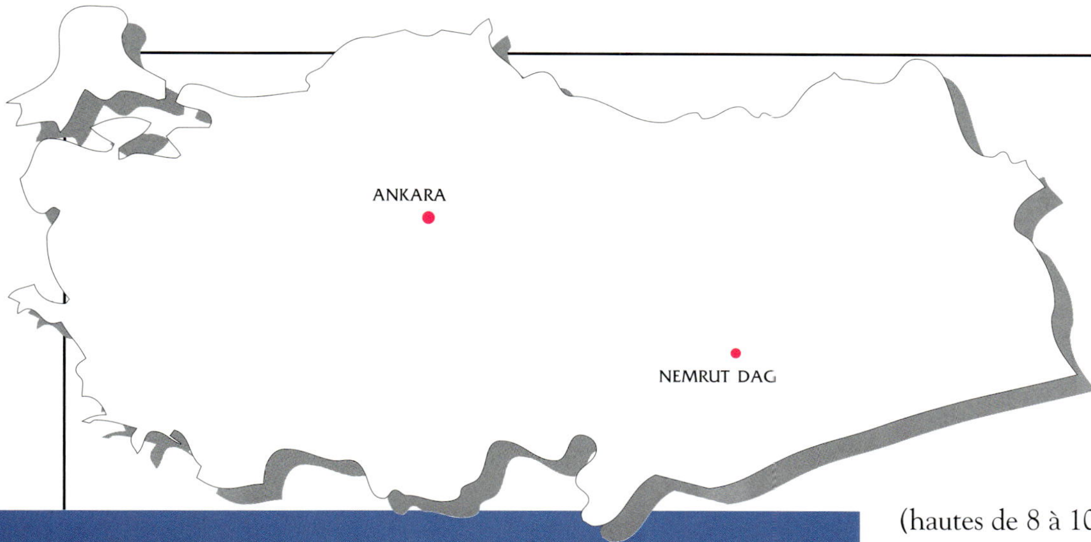

274-275 On voit sur la plate-forme occidentale les vestiges de cinq statues colossales. Au premier plan, la tête de Zeus, associé à la divinité perse Oromasdes (ou Ahura Mazda), est reconnaissable à sa barbe bouclée et à son regard sévère ; elle est sculptée dans un bloc de pierre pesant 8 tonnes.

275 en haut Héraclès, à droite, et Mithridate Ier se saluent sur un bas-relief de Nemrut Dag. La familiarité avec de grands héros et de grands rois est un thème fréquent de ces reliefs : les souverains de la Commagène entendaient ainsi compenser en partie leur dépendance vis-à-vis de Rome.

(hautes de 8 à 10 mètres, elles étaient formées de blocs de pierre de 8 tonnes chacun, aujourd'hui éparpillés au sol), elles éveillent l'intérêt par leur iconographie montrant un syncrétisme évident entre les divinités grecques et perses. Sur les deux plates-formes, on peut voir Zeus, associé au dieu perse Ahura Mazda, Apollon, Mithra, Héraclès, Artagnès, Tyché (la déesse de la Fortune symbolisant la Commagène) et Antiochos Ier en personne. Leurs têtes, maintenant à terre, sont surmontées de tiares perses ; de même, dans les scènes des bas-reliefs qui ornent les plates-formes, évoquant la rencontre entre les divinités et le souverain, les vêtements sont de coupe perse. Mais, au-delà de l'aspect spectaculaire des visages divins dans ce cadre particulièrement majestueux, la figure la plus énigmatique de Nemrut Dag est celle d'un lion sculpté, sur la plate-forme ouest. On peut voir 19 étoiles sur son pelage, une lune croissante sur son cou, et les planètes Mars, Jupiter et Mercure sur son dos. Selon les spécialistes, ce bas-relief a une signification astronomique précise. En interprétant les éléments figurés, on est parvenu à la conclusion qu'ils indiquaient la date du 7 juillet 62 av. J.-C. Peut-être s'agit-il du jour où Antiochos Ier a conçu l'idée folle qu'il était immortel.

275 en bas, à gauche Comme la terrasse orientale, la plate-forme occidentale, que l'on peut voir ici, était un temple à ciel ouvert ; l'esplanade nord, dépourvue de statues, accueillait les logements des prêtres.

275 en bas, à droite La terrasse orientale dans la clarté limpide du petit matin. À gauche, on voit l'effigie d'un lion, plus loin les têtes de cinq divinités sont coiffées de couvre-chefs à la mode perse.

Palmyre

SYRIE

Province de Homs
Inscription : 1980
Critères : C (i) (ii) (iv)

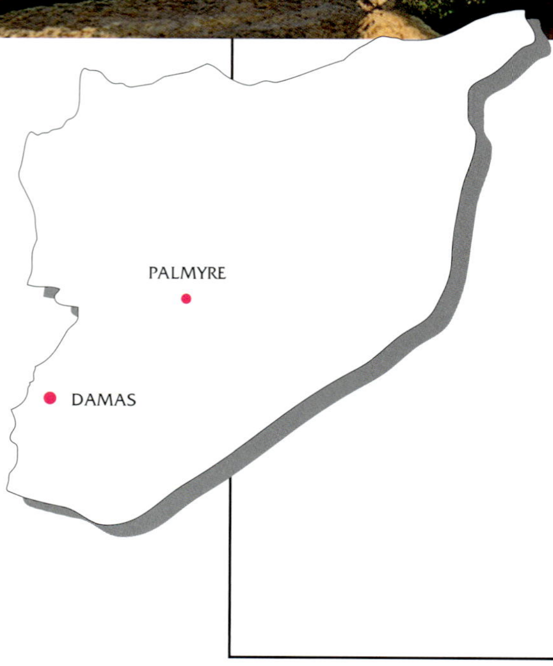

276-277 Les ruines évocatrices de Palmyre, cernées par les sables du désert, sont dominées par la colline couronnée par le Qalaat ibn Maan, la forteresse construite par les Arabes au XII*e siècle.*

276 en bas L'arc monumental encadre la perspective de la voie bordée de colonnades. Divisée en quatre sections et entièrement bordée d'arcades, cette dernière traverse la ville d'est en ouest sur 1,20 kilomètre.

Un somptueux cortège, avec des éléphants et des gladiateurs, parcourt les rues de Rome. Au centre avance le char triomphal de l'empereur Aurélien, précédé par une femme uniquement vêtue de bijoux à la mode orientale et portant des chaînes d'or si lourdes qu'un esclave l'aide à les porter. On lit cela dans l'*Historia Augusta*, une œuvre monumentale qui célèbre les triomphes militaires de Rome. La scène se passe en 274 apr. J.-C. et la prisonnière est Zénobie, la plus belle femme de l'Orient, qui a osé défier la puissance romaine. L'*Historia* raconte ensuite qu'Aurélien, après l'avoir vaincue sur le champ de bataille, allait succomber au charme de Zénobie : il fera d'elle sa maîtresse et lui offrira une résidence à Tivoli.
Zénobie est l'une des figures féminines légendaires de l'Antiquité. En dehors du fait qu'elle était très belle, on sait qu'elle fut l'épouse de Septimius Odenath, souverain de Palmyre et fidèle allié des Romains. On sait qu'il lui enseigna l'art de gouverner et la stratégie militaire, et qu'elle apprit à la cour le grec, le latin et l'égyptien. Elle lui a donné un fils, puis l'a fait assassiner pour prendre sa place. Personne, à la cour de Palmyre, ne l'a suspectée, et Zénobie a donc pu attribuer le titre d'empereur à son fils Vaballath et s'arroger à elle-même celui d'*Augusta*. Ensuite, elle a contracté une alliance avec les Perses et entamé des guerres de conquêtes en direction de la Turquie actuelle et de l'Égypte, avec l'intention de créer un Empire d'Orient capable de rivaliser avec l'Empire romain. Mais ses rêves de gloire ont été brisés par Aurélien, qui a mis fin en toute hâte à une campagne contre les Goths pour aller mater la rebelle en Syrie.
Intégrée à la province de Syria Phoenicia, Palmyre a toujours joui d'une grande autonomie. Elle est devenue la plus grande cité caravanière d'Orient grâce à l'appui de Rome. En 124, l'empereur Hadrien lui a même conféré le titre de *Civitas Libera*. Les Romains, grands amateurs de produits exotiques, l'ont encouragée à aller commercer jusqu'en Inde et en Chine, ce qui a procuré à la ville une fabuleuse richesse.
La première mention d'un site appelé Tadmor apparaît dans un contrat assyrien du XIXe siècle av. J.-C. Le toponyme, qu'a d'ailleurs repris le village actuel, apparu à la limite de la zone archéologique de Palmyre, dériverait selon les chercheurs du mot sémitique *tamr*, qui signifie « datte » en arabe – une racine en rapport avec le nom latin de la ville, qui dérive de « palmier ». Tadmor est

277 en haut L'arc monumental fut érigé à l'époque de Septime Sévère (193-211 apr. J.-C.), période durant laquelle Palmyre connut un intense développement de l'urbanisme.

277 au centre La partie la mieux conservée de la colonnade est située entre les propylées du temple de Bêl et l'arc monumental. On note, aux deux tiers de la hauteur des colonnes, les consoles qui supportaient les statues des Palmyréens illustres.

277 en bas Le temple de Baal-Shamin (Ier-IIIe siècle) était consacré au dieu du Ciel du panthéon sémitique, censé apporter la pluie, et donc la fertilité.

278 en haut
Le théâtre de Palmyre (IIe siècle apr. J.-C.) était l'un des plus somptueux du Moyen-Orient. La scène mesure 48 mètres de longueur et 10,5 de largeur, et le fond de scène représente la façade d'un palais, dont seul le rez-de-chaussée subsiste, avec des portes surmontées de niches et une vaste colonnade.

encore mentionnée sur des tablettes babyloniennes de l'époque d'Hammourabi et, bien plus tard, dans les chroniques des campagnes d'Alexandre le Grand contre les Perses. À l'époque romaine, à partir du Ier siècle av. J.-C., les traces matérielles et littéraires se multiplient, attestant l'essor croissant de Palmyre, une ville de marchands qui jouissait d'une situation privilégiée entre les deux grandes puissances d'alors, l'Empire romain et l'Empire perse. En 77 apr. J.-C., Pline l'Ancien écrit dans son *Histoire naturelle* : « Palmyre est une cité remarquable grâce à sa situation géographique, à la richesse de son sol, à l'excellence de son eau. De tous côtés, de vastes étendues de sable entourent ses champs et elle est comme isolée du monde par la nature. »
Bien que sa population ait été essentiellement d'origine sémitique, Palmyre adopte peu à peu le modèle politique et social de Rome, tout en conservant son caractère oriental au niveau de l'art et du costume. Et les ruines, en majeure partie des IIe et IIIe siècles, que l'on admire aujourd'hui, reflètent autant ce mélange de styles que la prospérité croissante des marchands de la ville, qui rivalisent pour l'orner de monuments de plus en plus grandioses. Les vestiges de la ville, à proximité de la source Efqa – qui fournissait de l'eau en abondance aux oliviers, aux palmiers et aux grenadiers –, occupent plus de 10 kilomètres carrés. Bien que la cité manque de plan d'ensemble et que ses quartiers obéissent à un principe d'autonomie propre aux villes d'Orient, son développement reflète les conceptions gréco-romaines de l'urbanisme. On y voit donc une grande artère bordée d'arcades de 1 200 mètres de longueur et de 22 mètres de largeur, un

278-279 L'élégant tétrapyle est constitué d'une plate-forme surmontée de quatre majestueux édicules qui abritaient chacun une statue. Il ne subsiste qu'une seule colonne d'origine, en marbre rose d'Assouan ; les autres sont de fidèles copies.

278 en bas, à gauche L'imposante cella du temple de Bêl, consacrée en 32 av. J.-C., occupe le centre de l'immense cour (de 210 mètres sur 205) entourée de hauts murs. Bêl était la divinité principale du panthéon sémitique, associée au Jupiter romain.

278 en bas, à droite Consacrée en 32 av. J.-C., la cella constituait le temple de Bêl proprement dit et seuls les prêtres y avaient accès. Elle abritait la statue du dieu, entourée de celles de Yarhibol et d'Aglibol, les divinités du Soleil et de la Lune.

279 en haut Situé à l'autre extrémité de la longue voie à arcades par rapport au temple de Bêl, le temple funéraire (IIIe siècle apr. J.-C.) est un somptueux tombeau précédé d'un portique à six colonnes.

279 en bas Situé dans la partie nord de la cité, sur une voie transversale partant du tétrapyle, le temple de Baal-Shamin est bien conservé parce que, au Ve siècle, on a transformé sa cella en sanctuaire chrétien.

280-281 Le tombeau de Bolha, fils de Nabushuri (89 apr. J.-C.), est, avec ceux d'Artaban et « des Trois Frères », l'hypogée le plus raffiné de Palmyre. Comme les autres, il comporte une galerie couverte d'une voûte en berceau, sur laquelle donnent les travées abritant les loculi.

280 en bas, à gauche
Les tombes en forme de tour sont les édifices funéraires les plus anciens et les plus originaux de Palmyre. En général carrées, sur une base à degrés, elles ont plusieurs étages reliés par un escalier.

281 en haut, à droite Cette effigie funéraire immortalise à tout jamais une femme coiffée d'un léger couvre-chef d'étoffe. Ces statues fournissent des renseignements précis sur les vêtements et les bijoux portés à Palmyre.

281 en bas Cette stèle funéraire ornée d'un bas-relief est conservée dans le musée qui jouxte le site archéologique. Souvent, comme c'est le cas ici, les stèles évoquaient des scènes de la vie quotidienne des défunts.

280 en bas, à droite La tombe d'Ehlabel (103 apr. J.-C.) est un édifice raffiné en forme de tour à quatre étages. La famille enterrée là était l'une des plus riches de la ville. On lui doit la construction du temple de Nébo.

281 en haut, à gauche Les détails et le fort accent individualiste laissent supposer que les statues funéraires (dites nafshâ, c'est-à-dire « âme, personne ») reproduisaient les traits réels du défunt, dans ce cas un notable palmyréen.

théâtre, des thermes, et on note l'emploi fréquent des ordres architecturaux grecs, surtout corinthien. La voie bordée de colonnades comporte quatre sections. La première joint l'arc monumental au temple de Bêl. La deuxième, qui va jusqu'à l'arc tétrapyle composé de quatre piédestaux à quatre colonnes, est bordée par les thermes, le temple de Nébo, l'agora et le sénat, tandis qu'une voie transversale conduit au temple de Baal-Shamin. La troisième section, qui traverse les quartiers résidentiels, atteint le « temple funéraire », tandis que la quatrième s'achève à la porte de Dioclétien qui donne sur la vallée des Tombes. Parmi les temples, le plus grandiose est celui de Bêl, bâti à partir de 32 apr. J.-C. et consacré à la divinité suprême de Palmyre. La cour, de 210 mètres sur 205, abrite un bassin destiné aux bains rituels, un autel sacrificiel, une salle de banquets et une *cella*. Cette dernière, la partie la plus sacrée du temple, réservée aux prêtres, abritait la statue de Bêl, représenté entre Yarhibol et Aglibol, les dieux palmyréens du Soleil et de la Lune. Les décorations géométriques à caissons et à rosaces du plafond de la *cella* comportent des éléments qui deviendront caractéristiques des arts byzantin et arabe.

Les Palmyréens s'exprimèrent de façon superbe et originale dans la sculpture, en particulier dans les bas-reliefs. Parmi celles qui sont parvenues jusqu'à nous, les mieux conservées ornent les tombes – en forme de tour ou d'hypogées – des riches familles palmyréennes. En pierre calcaire, elles représentent les défunts avec une profusion de détails au niveau des traits somatiques, des vêtements et des bijoux. Parmi les rares tombes ouvertes au public, les plus fascinantes sont celle de la famille Elahbel, décorée de sculptures raffinées, et celle des Trois Frères, ornée de superbes fresques.

Après la défaite de Zénobie, la ville s'étiole et, bien que l'empereur Dioclétien lui donne par la suite une nouvelle impulsion en y installant un immense camp militaire, le destin de Palmyre est scellé. Elle est en ruine quand les Arabes érigent un fort sur l'éperon rocheux qui la domine au XIIIe siècle, et cette forteresse elle-même est rapidement abandonnée. Ainsi, ce qui avait été autrefois la magnifique et ambitieuse cité de Palmyre allait être recouvert par les sables du désert.

Baalbek

LIBAN

Vallée de la Bekaa
Inscription : 1984
Critères : C (i) (iv)

Fondée par les Phéniciens, la ville qu'ils appelaient Baalbek – ou « dieu *(Baal)* de la vallée de la Bekaa » – avait été rebaptisée Héliopolis – la « Cité du Soleil » – par les Grecs. En dépit de ce nom ronflant, c'est un centre assez modeste sur le plan économique quand Auguste s'en empare sans coup férir en 15 av. J.-C. À son habitude, l'empereur y fonde une colonie – la Julia Augusta Felix Heliopolitana – et y installe une légion. En même temps, il décide on ne sait trop pourquoi d'y construire le plus grand temple de l'Empire romain. Rangé parmi les merveilles du monde par les historiens du Ve siècle, ce temple a été dédié à Jupiter, plus précisément, à Jupiter Heliopolitanus.

L'édifice, construit sur une plate-forme rectangulaire de 80 mètres sur 48 édifiée en blocs de pierre pesant chacun plusieurs centaines de tonnes, comportait 54 colonnes de 2,20 mètres de diamètre et de 20 mètres de hauteur. Il n'en reste que six. L'empereur Justinien en a fait emporter huit à Constantinople pour les remployer dans sa basilique Sainte-Sophie. Les autres ont servi à construire sur place une autre basilique byzantine – aujourd'hui détruite –, ou ont été renversées par les tremblements de terre. Le temple abritait une statue en or de Jupiter, objet de vénération pour les pèlerins venus de tous les points de l'Empire romain.

Les travaux ont duré près d'un siècle et demi, sans que le temple soit jamais achevé. Mais les chapiteaux et les fragments d'architraves, ornées de frises comportant des têtes de taureaux et de lions, des feuilles d'acanthe et des

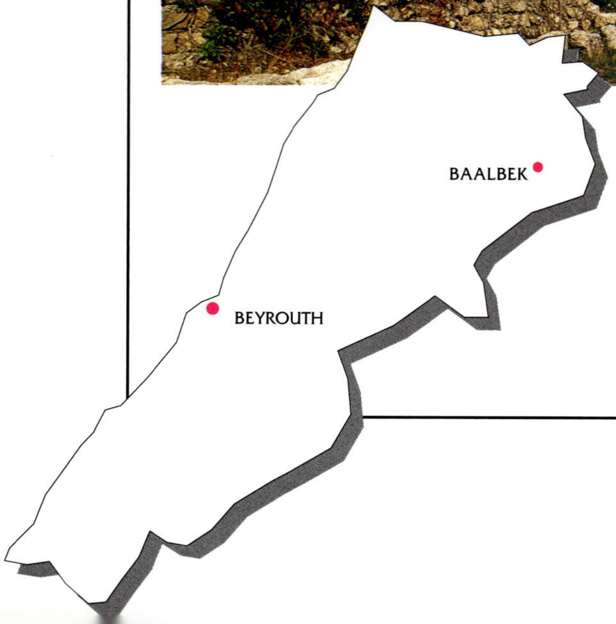

282 à gauche C'est Caracalla (211-217) qui fit édifier les élégants propylées, offrant un accès solennel au complexe de Baalbek. Ce portique comportant 12 colonnes est flanqué de deux tours.

282 à droite Pour construire l'imposante plate-forme sur laquelle est édifié le temple de Jupiter, on a utilisé des blocs monolithes pesant chacun plusieurs centaines de tonnes.

283 Les six colonnes du temple de Jupiter restées en place soutiennent un fragment d'architrave. Sur les 48 autres, huit ont été emportées à Constantinople et intégrées à la basilique Sainte-Sophie.

284 en haut et 285 à droite Construit par l'empereur Antonin le Pieux (138-161), le temple de Bacchus s'est parfaitement bien conservé jusqu'à nos jours. Ses 42 colonnes de 19 mètres de hauteur sont intactes, et on peut toujours admirer les magnifiques scènes narratives sculptées sur le portail de la cella.

roses, attestent le raffinement de son ornementation sculptée. De nombreux empereurs se sont efforcés de faire en sorte que l'édifice se montre à la hauteur du projet d'Auguste. Vers 60 apr. J.-C., Néron a fait ériger en face du temple une tour qui permettait aux pèlerins d'observer la statue du dieu d'en haut. Et Trajan, empereur de 98 à 117, a fait édifier une immense cour d'accès de forme carrée. Trois de ses côtés de 113 mètres de longueur étaient bordés d'exèdres précédées chacune d'un portique aux colonnes de granit rose d'Égypte. Les inscriptions ont permis d'établir que ces 12 exèdres accueillaient les prêtres des diverses communautés et servaient à héberger les pèlerins de marque.

C'est Antonin le Pieux qui a fait construire le temple dédié à Bacchus en 145. Faisant face à celui de Jupiter, il couvre une superficie de 69 mètres sur 36. Il présente encore un très bon état de conservation, et ses élégantes proportions, ainsi que la richesse de son ornementation, en font un chef-d'œuvre de l'art romain. À l'intérieur se trouvent des statues qui représentent tous les dieux du panthéon romain; ils sont reconnaissables, bien que leurs faces aient été martelées par des iconoclastes musulmans. Le troisième

284 en bas Cette vue panoramique montre le site archéologique de Baalbek. Les Romains appelaient la ville Héliopolis. D'origine phénicienne, son nom actuel signifie « dieu (Baal) de la vallée de la Bekaa ».

284-285 On peut voir ici l'un des édifices qui jouxtent la grande cour du temple de Jupiter, auquel on accède en empruntant une série de degrés. Le sanctuaire est situé 7 mètres plus haut que les autres monuments de Baalbek, pour souligner son importance.

temple de Baalbek, dédié à Vénus, a été édifié par Septime Sévère vers 200 apr. J.-C., et son successeur, Caracalla, a fait bâtir les propylées, l'entrée monumentale qui donnait accès au complexe sacré. Le temple de Septime Sévère est un élégant édifice pentagonal entouré de colonnes et de niches.
Eusèbe de Césarée, le premier historien de l'Église chrétienne, écrivait avec horreur que, dans le temple de Vénus, « les hommes et les femmes s'accouplaient sans vergogne, et que les pères et les maris permettaient à leurs filles et à leurs épouses de se prostituer pour plaire à la déesse ». Les Romains avaient emprunté la pratique de la prostitution sacrée à la tradition sémite locale. De même, du reste, que la triade divine de Baalbek est le fruit du syncrétisme entre les religions romaine et phénicienne. Jupiter est identifié au dieu Baal, Vénus à Astarté, et Bacchus, leur fils, à l'esprit de la nature. Depuis 1955, Baalbek s'est remise à vivre et est confrontée à un « nouveau syncrétisme », grâce au festival de musique classique. C'est ainsi que les divins Herbert von Karajan et Mstislav Rostropovitch se sont produits au pied des majestueuses colonnes du temple de Jupiter.

Massada

ISRAËL

RÉGION DE TAMAR
INSCRIPTION : 2001
CRITÈRES : C (III) (IV) (VI)

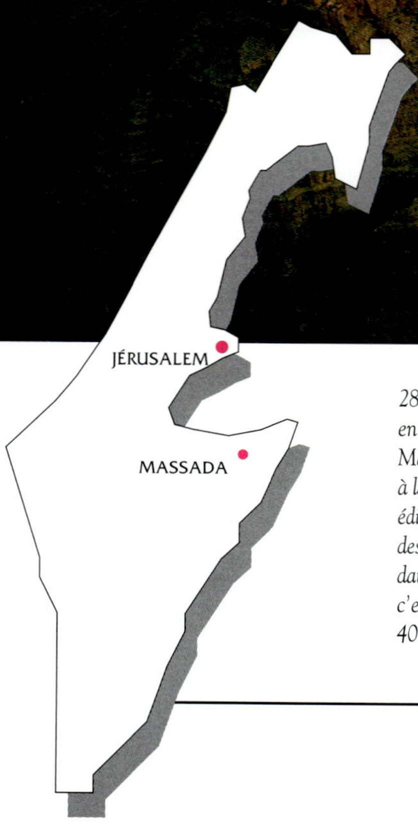

286 en haut Commencées en 1963, les fouilles à Massada ont ramené à la lumière, outre les édifices bâtis par Hérode, des traces d'implantation datant du chalcolithique, c'est-à-dire d'environ 4000 av. J.-C.

286-287 Le rocher de Massada domine le désert de Judée, vers la rive occidentale de la mer Morte et l'oasis d'Ein Gedi. Le sommet plat de l'éperon a la forme d'un losange de 300 mètres de largeur sur 600 mètres de longueur.

287 en haut, à gauche Le palais occidental, qui couvrait 4 000 mètres carrés, est l'endroit où se sont retranchés les zélotes. Pour ne pas être capturés, ils se sont suicidés en masse et on a retrouvé leurs squelettes sur le rocher.

287 en haut, à droite Quand les zélotes ont occupé Massada, ils ont modifié l'aménagement du palais occidental et de la luxueuse villa d'Hérode pour faire place aux logements des familles pauvres de cette secte juive.

Dans l'une des pages les plus poignantes de la *Guerre des Juifs*, l'historien Flavius Josèphe rapporte les mots d'Éléazar Ben Yaïr, le chef des zélotes assiégés à Massada par les Romains, en 73 apr. J.-C. : « Tant que nos mains peuvent empoigner une épée, elles nous font une généreuse faveur : mourons tant que l'ennemi ne nous a pas encore réduits en esclavage et, en hommes libres, disons adieu à la vie avec nos femmes et nos enfants. » Et il raconte qu'au cours de cette nuit dramatique, après avoir étreint ceux qui leur étaient chers, les zélotes se sont suicidés en masse. Le lendemain matin, parvenus au sommet du rocher, les Romains n'ont trouvé que 960 cadavres et les cendres fumantes d'énormes quantités de vivres. Ce n'est pas ainsi qu'ils comptaient réduire la révolte de cette poignée de juifs ayant fui Jérusalem après la destruction du Temple et ayant osé défier la puissance de Rome. Bien que Massada ait été jugé pratiquement inexpugnable, la victoire leur a paru amère.

Le rocher de Massada domine le désert de Judée, vers la rive ouest de la mer Morte et l'oasis d'Ein Gedi. C'est une sorte de piédestal de pierre surmonté d'un plateau en forme de losange de 300 mètres de largeur sur 600 mètres de longueur. La présence d'un oued saisonnier permet à Hérode, roi de Judée de 37 av. J.-C. à 4 apr. J.-C., d'y implanter une garnison permanente. Il charge ses ingénieurs de creuser des canaux et des citernes pour recueillir l'eau de l'oued puis, ébloui par la beauté du lieu, il décide de s'y installer lui-même à demeure.

L'ambitieuse création d'Hérode est encore visible aujourd'hui. Son palais, au nord du plateau, s'étend sur trois terrasses reliées par des escaliers creusés dans la roche, avec des cours entourées de portiques, des pavements enrichis de mosaïques à motifs géométriques et des parois ornées de fresques. À côté, des magasins peuvent abriter d'énormes quantités d'amphores remplies de vivres et, plus loin, on trouve une synagogue et des thermes. Ces derniers étaient utilisés par les invités et par les hauts responsables de Massada : la pièce la plus sophistiquée est le *caldarium* ; dans son pavement reposant sur 200 piles s'ouvrent des orifices en terre cuite par lesquels entrait l'air chaud provenant d'un foyer situé en dessous. Mais la construction la plus imposante du rocher est le palais occidental, qui couvrait une superficie

287 en bas, à gauche Avant les fouilles, on ne pouvait pas voir les magasins, situés au sud des thermes, car ils étaient recouverts de terre et de détritus. Les zélotes assiégés les avaient détruits pour que les Romains ne s'emparent pas des vivres qu'ils contenaient.

287 en bas, à droite Le problème de l'eau (on voit ici la piscine de la villa d'Hérode) a été résolu par un système de canaux qui, de l'oued situé à l'ouest du rocher, acheminait l'eau dans 12 citernes de 40 000 mètres cubes chacune.

288 en haut Des médaillons ornés de fruits et de motifs géométriques composent le pavement de mosaïque de la salle d'audience du palais occidental construit sous Hérode. C'était l'imposant centre administratif de Massada.

289 Disposée sur trois terrasses reliées par des escaliers, la villa d'Hérode, roi de Judée de 37 av. J.-C. à 4 apr. J.-C., occupe la pointe nord du rocher. Ses dimensions et le raffinement de ce qui reste de l'intérieur attestent l'ambition démesurée du souverain.

4 000 mètres carrés et servait de centre administratif. Le reste du plateau était occupé par des casernes. Le site de Massada a été reconnu au milieu du XIXe siècle, mais il a fallu attendre 1963 pour que l'on procède à des fouilles systématiques qui – outre les impressionnants vestiges des édifices – ont ramené à la lumière une grande quantité d'objets, de monnaies et de squelettes, probablement ceux des zélotes suicidés. À la base du rocher, en revanche, les restes des fortifications édifiées par les Romains lors du siège sont nettement visibles. Massada est le symbole du sacrifice extrême accompli par les juifs pour la liberté. Pourtant, le *Talmud* ne mentionne pas l'épisode de la résistance et du suicide des zélotes. L'unique source écrite est le témoignage de Flavius Josèphe, qui a rencontré deux femmes ayant survécu au massacre en se cachant dans une conduite d'eau. Mais Flavius Josèphe était considéré comme un traître – c'était un juif qui avait pris le parti des Romains. Ainsi, au fil des siècles, la mémoire collective a oublié cet événement, et le rocher de Massada avec lui. Jusqu'à ce que le poète Isaac Lamdan écrive en 1920 un poème intitulé précisément *Massada*. C'est ce récit qui a inspiré le soulèvement du ghetto de Varsovie durant la Seconde Guerre mondiale.

288 au centre, à gauche La petite chapelle byzantine a été construite au Ve siècle par des moines qui vivaient dans des grottes autour du rocher. Les mosaïques qui ornaient son pavement ont été complètement détruites.

288 au centre, à droite La terrasse inférieure de la villa d'Hérode domine le superbe panorama de la mer Morte. En dehors d'un sentier assez impraticable, un téléphérique permet aujourd'hui d'atteindre le sommet du rocher.

288 en bas Ce cliché pris à l'intérieur des thermes montre une partie des 200 piles sur lesquelles reposait le pavement du caldarium ; de nombreuses bouches en terre cuite laissaient entrer l'air chaud provenant d'un foyer situé en dessous.

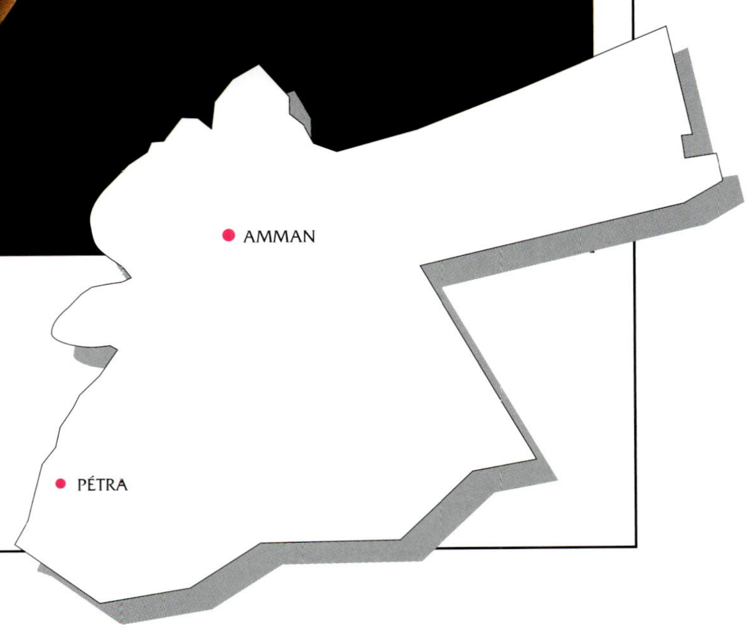

290 en bas, à droite
La façade très sophistiquée du Khazneh Fir'aun comporte deux étages et mesure 28 mètres de largeur sur 40 mètres de hauteur. On a accentué l'effet en rabaissant la paroi du fond : ainsi l'édifice semble enchâssé dans un grand cadre.

291 La fissure du Siq révèle la splendide architecture du Khazneh Fir'aun – le Trésor du pharaon – édifié selon toute probabilité en mémoire d'Arétas III, dont le règne (84-56 av. J.-C.) coïncide avec le summum de la prospérité des Nabatéens.

pièces, en les disposant à leur guise avec un sublime dédain pour leur fonction d'origine. » Le Khazneh Fir'aun présente une façade à deux étages d'une largeur de 28 mètres et d'une hauteur de 40 mètres, extrêmement sophistiquée sur le plan architectural. L'étage inférieur se compose d'un portique à six colonnes, tandis que le second est divisé en une *tholos* ronde à toit conique surmonté par une urne et, de chaque côté, de demi-frontons soutenus par des colonnes encadrant des édicules. On note partout des motifs ornementaux de très grande qualité – chapiteaux, frises continues représentant des guirlandes de feuilles et des baies, statues évoquant des modèles hellénistiques. Comme une grande partie des monuments de Pétra, cet édifice avait une fonction funéraire ; il a probablement été creusé en mémoire du roi Arétas III (84-56 av. J.-C.), dont le règne coïncide avec l'apogée de la prospérité nabatéenne. Le nom de Khazneh Fir'aun lui a été attribué au VIIe siècle par les Arabes, longtemps persuadés que l'urne placée sur la *tholos* contenait un trésor. Les statues de la façade ont été détruites par leur fureur iconoclaste. Plus tard, des Bédouins à la recherche du trésor imaginaire ont détruit l'amphore.
Au-delà du Khazneh Fir'aun, on débouche dans une cuvette entourée de falaises roses. Là, l'unique construction à ne pas avoir été creusée dans la roche doit elle aussi son nom à une équivoque. C'est le Qasr al-Bint Fir'aun, le « Château de la fille du pharaon ». Il s'agit d'un vaste temple très richement orné ayant emprunté sa forme aux temples de la vallée du Nil. Il faut imputer l'origine de ce nom aux

292 en haut, à gauche Une voie monumentale bordée de colonnades, aménagée durant la période charnière entre le Ier et le IIe siècle, traverse la cité d'est en ouest, du temple de Qasr el-Bint Fir'aun aux tombes royales.

292 en haut, à droite Entièrement taillé dans le grès, le théâtre comporte une cavea qui pouvait accueillir 8500 spectateurs. À l'origine, la frons scenae était revêtue de panneaux de marbre et d'un crépi peint de couleurs vives.

292-293 On voit ici le tombeau Corinthien et, à gauche, le tombeau-palais, ainsi nommé parce qu'il semble s'inspirer de l'architecture des résidences royales hellénistiques. Ce sont l'un et l'autre des édifices funéraires collectifs, probablement destinés aux membres de la famille royale.

293 en haut Le tombeau aux Obélisques doit son nom aux quatre obélisques sculptés en ronde bosse symbolisant les défunts qui y sont ensevelis. Il a été creusé juste au-dessus du triclinium de Bab el-Siq et il existait sans doute une relation fonctionnelle entre les deux édifices aux façades raffinées.

293 en bas Comme dans beaucoup d'autres tombes de Pétra, la salle à portique du tombeau du Jardin, près de l'oued Farasa, devait accueillir les banquets en mémoire du défunt, qui se déroulaient probablement lors de l'anniversaire de sa mort.

influences égyptiennes sur la culture locale depuis les temps les plus lointains, liées aux échanges commerciaux entre Pétra et Alexandrie. Du reste, c'est l'activité mercantile des Nabatéens qui les a amenés à emprunter des traits culturels et artistiques aux peuples avec lesquels ils se sont trouvés en contact. À l'instar de celle du Khazneh Fir'aun, l'architecture du majestueux al-Deir, le monastère, est typiquement hellénistique. Situé au sommet de la montagne homonyme, on y accède par d'interminables escaliers creusés dans la roche, une sorte de « voie sacrée » bordée de tombes et de niches votives. Notons par ailleurs qu'un grand nombre

294 en haut Ce tombeau en forme de temple de la fin du Ier siècle apr. J.-C. est appelé « du Soldat romain » à cause de la sculpture d'homme portant une cuirasse placée dans la niche centrale : c'est l'effigie de l'officier de haut rang enterré là.

294 en bas Les parois du triclinium du tombeau du Soldat romain sont ornées de semi-colonnes et de niches en forme de fenêtres ; au centre de la salle se trouvent des bancs de pierre où s'asseyaient les participants aux cérémonies funéraires.

294-295 On pense que le Deir, ou « monastère », était un temple érigé en l'honneur d'un roi nabatéen (peut-être Obodas Ier) divinisé après sa mort.

de tombeaux de Pétra – comme celui dit de l'Urne – et les *tricliniums* de pierre où se déroulaient de somptueux banquets funéraires, sont ornés de frises à redents, en forme d'escalier, d'inspiration assyrienne.
Il n'est rien resté des habitations nabatéennes, qui étaient probablement construites en matériaux périssables.
Comme on ne sait pas vraiment ce qu'est devenu ce peuple, sans doute absorbé par les Arabes. À partir de son annexion à l'Empire romain, l'importance de Pétra a progressivement décliné, même si des voyageurs comme Strabon ont décrit la ville avec enthousiasme.
Puis au IIIe siècle apr. J.-C., quand l'empire commence à décliner, les Romains cessent de s'intéresser à Pétra. Et la mémoire de la cité n'est entretenue que par de petits groupes de Bédouins. Jusqu'au 22 août 1812, où elle est redécouverte par le voyageur suisse Johann Ludwig Burckhardt. Son récit, publié à Londres dans ses *Travels in Syria and the Holy Land* (Voyages en Syrie et en Terre sainte), trouve un terrain fertile dans l'Europe romantique du XIXe siècle. Et, en 1838, il incite un peintre écossais d'humble origine à se rendre dans cet endroit extraordinaire. Il s'appelle David Roberts, et la centaine d'esquisses et de peintures qu'il en rapporte lui permettent d'assouvir ses rêves de gloire. De retour dans son pays, Roberts deviendra célèbre et sera considéré comme le plus grand védutiste de son temps. Grâce à son « reportage », Pétra est revenue à la vie.

295 en bas, à gauche
Le tombeau de Sextius Florentinus, gouverneur de la province d'Arabie en 127 apr. J.-C., présente une figure féminine au-dessus du grand arc central. Il s'agit probablement d'une gorgone, un symbole d'inspiration hellénistique.

295 en bas, à droite
Ce cliché montre la façade du tombeau Renaissance. Ce nom fantaisiste lui a été attribué à cause des détail du fronton évoquant les édifices italiens de cette période. On rencontre souvent aussi dans les tombeaux de Pétra un motif à redents, en forme d'escalier.

Persépolis

IRAN

PROVINCE DE FARS
INSCRIPTION : 1979
CRITÈRES : C (I) (III) (VI)

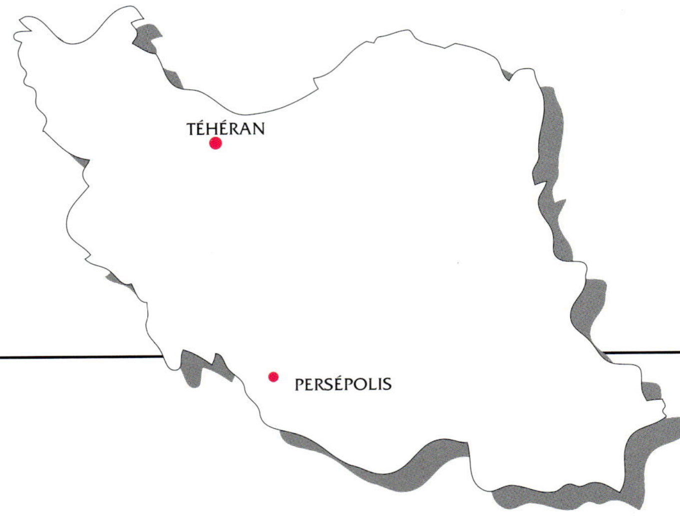

Au début des festivités du Nouvel An, les représentants des peuples de l'immense Empire perse défilaient solennellement. Ce cortège interminable et bigarré remplissait le souverain d'orgueil et suscitait l'admiration des spectateurs. Les dix mille Immortels, le corps d'élite de l'armée perse, ouvraient la marche. Ensuite venaient les Mèdes, qui avaient l'honneur de mener le cortège des sujets, puis les Élamites tenant des lions en laisse, les Parthes et les Sogdiens d'Asie centrale avec des dromadaires et des fourrures, les Égyptiens avec leurs étendards et des taureaux, les Sagarthes avec des chevaux et des vêtements précieux. Et encore les Bactriens à dos de chameau, les Arméniens portant des vases remplis d'offrandes, les Babyloniens avec des coupes et des tissus, les Ciliciens avec des béliers, les Scythes aux couvre-chefs pointus, les Assyriens armés de lances, les Lydiens avec un char, les Ioniens avec des poteries et enfin les peuples de l'Inde chargés de dizaines de corbeilles. Cette cérémonie se déroulait à Persépolis.

Les bas-reliefs ornant le grand escalier de l'*Apadana* sur 300 mètres de longueur l'évoquent avec une profusion de détails. Cette salle monumentale – son plafond reposait sur 36 colonnes de 25 mètres de hauteur aux chapiteaux en forme de griffon, de lion et de taureau – était la salle d'audience du Roi des Rois, le souverain de la dynastie achéménide, élue par le dieu Ahura Mazda.

C'est Darius (522-486 av. J.-C.) qui fait de Persépolis sa capitale et décide d'édifier ce superbe édifice. À peine monté sur le trône, Darius lance une politique libérale, en dotant les satrapes qui administraient les provinces de pouvoirs étendus. Son « État décentralisé » n'a pas vraiment besoin d'une nouvelle capitale, ni sur le plan administratif, ni sur le plan commercial. Mais il crée Persépolis pour servir de cadre aux cérémonies officielles et y entreposer les tributs versés par tous les peuples de l'empire.

Construite sur une plate-forme de pierre de 450 mètres de longueur, de 300 mètres de largeur et de 15 mètres de hauteur,

296 en haut La construction de Persépolis, bâtie sur une plate-forme artificielle de 450 mètres sur 300 et de 15 mètres de hauteur, fut entreprise par Darius et poursuivie par ses successeurs en employant des milliers d'esclaves venus de tout l'empire.

296 en bas Massif, mais sculpté avec un grand soin des détails, ce taureau désormais sans cornes sert de base à un pilastre. Les chapiteaux et les plinthes, à Persépolis, ont souvent des formes animales.

296-297 La grandiose porte des Nations fut érigée sous le règne de Xerxès Ier, comme l'atteste une inscription. Elle donnait accès à l'Apadana, la salle de cérémonie pouvant accueillir plusieurs milliers de personnes.

297 en haut Persépolis regorgeait tellement de richesses que, selon Plutarque, quand Alexandre le Grand la pilla en 330 av. J.-C., il fallut 10 000 mules et 5 000 chameaux pour les emporter.

297 en bas Symbole de la puissance achéménide placé pour décorer l'entrée de l'Apadana, cette créature mythique est un lamassu, un sphinx à corps de taureau et à tête d'homme à la barbe soigneusement taillée.

298 en haut, à gauche Quand il est représenté durant ses déplacements, comme sur cette frise du Tripylon, Darius est toujours suivi de serviteurs portant un parasol et un chasse-mouche. Son visage procure une impression de puissance et de beauté quasi surnaturelle.

298 en haut, à droite Figé dans une pose hiératique, Darius accueille ses sujets assis sur son trône, les pieds sur un tabouret. La figure du souverain est toujours plus grande que celle des autres personnages.

Persépolis a un seul accès, un escalier monumental dominé par la porte des Nations, érigée par Xerxès, le fils de Darius. Il s'agit d'un grand espace ouvert de trois côtés et protégé par des tours de pierre de 7 mètres de hauteur.
Non loin de l'*Apadana* se trouvent les deux autres édifices construits par Darius : le *Tripylon*, orné de bas-reliefs raffinés, et le *Tachana*, ou palais d'Hiver, dont l'entrée est gardée par des statues de taureaux et de *lamassu*, des sphinx à corps de taureau et à tête d'homme à la barbe bien taillée. Plus loin, on peut voir la grandiose salle du Trône, dite aussi palais des Cent Colonnes, et le palais inachevé d'Artaxerxès III (358-338 av. J.-C.), le dernier souverain achéménide.
Le complexe monumental comprend également le palais de Xerxès, un élégant édifice carré à colonnes, sur lequel s'ouvrent diverses salles. On a attribué à tort à l'une d'elles le nom de « harem ». Du reste, les palais n'étaient pas vraiment des résidences royales, mais des magasins où l'on conservait le trésor royal.
Les archives de la cour, gravées sur 25 000 tablettes couvertes de caractères cunéiformes, inventoriaient minutieusement les tributs versés au souverain et 1 438 personnes avaient la charge de garder ces richesses.
En 330 av. J.-C., Alexandre le Grand arrive aux portes de la ville. Son armée est si forte que les Perses se rendent sans combattre. Contrairement à son habitude, le Macédonien livre la ville au pillage, transformant la merveilleuse Persépolis en un tas de ruine. Il se venge ainsi des Achéménides, coupables d'avoir détruit Athènes en 480 av. J.-C. Puis il poursuit sa marche vers l'Orient.
Mais on raconte que, sur le chemin du retour, quelques années plus tard, il voulut s'arrêter à Persépolis, devenue un lieu fantomatique. Il monta sur l'esplanade, seul, au coucher du soleil. Et il versa d'amères larmes de repentir.

298-299 La frise ornant la base de la terrasse de l'Apadana montre les sujets apportant leur tribut au souverain. La rigidité des figures est atténuée par l'ajout de cyprès et de palmiers, évoquant les jardins où le roi et la cour aimaient se détendre.

299 en haut Le lion et sa proie, représenté sur les reliefs ornant l'escalier monumental du palais de Darius, est un motif classique du répertoire iconographique perse. Il sera adopté par les Grecs dans les frises des monuments athéniens.

299 au centre Le palais de Darius communiquait par un portique avec des jardins où le souverain donnait des banquets. En dehors de la terrasse et de l'escalier monumental, il reste les massifs encadrements de pierre des portes du palais.

299 en bas Des animaux fantastiques ornent les chapiteaux des 36 colonnes qui soutenaient le plafond en bois de cèdre de l'Apadana, détruit par l'action du temps.

300 en haut La frise des tributaires de Persépolis – dont on peut voir ici un détail – était destinée à symboliser les pleins pouvoirs du roi sur les richesses des régions soumises, ainsi que la fidélité de ses sujets.

300-301 Hérodote avance que l'armée de Darius devait compter 5 millions d'hommes, sans compter « les femmes qui faisaient le pain, les concubines, les eunuques ». Mais cette estimation semble exagérée ; on suppose aujourd'hui que l'armée achéménide ne comptait pas plus de 50 000 hommes.

301 en haut On peut identifier les différents peuples dans la majestueuse procession grâce au tribut qu'ils apportent et à leur habillement. Ici, les Ciliciens livrent des béliers au souverain.

301 au centre, cliché du haut Les représentations de chevaux sont fort détaillées et bien proportionnées. Comme le signale Xénophon, les Perses étaient d'excellents cavaliers et montaient sans étriers.

301 au centre, cliché du bas Les Lydiens apportent leur tribut sur un char. Chaque délégation se présente dans la capitale achéménide guidée par un « préposé aux portes ».

301 en bas Ce détail du grand escalier monumental oriental de l'Apadana montre un garde royal endossant le riche uniforme de parade ; il tient sa lance à deux mains et porte un carquois rempli de flèches à l'épaule.

Le mausolée du premier empereur Qin

CHINE

DISTRICT DE LINTONG, PROVINCE DU SHAANXI
INSCRIPTION : 1987
CRITÈRES : C (I) (III) (IV) (VI)

302 en haut *Cette maquette visible au musée de Xi'an, qui s'inspire de la description laissée en 249 av. J.-C. par l'historien de la cour Sima Qian, offre une reconstruction hypothétique du tombeau construit pour l'empereur ; car, pour l'instant, les archéologues n'ont pas encore découvert la chambre funéraire de Qin Shi Huangdi.*

302-303 *Les 8000 statues environ composant l'armée de terre cuite du premier empereur, Qin Shi Huangdi, sont couvertes de structures qui les protègent des agents atmosphériques.*

303 en haut *Les poignées de bois des armes que portaient les soldats se sont décomposées au fil du temps. Mais certains accessoires en bronze subsistent : pointes de flèche, lames de poignard et clochettes utilisées pour communiquer.*

303 au centre *La fonction des statues est controversée. Certains pensent qu'elles représentent la vraie garde impériale, d'autre y voient des mingqi, c'est-à-dire des simulacres permettant d'éviter le sacrifice de vies humaines lors la mort de l'empereur.*

Une semaine, voyage compris. Telle devait être, d'après les prévisions des fonctionnaires de Pékin, la durée de la mission de l'archéologue Yuan Zhongyi dans la région de Lintong, à une trentaine de kilomètres de Xi'an. Le jeune chercheur devait vérifier l'information selon laquelle un paysan avait trouvé une statue de terre cuite en creusant un canal d'irrigation dans la commune agricole de Yangzhai. C'était en 1974, et personne n'aurait pu imaginer que cette statue représentant un guerrier n'était qu'une pièce minuscule d'un immense puzzle. Elle appartenait à la sépulture légendaire de Qin Shi Huangdi (259-210 av. J.-C.), le premier empereur de Chine. Aujourd'hui, 30 ans ont passé, et les fouilles de ce que l'on appelle désormais dans le monde entier le mausolée du premier empereur Qin se poursuivent toujours. Yuan Zhongyi est devenu un archéologue de renommée internationale et dirige aujourd'hui le musée rattaché au site. Dans l'histoire de la République populaire de Chine, son nom restera lié à la plus importante découverte archéologique du XXe siècle sur le continent asiatique. Toutefois, le terme « mausolée » semble réducteur. En 2002, on a pu établir la carte, même si elle demeure approximative, d'une véritable cité souterraine en forme de dragon couvrant une centaine de kilomètres carrés à travers la plaine, bornée au nord par les monts Lishan et au sud par le cours de la Wei. Pour l'instant, les visiteurs peuvent « juste » accéder à trois fosses contenant près de 8000 statues constituant l'armée de terre cuite chargée de veiller sur l'empereur pour l'éternité.

Chaque statue, pleine jusqu'à la ceinture, vide au niveau du tronc et de la tête, pèse près de 200 kilos et mesure entre 175 et 197 centimètres : fantassins, cuirassiers, archers, arbalétriers, cavaliers, officiers supérieurs de la garde impériale, tous équipés d'armes de bois et de métal, et tous figurés avec beaucoup de réalisme et un grand amour des détails, puis des chevaux et des chars de guerre. Bien que les pigments naturels avec lesquels on les a peintes aient en grande partie disparu au fil du temps, les traits somatiques et les signes particuliers – cicatrice, bec de lièvre ou oreille coupée – des individus ayant servi de modèles demeurent.

303 en bas *En plus des statues, le tumulus a livré des fragments d'architectures, des ustensiles et un collier de métal. Ce dernier prouve que l'on a utilisé des prisonniers comme main-d'œuvre, confirmant les chroniques du IIIe siècle av. J.-C., qui parlent d'un total de 700000 esclaves et de 36 années de travail.*

Elles ont plus de 2 000 ans, mais elles ont l'air « vivantes ». Comme devait vivre, dans le cerveau malade de l'empereur, sa cité de l'au-delà, réplique de l'empire sur lequel il avait régné. En effet, le tumulus entièrement protégé de bronze dans lequel Qin Shi Huangdi a été enterré est situé à proximité d'une copie en miniature de son palais, lui-même inscrit dans une enceinte de 12 kilomètres de périmètre. Dans une série d'édifices distribués autour de cours, les archéologues ont trouvé une interminable série de chambres dans lesquelles on a accumulé de l'or, des pierres précieuses,

304-305 en haut *Ce char couvert faisait partie du mobilier funéraire de la fosse 2, celle des officiers de la garde impériale. En plus des chevaux de terre cuite, au sud-ouest du tumulus on a découvert les restes de près de 400 chevaux, probablement enterrés vivants lors des funérailles de Qin Shi Huangdi.*

304-305 en bas *Quatre chevaux sont attelés au cabriolet d'un haut dignitaire. Muscles tendus, naseaux dilatés et crinières ébouriffées : le talent et le naturalisme des artisans de la Chine ancienne culminent dans le modelage des chevaux.*

des objets raffinés, des aliments et des oiseaux exotiques et dans lesquelles ont été enterrées vives des foules de concubines, de serviteurs, de moines et de jardiniers censés égayer l'existence de l'empereur après sa mort. L'« Empire souterrain » comprenait en outre un vaste cimetière, un modèle à échelle réduite de Chang'an – l'ancien nom de Xi'an, la capitale de la dynastie Qin –, un planétarium où les planètes étaient figurées à l'aide de perles précieuses, et des fleuves de mercure représentant les grands cours d'eau chinois, qui s'écoulaient grâce à un dispositif mécanique.

Pour réaliser cette œuvre grandiose, 700 000 esclaves ont dû travailler pendant 36 ans. Selon la légende, on les a emmurés vivants pour qu'ils ne révèlent pas le secret des trésors cachés sous terre. C'est Qin Shi Huangdi lui-même qui fit construire ce tombeau, dès qu'il accéda au trône du royaume des Qin, à l'âge de 13 ans. Car, malgré son très jeune âge, il était déjà obsédé par la peur de la mort. S'il n'avait pas été la proie de cette obsession de plus en plus maladive avec le temps, qui l'incita à s'entourer de mages, de devins, de mystiques, d'alchimistes et de charlatans en tous genres, il serait seulement resté fameux dans l'histoire pour ses remarquables talents de stratège, de politicien et d'organisateur.

Qin Shi Huangdi a pour ainsi dire créé la Chine. En 221 av. J.-C., après s'être libéré d'un tuteur encombrant, l'avide Lü Buwei, il soumet les sept souverains d'autant de royaumes rivaux et se retrouve à la tête d'un territoire extrêmement vaste, regroupant des populations très hétérogènes. Pour le protéger, il commence la construction de l'extraordinaire système défensif connu sous le nom de Grande Muraille. En outre, il abolit la féodalité et réorganise l'empire en créant un complexe système bureaucratique, il favorise le développement de l'agriculture en faisant creuser d'imposants canaux d'irrigation, il unifie les poids et mesures, ainsi que l'écartement des roues des chars pour uniformiser les routes. Il impose une monnaie unique – on frappe une pièce avec un trou carré au milieu, une forme qui restera propre à la Chine pendant des siècles – et il unifie le système

306 à gauche Les statues présentent des aspects archaïques, voire des erreurs de proportion (comme les bras trop courts), mais on est étonné par le réalisme des vêtements, des coiffures et surtout des visages, qui révèlent même l'origine régionale des soldats.

306 à droite Les statues figurent soit des types humains, soit des individus. L'individualité de l'expression est aussi accentuée par la variété des postures. La figure très caractéristique de l'archer agenouillé reproduite ici mesure 122 centimètres.

d'idéogrammes afin d'harmoniser l'écriture et la langue parlée dans toutes les régions de l'empire. Mais la construction de son fabuleux tombeau, auquel il subordonnait la raison d'État, exige un afflux d'argent constant et considérable, et le peuple est écrasé d'impôts toujours plus lourds. Qin Shi Huangdi, qui se prend lui-même pour dieu, veut aussi éliminer de la mémoire collective les enseignements de Confucius, le sage que, dans sa mégalomanie, il considère comme un rival. Il ordonne donc de brûler tous les livres de l'école confucéenne, à l'exception des manuels de divination, de médecine, de pharmacologie, d'agriculture et de technique d'aménagement des jardins.

En vieillissant, il devient un despote de plus en plus cruel et s'absorbe dans son obsession maniaque, la recherche d'une formule magique permettant de vivre et de régner éternellement. Gravement malade physiquement et mentalement, il meurt en 210 av. J.-C. en débarquant sur la côte de la Chine méridionale à son retour du Japon où il espérait trouver l'élixir d'immortalité. Le majestueux cortège funéraire a traversé une grande partie de l'empire. Une fois parvenu au tombeau achevé depuis peu, le premier empereur de Chine a été enterré avec près d'un millier de personnes qui durent se sacrifier conformément à sa volonté. Puis l'« Empire souterrain » a été entièrement recouvert de terre. Depuis lors, on a fait pousser du blé dans cette plaine.

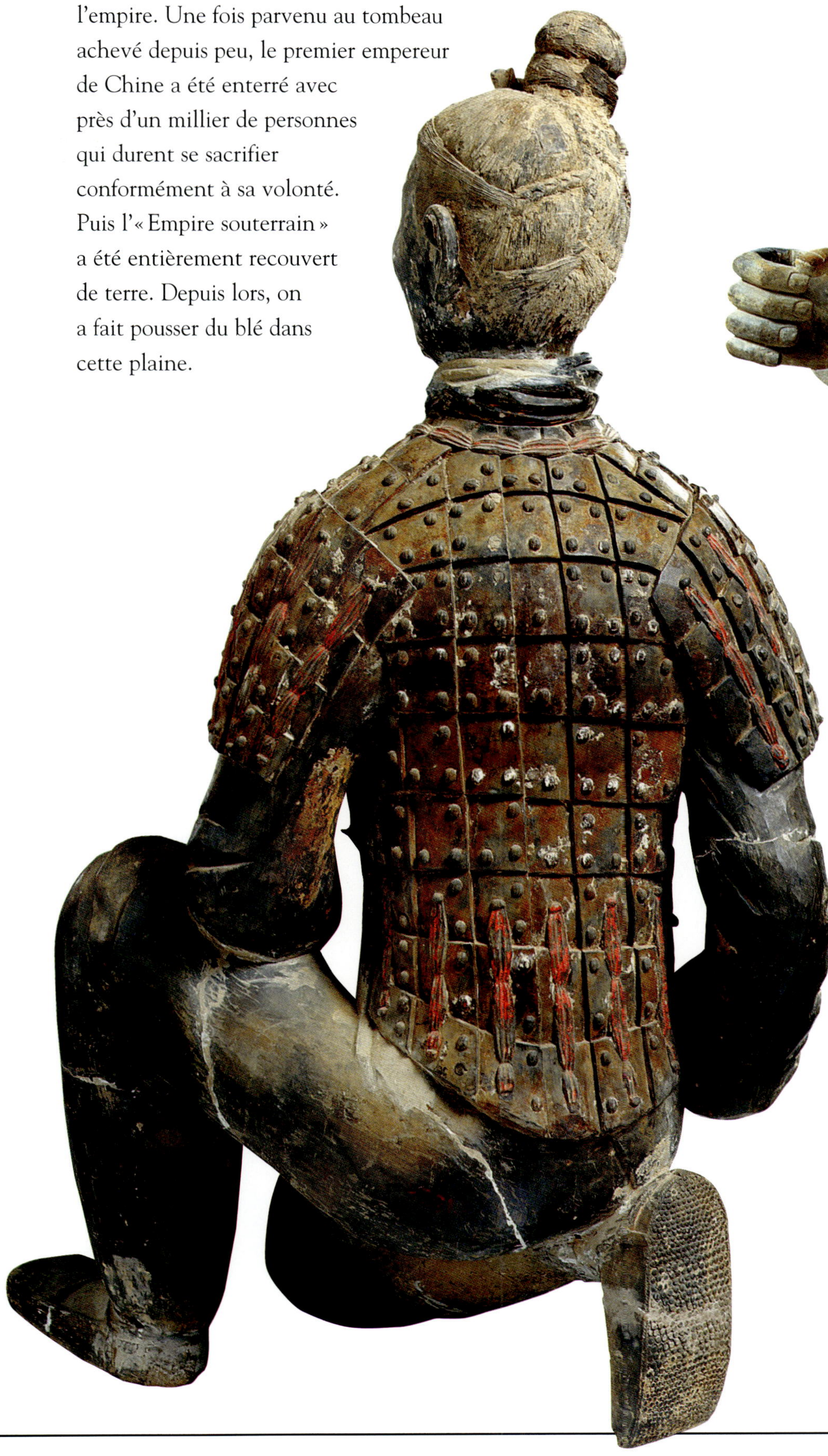

307 à gauche Les restes de peinture visibles par endroits permettent de reconstituer la coloration qui, parfois, contribuait à identifier les grades militaires. L'archer agenouillé, ici vu de dos, portait un uniforme vert, mais on peut encore distinguer du rouge sur les barrettes unissant les différentes plaques de la cuirasse.

307 à droite Malgré la précision des détails, les statues comme celle-ci, figurant un fantassin en cuirasse, ne peuvent pas être considérées comme des portraits. On les a fabriquées à l'aide de moules – il y avait huit modèles – et les visages ont été réalisés à la main.

Les grottes de Longmen

CHINE

Luoyeng, Province de Henan
Inscription : 2000
Critères : C (i) (ii) (iii)

L'inventaire des grottes de Longmen semble digne du *Guinness des records*. Il y en a 2 345 si l'on totalise les véritables grottes et les petites niches distribuées sur plus de 1 kilomètre sur la pente des montagnes longeant le fleuve Yi. Elles renferment plus de 100 000 effigies bouddhistes de 2 centimètres à 17 mètres de hauteur, 43 pagodes et plus de 3 600 tablettes de pierre couvertes d'inscriptions, d'une valeur inestimable pour reconstituer l'histoire de la Chine ancienne.

On considère qu'il s'agit du plus riche ensemble d'art chinois pour la période comprise entre la dynastie des Wei du Nord et celle des Tang. Ces grottes ont été sculptées en l'espace de quatre siècles, à partir de 493 apr. J.-C., après le transfert de la capitale de Datong à Luoyang. Située au bord du Yi, la ville se trouve à une douzaine de kilomètres de deux montagnes qui se font face sur les rives du fleuve et forment un imposant défilé que les Chinois ont d'abord appelé Yi Que, « la porte sur le fleuve Yi ». Puis, une fois Luoyang devenue la capitale, ils l'ont rebaptisé Longmen, « la porte du Dragon ». La plus impressionnante des grottes artificielles de Longmen creusées dans la paroi rocheuse est probablement le temple de Fang Xian Si, créé entre 672 et 675, sous les Tang. Quand on l'a sculpté, il était fermé par un toit qui abritait la plus grande statue de Longmen, un Bouddha de 17,14 mètres flanqué de deux disciples et de deux bodhisattvas. Conformément à la tradition, la statue colossale manifeste une parfaite combinaison d'intégrité morale, d'élégance et de sérénité. D'une façon plus prosaïque, on dit qu'elle immortalise les traits de l'impératrice Wu Zetian, surnommée la « Vénus de l'Orient ».

La grotte de Gu Yang, la première à avoir été creusée au flanc de ces montagnes entre 495 et 575, est tout aussi

308 Cette falaise creusée par l'action érosive du Yi abrite les 2 345 grottes de Longmen. Elles ont été créées sur une période de 400 ans environ, à partir de 493, sous la dynastie des Wei du Nord.

308-309 Le roi du Ciel tenant en main la Divine Pagode et chassant une créature des Enfers, est flanqué de Vajra, le démon à l'aspect féroce. Il s'agit de deux figures ornant le temple de Feng Xian Si, en s'inspirant de l'iconographie de l'époque Tang. La grotte a été aménagée entre 672 et 675.

309 en haut, à gauche
La statue la plus extraordinaire de Longmen est l'effigie colossale du Bouddha Vairocana, dans la grotte appelée temple de Feng Xian Si. On peut voir ici son visage immortalisant les traits de l'impératrice Wu Zetian.

309 en haut, à droite
Coiffée d'un précieux diadème, cette statue est l'une des grandes effigies entourant celle du Bouddha Vairocana, dans le temple de Feng Xian Si.

intéressante. On y trouve les plus remarquables créations de l'art des Wei du Nord : un Bouddha en train de méditer, sur un autel, avec deux lions à ses pieds, mais aussi d'autres sculptures et peintures et 19 des textes calligraphiés de Longmen. En revanche, la grotte de Wan Fo, créée en 690 et dite également la « grotte des 10 000 Bouddhas », est célèbre pour le nombre d'effigies du Bouddha qu'elle abrite. On en dénombre en fait plus de 15 000 sur les parois nord et sud, tandis que la paroi du fond est ornée de 54 fleurs de lotus, sur chacune desquelles est posé un bodhisattva. La grotte de Lian Hua Dong, ou « de la fleur de lotus », elle, abrite une seule fleur

310 en haut Des milliers d'effigies du Bouddha ornent la paroi nord de la grotte de Wan Fo, dite « des 10000 Bouddhas ». En fait, il y en a au moins 15000 – les plus petites mesurent à peine 2 centimètres.

310-311 C'est l'empereur Gaozong et son épouse Wu Zetian qui ont fait aménager la grotte de Wan Fo pour attirer la bienveillance du Bouddha sur leur fils. L'élément central de la grotte est l'effigie du Bouddha assis sur une base en forme de fleur de lotus.

311 en haut, à gauche Les mains de ce Bouddha expriment la protection et la charité, la première par la paume ouverte et levée, la seconde par le dos de la main tourné vers le bas. Deux bodhisattvas entourent l'Éveillé.

311 en haut, à droite En dehors de leur exceptionnelle valeur artistique, les sculptures des grottes de Longmen ont fourni aux chercheurs de précieuses indications sur l'architecture civile, l'économie et le costume en Chine sous les dynasties Wei du Nord, Tang, Sui et Song.

sculptée au plafond sous les Wei du Nord, vers 527.

Les grottes de Ping Yang sont aussi d'une facture exceptionnelle. Il s'agit d'un ensemble de trois cavités dont l'aménagement a exigé près de 25 ans de travail et mobilisé, dit-on, plus de 800 personnes. Créée entre 500 et 523 par l'empereur Yuan Lo en mémoire de l'empereur Xiao Wen Di et de son épouse, la grotte centrale mesure 12 mètres sur 11 et fait 9 mètres de hauteur. L'intérieur abrite neuf statues du Bouddha, dont la plus grande atteint 8 mètres de hauteur. Au plafond, on note encore une grande fleur de lotus et 10 serviteurs. Malheureusement, les splendides scènes d'adoration qui ornaient les parois ont été enlevées en 1935 et se trouvent aujourd'hui dans un musée des États-Unis. Bien qu'elles soient bien conservées en général, les grottes de Longmen ont longtemps été victimes des agents naturels comme l'érosion et du vandalisme.

Aujourd'hui, en plus, avec l'essor économique de la zone urbaine de Luoyang, de nouvelles menaces sont apparues, qui risquent de compromettre l'intégrité des grottes : les pluies acides et les gaz d'échappement. De plus en plus conscients de la nécessité de préserver le patrimoine artistique, le gouvernement chinois et les autorités locales ont pris des mesures radicales, telles que l'éloignement des installations touristiques de la zone des grottes, le déplacement du village voisin de Longmen et la reconstruction de la voie d'accès pour réduire le plus possible les vibrations et les poussières émises par les moyens de transport.

311 en bas La taille des statues sculptées à l'intérieur des grottes de Longmen varie énormément. La moyenne, comme dans le cas illustré par ce cliché, est légèrement supérieure à la taille humaine, tandis que les extrêmes vont de quelques centimètres à une quinzaine de mètres ou plus.

Les monuments de Sanchi

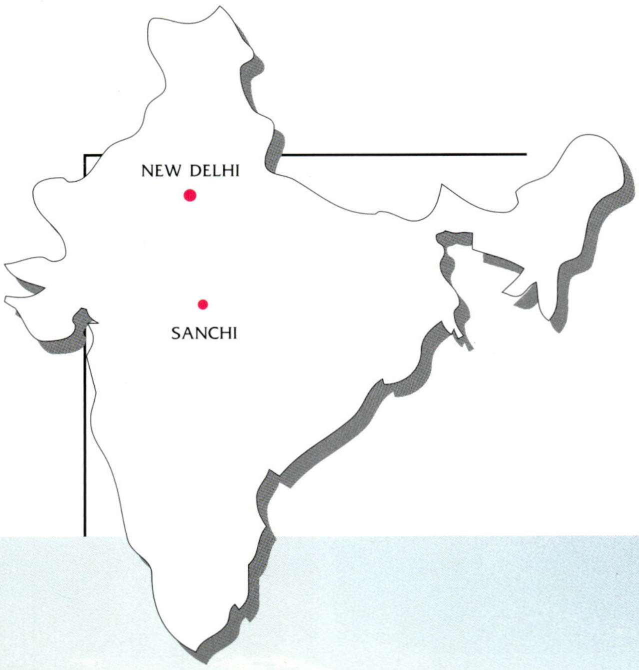

INDE

État de Madhya Pradesh
Inscription : 1989
Critères : C (i) (ii) (iii) (iv) (vi)

312 en haut Animaux sacrés dans la cosmogonie bouddhiste, les éléphants protégés par des parasols, élégamment sculptés dans le grès, couronnent le faîte du torana occidental du Grand Stupa.

À première vue, c'est une petite colline d'une centaine de mètres dans l'immense plaine indienne. Mais l'endroit est imprégné d'une solennité ascétique qui fait oublier sa taille modeste. Sanchi groupe les plus anciens monuments religieux du subcontinent indien, un ensemble qui présente sans solution de continuité le parcours historique, spirituel et iconographique du bouddhisme du IIIe siècle av. J.-C. au XIIIe siècle, quand cette religion a été définitivement supplantée par l'hindouisme en Inde.

Rien n'indique que le prince Siddharta, au cours des étapes qui ont scandé son long cheminement vers le *nirvana*, soit passé par Sanchi. C'est Açoka, le roi de la dynastie Maurya qui a régné sur une grande partie de l'Inde entre 273 et 236 av. J.-C., qui a fondé le sanctuaire. S'étant converti au bouddhisme avec son épouse – née à Vidisha, non loin de Sanchi –, il a fait construire plusieurs *stupas* (des monuments de brique et de mortier de forme semi-sphérique, symbole de la montagne sacrée qui unit la Terre au Ciel) pour y abriter des reliques du Bouddha – des dents, des cheveux et des os de son épaule.

Le plus majestueux *stupa* de Sanchi, avec 37 mètres de diamètre et près de 17 mètres de hauteur, est surmonté d'un parasol *(chattra)*, qui symbolise les Trois Joyaux du bouddhisme – le Bouddha lui-même, la Loi et la communauté des moines, ou *sangha*. Il est posé sur une plate-forme où les pèlerins se livrent encore aujourd'hui à la déambulation rituelle. La balustrade de pierre qui le délimite est percée de quatre entrées ornées de bas-reliefs, appelées *torana*. On y a représenté avec un grand luxe de détails des épisodes des différentes vies du Bouddha et des évocations des efforts d'Açoka pour diffuser la foi aux quatre coins de son royaume. Parmi les bas-reliefs les plus remarquables, notons celui qui montre le Bouddha impassible face aux tentations du démon Mara, et celle de la légende du prince Mahakapi Jataka, qui sauva 80 000 singes en s'étendant pour servir de pont sur le Gange afin de leur permettre d'échapper aux ennemis qui les menaçaient. Sur la plate-forme, des statues du Bouddha en train de méditer

312 en bas, à droite Ce bas-relief ornant le torana nord représente la roue de la Loi, soutenue par les bodhisattvas. Les reliefs de ce torana narrent des épisodes du Vessantara Jataka, le récit de l'une des vies antérieures du Bouddha avant de parvenir à l'Éveil.

312-313 Le torana nord est le plus raffiné et le mieux préservé des quatre entrées du Grand Stupa (appelé aussi stupa 1). Elles ont été ajoutées lors de l'achèvement du monument au Ier siècle av. J.-C., sous la dynastie Satvahana.

312 en bas, à gauche Ce détail montre les deuxième et troisième architraves du torana nord du Grand Stupa. Les figures sculptées situées à l'extrémité représentent un lion et une nymphe des bois.

313 en haut Tel qu'il apparaît aujourd'hui, le Grand Stupa date du IIe siècle av. J.-C. Toutefois, la structure d'ensemble englobe une partie plus ancienne attribuée à Açoka, l'empereur de la dynastie Maurya qui diffusa le bouddhisme dans tout le subcontinent.

313 en bas Sculpté dans le grès et placé en face du torana occidental, ce Bouddha en train de méditer est, comme les trois autres que l'on peut admirer dans le Grand Stupa, une adjonction au monument datant de 450 apr. J.-C., sous la dynastie Gupta.

314 en haut Un gana (l'un des nains ventrus associés à Shiva) soutient l'architrave du torana du stupa 3. Édifié au Ier siècle apr. J.-C., cet élégant petit monument a été restauré récemment.

314 au centre, à gauche En 1851, le stupa 3 a livré de précieuses reliques : deux fragments d'os des deux plus célèbres disciples du Bouddha, incrustés de perles, de cristal, d'améthyste et de lapis-lazuli (British Museum, Londres).

314 au centre, à droite Dépourvu de torana, le stupa 2 est bâti sur une plate-forme artificielle et entouré d'une balustrade décorée de médaillons en bas reliefs. Il date probablement du IIe siècle av. J.-C.

314 en bas, à gauche Splendide exemple de l'architecture de l'époque Gupta, le temple 17 préfigure aussi le style classique hindou qui s'est épanoui par la suite à Khajuraho et à Orissa.

accueillent les fidèles : elles ont été ajoutées au Ier siècle av. J.-C., sous la dynastie Gupta, quand s'est dissipé le tabou interdisant les représentations anthropomorphes. Car, dans les bas-reliefs d'Açoka, le Bouddha est symbolisé par l'arbre de Bo (sous lequel il parvient à l'Éveil), par une roue de la Loi (représentant ses sermons), par un cheval (évoquant le moment de l'abandon des biens terrestres) ou juste par une ligne (la trace de son cheminement vers le Ciel). À côté du *torana* situé au sud, Açoka a placé un obélisque de pierre où est gravé en pali – une très ancienne langue de l'Inde – une sorte de guide des lieux de pèlerinage. Autour du *stupa* monumental, il y en a des dizaines d'autres, plus petits et plus ou moins bien conservés, ainsi que des vestiges de temples et de monastères appartenant à différents stades d'évolutions du bouddhisme dans l'histoire indienne. Parmi ces derniers, le temple 18, du VIIe siècle, est surprenant : il possède un indéniable aspect grec, trace de l'influence culturelle introduite dans le sillage d'Alexandre le Grand. En revanche, les monastères 45 et 47, sur le versant sud de la colline, attestent un début de compénétration entre le bouddhisme ascétique et l'hindouisme plus matériel et plus spectaculaire. Là, des hauts-reliefs sophistiqués – figurant le Bouddha entouré des déesses Ganga et Yamuna, de sensuelles danseuses et même de scènes érotiques – inaugurent une nouvelle ère spirituelle et artistique. Qui atteindra son apogée avec les temples de Khajuraho.

314 en bas, à droite Le vihara 45 est le monastère le plus majestueux et le mieux conservé de Sanchi. Au centre, on remarque le temple édifié entre le IXe et le Xe siècle, à l'époque où le brahmanisme avait commencé à supplanter le bouddhisme en Inde.

315 en haut L'éléphant est l'un des animaux sculptés dans les médaillons de la balustrade du stupa 2. En suivant cette dernière, les pèlerins se livraient à la pradakshinapatha, la déambulation rituelle dans le sens des aiguilles d'une montre.

315 en bas Surmontée d'une auréole richement ornée de motifs floraux, cette statue de Bouddha en méditation se trouve dans le vihara 45. À l'intérieur de ce monastère, on peut aussi admirer les statues des divinités fluviales hindoues Ganga et Yamuna.

Les grottes d'Ajanta

INDE

ÉTAT DE MAHARASHTRA
INSCRIPTION : 1983
CRITÈRES : C (I) (II) (III) (VI)

316-317 L'immense nef du sanctuaire, ou chaitya, de la grotte 26 comporte des éléments architectoniques et décoratifs qui sont parmi les plus raffinés d'Ajanta. Au fond de la salle, un stupa comporte une effigie du Bouddha qui, curieusement, est assis à l'occidentale.

316 en bas La grotte 26 (on voit ici la riche décoration extérieure) appartient à un groupe de cinq grottes – dont certaines n'ont jamais été achevées – creusées au VIIe siècle à l'extrémité sud-ouest de la falaise en fer à cheval d'Ajanta.

Le Bouddha Padmapani tient avec grâce une fleur de lotus bleue entre le pouce et l'index de la main gauche ; sa tête s'incline sous le poids d'une couronne trop lourde, et de ses grands yeux noisette mi-clos émane une merveilleuse sensation de paix. Il est entouré d'une joyeuse cour de musiciens, d'amantes, de singes et de paons. L'épisode du *Simhala*, en revanche, est plus sombre : on y voit un bodhisattva sauver un groupe de naufragés des griffes d'une tribu de voluptueuses et sanguinaires diablesses anthropophages. Ces scènes, et beaucoup d'autres, illustrent les *jataka*, les récits des vies successives du Bouddha au cours de son long parcours vers l'Éveil. Peintes dans les 30 grottes d'Ajanta, elles offrent un extraordinaire témoignage artistique et religieux. Ce sont en même temps de précieux documents, très vivants, sur les us et coutumes de l'Inde à l'époque de la dynastie Gupta.

Creusées dans une falaise en fer à cheval bordant une anse du fleuve Waghora, dans la plaine du Deccan, les grottes d'Ajanta ont abrité, du IIe au VIe siècle, une importante communauté monastique et offert un abri aux voyageurs pendant les moussons. Certaines grottes étaient des temples *(chaitya)*, d'autres des monastères *(vihara)*. L'iconographie des plus anciennes se conforme aux préceptes de l'école Hinayana – le Bouddha ne pouvait être représenté que par des symboles – tandis que, dans les plus récentes, c'est l'école Mahayana, plus libérale qui l'a emporté, et les vies du Bouddha ont été dépeintes de façon figurative, avec un grand luxe de détails. Ce sont de splendides scènes d'ensemble – sereines, cruelles, sensuelles, avec parfois des sous-entendus érotiques – peuplées d'une infinité de personnages. Des femmes, des hommes, des démons, des créatures au visage humain et au corps d'oiseau *(yakshas)*, des musiciens *(gandharvas)* et des danseuses célestes *(apsaras)*, avec des fleurs, des fruits, des arbres et des animaux. Beaucoup de grottes comportent des éléments d'architecture et des sculptures qui se fondent à la perfection avec les peintures, créant des espaces extraordinaires. Les fresques manifestent aussi un remarquable syncrétisme iconographique, car, surtout au IVe et au Ve siècle – à l'époque où 200 moines vivaient en permanence à

317 en haut, à gauche Ce détail appartient à un haut-relief de la grotte 26 : à la droite du Bouddha, assis dans la position du lotus, le bodhisattva Vajrapani tient en main le sceptre dit vajra, dont l'école bouddhique du Vajrayana tire son nom.

317 en haut, à droite Dans la grotte 26, l'énorme statue du Parinirvana représente le Bouddha allongé sur le flanc lors de son passage serein vers l'au-delà. La lumière qui filtre par l'entrée de la grotte accentue l'effet transcendant de l'effigie de l'Éveillé.

317 au centre La grotte 19, dont on voit ici l'élégante façade, a été créée durant la seconde moitié du Ve siècle, à l'apogée de l'école bouddhique du Mahayana.

317 en bas Le chaitya de la grotte 19 est le plus imposant d'Ajanta. Sur les colonnes sont sculptés de délicats bodhisattvas en alternance avec des effigies du Bouddha.

318 en haut *Créée au VIe siècle, la grotte 2 est un monastère (vihara). On notera les colonnes et le plafond orné de médaillons en forme de fleurs de lotus et de motifs géométriques à caissons, héritage probable de l'art grec introduit en Inde par Alexandre le Grand.*

318-319 *La fresque du portique de la grotte 17 narre des épisodes des vies antérieures du Bouddha. On notera, à droite, le couple princier amoureusement enlacé en train de partager une ultime coupe de vin avant de donner tous ses biens aux pauvres.*

Ajanta – les artisans qui les ont réalisées étaient en majeure partie hindous.
On a utilisé la technique de la tempera à sec. Les parois des grottes étaient enduites d'un mélange d'argile, de bouse de vache et de fibres végétales de 7 centimètres d'épaisseur, puis d'une très fine couche de boue. Avant que cette dernière soit sèche, l'artiste traçait le dessin avec une baguette de cinabre. Ensuite, il se mettait à le colorier à l'aide de pigments naturels et, enfin, il fixait le tout à l'aide d'une couche de gluten.
Vers 650, les grottes d'Ajanta ont été abandonnées, soit à cause du recul du bouddhisme au profit de l'hindouisme, soit à cause de l'importance croissante de la communauté religieuse voisine d'Ellora. Et elles ont été oubliées pendant des siècles, à moitié cachées par la végétation. Un groupe d'officiers britanniques les a découvertes par hasard en 1819 : les traces du tigre qu'ils étaient en train de chasser les a menés à l'entrée d'une des grottes.
Pourtant, après cet heureux hasard, la malchance a poursuivi ceux qui ont

320 à gauche *Le rocher de Sigiriya domine la plaine à la dense végétation tropicale de 200 mètres. Le palais, au sommet, fut la demeure du souverain cinghalais Kassapa Ier de 477 à 495.*

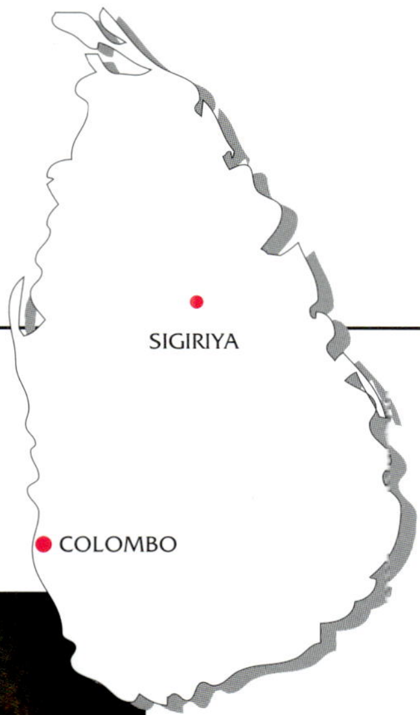

320-321 *Ces deux jeunes filles – des apsaras ou des demoiselles d'honneur de la cour – sont peintes sur la paroi ouest du rocher. Celle de gauche porte un panier de rambutan, des fruits très sucrés semblables aux litchis.*

Après ce crime atroce, Kassapa Ier a fui Anaradhura, la capitale du royaume, et s'est réfugié à Sigiriya. Au pied du rocher, il a fait aménager un ensemble de jardins à l'harmonie parfaite, délimités par des murets et des fossés remplis d'eau et ponctués de piscines, de fontaines – dont certaines fonctionnent encore durant la saison des pluies – et de pavillons pour y loger les troupes, les dignitaires de la cour et une foule de concubines. Un peu plus haut, il a fait aménager un jardin rocailleux, dont l'apparence sauvage contraste volontairement avec l'ordonnancement symétrique des jardins situés plus bas. Là, une grotte abrite la salle d'audience, avec un trône taillé dans la roche, plusieurs citernes destinées à recueillir l'eau et un petit théâtre où ont eu lieu les premières représentations musicales et poétiques dans l'île de Ceylan. Le Kat Bitha, la galerie menant au palais royal de Kassapa Ier, aux parois enduites de stuc et polie comme un miroir, est couverte de près de 1 500 graffitis, comportant notamment de brèves poésies et des déclarations d'amour. Au bout de la galerie, un portail monumental en brique et en bois recouvert de stuc en forme de lion – dont il ne reste aujourd'hui que les pattes et les griffes – donnait accès à un vertigineux escalier taillé dans la paroi parfaitement verticale du monolithe rocheux, où a été peint le cortège des jeunes filles. Au sommet se trouvaient les demeures du roi et de la reine, agrémentées de jardins et de bassins. Il n'en reste aujourd'hui que les fondations, et l'ancien escalier a été remplacé par une structure métallique plus sûre – mais le panorama justifie largement la difficulté de l'ascension. Kassapa a vécu près de 18 ans à l'abri de son palais, le temps qu'il fallut à Mogallana pour mettre sur pied une puissante armée et marcher sur le rocher. Pour ne pas être capturé, Kassapa Ier s'est suicidé. Sa fin a aussi marqué celle de Sigiriya. Anuradhapura est redevenue la capitale du royaume et, jusqu'au XIVe siècle, l'ancien lieu de plaisirs terrestres a été occupé par une ascétique communauté de moines.

321 au centre *La délicatesse des formes, des gestes et des expressions, la précision des détails de l'habillement succinct et des bijoux : tout cela fait des jeunes filles de Sigiriya un chef-d'œuvre sans égal dans l'art oriental.*

321 en bas *Si l'on en croit la tradition, celui qui posait les yeux sur les figures de Sigiriya en tombait éperdument amoureux.*

Ayutthaya
THAÏLANDE

Province de Phra Nakhon Si Ayutthaya
Inscription : 1991
Critères : C (III)

Les ennemis menacent au nord, postés sur les collines dominant Sukhothai, la capitale. Ils sont nombreux et bien armés. Le roi U Thon comprend que toute tentative de résistance est vaine. Et un jour, en 1350, le souverain doit prendre la douloureuse décision d'abandonner la capitale du Siam, fondée guère plus d'un siècle auparavant. Il convoque les chefs militaires et les sages pour choisir l'endroit où édifier une nouvelle cité. Les premiers lui conseillent d'opter pour le Sud, dans la plaine, où l'on peut voir arriver les ennemis de très loin. Les seconds consultent les textes sacrés et recommandent de chercher la *nam*, l'eau à la base du symbolisme du peuple thaï, là où elle coule en décrivant une spirale. Muni de ces indications, le roi envoie des émissaires en reconnaissance. Ils reviennent après avoir repéré un ancien site khmer, au centre d'un important système fluvial, à la confluence du Mae Nam Lopburi, du Pasak et du Chao Phraya. U Thon se rend à l'endroit indiqué et donne le premier coup de bêche dans le sol. Dans la terre remuée, on voit un escargot… la spirale annoncée par les sages. Ainsi naît Ayutthaya. Son nom, signifiant « l'Invincible », dérive du nom sanskrit Ayodhya, qui désigne la demeure du dieu Rama, dans le *Ramayana*, le poème épique indien. Bien que la nouvelle capitale – elle allait le rester jusqu'à sa destruction par l'armée birmane en 1767 – n'ait jamais égalé

322 en haut, à gauche Le Wat Ratchaburana a été victime d'un incendie en 1967, mais grâce aux restaurations, on peut encore admirer les tours. La crypte de la tour centrale, récemment ouverte au public, a conservé des fragments de fresques.

322 en haut, à droite Ornée d'un drap de soie jaune, cette effigie du Bouddha se trouve au pied du prang, la tour en brique de style khmer qui constitue le cœur du Wat Phra Mahathat.

322 en bas, à gauche Une série de Bouddhas en méditation, aujourd'hui acéphales, est alignée contre les murs de briques du Wat Phra Mahathat, édifié en 1374.

322 en bas, à droite Dans le Wat Phra Pahathat, des racines de Ficus religiosa enserrent la tête d'une statue du Bouddha détruite il y a des siècles.

323 Le Wat Ratchaburana a été édifié au XVe siècle par Borom Rachathirat II, le septième roi d'Ayutthaya en mémoire de ses deux frères aînés morts au cours d'un duel à dos d'éléphant pour savoir qui des deux accéderait au trône à la mort de leur père, Intharacha Ier, en 1424.

324 Deux chedi, *des reliquaires semblables aux* stupas *répandus dans tout l'univers bouddhiste, flanquent la tour centrale* (prang) *du Wat Ratchaburana. À l'intérieur de ces* chedi, *comme dans la crypte du* prang, *on a découvert de nombreux objets de grande valeur qui forment le noyau central des collections du Chao Sam Phraya National Museum d'Ayutthaya.*

325 en haut, à gauche L'architecture du mondop, *un vaste édifice rectangulaire situé en face de la tour centrale du Wat Ratchaburana, laisse transparaître une forte influence birmane. Il servait de pavillon d'accès au temple.*

325 en haut, à droite Élégant et bien proportionné, le prang *du Wat Phra Ram repose sur une plate-forme à degrés rythmée par des* chedi *et a conservé des fragments de décoration en stuc. Fondé en 1369, le temple doit son aspect actuel à une restauration de la fin du* XVe *siècle.*

la splendeur de Sukhothai, du moins aux yeux des souverains nostalgiques, les visiteurs européens et chinois reçus à la cour d'Ayatthuya ont laissé des descriptions enthousiastes de ses fabuleuses richesses. Ce que l'on appelle la « période d'Ayatthuya » – durant laquelle la ville finit par compter 1 million d'habitants – coïncide avec l'apogée de la puissance du royaume du Siam, qui s'étend peu à peu sur les territoires du Laos, du Cambodge et de la Birmanie actuels.

Durant les moussons, Ayatthuya semblait suspendue dans l'eau. Les habitations, y compris le palais royal, étaient en bois, édifiées sur pilotis ; l'usage de la pierre n'était consenti que pour la construction des édifices religieux, placés sur des terre-pleins symbolisant le vaisseau de la rédemption mentionné dans la mythologie bouddhiste. Les temples sont donc tout ce qui reste de cette merveilleuse cité. Le plus grand, le Wat Phra Si Sanpet, était réservé à la famille royale et abritait une statue du Bouddha de 16 mètres de hauteur couverte de 250 kilos de feuilles d'or que les envahisseurs birmans ont fondues par la suite. Le complexe, axé sur un étang rectangulaire ponctué de fleurs de lotus, est dominé par trois *chedi* (monuments-reliquaires en forme de cloche).

Un peu plus loin se trouve le Wat Phra Mahathat, avec une tour de style khmer, appelée *prang*, soutenue par des statues représentant l'oiseau sacré Garuda.

La tour est entourée de statues du Bouddha en briques recouvertes de stuc, dont certaines ont été phagocytées par les arbres. En face, en revanche, on peut voir les ruines du Wat Ratburana, où quelques *chedi* conservent encore des fragments de fresques. Des vestiges de statues, de *chedi* et les fondations de monastères sont disséminés dans toute la vallée, à moitié recouverts par la végétation, laquelle a servi pendant longtemps de paravent aux voleurs d'antiquités. Mais ces dernières années, en partie grâce au classement du site par l'Unesco, les autorités thaïlandaises ont lancé une campagne de restaurations et doté le site d'une petite troupe de gardiens. Aujourd'hui, Ayatthuya est redevenu un lieu de foi : les moines errent à nouveau silencieusement entre les monuments, et les statues du Bouddha sont ornées de draps de soie orangée.

325 en bas, à gauche Regorgeant autrefois de trésors, le majestueux Wat Phra Si Sanpet, édifié en 1491, appartenait au complexe du palais royal d'Ayatthuya. Seuls les membres de la famille royale pouvaient y prier.

325 en bas, à droite Cette effigie du Bouddha couverte de feuilles d'or appartient à la riche collection du musée d'Ayatthuya. Toutefois, la statue la plus célèbre se trouve au Phra Mongkol Bopit, à côté du Wat Phra Si Sanpet, et elle est l'objet d'une profonde dévotion de la part des Thaïlandais.

Angkor
CAMBODGE

PROVINCE DE SIEM REAP
INSCRIPTION : 1992
INSCRIPTION SUR LA LISTE DU PATRIMOINE MONDIAL EN PÉRIL : 1992
CRITÈRES : C (I) (III) (IV)

D'après les chroniques, l'ambassadeur chinois Zhou Ta-Quan est arrivé à Angkor en août 1296. Il y est resté un an, notant dans son journal tous les secrets de l'Empire khmer. « Au centre du royaume se dresse une tour dorée… À l'est, il y a un pont doré gardé par deux lions d'or… Une vision prodigieuse… » Le souverain, traité comme un demi-dieu, vivait entouré de serviteurs, d'épouses et de concubines. Toute une foule de ministres, de généraux, de prêtres gouvernaient en son nom. L'Empire khmer avait déjà commencé à décliner, mais le témoignage de Zhou Ta-Quan – le seul disponible sur la civilisation qui a dominé le Sud-Est asiatique du IXe au XIVe siècle – décrit un univers en pleine floraison, dont l'art est sans équivalent au Moyen Âge.

Officiellement, le premier Européen à découvrir Angkor a été Henry Mouhot, qui a visité l'Indochine dans les années 1860. « L'un de ces temples – a-t-il affirmé à propos d'Angkor Vat – est plus grandiose que n'importe quel édifice laissé par les Grecs ou les Romains. » En réalité, son *Voyage à Siam et dans le Cambodge* a été publié une dizaine d'années après le récit tombé dans l'oubli du missionnaire Charles-Émile Bouillevaux. En outre, des voyageurs portugais avaient déjà atteint Angkor au XVIe siècle, la décrivant comme une ville entourée de murailles. Et, à l'époque où Mouhot l'a « découvert », Angkor Vat abritait un millier de moines…

On a présenté des œuvres d'art khmer à l'Exposition universelle de Paris en 1878, et Angkor a rapidement suscité de nombreuses expéditions archéologiques françaises. En 1901, on a même fondé l'École française d'Extrême-Orient, dont le principal objectif était d'étudier les monuments de l'Empire khmer. Très vite, les premiers touristes aisés sont également arrivés d'Europe, et les pierres d'Angkor ont été convoitées par des collectionneurs sans scrupules, ainsi que par un jeune écrivain français entreprenant, André Malraux. En 1924, il s'embarque pour l'Extrême-Orient en quête d'aventures. Peu scrupuleux, il subtilise à Angkor plusieurs blocs sculptés du Banteay Srei, le « temple des Femmes », pour les revendre en France. Mais les choses ne se passent pas comme prévu. Il est arrêté pour contrebande

326 en haut, à droite
La tour centrale d'Angkor Vat représente le plus haut sommet du mont Méru, la montagne de la perfection de l'hindouisme, entouré de continents et d'océans. Autrefois, on conservait dans le prang une statue en or de Vishnou, la divinité à laquelle le roi était associé.

326 au centre S'étendant sur un périmètre de plus de 1 kilomètre sur 800 mètres, le grand mur d'enceinte d'Angkor Vat comporte une porte de chaque côté, mais l'entrée principale, agrémentée d'un portique de 235 mètres de longueur et ornée de gravures et de sculptures, se trouve à l'ouest.

326 en bas Le troisième niveau d'Angkor Vat compte quatre cours entourées de portiques. Pour construire le temple, on a utilisé la latérite et le grès provenant de carrières situées à plusieurs kilomètres, transportées par bateau sur le fleuve, le Siem Reap.

326-327 Du mur d'enceinte, on accède au temple par une grande allée de près de 500 mètres de longueur bordée de nagas, les serpents sacrés de la mythologie indienne. Angkor Vat a été construit pour servir de temple funéraire à Suryavarman II (1112 à 1152).

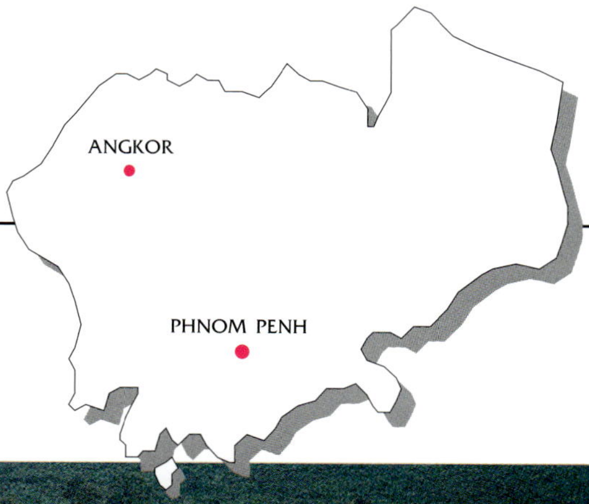

d'antiquités et s'en sort uniquement parce que sa femme, rentrée en France, demande à des amis influents d'intervenir. Malraux tire de cette expérience un roman autobiographique, *La Voie royale*, publié en 1930. Ce sera son premier succès littéraire. Historiquement, l'installation des Khmers dans la région date de 802 : le roi Jayavarman II établit alors sa capitale sur une colline, le Phnom Kulen, à 28 kilomètres au nord-est d'Angkor. Mais les Khmers ne commencent à construire les grands temples du secteur de Roluos qu'à la fin du IXe siècle : le Preah Ko, aux six tours de briques décorées de sculptures de grès et de reliefs en stuc, le Bakong, une pyramide flanquée de huit tours et de sanctuaires mineurs, et le Lolei, érigé sur un îlot au centre d'un grand bassin. C'est l'architecture qui constitue l'intérêt majeur d'Angkor, mais il convient d'évoquer le système hydraulique remarquable et complexe de la capitale khmère. Au cœur des 400 kilomètres carrés occupés aujourd'hui par les ruines, des deux côtés de la citadelle d'Angkor Thom, se trouvaient les *baray*, les deux grands bassins – de 8 kilomètres de longueur et plus de 2 kilomètres de largeur – vers lesquels on détournait l'eau des crues du lac voisin, le Tonlé Sap, qui servait ensuite à irriguer la riche plaine alluviale dans laquelle était bâtie la ville. Le pôle d'attraction d'Angkor est Angkor Vat, le magnifique temple édifié par Suryavarman II, qui régna de 1112 à 1152. Entouré d'un fossé de 190 mètres de largeur formant un gigantesque quadrilatère de 1,50 kilomètre sur 1,30 kilomètre, Angkor Vat est un immense temple-montagne en grès et en latérite – les deux matériaux de prédilection des Khmers – comportant trois niveaux. Aux angles du deuxième et du troisième étage, comme au centre de ce dernier, se dressent des tours surmontées de coupoles en pointe. Angkor Vat est un temple de pure inspiration hindouiste, comme l'attestent les merveilleux bas-reliefs ornant les 800 mètres du périmètre du temple central. En parcourant les couloirs, on rencontre au fur et à mesure une représentation de la bataille de Kurukshetra opposant les armées des Kaurava et des Pandava, tirée du *Mahabharata*, le poème épique hindou, et des scènes du *Ramayana*. Une paroi célèbre la geste de Suryavarman II, représenté à dos d'éléphant en train de passer majestueusement entre les files de ses soldats ; une autre propose une vision de l'enfer et du paradis hindous. On peut voir enfin l'épisode du « barattage de la

328 en haut Outre les extraordinaires bas-reliefs ornant le mur d'enceinte, Angkor Vat offre un superbe ensemble de statues et de gravures d'une rare harmonie, comme ces deux danseuses dont on peut admirer la coiffure, les vêtements entourant les hanches et les bijoux ornant le cou et les bras.

328 en bas et 328-329 Ces trois détails décrivent la bataille de Kurukshetra, visible dans la section sud de la galerie ouest d'Angkor Vat et inspirée du Mahabharata. *L'armée des Kaurava et celle des Pandava, venues respectivement du nord et du sud, s'affrontent au centre du panneau dans une mêlée furieuse au cours de laquelle les adversaires se prennent à la gorge, se frappent, se tordent avec une plasticité exceptionnelle, dans une scène d'une beauté magistrale.*

329 en bas Les scènes de la vie quotidienne ne manquent pas dans les bas-reliefs d'Angkor Vat. Elles ornent par exemple les angles du portique. Mais les grands panneaux des galeries sont consacrés aux scènes de guerre comme celle opposant l'armée de Suryavarman II aux Chams, ou à des représentations mythologiques inspirées de la tradition hindouiste.

330 en haut Chacune des 54 tours du Bayon présente, aux quatre points cardinaux, autant de visages, énigmatiques et souriants, du bodhisattva Avalokitesvara, qui incarne en même temps le souverain contemplant son royaume et veillant sur ses sujets.

330 au centre La muraille de la citadelle d'Angkor Thom, longue de 12 kilomètres et haute de 8 mètres, a été érigée par Jayavarman VII après le saccage de la capitale khmère par les Chams. Les cinq portes de 20 mètres de hauteur sont flanquées de trompes d'éléphant sculptées dans la pierre.

mer de lait », où 88 démons – les *asura* – et 92 dieux – les *deva* – barattent la mer pour en extraire l'élixir d'immortalité. Mais l'architecture khmère atteint son apogée sous Jayavarman VII (1181-1201). C'est à lui que l'on doit Angkor Thom, ceint d'une muraille carrée de 8 mètres de hauteur et de 12 kilomètres de longueur.

L'intérieur abrite un grand nombre d'édifices extraordinaires. À commencer par le Bayon, où le bouddhisme prend le pas sur l'hindouisme, avec les 216 gigantesques visages en pierre du souverain figuré assimilé au bodhisattva Avalokitesvara veillant sur le royaume dans toutes les directions. Sur les parois du Bayon également, de précieux bas-reliefs narrent la guerre menée par Jayavarman pour triompher des Chams, les ennemis historiques des Khmers, et illustrent la vie quotidienne d'Angkor. La citadelle abrite de nombreux temples de facture admirable, comme le Baphuon, le Preah Palilay, le Tep Pranam, mais surtout la terrasse du Roi lépreux – une plate-forme de 7 mètres de hauteur décorée de cinq niveaux de sculptures raffinées qui servait probablement de crématorium aux souverains khmers – et encore la terrasse des Éléphants, une longue tribune utilisée lors des revues militaires, ainsi nommée à cause des pachydermes qui ornent ses parois. Mais, parmi la centaine de temples d'Angkor, d'autres joyaux méritent d'être mentionnés, comme le Ta Prohm, dont les pierres sont disjointes par les racines de kapokiers séculaires, le Preah Neak Pean, un singulier petit temple édifié sur un îlot, au centre d'un grand bassin, ou encore le Banteay Srei, ce temple

330 en bas *Sur la terrasse des Éléphants, des pachydermes à trois têtes abaissent vers le sol leurs trompes qui font ainsi office de colonnes.*

330-331 *Construit entre 1181 et 1218 par Jayavarman VII, auquel on doit nombre de monuments remarquables d'Angkor, le Bayon est le premier temple attestant nettement le passage de l'hindouisme au bouddhisme ; c'est en même temps l'un des derniers temples-montagnes d'Angkor.*

331 en haut *Le Bayon, comme Angkor Vat, est décoré d'extraordinaires bas-reliefs qui couvrent les 1 200 mètres du mur d'enceinte, sur lequel sont gravées plus de 11 000 figures. Ce détail montre l'armée des Chams en marche.*

331 en bas *Jusqu'aux années 1920, les archéologues qui travaillaient à la redécouverte d'Angkor ont cru que le Bayon était encore un temple hindouiste consacré à Shiva. Son caractère bouddhiste a été reconnu en 1928 par Philippe Stern, conservateur au musée Guimet à Paris, et par l'épigraphe Georges Coedes.*

des Femmes considéré comme le joyau de l'art khmer classique à cause de la délicatesse de ses sculptures et du raffinement de ses gravures. C'est sans doute pour cela qu'il avait attiré l'attention d'un esthète comme Malraux. Mais les temps n'ont pas vraiment changé depuis les années 1920. En 1992, en inscrivant Angkor sur la liste du patrimoine mondial, l'Unesco a considéré que la capitale khmère figurait parmi les monuments en péril. Les Nations unies venaient à peine d'intervenir dans le pays après la guerre entre le Cambodge et le Vietnam, et les bandes armées étaient toujours présentes dans la région. Sans compter qu'une bonne partie de la zone avait été minée par les Khmers rouges de Pol Pot. Aujourd'hui, la situation politique s'est stabilisée mais les vols d'objets d'art restent préoccupants. Difficile à surveiller à cause de son étendue, le site est exposé à de fréquents vols de sculptures et de fragments d'une valeur inestimable, et les conditions de vie pénibles de la population cambodgienne ne contribuent pas à la sauvegarde des trésors d'Angkor. Ainsi, bien que plus de 7 000 statues aient été mises à l'abri dans des dépôts interdits au public et remplacées par des copies modernes, chaque année, de précieux témoignages de la plus brillante civilisation du Sud-Est asiatique prennent le chemin de l'Occident.

332 à gauche
Situé à une vingtaine de kilomètres au nord-est d'Angkor Thom, le Banteay Srei, surnommé aussi le « temple rose » ou le « temple des Femmes », est considéré comme le joyau de l'art khmer classique.

332-333 Le Banteay Srei est probablement le temple khmer le mieux conservé, bien qu'il ait plus de 1 000 ans. Ce bas-relief d'une incomparable beauté représente Indra, le dieu du Ciel, dispensateur de la pluie, monté sur son éléphant à trois têtes, Erawan.

333 en haut Construit à la fin du Xe siècle et dédié à Shiva, le Banteay Srei carré a des entrées à l'est et à l'ouest. Il y a quelques années encore, il était pratiquement impossible d'y accéder, car la zone a été abondamment minée durant la guerre entre les Khmers rouges et les Vietnamiens.

333 au centre À la différence du reste du complexe, les trois tours-sanctuaires centrales ornées de divinités masculines et féminines et de gravures d'excellente facture datent probablement de la fin du XIIIe siècle.

333 en bas C'est à la bibliothèque du musée Guimet, à Paris, qu'André Malraux a lu à 20 ans la description émerveillée que faisait Henri Parmentier des devata, les divinités sculptées dans le moindre recoin du Banteay Srei. C'est ce qui l'a décidé à entreprendre son malencontreux voyage au Cambodge.

334 en haut D'en haut, on voit que Borobudur a été conçu comme un mandala, le « dessin sacré » constituant aux yeux des bouddhistes, des hindouistes et des jaïnistes une carte du parcours tantrique vers la purification.

334-335 Cette vue panoramique spectaculaire met en évidence l'aspect imposant du temple érigé au VIIIe siècle par Samaragunta, un souverain de la dynastie Sailendra qui a régné à Java du VIe au Xe siècle.

Borobudur
INDONÉSIE

PROVINCE DE JOGJAKARTA
INSCRIPTION : 1991
CRITÈRES : C (I) (II) (IV)

Personnage éclectique et charismatique, sir Thomas Stanford Raffles, un aristocrate au service de Sa Majesté britannique, a lié pour toujours son nom à la nature et à l'histoire du Sud-Est asiatique. La plus grande fleur du monde, qu'il a découverte dans les forêts de la Malaisie, s'appelle *Rafflesia* en son honneur. C'est lui également qui a eu le mérite de redécouvrir l'un des monuments bouddhistes les plus intéressants et les plus mystérieux de la planète.

Depuis toujours, les Javanais ont fait allusion au temple de Borobudur – ce nom est en fait une abréviation de *Bhumisan Brabadura*, « l'ineffable montagne des vertus accumulées » – mais, quand sir Raffles est arrivé en 1814 dans la vallée où, d'après ses informateurs, devait se trouver ce monument fantastique, il n'a vu que des blocs éparpillés sans ordre dans la forêt, à moitié ensevelis sous des couches de cendres volcaniques. Il a fallu six semaines de travail à 200 hommes pour les dégager des débris volcaniques et de la végétation. Ensuite, on a numéroté et catalogué les blocs de granit noir, dont beaucoup étaient ornés de sculptures et de bas-reliefs raffinés. C'était un puzzle magnifique ; il ne restait plus qu'à remettre les pièces à la bonne place.

L'œuvre commencée par sir Raffles a été menée à terme avec succès plus d'un siècle et demi plus tard, grâce à l'Unesco. Aujourd'hui, le temple de Borobudur se dresse majestueusement dans la vallée, dans toute son ancienne splendeur. On sait qu'il a été construit au VIIIe siècle par Samaragunta, un souverain de la dynastie Sailendra qui a régné sur l'île de Java du VIe au Xe siècle. Les Sailendra sont une branche de la dynastie indienne des Chandella (célèbre pour avoir édifié les temples de Khajuraho), qui a abandonné le subcontinent indien après avoir adopté le bouddhisme. La technique de construction et l'iconographie sont donc « indiennes ». Mais on ne sait pas vraiment pourquoi ce temple a été construit. Et les spéculations vont bon train sur la nature symbolique et ésotérique de l'édifice.

Borobudur est une sorte de pyramide dont la forme rappelle une fleur de lotus, sacrée aux yeux du Bouddha, comportant six étages quadrangulaires en gradins, sur laquelle s'appuient trois autres plates-formes circulaires sommées par un *stupa* central. Le niveau inférieur du monument est décoré de 160 splendides panneaux évoquant le monde des humains, dominé par le désir ; les cinq suivants, en revanche, sont ornés de 1 300 panneaux illustrant la vie du Bouddha et des 43 bodhisattvas, ainsi que des épisodes tirés des *jataka*. Les terrasses circulaires supérieures ne présentent pas de bas-reliefs mais sont ornées de petits *stupas* aux ouvertures carrées ou en forme de diamant abritant les statues de 92 Bouddha Dhyani. Les mains de chacune de ces statues font un geste *(mudra)* indiquant l'une des cinq directions : l'est, avec le geste symbolisant la prise de la Terre à témoin ; le sud, avec le geste de la bénédiction ;

335 en haut et en bas De nombreuses statues du Bouddha ornent la terrasse supérieure de Borobudur (en haut) ; la dernière série de bas-reliefs avant le sommet (en bas) narre les ultimes phases du parcours du Bouddha vers l'Éveil.

l'ouest, avec le geste de la méditation ; le nord, avec le geste indiquant la libération de toute peur ; et enfin le centre, avec le geste de l'enseignement de la vérité. Sur l'ensemble se détache, imposant, le *stupa* qui symbolise le Bouddha, l'Éveil, l'Infini.

En observant un plan de Borobudur, il est évident qu'il a été conçu comme un *mandala,* ce « dessin sacré » constituant dans l'optique du bouddhisme, de l'hindouisme et du jaïnisme – des grandes religions de l'Inde – une carte du parcours tantrique vers la purification. Au-delà de la magnificence du monument et du raffinement de ses bas-reliefs et de ses sculptures, le temple est donc avant tout une œuvre philosophique, grâce à laquelle les souverains de la dynastie Sailendra ont voulu affirmer leur grandeur, tout en rappelant aux hommes qu'ils ne peuvent aspirer à la vie éternelle qu'en accomplissant des actions justes.

336 en bas Ce détail fait allusion à un épisode des jataka, le recueil de textes narrant les épisodes des existences antérieures vécues par le Bouddha avant d'atteindre l'Éveil. Au cours de leur ascension de Borobudur – en cheminant dans le sens des aiguilles d'une montre –, les pèlerins effectuaient un parcours de près de 6 kilomètres. Et, en observant les bas-reliefs, ils se purifiaient graduellement.

337 en haut Ce détail de l'un des bas-reliefs ornant les terrasses intermédiaires de Borobudur montre des joueurs de tambour suivant une procession nuptiale. Ces bas-reliefs évoquent le monde des humains, encore dominé par les sens et par la lutte entre le Bien et le Mal.

337 en bas Comme les autres bas-reliefs du monument (qui couvrent ensemble une superficie de 8 235 mètres carrés), ce panneau qui représente un groupe de musiciens était à l'origine délicatement rehaussé de couleurs vives.

336 en haut À Borobudur, le visage du Bouddha est toujours figuré avec les caractéristiques qui le distinguent des humains : la protubérance sur le crâne, les yeux mi-clos, le sourire juste ébauché, les longues oreilles et les boucles en spirale dans le sens des aiguilles d'une montre.

336-337 Les splendides bas-reliefs comme celui-ci, montrant de gracieuses figures féminines au milieu de la végétation, ont fourni de précieuses informations sur l'architecture, la vie quotidienne, l'art de la guerre, les valeurs morales, l'habillement, la danse et le commerce à Java au VIIIe siècle.

Mesa Verde

ÉTATS-UNIS

COLORADO
INSCRIPTION : 1978
CRITÈRES : C (III)

Le professeur J. S. Newberry fut le premier à parler de Mesa Verde, en 1959. Dans le compte rendu de l'expédition qu'il réalisa pour le compte de l'armée des États-Unis, il fait état d'un vaste plateau de 2 600 mètres d'altitude, situé dans le sud-est du Colorado, en espagnol *Mesa Verde*, « table verte ». Il fallut cependant attendre encore 15 ans pour qu'un photographe de l'U.S. Geological Survey, W. H. Jackson, découvre le premier abri troglodytique dissimulé derrière les parois de cette merveille naturelle. Cette région du Colorado semblant présenter un certain intérêt pour l'industrie minière, des techniciens chargés de faire des prospections l'accompagnèrent dans le Mancos Canyon et il leur montra ce qui avait sans aucun doute été une habitation, et que l'on appelle depuis Two-Story Cliff House. Dès lors, cette région suscita la curiosité. Un an plus tard, un autre explorateur envoyé par le gouvernement découvrit la Sixteen Windows House, et peu de temps après la Balcony House.

Le 18 décembre 1888, Richard Wetherill et son beau-frère Charles Mason, partis à la recherche de bêtes qui s'étaient échappées de leurs troupeaux, poussèrent jusqu'aux environs de l'endroit appelé aujourd'hui Sun Point et tombèrent sur plusieurs autres abris. La découverte de Cliff Palace date de ce jour. Véritable chef-d'œuvre de l'architecture précolombienne, Cliff Palace, adossé à la falaise, est une structure en briques grossières d'argile et de boue, qui compte plus de 200 pièces : on dénombre 23 lieux de culte ou *kivas*, des chambres et des magasins pour stocker les récoltes. Selon les spécialistes du projet archéologique de Mesa Verde qui ont mené les fouilles dans le site de 1959 à 1972, Cliff Palace, construit vers la fin du XIIe siècle, pouvait abriter de 200 à 250 habitants.

Les indigènes Anasazi (mot qui dans la langue navajo signifie « les anciens ») se sont établis sur le haut plateau de Mesa Verde – déclaré parc national en 1906 – dès le VIe siècle, trouvant refuge dans les anfractuosités des falaises ou dans des abris de faible hauteur construits sur le haut plateau, à proximité des surplombs. Ces agriculteurs, qui cultivaient le maïs et les haricots sur le plateau de la Mesa et chassaient les canards sauvages pour se nourrir, parvinrent à organiser une communauté de plusieurs milliers d'habitants que les difficultés d'accès protégeaient des intrus. À partir du XIe siècle seulement, ils commencèrent à construire des bâtiments en pierre ou à plusieurs étages, les *pueblos*, mot utilisé aussi pour les désigner en les distinguant des groupes qui vivaient dans des tipis. Un peu plus de 100 ans plus tard, cependant, pour des raisons inconnues, ils quittèrent Mesa Verde et allèrent construire de nouveaux *pueblos* plus au sud, dans la région du Rio Grande.

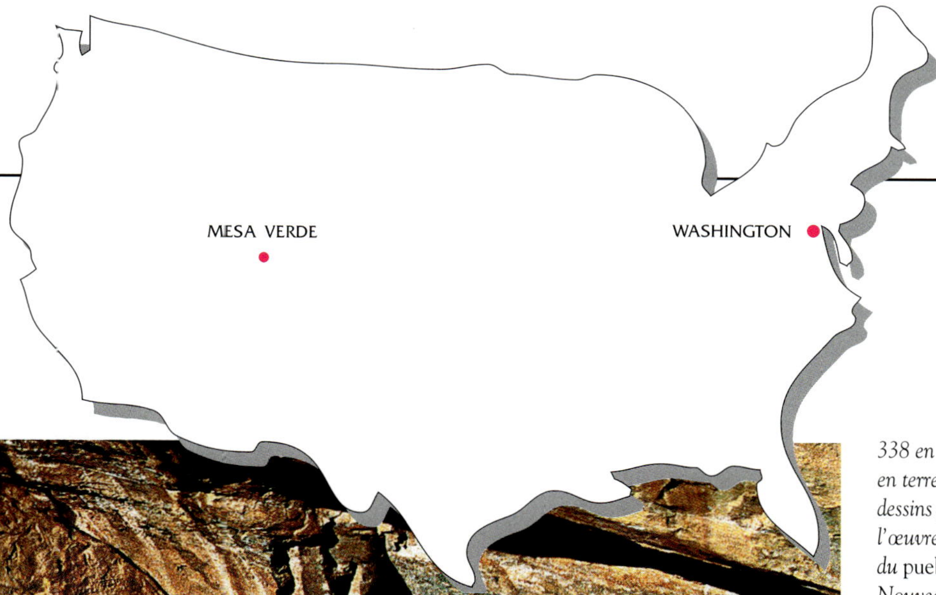

338 en haut *Ce vase en terre cuite aux élégants dessins géométriques est l'œuvre des indigènes du pueblo Acoma, au Nouveau-Mexique, une des nombreuses tribus qui considèrent les Anasazi comme leurs ancêtres.*

338 au centre *Vue panoramique de la falaise du Cliff Palace, la construction la plus étendue et la plus spectaculaire de Mesa Verde. Le peuple qui vécut à cet endroit était celui des Anasazi, dont descendent au moins 23 tribus indigènes du Colorado, de l'Arizona et du Nouveau-Mexique.*

338 en bas *La Spruce Tree House, sur l'illustration, doit son nom au grand pin de Douglas planté devant elle. Construite entre 1200 et 1276, elle comprend 140 pièces et 9 kivas, ou lieux de culte.*

338-339 *Située à l'extrémité orientale du Navajo Canyon, la Square Tower House pouvait abriter jusqu'à 80 personnes. L'élément le plus intéressant de ce site est la tour de trois étages en adobe, parvenue jusqu'à nous en excellent état de conservation.*

Environ 3 900 sites présentant un intérêt archéologique ont été identifiés à Mesa Verde, dont plus de 600 habitations troglodytiques. Outre celles déjà citées, il convient de mentionner, parmi les plus remarquables, Long House, la deuxième par ses dimensions, et Spruce Tree House, la troisième, ainsi nommée par ceux qui la découvrirent, en 1888, à cause d'un grand pin de Douglas qui poussait devant et qui fut coupé par un autre des premiers explorateurs du site. Step House est également intéressante, parce que c'est l'un des rares endroits où l'on a trouvé les preuves de deux occupations successives du même site. Une première habitation, rudimentaire, date du VIIe siècle, et un *pueblo* du XIIIe siècle occupe le reste de la grotte.
Récemment, les autorités ont décidé, par souci d'exactitude, de substituer au terme Anasazi, appliqué aux populations ayant vécu à Mesa Verde, une appellation plus générale « les anciens habitants du *pueblo* ». En effet, en plus des Navajo, 23 tribus peuvent prétendre être les descendantes de ceux qui ont édifié les constructions de Mesa Verde. Parmi celles-ci, les Utes, les Hopi d'Arizona et toutes les populations dont les ancêtres ont habité des *pueblos* semblables dans le Nouveau-Mexique. Aucun d'eux cependant n'a jamais égalé la splendeur de Mesa Verde.

Palenque

MEXIQUE

ÉTAT DU CHIAPAS
INSCRIPTION : 1987
CRITÈRES : C (I) (II) (III) (IV)

340 à gauche Par un escalier voûté très raide on accède au caveau funéraire du temple des Inscriptions où l'on découvrit le fameux sarcophage de Pakal.

340 à droite Cet extraordinaire masque de jade, travaillé comme une mosaïque, couvrait le visage de Pakal (615-683), souverain de Palenque.

340-341 L'envoûtante cité de Palenque est cernée par la luxuriante forêt tropicale. L'élégance des édifices, la beauté du paysage, la brume, déchirée par les rayons du soleil, et la présence de l'eau confèrent un charme mystique à l'ancienne cité maya.

La chaleur suffocante. Les trombes de pluie. Les nuées d'insectes. La fatigue de creuser, parfois rien qu'avec les mains protégées par des gants, pendant des heures, des jours, des mois. Sans parler des serpents, et du pire de tous, celui que les descendants des Mayas appellent *nawiaka*, dont la morsure tue en l'espace d'une heure. On oublie tout cela – du moins d'après les comptes rendus de l'archéologue mexicain Alberto Ruz – lorsque, après avoir découvert une porte triangulaire au bout d'un escalier étroit, on entre dans une chambre restée secrète pendant des siècles. Une légère brume flotte dans la pièce qui ressemble à une grotte de glace avec des stalagmites et des stalagtites étincelantes comme des cristaux. Après que ses yeux se sont habitués à la pénombre, Ruz découvre sur le sol, finement sculpté dans la pierre, le couvercle d'un sarcophage…
On dirait une scène du film *Les Aventuriers de l'Arche perdue*, mais c'est bien ainsi, en 1952, après quatre années de fouilles, que Ruz découvrit la première sépulture pyramidale du continent américain, demeure pour l'éternité de Pakal, souverain légendaire de Palenque. Aujourd'hui, les objets très précieux qui composent le trousseau funèbre – et surtout un masque de jade d'une valeur inestimable – sont conservés au musée de Mexico, mais la magnifique pierre tombale est encore dans le caveau souterrain situé dans le cœur du spectaculaire temple des Inscriptions.
Le nom de Palenque, donné au site archéologique alors que les anciens Mayas avaient disparu depuis longtemps, dériverait peut-être du nom d'un village situé près des ruines : Bahlam Kin. Les Mayas, eux, appelèrent leur ville *Lakam Ha*, c'est-à-dire « Grande Eau », un nom qui convient parfaitement au lieu où elle a été édifiée. Dans la vallée du río Usumacinta, qui présente le taux de précipitations le plus élevé du Mexique, Palenque est perdue dans une forêt dense et inquiétante parcourue de cascades. L'abondance de l'eau et la fertilité du sol favorisèrent le développement d'une ville riche et imposante. Bien que son histoire embrasse toute la période classique de la civilisation maya, de 300 à 900 apr. J.-C., les ruines que l'on admire aujourd'hui remontent toutes à l'époque de son apogée, c'est-à-dire au VIIe siècle, sous le règne de Pakal et de son fils Chan-Bahlum.
Monté sur le trône à l'âge de 12 ans et mort à presque 80 ans, Pakal fut une sorte de Charlemagne de la Méso-Amérique. Homme politique exceptionnel et excellent administrateur, il favorisa

341 en haut Haut de 25 mètres, le temple des Inscriptions, avec ses huit niveaux en dégradé et son majestueux escalier, doit son nom aux glyphes très élaborés qui racontent l'histoire de Palenque.

MEXICO
PALENQUE

également le développement architectural et artistique de la ville.
Le temple des Inscriptions est une pyramide aux flancs très raides de 25 mètres de hauteur, présentant huit degrés et, au sommet, un sanctuaire décoré de personnages de la mythologie maya.
Le palais royal, un ensemble d'édifices utilisés comme résidences ou à des fins administratives et presque entièrement couverts de bas-reliefs très élaborés, est également très bien conservé.
Le temple du Soleil et celui de la Croix, qui disparaissent presque sous les lianes, sont aussi très intéressants. Ces pyramides sont surmontées d'un *sacrarium* en grès orné de bas-reliefs illustrant des rites religieux. À l'intérieur, on peut admirer des fragments de fresques. Dans le temple XIII, proche de celui des Inscriptions, on a mis au jour il y a quelques années un tombeau similaire à celui de Pakal.
En plus de quantité d'objets de jade et d'obsidienne, et de plateaux qui devaient contenir la nourriture et les boissons nécessaires pour le voyage vers le *Xibalba*, l'au-delà des Mayas, on y a découvert le squelette d'un homme adulte à côté de ceux de deux femmes, l'une âgée, l'autre adolescente. Selon les archéologues, il pourrait s'agir de la tombe de l'héritier de Pakal, Chan-Bahlum. Cependant, seuls les résultats des tests effectués en laboratoire pour reconstituer l'ADN des souverains défunts pourront apporter la preuve définitive de cette parenté.

342 en haut Le groupe de la Croix comprend le temple du même nom, celui du Soleil et, en arrière, le temple de la Croix foliée. Les trois pyramides présentent des décors en rapport avec la mythologie maya. La croix, par exemple, symbolise la rencontre entre le monde des vivants et celui des morts.

342 en bas Le groupe nord, composé de cinq édifices bâtis sur une terrasse à plusieurs degrés, servait de lieu de culte. L'une des constructions présente un curieux toit en pagode. Toutes renferment des fragments de décors en stuc.

342-343 Soleil couchant sur le sommet du palais. Cet ensemble de bâtiments administratifs et résidentiels était le centre névralgique de l'antique Palenque. Aujourd'hui encore, on se demande quelle était la fonction de la tour centrale : sans doute servait-elle de tour de guet ou d'observatoire astronomique.

343 en bas, à gauche
À l'intérieur du temple du Soleil, on peut admirer des bas-reliefs qui célèbrent la puissance de Chan-Bahlum. Fils et héritier de Pakal, il monta sur le trône en 684 et régna pendant 18 ans. Il serait à l'origine de la construction des temples du groupe de la Croix.

343 en bas, à droite
De grands et magnifiques bas-reliefs, représentant des personnages de la cour aux tenues élégantes et la tête entourée de plumes, décorent les panneaux situés à la base du palais.

Chichén Itzá

MEXIQUE

ÉTAT DU YUCATÁN
INSCRIPTION : 1988
CRITÈRES : C (I) (II) (III)

Les Toltèques et les Aztèques l'appelaient Quetzalcóatl, les Mayas, Kukulcán. Le « serpent avec les plumes de l'oiseau quetzal » – traduction littérale du nom – était le protecteur des prêtres et des souverains, le maître de la sagesse et des vents. Dans le panthéon maya, peuplé de divinités sanguinaires, Quetzalcóatl-Kukulcán n'exigeait des fidèles que des sacrifices de serpents, d'oiseaux et de papillons. Mayas et Aztèques croyaient qu'un jour il reviendrait sur la Terre pour en faire son paradis. De sorte que, lorsque Hernán Cortéz débarqua, Moctezuma II, l'empereur aztèque, le prenant pour ce dieu, l'accueillit chaleureusement.
Au IXe siècle, longtemps avant l'arrivée des Espagnols, le dieu-roi toltèque Quetzalcóatl conquit la plus florissante ville maya du Yucatán. Du moins, c'est ce que raconte une légende à propos de Chichén Itzá. Fondée au Ve siècle, la ville connut la prospérité pendant toute la période classique. Puis, vers l'an 850, elle fut prise par les Toltèques. Ou bien – selon certains spécialistes – par les Itzas, un peuple proche des Toltèques : hypothèse corroborée par le fait que le nom de la ville signifie « Bord du puits des Itzas ».
Le caractère exceptionnel de Chichén Itzá naît de la fusion parfaite entre la culture maya et la culture toltèque, dans l'architecture, la sculpture et la peinture comme dans ce que l'on connaît des us et coutumes des gens qui y vécurent jusqu'en 1400, date à laquelle, mystérieusement, la ville fut abandonnée.
Le site comprend deux parties. La plus ancienne, Chichén Viejo, contient surtout des édifices de la période classique.

344 en haut Les crânes qui ornent la plate-forme du tzompantli intimidaient les agresseurs éventuels. D'ailleurs, cet endroit était dédié à la gloire militaire et c'est là que l'on exposait les crânes des ennemis.

344-345 El Castillo, ou pyramide de Kukulcán, vu depuis la plate-forme du temple des Guerriers. Au premier plan, la sculpture représentant le serpent à plumes qui orne le bas de l'escalier du temple.

Les constructions les plus monumentales se trouvent dans l'autre partie, Chichén Nuevo. La pyramide qui s'élève à 55 mètres de haut au-dessus de la plaine est dédiée au dieu Quetzalcóatl-Kukulcán. Baptisée *El Castillo* (le Château) par les Espagnols, elle présente sur chaque côté un escalier vertigineux de 91 marches. Si l'on additionne ces marches à celles de la plate-forme d'entrée, cela fait 365, autant que de jours au calendrier. *El Caracol* (l'Escargot), une construction en forme de colimaçon qui servait d'observatoire, atteste les connaissances astronomiques des habitants. De plus, les jours d'équinoxe, au coucher du soleil, les têtes de serpents

345 en haut El Castillo, *dont on voit ici le sanctuaire perché à 55 mètres de haut, rassemble divers symboles de la cosmogonie maya : les neuf terrasses représentent les neuf niveaux du monde des enfers.*

345 au centre À *l'intérieur du temple des Jaguars, l'effigie énigmatique de l'idole Chac-Mool précède un trône en forme de jaguar, peint en rouge et probablement réservé au souverain.*

345 en bas *Les colonnes de la grande place toltèque,* dite El Mercado *(le Marché) – bien que rien ne prouve que des activités commerciales aient eu lieu ici – soutenaient sans doute un toit en paille.*

346 en haut Le temple des Guerriers et celui des Mille Colonnes (900-1200) constituent le cœur de la Chichén Itzá toltèque. Les colonnes, autrefois recouvertes de stuc et peintes, représentent des guerriers en armure.

346-347 Chac-Mool surveille l'entrée du sanctuaire du temple des Guerriers. Les offrandes étaient déposées sur l'estomac de l'idole pour qu'elle transmette aux dieux les requêtes des dévots.

347 en haut, à gauche Le temple des Jaguars et le terrain de jeu de balle. Bien qu'il soit presque certain que le cruel cérémonial de la compétition soit né à Teotihuacán, Chichén Itzá possède le terrain de jeu le plus imposant et le plus décoré.

347 en haut, à droite Au sommet du temple des Guerriers, l'accès au saint des saints est gardé par deux superbes représentations de la tête du serpent à plumes.

sculptées dans la pierre au début de l'escalier principal du *Castillo* projettent leur ombre jusqu'au temple situé au sommet de la pyramide, créant un dessin sinueux, symbole du dieu.
À l'intérieur du temple de la pyramide de Quetzalcóatl-Kukulcán se trouve un trône en pierre en forme de jaguar, serti de fragments de jade. On peut voir d'autres représentations de ce félin, symbole de la classe guerrière toltèque, dans le temple des Guerriers et dans celui des Mille Colonnes, tous deux situés autour de la grande place toltèque, ou encore dans l'élégant temple des Jaguars. Ces édifices sont tous richement décorés de bas-reliefs et de sculptures aux détails très soignés : jaguars dévorant des cœurs humains, guerriers, prêtres, masques du dieu de la Pluie, Chac, aigles et serpents à plumes.
Chichén Itzá possède le terrain de jeu de balle le plus grand et le plus décoré de Méso-Amérique. Il mesure 90 mètres de long, et les murs qui l'entourent sont ornés de bas-reliefs parmi les plus extraordinaires de l'art maya : l'un d'eux représente la décapitation d'un joueur, en présence de ses compagnons d'équipe. Aux deux extrémités du terrain, on voit encore les anneaux de pierre en forme de serpent à travers lesquels les joueurs devaient faire passer la balle.
On connaît mal les règles de ce jeu et on ne sait toujours pas de façon certaine si l'on sacrifiait en fin de partie les perdants ou bien le capitaine de l'équipe gagnante.
En tout cas, il est certain que le jeu de balle constituait le moment le plus important des rituels religieux. Dans le *Popol Vuh*, texte qui rapporte la création des Mayas, les dieux-héros affrontent les démons dans le jeu de balle. En l'occurrence, c'était l'avenir de tout un peuple qui était en jeu.

347 au centre La tête de mort avec des espèces de boucles qui sortent de la bouche (représentant le feu ou les invocations aux dieux) est l'une des innombrables figures de l'iconographie maya.

347 en bas Le bas-relief sur les murs du terrain de jeu de balle représente des moments de la partie et du sacrifice qui suivait. La terreur des joueurs et le caractère sacré du jeu sont rendus avec une grande expressivité.

348 en haut L'observatoire, appelé aussi El Caracol (l'Escargot) à cause de sa forme en colimaçon. Le profond intérêt des Mayas pour l'astronomie leur permit d'établir un calendrier qui régissait les cycles agricoles et rythmait la vie sociale et économique de la cité.

348-349 L'édifice des Moines est situé dans la partie sud de Chichén Itzá, la plus ancienne. L'architecture et les décors – masques du dieu de la Pluie, Chac, et autres figures symboliques – en font un chef-d'œuvre du style Puuc.

349 en haut Bâtie entre 1100 et 1300 dans le pur style toltèque et préposée aux cérémonies en l'honneur du dieu Kukulcán, la plate-forme était dédiée à Vénus, planète importante par rapport aux connaissances astronomiques et à la mystique maya.

349 en bas D'énormes têtes de serpent à plumes délimitent la plate-forme des Aigles et des Jaguars. Cette structure était probablement construite en hommage aux guerriers qui constituaient l'élite militaire de Chichén Itzá.

Tikal

GUATEMALA

Province du Peten
Inscription : 1979
Critères : C (i) (iii) (iv) ; N (ii) (iv)

Avant le tournage de *La Guerre des étoiles*, les responsables des décors durent faire d'énormes efforts d'imagination pour créer les lieux spectaculaires qui ont fait le succès du film. Pourtant, un grand nombre des paysages de la lointaine galaxie dans laquelle se déroule l'histoire sont des copies de lieux réels. Et la base, apparemment inventée, des rebelles conduits par la princesse Leila est une fidèle reproduction de Tikal ! Cet extraordinaire site maya, enfoui dans une impénétrable forêt, est effectivement un « monde à part ». D'ailleurs, on a donné le nom de *Mundo Perdido* (Monde perdu) à l'un de ses ensembles monumentaux dont la structure labyrinthique semble faire concurrence à la nature environnante. Jadis, les nombreuses pyramides en grès de l'ancienne cité – censées représenter les

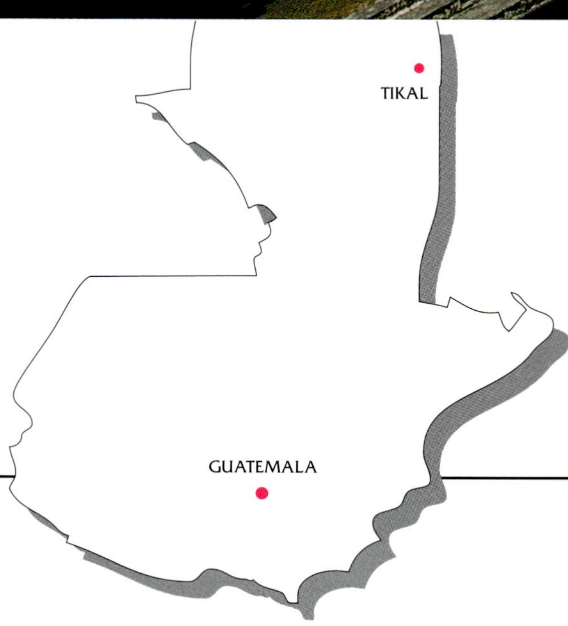

350 à gauche Ce superbe masque funéraire en jade, nacre, obsidienne et serpentine date de 527 apr. J.-C. Cet objet, découvert dans la tombe 160, était brisé en 174 morceaux, mais les archéologues ont pu le reconstituer grâce à des images semblables sculptées sur les stèles de Tikal.

351 au centre *La structure du temple IV émerge de l'épaisse végétation du Guatemala. Cette pyramide, qui s'élève à peu près à 60 mètres, était la plus haute de tout le continent américain jusqu'à la construction des premiers gratte-ciel, à la fin du XIXe siècle.*

351 en bas *L'une des pyramides du Mundo Perdido (Monde perdu). Dans cet ensemble, réalisé en plusieurs phases sur une longue période, les nouvelles structures ont été édifiées au-dessus des précédentes. Les plus anciens témoignages de construction remontent à 400 av. J.-C.*

montagnes où apparut le maïs, aliment sacré des Mayas – étaient recouvertes de stuc et décorées de fresques aux couleurs vives évoquant des rites religieux, ou bien même entièrement peintes en rouge. Rouges également, les stèles de la Grande-Place, à l'effigie des 26 souverains qui se succédèrent à la tête de Tikal. Mais ces couleurs, aujourd'hui délavées par des siècles de pluie, étaient les mêmes que celles du plumage des oiseaux – perroquets, toucans, colibris – qui font leur nid dans les fentes des temples.

Comprise aujourd'hui dans un parc national de 576 hectares, Tikal a été l'une des plus florissantes cités de Méso-Amérique. Elle fut fondée au VIe siècle av. J.-C. sur une hauteur où abondaient les fruits comestibles, les arbres au bois précieux – comme le *zapote* (sapotier) utilisé pour la construction d'édifices – et le silex, la pierre avec laquelle les peuples de l'Antiquité forgeaient leurs armes et leurs outils. C'était déjà un centre d'une certaine importance lorsque, en 230 apr. J.-C., Yax-Moch-Xoc monta sur le trône, fondant une dynastie qui allait régner de façon intermittente jusqu'à la fin du Xe siècle apr. J.-C., époque où Tikal fut mystérieusement abandonnée. Pendant son âge d'or, la ville, qui compta jusqu'à 100 000 habitants, entretint des liens commerciaux avec des centres éloignés, comme Teotihuacán, et étendit sa domination jusqu'à l'actuel État du Belize. Quelque 3 000 édifices – palais, pyramides, terrasses, terrains de jeu de balle et même des thermes – témoignent de l'originalité architecturale et des goûts artistiques de leurs bâtisseurs.

L'édifice religieux le plus étonnant remonte au VIIIe siècle. C'est le temple I – ou temple du Grand Jaguar – construit en l'honneur d'Ah Cacau (682-734), 26e seigneur de Tikal.

Cette pyramide de 44 mètres de hauteur est surmontée d'un sanctuaire. Sur l'architrave de celui-ci, sculptée, étaient jadis représentés les treize royaumes du paradis maya. La mise au jour de la sépulture du souverain, à l'intérieur du monument, a permis de découvrir un

350-351 *La Grande-Place était le cœur de l'ensemble monumental de Tikal. L'édifice à gauche est l'acropole centrale, une construction labyrinthique qui servait peut-être de résidence à la famille royale. À droite, le temple II, ou de las Máscaras (des Masques), qui mesure 38 mètres de haut.*

351 en haut *Le site archéologique de Tikal est situé au cœur de la forêt de Petén, une zone de forêt tropicale primaire avec des acajous, des fromagers et des sapotiers atteignant jusqu'à 50 mètres de haut. Au fond, on aperçoit la crête du temple I et devant, à droite, le temple V.*

352 en haut Conservée au musée local, cette idole en terre cuite fait partie du trousseau funéraire découvert dans ce que les inscriptions présentes sur le sarcophage ont permis d'identifier comme la tombe de Huh Chaan Mah K'ina (Museau Recourbé), l'un des souverains de la ville.

352 au centre Le temple II, bien que dépourvu de chambre funéraire, aurait été construit selon la volonté du roi Ah Cacau, en l'honneur de sa femme.

352 en bas, à gauche L'ensemble Q fut édifié sous le règne de Yax Ain II, prédécesseur de l'avant-dernier souverain de Tikal. Sur l'esplanade qui le précède, les nombreuses stèles décorées de bas-reliefs étaient autrefois peintes en rouge, comme les principaux monuments de la ville.

352 en bas, à droite Cet encensoir en terre cuite peint avec finesse faisait partie du trouseau du roi Huh Chaan Mah K'ina (VIe siècle).

352-353 Le temple II, lieu de sépulture d'Ah Cacau, donne sur la Grande-Place. Au fond, l'acropole centrale se compose d'une série de plates-formes cérémonielles et de chambres ornées de peintures représentant les dieux et les principaux événements de l'histoire de Tikal.

353 en haut, à gauche L'acropole nord, lieu de sépulture des seigneurs de Tikal pendant plus de cinq siècles, jusqu'en 550 apr. J.-C. Sous les structures visibles en surface, on trouve les vestiges d'installations plus anciennes remontant à 800 ans av. J.-C.

353 en haut, à droite L'orientation des diverses pyramides qui forment le Mundo Perdido (Monde perdu) a été déterminée en fonction de la position du soleil. La plus imposante, la Grande Pyramide, mesure environ 30 mètres de hauteur.

trousseau funéraire composé d'objets en jade, d'os gravés de dessins et de glyphes, d'or, de perles et d'aiguillons de pastenague utilisés pour les saignées rituelles. Les places sur lesquelles donnent les temples, les pyramides et l'acropole sont aussi très intéressantes. On ignore encore si cette dernière était un ensemble de résidences royales ou un centre administratif et cérémoniel. À cause de l'habitude de bâtir par-dessus les constructions déjà existantes, on a l'impression que la centaine de pièces qui la composent sont disposées au hasard. Les parties les plus anciennes de l'acropole datent d'environ 400 ans av. J.-C. L'énorme terrasse qui domine l'ensemble, avec ses riches décors représentant le jaguar, le serpent à plumes et d'autres animaux sacrés pour les Mayas, remonte à l'époque d'Ah Cacaurisale, celui qui imprima le plus sa marque sur les monuments de la ville.

La traduction littérale du nom de ce souverain est « Roi Chocolat ». Il est vrai que ce sont les Mayas qui ont inventé, à partir du cacao, ce délice apprécié dans le monde entier. De même furent-ils les premiers à mâcher l'extrait de l'arbre du *chicle*, ancêtre de notre chewing-gum.

Machu Picchu

PÉROU

PROVINCE D'URUBAMBA
DÉPARTEMENT DE CUZCO
INSCRIPTION : 1983

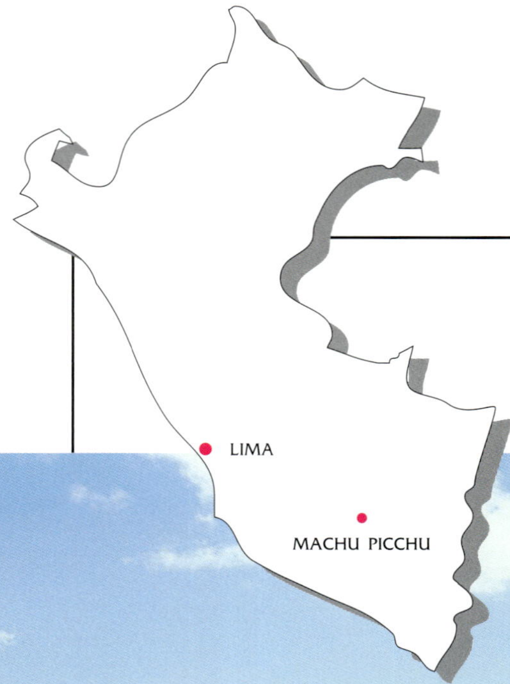

Durant l'été 1988, un incendie éclate dans l'épaisse forêt qui entoure le Machu Picchu, détruisant 4 000 hectares de végétation et mettant en danger la survie de nombreuses espèces animales indigènes. Les flammes lèchent même les ruines de l'ancienne ville inca. Ce désastre écologique, le pire de toute l'histoire du Pérou, a encore aggravé la situation déjà précaire de l'écosystème de la vallée du río Urubamba, menacé en outre par le nombre croissant de touristes affluant dans la région, par le manque de fonds et par le faible contrôle qu'exerce le gouvernement péruvien.

354 Un aperçu des ensembles résidentiels de Machu Picchu. Chaque quartier était constitué d'un groupe de dix habitations en pierre, comprenant deux étages. Elles étaient couvertes par des toits en paille et reliées par des cours, des ruelles étroites et des passages surélevés.

354-355 Le site de Machu Picchu, dominé au nord par le pic conique du Huayna Picchu. Accroché à la paroi rocheuse de cette montagne, le temple de la Lune est creusé à l'intérieur d'une grotte naturelle. Aujourd'hui encore, cet endroit est un lieu sacré pour la population indienne de la vallée de l'Urubamba.

Il peut sans doute paraître bizarre de considérer le site archéologique de Machu Picchu comme un élément fondamental de l'écosystème. Pourtant, la beauté des ruines – qui semblent émerger comme par magie de la forêt pluviale – est absolument indissociable de celle du paysage. Les montagnes, l'eau du río Urubamba, les animaux qui vivent dans cette zone ont joué un rôle déterminant dans la fondation de cette fabuleuse cité. En effet, le peuple inca croyait que la Pacha Mama, ou « Terre Mère », était une créature douée de pouvoirs surnaturels et que le Machu Picchu était le lieu sacré où le monde avait commencé.
1 200 personnes à peu près habitaient dans le centre cérémoniel de Machu Picchu, érigé entre 1460 et 1470 par le roi Pachacuti Inca Yupanqui. Parmi celles-ci – comme le montrent 175 momies découvertes, dont 80 % de sexe féminin –, une grande partie était des femmes, choisies pour être les vestales du dieu du Soleil, tandis que les autres étaient des prêtres et des enfants. L'aire archéologique comprend 200 édifices, des résidences et des entrepôts pour la plupart, construits sur des blocs de granit en épousant la morphologie du terrain, avec des portes trapézoïdales et des toits en paille.
Les habitations, à deux étages, sont groupées par dix autour d'une cour carrée et réunies par des rues étroites et des passages surélevés. Les cours réservées aux animaux domestiques et les terrasses sur lesquelles les Incas cultivaient le maïs et la pomme de terre sont situées en lisière du site.

355 en haut, à gauche
Construites avec des pierres jointes parfaitement équarries, les portes monumentales en forme de trapèze sont une des caractéristiques de Machu Picchu. Celle que l'on voit ici est une « double porte » marquant l'entrée dans un lieu sacré.

355 en haut, à droite
Les Incas bâtirent avec habileté à flanc de montagne une série de terrasses pour cultiver le maïs et les pommes de terre nécessaires à la subsistance de la communauté.
La surface consacrée aux cultures et aux habitations occupe 20 hectares, soit le double de celle réservée aux cérémonies.

356 en haut *Le temple du Condor, appelé ainsi parce que sa forme rappelle celle du rapace au moment où il prend son vol, a été construit adossé à un rocher. Les Incas déposaient des momies dans ses nombreuses niches car ils croyaient que le condor transportait les âmes vers l'au-delà.*

356-357 *Le temple du Soleil avec sa grosse tour circulaire qui, selon les archéologues, servait d'observatoire astronomique. Chaque 21 décembre, jour du solstice d'hiver, le soleil se lève juste dans l'axe de la fenêtre centrale de cette construction.*

Les principaux édifices religieux, disposés autour de vastes places destinées aux cérémonies, sont le temple du Soleil – une construction circulaire, ressemblant à une tour, avec de très beaux bas-reliefs –, le temple des Trois Fenêtres, le temple principal, et la Tombe royale. Bien qu'il s'agisse d'un temple et que l'on n'y ait pas découvert de sépultures, cette dernière tire son nom de sa position en contrebas. On pense qu'elle représentait l'accès « spirituel » au cœur de la montagne. L'Intihuatana est une superbe stèle monolithique sculptée, devant laquelle on célébrait des cérémonies solennelles le jour du solstice d'hiver (d'été, en fait, si l'on se place au sud de l'équateur), quand les prêtres offraient des sacrifices en l'honneur du Soleil. Le temple de la Lune se trouve sur le Huayna Picchu, la splendide montagne en forme de cône qui domine le site. Aménagé à l'intérieur d'une grotte naturelle creusée de cinq niches, il présente des bas-reliefs et, au centre, un trône massif en pierre. Aujourd'hui encore, les populations de la région continuent d'apporter des offrandes au dieu de la montagne : maïs, tabac, feuilles de coca.

En 1532, lorsque François Pizarre et ses compagnons arrivèrent à Cuzco et mirent l'Empire inca à feu et à sang, ils ignoraient l'existence de Machu Picchu. D'ailleurs, cinq ans auparavant, une épidémie de peste bubonique avait causé la mort de 50 % de la population inca et depuis lors la montagne sacrée avait été abandonnée. Pendant des siècles, les rares habitants de la vallée de l'Urubamba gardèrent jalousement le secret à propos de Machu Picchu. Jusqu'au 24 juillet 1911, date à laquelle l'archéologue américain Hiram Bingham redécouvrit cette merveille que les siècles avaient fait disparaître sous la forêt.

357 *La cité de Machu Picchu a été construite entre 1460 et 1470 par le roi Pachacuti Inca Yupanqui. Les terrasses cultivées, visibles à droite de l'édifice central dit « des prisonniers », servaient à alimenter les 1 200 habitants de la ville sacrée.*

Les lignes et les géoglyphes de Nazca et de la pampa de Jumana

PÉROU

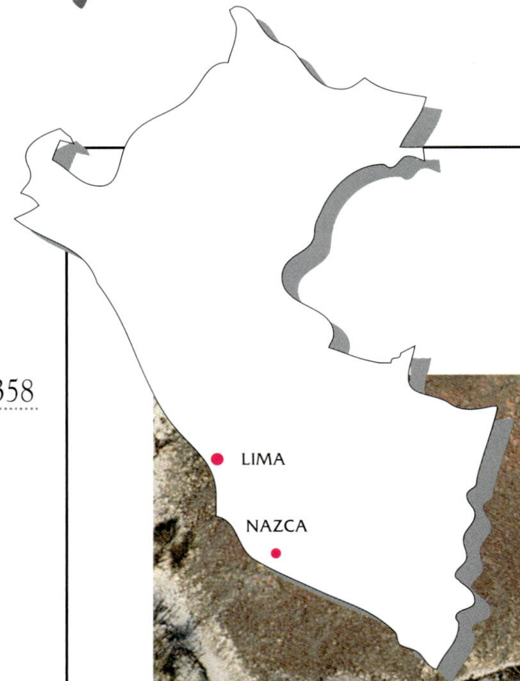

PROVINCE D'URUBAMBA, DÉPARTEMENT DE CUZCO
INSCRIPTION : 1994
CRITÈRES : C (I) (III) (IV)

358-359 Cette curieuse silhouette humaine, appelée « l'Astronaute », a souvent été considérée comme une « preuve » en faveur de la théorie – cependant catégoriquement refusée par toute la communauté scientifique – selon laquelle les géoglyphes de Nazca sont le produit d'une culture extraterrestre.

358 en bas, à gauche Ce colibri est l'un des 18 oiseaux dessinés dans la pampa de Jumana. Le peuple de Nazca a représenté dans cette zone désertique divers autres animaux parmi lesquels quelques lézards, des poissons, une baleine, un singe et une araignée.

358 en bas, à droite Cette photographie montre nettement deux dessins représentant l'un des mains, l'autre un arbre. Les figures ont toutes été réalisées au moyen d'une technique très simple consistant à enlever les cailloux et les rochers qui recouvrent le sol désertique et à mettre ainsi au jour le terrain de couleur claire.

Le long des déserts qui bordent les côtes méridionales du Pérou, se trouvent les vestiges d'anciens systèmes d'irrigation installés par les populations locales. Paul Kosok, spécialiste de l'Amérique latine précolombienne, les étudiait lorsque, dans la vallée du río Nazca, il découvrit sur le sol le dessin d'un gigantesque oiseau mesurant plus de 30 mètres de longueur. On était en 1941 et il semblait que l'image avait été tracée pour être visible d'en haut. Kosok s'informa auprès de ses collègues de l'université de Lima et apprit qu'il existait plusieurs figures géométriques de ce genre. Trois ans auparavant, un scientifique péruvien avait déjà publié un article à ce sujet : selon lui, ces dessins étaient des images cultuelles appartenant à une civilisation précolombienne inconnue. Jusque-là, ces figures avait été pratiquement ignorées, si l'on excepte quelques maigres notes laissées par des chroniqueurs espagnols vers 1600 et les observations esquissées par l'archéologue Julio Tello en 1926. Après une reconnaissance aérienne, qui lui permit de repérer de nombreux dessins, Kosok en vint à l'idée que ces dessins avaient un rapport avec d'anciens repères astronomiques. Il fit part de son interprétation à la mathématicienne et astronome allemande Maria Reiche, qui vivait à Lima. À la suite de quoi, Maria Reiche se consacra pendant quarante ans à l'étude des lignes de Nazca. Ses travaux permirent, entre autres, de faire la lumière sur l'âge et les auteurs des dessins, et de proposer une hypothèse plausible quant à leur fonction. À plus d'un demi-siècle de là, sur la pampa Colorada – ou pampa de Jumana –, le haut plateau qui domine la vallée du río Nazca, on a repéré une trentaine de dessins sur une surface de 500 kilomètres carrés. Certains, figuratifs, représentent des hommes, des animaux, ou des plantes stylisés. Les plus connus sont des images d'oiseaux, un singe, une orque, une araignée. Mais il y a aussi des figures géométriques, en particulier des trapèzes et des rectangles longs de plusieurs kilomètres, apparemment dénuées de signification. La technique employée pour les réaliser est simple : leurs auteurs ont enlevé, par tri, les pierres brunâtres qui recouvrent la surface désertique de la pampa mettant ainsi au jour les pierres plus claires du dessous. Ce qui n'enlève rien ni à leur habileté ni à l'énergie qu'ils durent déployer pour tracer ces immenses figures. En effet, étant donné qu'il n'existe aucune preuve de l'utilisation d'animaux de trait, on peut penser que le travail a été entièrement exécuté à la main. Au cours des années, les hypothèses les plus hasardeuses ont été avancées – y compris celle de visiteurs extraterrestres, à cause de la vague ressemblance entre les géoglyphes et des pistes d'aéroports, ou celle de très anciennes civilisations possédant des technologies très avancées. Mais les dessins de Nazca ne doivent rien au mystère. Les lignes de la pampa de Jumana – dont on rencontre de nombreux autres exemples, plus au nord, le long des côtes péruviennes – ont leur origine dans ce que l'on a appelé la « civilisation de Nazca », une culture précolombienne qui

se développa entre le IIe siècle av. J.-C. et le VIe siècle apr. J.-C., comme le démontre la vaisselle retrouvée dans des endroits plus cléments de la région, où vivaient sans doute les auteurs des figures. On a d'ailleurs découvert d'autres fragments de vaisselle, à proximité également du río Nazca, dont certains avec des motifs presque identiques à certaines figures. Le travail de Maria Reiche a confirmé que ces figures avaient un rôle dans l'établissement des périodes du calendrier, en permettant d'observer les solstices et la succession des saisons. Grâce au climat aride de la pampa de Jumana et à l'absence d'érosion sur le sol, les lignes de Nazca sont arrivées jusqu'à nous en parfait état.

359 à gauche La figure du singe avec sa queue en spirale est la plus connue de Nazca. Ce primate est représenté de façon identique sur la vaisselle dite de la « civilisation de Nazca », culture qui se développa sur la côte péruvienne entre le IIe siècle av. J.-C et le VIe siècle apr. J.-C.

359 à droite Ce géoglyphe d'environ 45 mètres de longueur représente une araignée. Bien que beaucoup d'archéologues refusent de reconnaître une signification astronomique aux dessins de Nazca, le professeur Gerald Hawkins a découvert que la position des pattes est dans l'alignement de la constellation d'Orion.

Le parc national de Rapa Nui

CHILI

Île de Pâques
Inscription : 1995
Critères : C (ii) (iii) (v)

360 en haut Le moai de ahu To Ko Te Riku, caractérisé par le bloc en lave posé au sommet de sa tête.

360 au centre et en bas Ce groupe de moai se trouve dans la partie sud-est de l'île. La hauteur des moai varie entre 2 et 10 mètres et leur poids peut aller jusqu'à 80 tonnes.

361 Ces moai sont à Anakena, le lieu où, selon la tradition, débarqua le premier souverain de Rapa Nui.

En 1947, persuadé que le peuplement de la Polynésie était venu d'Amérique du Sud, par l'intermédiaire de navigateurs qui, à bord d'embarcations rudimentaires, avaient réussi à gagner ces lointaines îles du Pacifique, l'explorateur et archéologue norvégien Thor Heyerdahl organise une expédition peu ordinaire. À bord du *Kon-Tiki*, un radeau en balsa identique à celui des Aborigènes, il parcourt les 8 000 kilomètres qui séparent la côte péruvienne de l'atoll de Raroia, dans l'archipel des Tuamotu. Fort de ce succès, huit ans plus tard, il décide de démontrer la même chose à propos de l'île de Pâques, distante de 4 000 kilomètres du plus proche lieu d'abordage habité. Sur place, Heyerdahl et ses compagnons commencent les fouilles archéologiques de l'île et découvrent, entre autres, qu'elle avait été couverte de forêts avant d'être totalement déboisée par ses habitants. La datation de quelques statues par la méthode du carbone 14 apporta la preuve

que l'île avait été peuplée dès 380 apr. J.-C. environ, c'est-à-dire un millénaire plus tôt que ce que l'on pensait. Les habitants soutenaient cependant que – d'après la tradition – leurs ancêtres viendraient du lointain Orient. Des années plus tard, des études scientifiques approfondies montrèrent que Heyerdhal s'était trompé. Le navigateur Jacob Roggeveen avait donné à l'île le nom d'« île de Pâques », parce qu'il l'avait aperçue le jour de Pâques 1722. En 1863, un groupe de navigateurs tahitiens, lui trouvant une ressemblance avec Rapa Iti, un îlot de Polynésie française, la baptisèrent Rapa Nui. Quant à la population locale, elle l'appelait *Te Pito O Te Henua*, « le vaisseau du monde ». Les Polynésiens furent les premiers à coloniser l'île, dès le ve siècle, y développant une culture complexe et énigmatique qui a donné naissance, entre autres, au rongorongo, seule langue écrite d'Océanie. On a découvert sur l'île une quantité de gravures rupestres, des vestiges d'habitation, des lieux de culte, des sculptures en bois, des *tapa* (habits en écorce d'arbre), des objets artisanaux. Mais Rapa Nui est surtout célèbre pour les *moai*, les têtes géantes sculptées dans la roche, dont 288 au moins étaient érigées sur des sanctuaires, appelés *ahu*, également présents dans la culture polynésienne. Quelque 250 *moai* jalonnent le périmètre de l'île, tandis que 600 autres, à divers stades d'exécution, sont dispersés le long de la côte et près du volcan Rano Raraku, où se trouvent les grottes dans lesquelles elles ont été sculptées. Exécutées pour la plupart entre 1000 et 1650, ces statues mesurent au maximum 10 mètres de haut et pèsent environ 80 tonnes, mais l'une d'elles, partiellement sculptée mais encore attachée à son lit de roche, est deux fois plus grande et, achevée, aurait pesé près de 160 tonnes. Selon l'opinion la plus plausible, elles avaient sans doute une signification religieuse puisqu'elles incarnaient les *mana*, les esprits des ancêtres, conformément à la tradition polynésienne. Pour d'autres, elles symboliseraient l'autorité aussi bien religieuse que politique. Rapa Nui connut la prospérité pendant des siècles, mais l'accroissement de la population entraîna inexorablement son déclin. À son apogée, l'île devait compter 10 000 habitants environ. Trop pour ses 120 kilomètres carrés. Dès le xve siècle, le fragile écosystème était déjà compromis au point qu'il n'y avait plus d'arbres pour fabriquer les canoës. Les derniers furent coupés pour étendre les cultures. Des rivalités entre clans conduisirent à une fracture dans le tissu social à l'origine de véritables guerres et même de cannibalisme. L'arrivée des Européens aggrava la situation. Ils apportèrent des maladies, et un grand nombre d'habitants de Rapa Nui furent déportés par les équipages des navires puis vendus comme esclaves. En 1877, la population – aujourd'hui remontée à environ 2 000 habitants, parmi lesquels, cependant, beaucoup de citoyens d'origine continentale – ne comptait plus que 111 personnes. Mais le mal était irréversible, et l'histoire de Rapa Nui est considérée aujourd'hui comme le symbole de la catastrophe écologique.

Les Sites naturels

363 *Royaume de l'éléphant africain, le parc national de Mana Pools abrite une des plus grandes concentrations de faune sauvage de l'Afrique méridionale. Créé en 1963, il est inscrit au patrimoine mondial depuis 1984.*

Introduction

Le 1er mars 1872, le président Ulysse S. Grant signa l'acte fondateur du premier parc national au monde, afin de protéger l'incroyable spectacle naturel des fumerolles, geysers et sources chaudes du Yellowstone, un site frontalier en lisière du Wyoming, du Montana et de l'Idaho. La croissance industrielle et le processus frénétique de la modernisation ont depuis défiguré la géographie de nombreuses régions de notre planète mais, en même temps, l'humanité a pris progressivement conscience de la nécessité de préserver les équilibres délicats de l'environnement et de la nature, en créant des zones protégées de plus en plus étendues et de plus en plus nombreuses.
Dès son établissement en 1972, la Convention de l'Unesco pour la protection du Patrimoine Mondial a fait figurer parmi ses objectifs le regroupement sous son égide des zones naturelles les plus précieuses et les mieux préservés dans les cinq continents. Près de 200 sites extraordinairement divers sont inscrits à l'Inventaire du Patrimoine Mondial pour leur caractère naturel remarquable. Cela va des grands parcs comme le Seringeti et le N'gorongoro en Tanzanie, ou les montagnes de la Virunga au Congo, merveilleuses réserves naturelles des grands mammifères africains, jusqu'aux vastes domaines glaciaires à cheval sur le Canada et l'Alaska, et aux zones les plus importantes de fouilles paléontologiques, où les fossiles d'animaux préhistoriques permettent de reconstituer l'histoire et l'évolution de la vie sur terre, en passant par les immenses étendues océaniques et leurs structures naturelles, comme la Grande Barrière de Corail qui s'étend le long de la côte nord-est de l'Australie, ou l'atoll d'Aldabra dans les Seychelles, une des plus riches réserves marines du monde. La liste inclut également les Îles Galapagos, où Charles Darwin a élaboré sa théorie de l'évolution, et les terres arides dominées par des volcans spectaculaires, en activité intense, telles Hawaii et la péninsule russe du Kamchatka.
Ce merveilleux atlas naturel couvre 73 pays sur tous les continents, avec toutefois des différences substantielles. Si l'Afrique, l'Australie et les Amériques se taillent la part du lion, simplement en raison de l'étendue de leur territoire et d'un impact humain relativement limité, l'Asie possède des zones protégées dans les immenses plaines inhabitées de la Russie orientale et au cœur des sommets imposants de l'Himalaya, mais aussi dans des pays comme la Chine, l'Inde ou le Japon, où la pression exercée sur l'environnement par l'homme devient de plus en plus insoutenable. L'Europe ferme le ban, bien qu'elle puisse elle aussi s'enorgueillir de quelque 30 sites dans cette section de l'Inventaire du Patrimoine Mondial. La plupart de ces derniers sont cependant d'une superficie limitée, dans un continent qui possède une forte densité de population, avec une moyenne pondérée de 159 habitants au km carré.
Aujourd'hui, la conservation du patrimoine naturel et environnemental est considérée comme une priorité par une large part de la population, y compris dans de nombreux pays en voie de développement, où les parcs nationaux et autres zones protégées représentent une importante ressource économique, en raison de l'afflux toujours croissant de touristes. Néanmoins, et ce malgré l'engagement d'institutions et d'associations internationales pour la défense de l'environnement, un grand nombre de sites du Patrimoine Naturel Mondial sont confrontés à de sérieuses menaces.
Il y a plusieurs raisons à cela : les guerres et le braconnage, l'exploitation des ressources minières, l'occupation illégale des zones protégées ou l'expansion des zones urbaines et de la pollution, comme c'est le cas dans les Everglades, en Floride – dans un pays où la conscience des problèmes environnementaux est pourtant très élevée.
Le Patrimoine Naturel protégé par l'Unesco est tout ce qui subsiste de notre planète avant que l'homme n'impose sa domination sous toutes les latitudes, et c'est le meilleur héritage que nous puissions laisser à ceux qui nous succéderont.

La chaussée des Géants

ROYAUME-UNI

IRLANDE DU NORD, DÉTROIT DE MOYLE
INSCRIPTION : 1986
CRITÈRES : N (I) (III)

En 1693, sir Richard Bulkeley, éminent savant du Trinity College de Dublin, fit une communication qui sema la discorde au sein de la Royal Society. Elle décrivait la découverte, un an auparavant, par le comte évêque de Derry, d'une singulière portion de côte à l'extrémité nord-est de l'Irlande. Le long du littoral d'Antrim s'élevait une falaise dont les aspects étaient trop réguliers pour avoir été modelés par la seule action de la nature. Quatre ans plus tard, l'institution londonienne envoya sur place un dessinateur pour représenter cette curiosité naturelle.

Pendant tout le XVIIIe siècle, la chaussée des Géants attira des artistes et des savants, qui s'interrogèrent sur les origines d'environ 4000 colonnes de basalte, alignées de façon à former une sorte de route pavée menant à la mer. Pour les anciens habitants du lieu, elles étaient l'œuvre du géant Finn McCool, commandant de l'armée du roi d'Irlande. Puis d'autres récits se mêlèrent à la légende d'origine. Suivant la version la plus répandue, McCool aurait construit cette voie pour aller conquérir son épouse à Staffa, dans les îles Hébrides, alors que, suivant une variante, le géant s'en serait servi pour aller combattre l'ennemi en terre d'Écosse. Il fallut attendre la fin du XVIIIe siècle pour que se forme un groupe de géologues qui soutenaient l'origine volcanique de cette curieuse formation. Il était conduit par Richard Kirwan, qui défendait la thèse d'une précipitation de minéraux contenus dans l'eau de mer. En 1830, quand fut construite la première route le long de la chaussée des Géants, le site fit partie du « grand tour », le voyage obligé des intellectuels du temps, et trouva sa place dans les œuvres des poètes romantiques, parmi lesquels en premier lieu William Thackeray.

Mais l'explication officielle ne devait pas tarder à se faire jour. Selon toute probabilité, la région d'Antrim fut soumise à une intense activité volcanique à l'ère tertiaire (entre 50 et 60 millions d'années). Des masses extrêmement fluides de roches en fusion furent projetées vers le haut à travers des fissures de la surface calcaire, jusqu'à former un plateau de laves.

Son refroidissement rapide provoqua une contraction de la matière en cours de solidification. Les différentes phases de ce refroidissement, à des vitesses différentes selon les profondeurs, créèrent des crevasses verticales, selon un processus semblable à celui de la boue quand elle sèche. Avec le temps, la roche la plus tendre a été érodée par l'action de la mer, laissant à découvert une spectaculaire agglomération de colonnes parfaitement ajustées, qui s'étend sur presque 300 mètres le long de la côte et se poursuit jusqu'à 150 mètres au large. Les colonnes présentent pour

364 en bas, à droite Le pingouin torda (Alca torda) *est l'une des 80 espèces environ d'oiseaux, entre résidants et migrateurs rencontrés sur la chaussée des Géants, considérée à ce titre comme un lieu d'importance régionale pour l'avifaune par la Société royale pour la protection des oiseaux.*

364 en haut Le macareux moine (Fratercula arctica) *appartient à la famille des charadriidés, dont de nombreux groupes vivent sur les côtes de toutes les mers nordiques. Cette espèce est nettement reconnaissable grâce à son bec relativement grand et multicolore, son ventre blanc et ses pattes orange.*

364 en bas, à gauche Décrite pour la première fois en 1693, la chaussée des Géants a fait l'objet de légendes et de discussions enflammées chez les scientifiques. Ce n'est qu'au milieu du XIXe siècle que les progrès de la science de la Terre permirent enfin d'en expliquer la formation.

365

365 Au fil des millénaires, sur les points où l'action de la marée se fait le plus sentir, l'érosion causée par le flux incessant de l'eau de mer efface lentement les géométries parfaites des basaltes de la côte.

la plupart une section hexagonale (mais il en existe aussi à quatre, cinq, huit et dix côtés), et n'excèdent pas 6 mètres de hauteur, exception faite des formations comprenant le groupe appelé l'« orgue du Géant », atteignant 12 mètres. L'érosion due aux agents atmosphériques a aussi créé des formations dites les « yeux du Géant », disposées circulairement autour de noyaux de basalte. Bien que l'aspect géologique constitue la principale attraction de la chaussée des Géants, cette côte est aussi un habitat privilégié pour de nombreuses espèces d'oiseaux de mer, parmi lesquels le pétrel des glaces, le cormoran crêté et le pingouin torda. Le National Trust a en outre dressé un inventaire de nombreuses espèces botaniques présentes sur le dessus de la falaise et ayant survécu à trois siècles de fréquentation touristique.

366 Formée à la suite d'une intense activité volcanique survenue il y a 50 à 60 millions d'années, la chaussée des Géants est constituée d'environ 40 000 colonnes de basalte, s'élevant sur presque 300 mètres de côte et se prolongeant à plus de 150 mètres au-dessous du niveau de la mer.

367 en haut, à gauche Les colonnes de l'« orgue du Géant », parmi les plus hautes de la chaussée des Géants, atteignent 12 mètres de haut.

367 en haut, à droite La forme des colonnes de basalte est en général hexagonale, mais il en existe à quatre, cinq, huit et dix côtés.

367 en bas La chaussée des Géants offre l'impressionnant spectacle de falaises basaltiques de près de 100 mètres de haut, formées par les laves du tertiaire sur le haut plateau d'Antrim. Elle s'étend sur 3 800 kilomètres carrés.

367 au centre, à droite Avec la perdrix arctique, le fulmar boréal (Fulmarus glacialis) est l'un des oiseaux qui nidifient le plus au nord ; il peut pousser jusqu'à l'intérieur du cercle polaire arctique.

Le parc national de Coto Doñana

ESPAGNE

ANDALOUSIE, DELTA DU GUADALQUIVIR
INSCRIPTION : 1994
CRITÈRES : N (II) (III) (IV)

C'est, dit-on, un chagrin d'amour qui amena Ana de Silva y Mendoza, duchesse de Medina Sidonia, à faire retraite dans la résidence austère s'élevant dans le delta du Guadalquivir, où les rois de Castille avaient établi une réserve de chasse. Légende ou réalité, on ne sait ; quoi qu'il en soit, les habitants des villages voisins nommèrent ce lieu la « forêt de Doña Ana » ou, plus simplement, Doñana. Bien des siècles plus tard, en 1969, le gouvernement espagnol créa le parque nacional de Coto Doñana. Ses 35 000 hectares de superficie correspondent pratiquement à ce qui fut le delta du Oued el-Kebir des Maures, l'actuel Guadalquivir. Singulier delta par ailleurs, auquel d'aucuns préfèrent donner le nom d'estuaire, car seul un bras fluvial se jette dans l'océan Atlantique, au nord

de Sanlúcar de Barrameda. Les autres bras ont été progressivement fermés par la grande barrière sablonneuse, que les vents océaniques ont modelée en formations complexes de hautes dunes, qui s'étirent de l'embouchure du río Tinto, près de Palos, jusqu'à la rive opposée de Sanlúcar.
Au-delà de cette barrière s'étendent des marais qui font de Donaña un lieu unique en Europe. Actuellement, les Arenas Gordas, les « sables gras » que délimitent les marais de Doñana, s'étendent du nord au sud sur environ 70 kilomètres, coupés par la bouche du fleuve en leur pointe méridionale, alors que les marais couvrent une superficie totale de 1 150 kilomètres carrés.
L'écosystème, dans son ensemble de dunes côtières, de marais et de plans d'eau, abrite une végétation typiquement méditerranéenne, comprenant bruyères, lentisques, romarins et lavande ; au-delà s'étendent des forêts de chênes-lièges.
Pendant toute l'année, le parc est le refuge de prédilection de plus de 300 espèces d'oiseaux, dont certaines sont sédentaires, alors que d'autres migrent de l'Europe centrale en hiver, d'autres encore arrivant de l'Afrique pour y passer l'été.
L'alternance des saisons voit les pluies hivernales favoriser la formation d'un vaste marécage de 30 à 60 centimètres

368 *Les marais du parc de Coto Doñana sont le lieu de passage pour plus de 300 espèces d'oiseaux partiellement sédentaires. D'autres migrent de l'Europe septentrionale en hiver, d'autres arrivent d'Afrique pour passer l'été.*

368-369 *Créé en 1969, le parc s'étend sur 35 000 hectares, couvrant en gros le delta du Guadalquivir, et comprend un écosystème de dunes côtières, de marais, de plans d'eau douce, avec une flore typiquement méditerranéenne.*

369 en haut *Un groupe de daims femelles* (Dama dama) *explore le marais de la Madre de las Marismas del Rocío, à la recherche de nourriture. Originaire de l'Asie Mineure, le daim a été introduit en Europe par les Phéniciens.*

369 au centre *Le héron pourpré* (Ardea purpurea) *a un plumage richement coloré de brun et d'ocre. Doté d'un long cou et d'un long bec, il est rougeâtre dans les parties inférieures du corps et gris ardoise sur le dessus.*

369 en bas *Répandu dans le monde entier, le héron garde-bœufs* (Bubulcus ibis) *est un oiseau typique des zones humides, où il nidifie, groupé en colonies, sur les arbres ou dans des cannaies et les buissons.*

370 en haut *La sterne pierregarin (Sterna hirundo) est un oiseau migrateur d'une quarantaine de centimètres de longueur. Les populations qui nidifient à Doñana quittent l'Europe entre août et octobre, pour hiverner en Afrique occidentale.*

370-371 *Les dunes côtières du cerro de los Ánsares (la colline des oies) forment une barrière en continuelle mutation, qui se prolonge vers l'intérieur des terres, modifiant jour après jour la morphologie du territoire.*

371 en haut, à gauche *Vue d'en haut, la végétation côtière du secteur septentrional de Coto Doñana, dans la zone de la plage de Matalascañas, s'étend à perte de vue.*

de profondeur, d'où émergent les *vetas*, îlots offrant des lieux de nidification parfaits aux échassiers, aux sternes, ainsi qu'à de nombreux autres oiseaux.
Pendant l'hiver, la présence d'oies et de canards fait de Doñana un incroyable carrefour de migrateurs et l'on y voit se rassembler une population avicole d'au moins un million de sujets.
Les spatules arrivent en février, venant d'Afrique du Nord pour nidifier sur les chênes-lièges. Puis, un mois plus tard, les eaux commencent à se retirer, indiquant le moment où l'aigle impérial *(Aquila heliaca)* pond ses œufs.
C'est pour les chercheurs l'occasion de recenser ce formidable rapace en voie d'extinction, dont il reste dans le parc une quinzaine de couples (le tiers de leur population totale). Chaque couple a besoin pour chasser de 2 600 hectares de territoire pendant les mois d'été, et plus encore l'hiver, en raison des conditions plus défavorables pour la survie de l'espèce.
Si, au temps de la noble dame dont le parc a pris le nom, Doñana ne figurait pas sur les cartes, on peut aujourd'hui constater que ses limites sont cernées par les constructions. La proximité des aires cultivées représente aussi une sérieuse menace, car les pratiques agricoles déversent dans les cours d'eau d'importantes quantités de pesticides. On peut en dire autant des mines de soufre d'Aznalcóllar, près de Séville, dont les déchets contribuent à aggraver la situation.

371 en haut, à droite *On trouve à Doñana des ongulés de grande taille, comme le cerf* (Cervus elaphus), *avec environ 90 sujets.*

371 en bas L'immense étendue du Pinar de la Algaida, une des rares forêts européennes en état de parfaite conservation, est caractérisée par la présence de communautés de pins parasol (Pinus pinea), *associés aux lentisques.*

Le delta du Danube

ROUMANIE

Province de Tulcea
Inscription : 1991
Critères : N (iii) (iv)

372 en haut *En juin, la guifette moustac* (Chlidonias hybridus) *construit un nid sur une couche de végétation aquatique ; quelquefois, elle s'installe même sur une feuille de nénuphar.*

Le mot « delta » définit en plusieurs langues la partie terminale d'un fleuve qui, avant de se jeter dans la mer, se ramifie en une série de bras formant un triangle. Ce terme fut adopté chez les anciens Grecs par analogie avec la forme de la lettre delta (Δ) de leur alphabet. Le premier delta qu'ils rencontrèrent, explorèrent et décrivirent fut celui du Danube, grand fleuve auquel, dès 450 av. J.-C., Hérodote d'Halicarnasse reconnut un rôle fondamental dans la civilisation européenne.
Long de 2 900 kilomètres et navigable sur presque tout son cours, le Danube compte 80 millions environ d'habitants, répartis en huit pays, et son bassin s'étend sur quelque 800 000 kilomètres carrés. Le delta proprement dit couvre 4 340 kilomètres carrés de la superficie de la Roumanie et 800 autres en Ukraine ; c'est le plus jeune territoire géologique du continent. Déclaré réserve de la biosphère en 1990, inscrit au patrimoine mondial de l'Unesco et à la convention Ramsar l'année suivante, le delta du Danube est une zone en continuelle évolution, modelée comme elle l'est par un fleuve au débit de 5 000 à 9 000 mètres cubes à la seconde, qui entraîne vers son embouchure près de 50 millions de tonnes de déchets alluvionnaires par an. Le fleuve se divise en quatre bras principaux – Chilia, Tulcea, Sulina et Sfantu Gheorghe –, auxquels s'ajoutent de nombreux lacs d'eau douce reliés par des canaux et, au sud, de vastes marais d'eau salée, séparés de la mer Noire par des barrières que l'action combinée du fleuve et de la mer modifie sans cesse. Seuls 10 % du territoire du delta sont situés au-dessus du niveau de la mer. En revanche, l'étendue aquatique est la plus vaste d'Europe et abrite le plus grand nombre de roseaux des marais de la planète. Ces roseaux, en majorité de l'espèce *Phragmites australis*, forment de nombreux îlots appelés *plaur*, qui émergent des marécages parsemés de fougères et de nymphéas. C'est cependant au point de jonction du Danube avec la mer que se rencontrent les plus belles surprises : des îles qui apparaissent le jour et disparaissent la nuit, submergées par la marée, des dunes couvertes d'un épais tapis herbeux qui enferment des vallées humides, de longues barrières de terrain

372 Au centre *Les immenses marais danubiens sont souvent recouverts d'un tapis de nymphéas blancs et jaunes.*

372 en bas *Près de l'embouchure du Danube, les chênes se sont adaptés à l'action des marées sur leurs troncs.*

372-373 Le territoire du delta du Danube est incessamment modelé par le grand fleuve, dont le débit de 5 000 à 9 000 kilomètres cubes à la seconde entraîne vers la mer 50 millions de tonnes de déchets alluvionnaires par an.

373 en haut Un ibis falcinelle (Plegadis falcinellus) *dans son plumage jaspé d'hiver. En été, ses couleurs sont encore plus vives : le corps et le cou sont rouille, les ailes et la tête d'un vert métallique.*

373 en bas Nageur habile et pêcheur aux coups de bec pratiquement infaillibles, le pélican blanc (Pelecanus onocrotalus) *n'a pas de rival quant à l'élégance de son vol, mené en troupes ordonnées qui savent utiliser les courants thermiques ascensionnels.*

alluvial, à l'épaisse végétation aux tiges élevées. Parmi ces dernières, on peut citer celle de Letea, à l'embouchure du Sulina. Longue d'une vingtaine de kilomètres et large de 15 au maximum, elle est caractérisée par des chênes des espèces *Quercus robur* et *Quercus pedunculiflora*, pouvant atteindre plus de 35 mètres de haut, ainsi que par des pins et des frênes, à leur tour associés à des plantes rampantes, *Periploca graeca, Clematis vitalba, Vitis sylvestris* et *Humulus lupulus*, qui donnent au paysage un curieux aspect « tropical ».
Les prairies noyées, les lacs, les dunes et les zones « élevées » du delta du Danube comportent 12 habitats différents et forment une réserve ornithologique, les cigognes et les cygnes blancs sont également nombreux, au moins un millier par espèce. En outre, bien que ne nidifiant pas, on rencontre au cours des mois d'hiver environ 45 000 bernaches à cou roux *(Branta ruficollis)*. Le total des petits mammifères – loutres, ragondins, lièvres, chats sauvages et rats musqués –, bien que non évalué avec précision, est considéré comme très élevé à l'échelle européenne, tout comme celui des vipères. Sur la barrière de Letea vit l'écaille des marais *(Rhyparioides metelkana)*, un papillon nocturne unique en Europe. Enfin, parmi 70 espèces environ de poissons d'eau douce – une trentaine étant spécifiques du delta –, on peut citer les harengs du Danube, les carpes et surtout l'esturgeon,

374 en haut Les îlots de roseaux, surtout de l'espèce Phragmites australis, *sont appelés* plaur *et couvrent une superficie totale de 1 000 kilomètres carrés.*

374 en bas, à gauche À la différence de ses congénères, le héron pourpré (Ardea purpurea) *vit exclusivement dans les cannaies des zones marécageuses, où il peut parfaitement se dissimuler.*

374 en bas, à droite Inscrit sur la Liste rouge de l'UICN, le cormoran pygmée (Phalacrocorax pygmeus) *est le plus petit et le plus rare de son espèce. La moitié de sa population mondiale vit dans la zone protégée.*

la première d'Europe par la quantité et la variété des espèces qu'elle abrite. Parmi les 300 espèces de migrateurs provenant du bassin de la Méditerranée, de l'Europe continentale et même de zones éloignées de l'Asie, 176 viennent y nidifier.
Parmi celles-ci, le cormoran pygmée *(Phalacrocorax pygmeus)* dont la population composée d'environ 2 500 couples représente 61 % du total mondial, et les différentes espèces de pélicans (*Pelecanus onocrotalus* et *Pelecanus crispus*), qui constituent la plus forte colonie européenne de ces oiseaux. Les ibis, les hérons pourprés, les aigrettes, recherché des pêcheurs pour le caviar. Les 15 000 habitants de la zone, répartis dans de petites localités, sont surtout d'origine ukrainienne et de religion orthodoxe. Le delta se dépeuple cependant, en raison des restrictions rigides que le gouvernement roumain, poussé par différentes organisations internationales, impose à la pratique d'activités liées à la pêche systématique et à l'agriculture. Ces mesures prennent le contre-pied des tendances des années 1980, qui prévoyaient, sous le régime de Ceauşescu et l'égide de l'Union soviétique, l'exploitation massive de la zone. On avait alors construit de nombreux polders et expérimenté des cultures comme celles du riz et du maïs, tandis que la déforestation de grandes étendues faisait place à des plantations de peupliers, destinés à alimenter des papeteries. Entre-temps, en amont, les industries lourdes déversaient dans le Danube des tonnes de déchets nocifs. Si l'écroulement de l'ex-URSS et de ses satellites a entraîné des bouleversements de société, il a été par ailleurs profitable au délicat écosystème du delta qui, selon les spécialistes, est actuellement en meilleure santé.

374-375 Un groupe de pélicans blancs (Pelecanus onocrotalus) *s'est rassemblé dans une zone marécageuse. On estime que le delta en accueille 2 500 couples, soit 50 % de la population paléarctique.*

375 en bas Reconnaissable à l'aspect brillant de son plumage bleu-vert et à son bec fort, un peu crochu, le rollier d'Europe (Coracias garrulus) *vit en couple ou en petits groupes.*

Les réserves naturelles de l'Aïr et du Ténéré

NIGER

DÉPARTEMENT D'AGADÈS
INSCRIPTION : 1991
INSCRIPTION SUR LA LISTE DU PATRIMOINE MONDIAL EN PÉRIL : 1992
CRITÈRES : N (II) (III) (IV)

Désormais célèbre parce que c'est le tronçon décisif du redoutable Paris-Dakar, le désert du Ténéré s'est également retrouvé sous les feux de l'actualité de l'Afrique saharienne au début des années 1990 pour des raisons politiques. La rébellion des Touareg, autrefois les seigneurs incontestés du Sahara, a menacé la stabilité du Niger et du Mali, notamment en coupant les voies de communication déjà rares entre le nord et le sud du grand désert africain. En février 1992, l'enlèvement de six responsables de la réserve naturelle de l'Aïr et du Ténéré incita le Niger à demander l'inscription de la région sur la Liste du patrimoine mondial en péril. La prise d'otage s'acheva sans victimes, et le 20 avril 1995, les parties en présence signèrent un accord qui permit au WWF d'envoyer une équipe dans la réserve.
Par bonheur, le fragile environnement local a été moins altéré qu'on ne l'avait craint, même si certaines espèces, comme l'autruche, continuent à être gravement menacées par le braconnage.
Avec une superficie de 7,7 millions d'hectares, la réserve naturelle de l'Aïr et du Ténéré, de forme plus ou moins rectangulaire, est le plus grand espace protégé du continent. Les montagnes de l'Aïr, un ensemble de neuf massifs granitiques comportant des intrusions de roches ignées, occupent de 35 à 40 % de sa superficie, laissant le reste au désert du Ténéré, l'une des plus vastes « mers de sable » du Sahara, qui s'étend sur une plate-forme de roches métamorphiques du cambrien soumise à une érosion continuelle et intense. Le Ténéré est caractérisé par ses ergs, de vastes champs de dunes de sable dont la hauteur, quand elles trouvent appui sur des affleurements rocheux, peut atteindre presque 300 mètres.
Largement décrite dans la littérature scientifique, la végétation comprend plus de 350 espèces, répandues surtout dans le milieu sahélien de l'Aïr.
On rencontre essentiellement des *Balanites aegyptiaca*, qui contiennent un stéroïde utilisé pour soigner la

376 en haut La falaise d'Anakom, couverte de peintures paléolithiques, offre l'un des plus précieux témoignages sur le peuplement du Sahara.

376 en bas Une grande partie du Ténéré est couverte d'ergs, ces étendues de dunes créés par l'érosion constante du substrat rocheux du Cambrien.

377 en haut, à gauche
Le fennec (Vulpes zerda), surnommé aussi « renard du désert », est un petit prédateur nocturne (il pèse à peine 2 kilos) qui s'est particulièrement bien adapté aux climats chauds et arides.

377 en haut, à droite
Le grand duc du désert (Bubo ascalaphus), le plus petit rapace nocturne de cette famille, se reconnaît à ses yeux incroyablement jaunes et à son plumage clair. Il se nourrit surtout de reptiles et de petits mammifères.

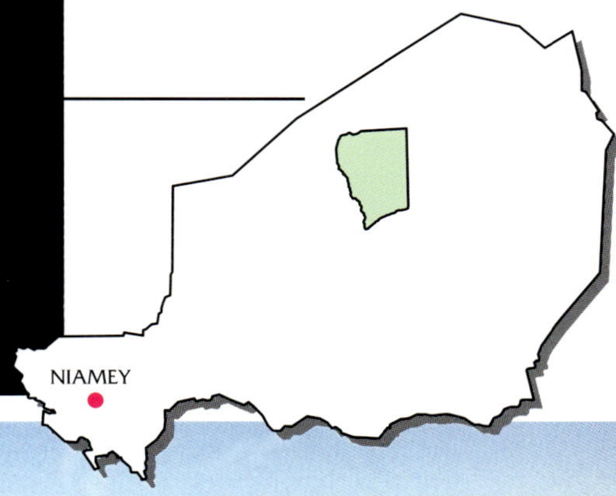

376-377 Avec une superficie de 7,7 millions d'hectares, les réserves de l'Aïr et du Ténéré constituent le plus grand espace protégé du continent africain. Sur cette photo aérienne, au-delà de la mer de sable infinie du Sahara, on distingue les premiers contreforts du massif de l'Aïr.

378 en haut, à droite *Un chat des sables* (Felis margarita) *se trouve confronté à une proie dangereuse, la vipère à cornes* (Cerastes cerastes), *l'un des 18 reptiles endémiques du Ténéré.*

378 au centre, à gauche *Trois petits fennecs émergent d'une anfractuosité. Mesurant à peine 5 centimètres à la naissance, ils atteignent la taille de leurs parents en l'espace de quatre mois.*

378 en bas, à gauche *Une petite gerboise du désert* (Jaculus jaculus) *creuse son terrier dans les sables du Ténéré.*

bilharziose, des *Salvadora persica*, un arbuste vert utilisé au Sahel pour l'hygiène dentaire, des *Ziziphus mauritania*, des *Acacia laeta* et des *Acacia albida*. Dans le Ténéré, on rencontre en revanche *Acacia tortilis raddiana* et *Acacia ehrenbergiana*.
Les variétés sauvages de certaines espèces comestibles, comme l'olivier, le mil et le sorgho, sont particulièrement importantes ; elles ont récemment été l'objet de recherches génétiques réalisées par l'International Board for Plant Genetic Ressources.

En dépit de l'aridité du climat, caractérisé par une température moyenne annuelle de 28 °C et par des précipitations rares ou inexistantes, on signale dans la région 165 espèces d'oiseaux, 18 reptiles et 40 mammifères, dont beaucoup sont menacés d'extinction. Parmi ces derniers, on recense 12 000 gazelles dorcas *(Gazella dorcas)*, 170 gazelles dama *(Gazella dama)* et 3 500 mouflons à manchettes, ou *waddan (Ammotragus lervia)*. Même l'addax *(Addax nasomaculatus)*, l'antilope considérée par les Touareg comme la « reine du désert », ne cesse de décliner parce qu'on la chasse inconsidérément : on estime qu'il en reste à peine une quinzaine.
Les conditions climatiques de l'Aïr et du Ténéré ne sont guère favorables à l'implantation humaine ; la population des villages d'Iférouane et de Tin Telloust, au cœur du complexe montagneux, ne dépasse pas 2 500 personnes, auxquelles il faut ajouter entre 1 500 et 4 500 Touareg nomades. Pourtant cette région a fourni des traces d'occupation remontant à 30 000 ans ; à cette époque, grâce aux bouleversements glaciaires, le Sahara pouvait supporter les activités pastorales de ses habitants, des populations très anciennes qui ont représenté leur univers, tellement différent du désert actuel, dans les innombrables peintures rupestres qui parsèment la région.

378-379 Il ne reste que 12 000 gazelles Dorcas (Gazella dorcas) ; c'est l'un des ongulés menacés d'extinction qui trouvent refuge dans la zone protégée, avec la gazelle dama, le mouflon à manchettes et une autre antilope, l'addax.

379 en haut Victime d'une chasse impitoyable durant la période de la révolte des Touareg, l'autruche (Struthio camelus) est devenue assez rare dans la réserve de l'Aïr et du Ténéré.

379 à droite On désigne par le nom générique de guêpier diverses espèces d'oiseaux appartenant à la famille des méropidés (genre Merops), qui se nourrissent presque exclusivement d'abeilles et de guêpes.

Les parcs nationaux du lac Turkana

KENYA

DISTRICTS DE MARSABIT, EASTERN PROVINCE
INSCRIPTION : 1997, 2001
CRITÈRES : N (I) (IV)

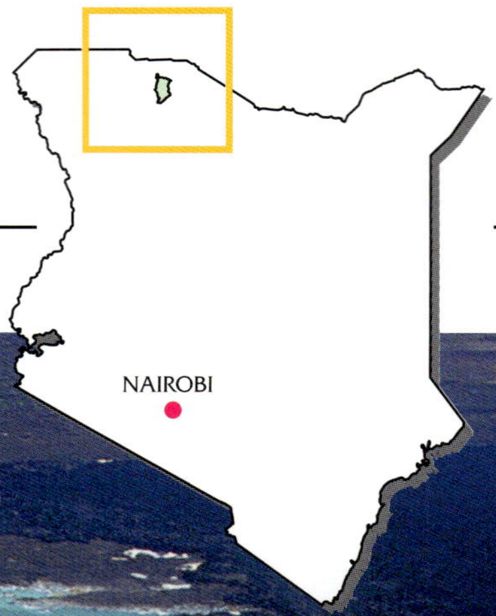

Richard Leakey a survolé pour la première fois la rive orientale du lac Turkana en 1967. Du ciel, il a vu un enchevêtrement de strates de grès noirâtres, plus semblables aux terrils d'une mine de charbon qu'à une formation naturelle, et il s'est demandé ce qu'avait pu être le passé de cet endroit. Plusieurs mois plus tard, chargé de la direction du Musée national du Kenya, le jeune chercheur – fils du plus célèbre couple de « chasseurs d'hominidés » du monde – commença à explorer le site de Koobi Fora, où il découvrit les plus riches gisements de fossiles du continent africain, en particulier pour la période comprise entre il y a 1 et 3 millions d'années.
Il découvrit d'abord un fragment de crâne vieux de 2 millions d'années, qui fut catalogué sous la rubrique *Homo habilis*, puis, en l'espace d'une décennie, il exhuma plus de 160 hominidés fossiles avec leurs outils de pierre, plus de 4000 échantillons de mammifères et de poissons, de tortues géantes *(Pelusios broadleyi)*, de crocodiles pouvant atteindre 15 mètres *(Euthecodon brumpti)*, d'éléphants préhistoriques *(Elephas recki)*, d'ancêtres des équidés, des félins et des antilopes, de babouins géants et de cochons gros comme des rhinocéros.
Mais l'importance du lac Turkana, baptisé lac Rodolphe par les premiers Européens qui le virent en 1888, ne réside pas seulement dans l'extraordinaire collection de fossiles découverts à Koobi Fora.
Situé dans une zone semi-désertique, c'est le plus salin des lacs africains et le plus septentrional de ceux qui occupent la grande vallée du Rift. Le site inscrit au patrimoine mondial par l'Unesco en 1997 comprend le parc national de Sibiloi – avec le mont Sibiloi, dont les pentes abritent une forêt pétrifiée datant d'il y a 7 millions d'années – et le parc national de Central Island, un gros îlot volcanique. L'adjonction du parc national de South Island en 2001 a porté la superficie globale de l'espace protégé à plus de 160000 hectares. L'aridité de la région se reflète dans une végétation modeste, dominée par les herbes de la savane et les acacias. Toutefois, le lac Turkana constitue un laboratoire exceptionnel pour l'étude des communautés animales qui vivent sur ses rives.
Parmi les mammifères, on rencontre des zèbres de Burchell et de Grévy (*Equus burchelli* et *Equus grevyi*), des gazelles de Grant *(Gazella granti)*, des oryx *(Oryx gazella beisa)*, des antilopes comme le bubale *(Alcelaphus buselaphus)*, le damalisque, ou *topi (Damaliscus korrigum)* et le petit koudou *(Tragelaphus imberbis)*, des prédateurs comme le lion *(Panthera leo)* et le guépard *(Acinonyx jubatus)*. Mais le lac est aussi une étape essentielle pour les oiseaux migrateurs, dont on a recensé plus de 350 espèces, notamment une colonie de becs-en-ciseaux d'Afrique *(Rynchops flavirostris)* qui nidifie sur Central Island, mais aussi des flamants, des rossignols, des bergeronnettes et des bécasseaux minute *(Calidris minuta)*. Et, surtout, il abrite la plus grande communauté vivante de crocodiles du Nil *(Crocodylus niloticus)*, forte de 12000 individus. Toutefois, l'avenir de ce qui était autrefois l'un des principaux tributaires du Nil Blanc est incertain : ce n'est plus aujourd'hui qu'un lac intérieur privé d'émissaire. Moins à cause des activités humaines, limitées à la subsistance de petits groupes de pasteurs nomades Turkana, Gabbra et Rendille, qu'à cause du réchauffement planétaire en cours, encore aggravé par la désastreuse sécheresse qui a frappé l'Afrique orientale au cours des dernières années.

380-381 Sur la rive méridionale du lac Turkana surgit le volcan Nyabuyatom, dont le nom signifie en langue turkana l'« estomac de l'éléphant ».

380 en bas, à gauche La dépression du lac Turkana abrite le plus salin des lacs africains, qui couvre une superficie de 6750 km².

380 en bas, à droite Surnommé « mer de jade » à cause de la couleur caractéristique bleu-vert de son eau, le lac Turkana est bordé d'un spectaculaire paysage désertique.

381 en haut Semblables à des roches, les arbres de la forêt pétrifiée datant d'il y a plus de 7 millions d'années découverte sur le mont Sibiloi témoignent qu'il y eut une époque où la région a dû être beaucoup plus arrosée.

381 au centre Une colonie de flamants roses (Phoenicopterus ruber) *envahit le lac Turkana, qui sert de refuge à plus de 350 espèces d'oiseaux, surtout migrateurs.*

381 en bas La gazelle de Grant (Gazella granti), *la plus répandue parmi les 13 espèces de gazelles, est l'une des antilopes les plus résistantes à la sécheresse.*

Le parc national des Virunga

RÉPUBLIQUE DÉMOCRATIQUE DU CONGO

Régions du Kivu et du Haut-Zaïre
Inscription : 1979
Inscription sur la Liste du patrimoine mondial en péril
Critères : N (ii) (iii) (iv)

En 1970 parut sur la couverture du *National Geographic Magazine* le portrait d'une jeune vétérinaire américaine établie depuis trois ans d'abord au Zaïre, puis au Rwanda, pour étudier le plus fascinant des grands primates : le gorille de montagne, avec le soutien de la National Geographic Society et de la Wilkie Foundation. Dian Fossey tentait ainsi d'alerter

l'opinion sur le sort d'une population qui se réduisait d'année en année, surtout après que les braconniers eurent tué Digit, le mâle au dos argenté auquel la chercheuse s'était le plus attachée. L'infatigable combat de Dian Fossey en faveur des gorilles prit brusquement fin le 27 décembre 1985, au Karisoke Research Center qu'elle avait fondé : elle fut assassinée dans son campement. Mais le cri d'alarme qu'elle avait lancé fut recueilli par Hollywood qui adapta *Gorilles dans la brume*, l'autobiographie qu'elle avait publiée deux ans plus tôt. Le film remporta un immense succès. Plus de trente ans après la publication de la couverture du *National Geographic*, le destin des gorilles de montagne du parc

national des Virunga, où Dian Fossey mena ses recherches, est devenu encore plus incertain. Le travail de la fondation qui continue de s'occuper d'eux en mémoire de la chercheuse américaine n'est pas devenu plus paisible non plus. En effet, depuis 1994, les 790 000 hectares du parc qui jouxte le parc national ougandais des monts Ruwenzori, ont été inscrits au patrimoine mondial en péril, à cause de l'afflux massif de réfugiés provoqué par la guerre civile au Rwanda. Le Haut-Commissariat des Nations unies pour les réfugiés parle de 2 millions de personnes, installées essentiellement dans la province du Kivu. Quel que soit son nombre réel, la population a augmenté démesurément dans la région du parc national des Virunga, créé par l'administration coloniale belge en 1925 sous le nom de parc national Albert. Ensuite la guerre entre le Rwanda et la République démocratique du Congo, qui a duré jusqu'aux accords de paix du 30 juillet 2002, a entraîné l'occupation de l'est du Congo par l'armée rwandaise, avec des conséquences désastreuses pour le parc. On estime qu'au moins 500 000 hectares ont été transformés en terres agricoles ou exploités pour se procurer du bois de chauffage, avec une consommation de 600 tonnes par jour. Mais le braconnage n'a pas été de reste. Les hippopotames sont passés de 30 000 à 3 000, et les éléphants de 3 000 à moins de 500. Même les gorilles de Dian Fossey n'ont pas échappé au massacre, bien qu'ils vivent dans des zones montagneuses très

382 en bas L'inextricable forêt pluviale qui s'étend sur les pentes du massif du Ruwenzori est essentiellement constituée de bambous et d'Hagenia abyssinica.

383 en haut Mesurant plus de 1,80 mètre et pesant jusqu'à 160 kilos, les mâles au dos argenté sont les individus dominants des grandes familles de gorilles, qui peuvent parfois comprendre une trentaine d'individus.

383 en bas Les gorilles de montagne des Virunga ont été rendus célèbres dans les années 1970 par la campagne de sensibilisation lancée par Dian Fossey, dont l'autobiographie, Gorilles dans la brume, est devenue un film à grand succès.

382 à gauche Le Sabinyo est l'un des nombreux cônes volcaniques de la chaîne des Virunga. Cette chaîne comprend aussi le Nyiragongo et le Nyamuragira, qui s'est signalé récemment par une violente éruption.

382-383 En 1986, on estimait qu'il y avait environ 280 gorilles de montagne dans les Virunga. Mais les crises politiques de la région des grands lacs ont entraîné le retour des braconniers, qui en ont tué au moins une douzaine.

écartées. Douze d'entre eux ont été tués par les braconniers, dont les activités ont aussi coûté la vie à plusieurs gardes. Malgré ces vicissitudes, le parc des Virunga demeure pourtant l'un des plus extraordinaires espaces protégés du monde, surtout grâce à la grande diversité des milieux qu'il renferme. Entre les vallées les plus basses, à 800 mètres d'altitude, et la cime du Ruwenzori, à 5 119 mètres, se succède toute une série d'extraordinaires milieux naturels. Le parc englobe une partie du lac Édouard, qui appartient au bassin du Nil, la vallée du Semliki et le lac Kivu, dont est issu un bras du Congo, et on y rencontre des deltas fluviaux internes, des savanes et des plaines d'origine volcanique, des forêts équatoriales de basse altitude, des glaciers et des névés.
Compte tenu de sa position à la limite de différentes aires biogéographiques, le parc comprend aussi bien des forêts pluviales que des steppes. Les forêts de bambous et d'*Hagenia abyssinica* prédominent sur les versants des montagnes, tandis que l'on rencontre des espèces caractéristiques de la forêt équatoriale dans la vallée du Semliki. Dans la plaine du Rwindi prédomine la savane arborée, alternant avec des steppes plantées de *Carissa*, *Capparis*, *Maerua* et *Euphorbia*. Les plaines de lave favorisent des espèces comme *Neobutonia macrocalyx*, tandis que les marais comptent plusieurs espèces de roseaux et que la forêt alpine, à plus haute altitude, comporte des lobéliacées géantes. Au moins jusqu'à il y a une dizaine d'années, on rencontrait le long des cours d'eau du parc national des Virunga l'une des plus grandes concentrations d'animaux sauvages du continent africain. En plus des espèces déjà mentionnées, les plus représentées étaient les buffles *(Syncerus caffer)*, les antilopes comme le cobe de Buffon *(Kobus kob)*, le cobe à croissant *(Kobus ellipsiprymnus)* et le damalisque, ou *topi (Damaliscus lunatus)*, les phacochères *(Phacochoerus aethiopicus)* et les lions *(Panthera leo)*, dont le nombre, contrairement à celui de la plupart des autres animaux sauvages, semble être en augmentation.
Selon une évaluation faite en 1986, on comptait alors environ 280 gorilles de montagne *(Gorilla gorilla beringei)*, mais on ne peut rien avancer à propos de la situation actuelle.
Outre les menaces liées à l'activité des hommes, le parc des Virunga est aussi exposé à la présence de nombreux volcans qui se sont formés durant le pléistocène dans la vallée du Rift. Le principal est le Karisimbi, dont le sommet, à 4 507 mètres, se trouve en territoire rwandais. Mais le plus actif est le Nyiragongo ; son éruption spectaculaire et dévastatrice, en janvier 2002, a été qualifiée de pire désastre volcanique de la dernière décennie. Elle a entraîné l'exode de quelque 500 000 personnes et détruit plusieurs villages dans la région de Goma. L'éruption du Nyamuragira, en juillet 2002, s'est avérée moins catastrophique tout en étant pourtant aussi violente ; les écoulements de lave ont dévasté des centaines d'hectares de terres arables et pollué de nombreuses sources.

384 Mammifère amphibie qui préfère se déplacer de nuit, l'hippopotame (Hippopotamus amphibius) *peut peser plus de 3 tonnes, ce qui l'oblige à manger entre 40 et 60 kilos d'herbe par jour.*

385 en haut Les parties basses du parc des Virunga sont sillonnées par de nombreux cours d'eau ; la région est ainsi l'un des principaux bassins hydrologiques d'Afrique orientale.

385 au centre, à gauche Le lion (Panthera leo) *est l'une des rares espèces du parc des Virunga à ne pas avoir été affectées par les longues années de guerre. Au contraire, les lions semblent plus nombreux qu'avant.*

385 au centre, à droite Un chacal (Canis aureus) *vient juste de capturer une gazelle de Thomson* (Gazella thomsonii) *dans les savanes du Rwanda.*

385 en bas Le long des cours d'eau du parc national des Virunga on rencontrait jadis la plus grande concentration d'hippopotames de toute l'Afrique. Mais à cause de la guerre au Rwanda, leur nombre est passé de 30 000 à 3 000.

Le parc national du Kilimandjaro

TANZANIE

RÉGION DE MOSHI
INSCRIPTION : 1987
CRITÈRES : N (III)

Johannes Rebmann dut être très surpris, en 1848, de se retrouver au pied d'un mont enneigé majestueusement dressé sur le haut plateau de l'Afrique centrale, à 300 kilomètres à peine de l'équateur. Les Chagga, qui vivaient sur ses pentes, l'appelaient « Kilimandjaro » et pour eux, il était sacré. Mais le géologue allemand Hans Mayer – le premier à atteindre la cime en octobre 1889 – allait le rebaptiser « Kaiser Wilhelm Spitze », en hommage à son souverain. Bien des années plus tard, le gouvernement de la Tanzanie indépendante le renomma pic Uhuru, mot swahili signifiant « liberté », mais pour tout le monde, ce sommet solitaire est finalement redevenu le Kilimandjaro. L'origine de ce nom demeure mystérieuse : Rebmann pensait qu'il signifiait « montagne de la grandeur », mais d'autres l'interprétèrent « montagne lumineuse », « montagne blanche », ou encore « montagne de l'eau ». Quoi qu'il en soit, le Kilimandjaro reste auréolé par l'émerveillement qui frappa les premiers visiteurs européens et, souvent, par une épaisse couverture nuageuse qui empêche de voir sa cime éternellement enneigée. Le plus haut sommet d'Afrique est un massif d'origine volcanique dans lequel s'ouvrent trois cratères : le Shira, à 3 962 mètres, le Mawenzi à 5 149 mètres, et le Kibo, tout en haut, à 5 895 mètres. Le Kilimandjaro couvre globalement une superficie de 388 500 hectares – ce qui en fait l'un des plus grands volcans du monde – et, bien que ses dernières éruptions datent du pléistocène, une fumerolle, au centre du Kibo, montre encore de faibles traces d'activité. Transformé en réserve naturelle par

386 en haut *Le Kilimandjaro est le plus haut sommet d'Afrique. Bien que ses dernières éruptions datent du pléistocène, on note encore une activité réduite au centre du cratère principal.*

386-387 Le massif du Kilimandjaro occupe une superficie de 388 500 hectares et compte trois cratères : le Shira à 3 962 mètres, le Mawenzi à 5 149 mètres, et le Kibo, au sommet, à 5 895 mètres.

l'administration coloniale britannique en 1921, l'actuel parc national du Kilimandjaro couvre une superficie de 75 353 hectares, entourés d'une autre réserve forestière de 92 906 hectares. Entre la Marangu Gate, à 1 830 mètres d'altitude, où commence la zone protégée, et le sommet se succèdent 5 écosystèmes végétaux : la forêt de montagne, la bruyère, la bruyère d'altitude, le marais alpin et le désert alpin. À partir de 4 600 mètres, on ne rencontre que des mousses et des lichens, tandis qu'en descendant vers la strate de bruyère d'altitude, la végétation est essentiellement constituée de bruyères et d'arbustes. En dehors de deux espèces de cinéraires et d'une lobéliacée géante endémique *(Lobelia deckenii)*, répandue en altitude, les espèces les plus intéressantes se trouvent dans la strate forestière comprise entre 830 et 2 700 mètres, où poussent divers *Podocarpus* et le camphre *(Ocotea usambarensis)*. En revanche, on note l'absence du bambou et d'*Hagenia*, assez répandus dans d'autres régions d'Afrique centrale.
En ce qui concerne la faune, le parc du Kilimandjaro abrite de nombreux mammifères, parmi lesquels différentes antilopes comme l'éland, le guib harnaché et deux espèces de céphalophes, le buffle *(Syncerus caffer)*, environ 220 éléphants, divers primates (cercopithèques, galagos et colobes) et des léopards. En revanche, le rhinocéros noir a complètement disparu. Bien que le parc soit parfaitement protégé et que le gouvernement ait mis fin à toutes les concessions d'abattage des arbres, les ressources mises à la disposition du personnel sont insuffisantes. En effet, une récente reconnaissance aérienne de l'ensemble de la région, effectuée par le Programme des Nations unies pour l'environnement et les autorités locales, a décelé les traces de nombreuses activités humaines, de l'abattage d'espèces précieuses comme le camphre et le cèdre aux incendies volontaires pour produire du charbon de bois, de l'agriculture à l'élevage. Les dégâts sont si importants que l'on ne trouve plus de forêt de montagne intacte en dessous de 2 500 mètres.

387 en haut Le cratère de Kibo est entouré de neiges éternelles et de glaciers qui descendent jusqu'à 4 500 mètres. Autour du cratère de Mawenzi, en revanche, la neige est semi-permanente. Mais les trois cimes montrent des traces de glaciations anciennes : on peut rencontrer des décombres morainiques jusqu'à 3 600 mètres.

387 en bas Un troupeau d'éléphants se dirige vers un point d'eau au pied du Kilimandjaro. Couvrant une superficie de 75 353 hectares, le parc national du Kilimandjaro comporte cinq écosystèmes végétaux différents, qui supportent une faune riche et diversifiée.

La zone de conservation de Ngorongoro

TANZANIE

Région d'Arusha
Inscription : 1979
Critères : N (ii) (iii) (iv)

C'est un cercle presque parfait de 19 kilomètres de diamètre, entouré par une paroi de 400 à 610 mètres de haut. Le cratère de Ngorongoro – l'une des plus grandes caldeiras au monde à ne pas s'être transformées en lac au cours des millénaires – n'a pas toujours été ainsi. Quand il s'est formé, entre la fin du mésozoïque et le début du tertiaire, le Ngorongoro était un imposant volcan. Sa masse, au dire des spécialistes, dépassait non seulement celle de ses voisins, le Loolmalasin (3 587 mètres) et l'Oldeani (3 168 mètres), mais aussi celle du Kilimandjaro, le plus haut sommet d'Afrique.
Une éruption d'une extrême violence le fit exploser et s'effondrer sur lui-même. Au fil des millénaires, grâce à sa forme concave, le Ngorongoro a fini par offrir à la faune un refuge sans égal en Afrique, une sorte de « cirque » où l'on présente tous les jours le spectacle de la nature la plus sauvage.
Espace protégé depuis 1959, le cratère constitue le *nec plus ultra* de l'immense écosystème de la plaine du Serengeti. Non content d'être le point d'arrivée des grandes migrations des gnous, des zèbres de Burchell et de nombreuses espèces de gazelles, il abrite des éléphants, des hippopotames, des girafes et des buffles, une grande quantité de babouins et d'oiseaux – parmi lesquels une trentaine d'espèces de rapaces – ainsi que l'éventail complet des grands prédateurs.
C'est aussi l'un des derniers refuges des rhinocéros noirs. Mais ce n'est pas tout : le guépard *(Acinonyx jubatus)* doit être mentionné à part, car contrairement à ce que l'on note dans le reste du continent, on en rencontre encore ici un nombre assez significatif. Bien qu'il ait été identifié comme l'ancêtre de tous les grands félins et qu'il puisse se prévaloir d'être l'animal le plus rapide de la planète – il peut atteindre 110 kilomètres/heure en 3 secondes à peine –, les chercheurs s'inquiètent pour sa survie, au point d'envisager de le cloner.
Si la faune est si nombreuse, c'est grâce à la diversité des milieux végétaux, qui fournit aux animaux une abondance de nourriture et d'abris. Le fond du cratère est parsemé d'étangs – qui se transforment en véritables lacs durant la saison des pluies – et il est tapissé d'une épaisse couverture herbeuse.
En se dirigeant vers le bord du cratère,

388-389 La caldeira de Ngorongoro, qui forme un cercle presque parfait et couvre une superficie de 26 400 hectares, est délimitée par une paroi de 400 à 610 mètres de haut.

388 en bas La fameuse « forêt de Lerai », où prédominent Acacia xanthophlea *et* Rauwfolia caffra, *est l'un des rares secteurs du cratère riches en plantes arborées, qui constituent la nourriture préférée des éléphants.*

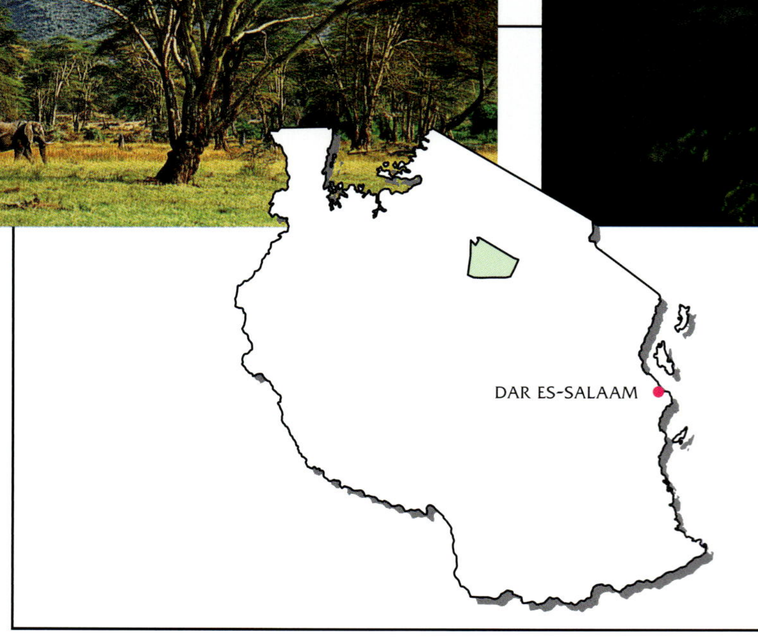

389 en haut et en bas
Durant les périodes
de sécheresse prolongée,
le cratère se transforme
en désert mais, quand
les précipitations
saisonnières sont normales,
il est couvert de plantes
herbacées pouvant nourrir
une abondante population
de gnous, de zèbres
et d'autres antilopes.

en revanche, on trouve des sources qui alimentent la forêt de Lerai, domaine d'*Acacia xanthophlolea* et de *Rauwfolia caffra*, et celle de Laiyani, où prédominent au contraire *Acacia lahai*, *Albizzia gummifera* et *Cassipourea malosana*.

La flore est abondante car le sol est particulièrement fertile grâce à la présence, à la limite du Ngorongoro, du volcan actif d'Ol Doniyo Lengai, qui a périodiquement recouvert le cratère de cendres riches en substances nutritives. Cet endroit a toujours revêtu une importance considérable non seulement pour les animaux, mais aussi pour les hommes. Au bord du cratère, on a trouvé les restes fossiles d'*Homo erectus*, d'*Australopithecus boisei* et d'*Homo habilis*, qui ont contribué à élaborer la théorie de l'origine africaine du genre humain. Enfin, pour en venir à la période historique, les Massaï, qui constituent l'ethnie dominante de la région depuis des siècles, considèrent le Ngorongoro comme un endroit crucial pour leur subsistance, fondée sur l'élevage et dans une moindre mesure, sur l'agriculture. C'est pourquoi le gouvernement tanzanien, avec le soutien de quelques organismes internationaux, s'est largement investi pour créer un projet expérimental d'utilisation mixte du territoire, un plan de développement contrôlé en mesure de réconcilier les impératifs des pasteurs massaïs et ceux des animaux sauvages avec la protection de l'environnement.

390-391 Gros plan sur un buffle (Syncerus caffer) *littéralement couvert de boue après s'être roulé dans une mare. Selon de récentes estimations, on compte environ 4 000 buffles à Ngorongoro.*

390 en bas, à gauche La gazelle n'a pas besoin de boire beaucoup d'eau ; l'humidité qu'elle absorbe en mangeant des herbes, des feuilles et des fruits charnus lui suffit.

390 en bas, à droite Un groupe d'hippopotames à moitié immergés longe la rive envahie par une communauté compacte de hérons garde-bœufs.

391 en haut Le cratère est le point d'arrivée de la grande migration des gnous. Les mâles et les femelles de cette espèce possèdent des cornes, mais les premiers sont plus grands – ils mesurent 1,50 mètre au garrot – et pèsent un tiers de plus : 250 kilos contre 160 pour les femelles.

391 au centre Les autruches sont les plus grands oiseaux de la planète. Incapables de voler, elles courent extraordinairement vite : en cas de menace, elles peuvent courir à 50 kilomètres/heure pendant plus de 30 minutes, un record de résistance assez rare dans le monde animal.

391 en bas Des milliers de flamants de l'espèce Phoeniconaias minor *envahissent un étang. Peu d'espèces de grands volatiles sont aussi grégaires : en effet, les flamants se concentrent en grand nombre dans les étangs ou l'eau est trop saline ou alcaline pour abriter des poissons auxquels ils devraient disputer leur nourriture.*

392 en haut Le rhinocéros noir (Diceros bicornis) est de plus en plus rare dans toute son aire de diffusion. À Ngorongoro, en quarante ans, le nombre de rhinocéros est passé de quelques centaines à une quinzaine.

392 au centre, à gauche Dans la journée, les lions sont inactifs, ils passent la majeure partie de leur temps à somnoler à l'ombre. La nuit, en revanche, ils chassent, en général sous la direction des femelles.

392 au centre, à droite La hyène tachetée (Crocuta crocuta) est un mammifère original. C'est la femelle qui est dominante : pesant au moins 10 kilos de plus que le mâle, elle est sensiblement plus agressive.

392 en bas À Ngorongoro, on compte environ 3 000 gazelles de Thomson ; c'est l'antilope la plus répandue en Afrique centrale et orientale.

393 Une lionne peut avoir de un à cinq petits par portée et elle se montre toujours très protectrice à leur égard. Toutefois, les femelles constituent des sortes de gynécées et se donnent le change pour allaiter les petits.

Mosi-oa-Tunya/ les chutes Victoria

ZAMBIE/ZIMBABWE

ZAMBIE, LIVINGSTONE
ZIMBABWE, VICTORIA FALLS
INSCRIPTION : 1989
CRITÈRES : N (II) (III)

En novembre 1855, un groupe d'indigènes Kololo conduisit le docteur Livingstone à l'endroit qu'ils appelaient Mosi-oa-Tunya, « la fumée qui tonne ». Après avoir remonté le Zambèze, l'explorateur contempla pour la première fois ce qui « à une distance d'une dizaine de kilomètres ressemblait à la fumée qui s'élève, en Afrique, quand on brûle de grandes étendues de savane ». Il s'agissait en fait du grand nuage d'eau vaporisée produit par le fleuve qui se précipite du Makgadikgadi Pan dans les gorges basaltiques situées en dessous. Livingstone dédia ce grandiose spectacle de la nature à la reine Victoria, mais il ne divulgua pas sa découverte avant de regagner Londres quatre ans plus tard. Le 3 août 1860, William Baldwin fut le deuxième voyageur à atteindre les chutes Victoria, devenues depuis lors l'une des grandes destinations touristiques de l'Afrique. Les gens s'y rendaient à pied, à cheval ou en char à bœufs, par la « route des chasseurs » qui partait du Transvaal en longeant l'actuelle frontière entre le Botswana et le Zimbabwe. Puis tout devint plus facile grâce à Cecil Rhodes qui, tout en n'y étant jamais allé, y fit arriver le chemin de fer en 1900 et fit construire un pont en aval des cascades, assez près pour que les wagons soient éclaboussés. La Victoria Falls Reserve fut créée par le gouvernement colonial en 1934, pour être remplacée en 1972 par deux parcs nationaux (Mosi-oa-Tunya et Victoria Falls, couvrant 8 860 hectares en tout), qui assurent la tutelle des cascades sur les territoires de la Zambie et du Zimbabwe. Les chutes Victoria se sont formées il y a 2 millions d'années environ, à la suite du soulèvement de la rive gauche du fleuve.

Larges de près de 2 kilomètres et hautes de 99 mètres, elles forment la plus large cascade fluviale du monde.
En période de crue, en février-mars, les cascades ont un débit de plus de 500 millions de litres par minute et le fracas de l'impact s'entend à une distance de 20 kilomètres. Paisible jusque-là, le fleuve s'engouffre avec violence entre les parois de basalte, en franchissant une série de sept gorges et de rapides qui correspondent aux positions successivement occupées par les cascades à des époques très lointaines.
Bien que la zone ne présente pas un grand attrait au niveau de la faune, comme elle est contiguë au parc national du Zambèze, elle est fréquentée par des éléphants, des phacochères, des girafes, des zèbres et des lions, tandis que des colonies d'hippopotames et de crocodiles paressent dans les méandres du fleuve. L'intérêt de la faune fluviale vient du fait que les chutes font office de barrière infranchissable entre divers ensembles d'espèces.
L'étroite bande de forêt pluviale qui s'épanouit sur le versant zimbabwéen, constamment arrosée par des pulvérisations, est aussi très intéressante. Elle comprend de nombreuses espèces caractéristiques de latitudes plus proches de l'équateur, comme l'ébène *(Diospyros mespiliformis)*, le palmier dattier *(Phoenix reclinata)* et plusieurs espèces de *Ficus*. Cent cinquante ans après leur découverte, les chutes Victoria continuent d'exercer un attrait irrésistible sur des milliers de visiteurs.
Et l'ancienne légende de Yami-Yami, le dieu des cascades que de rares élus réussiraient à entrevoir dans le bouillonnement de l'eau, est devenue une bonne affaire : l'effigie du dieu sculptée sur des fragments de basalte, le souvenir le plus vendu, soutient aujourd'hui l'économie locale la plus prospère du Zimbabwe.

394 en haut En dessous des chutes Victoria, le Zambèze se précipite dans une série de gorges basaltiques coupées par de violents rapides qui correspondent aux positions occupées par les cascades dans un passé très lointain.

394 en bas Indifférente au spectacle majestueux des cascades, une gazelle de Thomson (Gazella thomsonii) *solitaire se profile sur l'une des rives du Zambèze, du côté zimbabwéen.*

394-395 À la frontière de la Zambie et du Zimbabwe, les chutes Victoria forment, quand le Zambèze est en crue, en février-mars, le plus long rideau d'eau du monde, avec un débit de 500 millions de litres d'eau par minute.

395 à droite Mosi-oa-Tunya, « la fumée qui tonne » : c'est ainsi que les Kololo appelaient les chutes Victoria. En effet, l'eau nébulisée évoque un rideau de fumée et on peut entendre la rumeur à des dizaines de kilomètres.

395 en bas L'extraordinaire morphologie du territoire qui a donné naissance aux chutes Victoria a favorisé la différenciation de la faune fluviale : l'énorme saut constitue une barrière infranchissable entre les espèces.

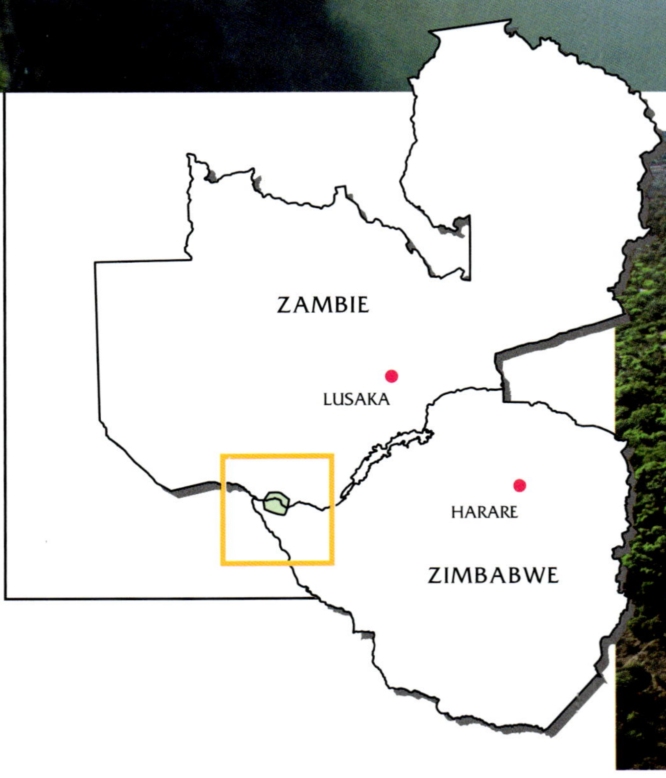

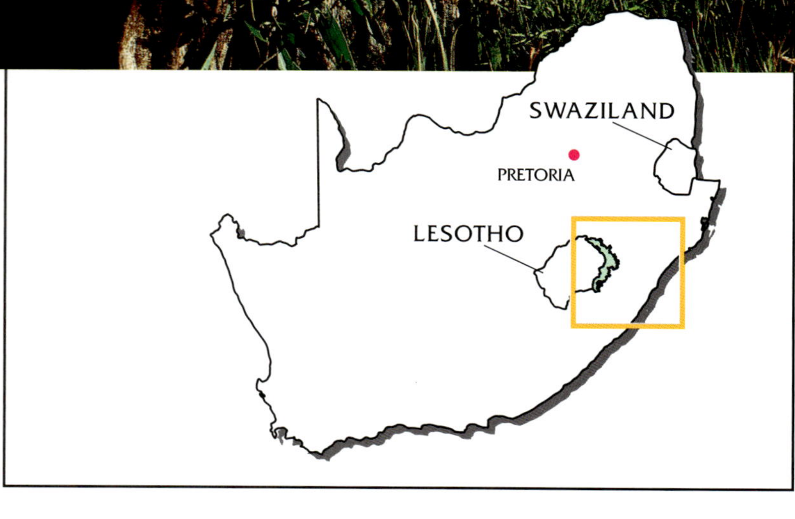

396 en haut, à gauche
Abritant près de 300 espèces d'oiseaux, l'écorégion du Drakensberg est l'ultime refuge du gypaète barbu (Gypaetus barbatus) *en Afrique australe. L'alimentation de ce rapace très rare est constituée à 85 % d'ossements d'animaux morts.*

396 en haut à droite
Le massif du Drakensberg est l'un des plus riches bassins hydrologiques d'Afrique du Sud, en grande partie grâce à un climat subtropical qui lui assure une abondance de précipitations, surtout pendant les mois d'été, de novembre à mars.

Ukhahlamba/le parc du Drakensberg

AFRIQUE DU SUD

PROVINCE DU KWAZULU-NATAL
INSCRIPTION : 2000
CRITÈRES : N (III) (IV) C (I) (III)

Il y a 8000 ans environ, à l'aube du néolithique en Europe et au Moyen-Orient, le sud de l'Afrique était encore habité par des groupes de chasseurs-collecteurs semi-nomades qui vivaient dans des grottes ou des abris-sous-roche, dans les vallées du Drakensberg. Les San, l'un de ces peuples, a orné les grottes de peintures représentant des idoles, des scènes de chasse et des scènes de leur vie quotidienne caractérisée par une lutte perpétuelle pour la survie. Ainsi, même si l'on pense que la région était déjà habitée il y a un million d'années, ce sont les « chroniques » rupestres des San qui nous offrent le témoignage le plus concret sur le paléolithique sud-africain, couvrant une période qui s'est achevée en fait au XIXe siècle, quand les San – appelés aussi Bochimans – ont été contraints par d'autres peuples, comme les Zoulous, les Xhosas, et par les colonisateurs européens, à quitter leurs montagnes et à vivre confinés à la lisière des torrides immensités rocailleuses du Kalahari.

La beauté et la nature sauvage de ces monts ont incité les autorités coloniales du Natal à créer un parc animalier qui vit le jour en 1903 et devint le parc national du Natal en 1916. Agrandi en 1947, l'espace protégé a changé de nom en 1998, à la suite de la décision du gouvernement d'officialiser les langues africaines : c'est ainsi que naquit l'Ukhahlamba-Drakensberg Park.

Situé entre 1280 mètres et 3500 mètres d'altitude, le parc de 242813 hectares se caractérise par une extraordinaire variété topographique, avec des hauts plateaux, des vallées profondes, des pics accidentés, des parois rocheuses présentant une alternance de couches de basalte et de grès.

Étant un riche bassin hydrologique grâce au climat subtropical, le Drakensberg abrite une végétation luxuriante, très diversifiée entre les vallées, les pentes et le haut plateau. Sur les 2153 espèces végétales recensées, près de 2000 appartiennent à la famille des angiospermes, et sur plus de 200 espèces endémiques du parc ou de la région, 109 semblent en danger.

La faune comprend 48 espèces de mammifères, presque 300 d'oiseaux, 48 de reptiles, 26 d'amphibiens et 8 de poissons, mais les invertébrés jouent aussi un rôle important dans l'équilibre écologique.

Parmi ces derniers, on a identifié 74 espèces de papillons, représentant 7 % du total sud-africain, 32 espèces de mille-pattes et 44 de libellules. Parmi les amphibiens, 3 espèces de grenouilles (*Rana vertebralis*, *Rana dracomontana* et *Strongylopus hymenopus*) sont très intéressantes : elles ne vivent qu'en altitude et à basses températures; parmi les oiseaux, on a aussi signalé de nombreuses espèces endémiques. Chez les mammifères, on compte 16 espèces de rongeurs, dont la plus importante population de loutres du pays, 15 carnivores et 11 artiodactyles, parmi lesquels 1500 antilopes *Pelea capriolus* et 2000 grands élands (*Taurotragus oryx*). Le parc n'abrite pas de mammifères menacés d'extinction et, de façon surprenante, ne compte aucun grand prédateur, dont on ne trouve la trace que dans les peintures rupestres des San.

396-397 L'amphithéâtre naturel du Drakensberg est un impressionnant hémicycle de roche volcanique de 5 kilomètres de diamètre. Le parc, qui s'étend sur 242813 hectares, présente une extraordinaire variété topographique.

*397 en bas Une profusion de lis torches (*Kniphofia uvaria*) constelle le fond de la vallée dominé par le puissant bastion de l'amphithéâtre du Drakensberg. L'espace protégé est compris entre 1280 et 3500 mètres d'altitude.*

La réserve naturelle intégrale des Tsingy de Bemaraha
MADAGASCAR

PARTIE NORD DE LA RÉGION D'ANTSINGY
INSCRIPTION : 1990
CRITÈRES : N (III) (IV)

Le propithèque de Verreaux *(Propithecus verreauxi deckeni)*, à l'activité essentiellement diurne, appelé ici *sifaka*, est le plus grand lémurien. Le microcèbe murin *(Microcebus murinus)*, ou *tilitilivaha*, en revanche, ne dépasse pas la taille d'une souris et ne se déplace qu'à la faveur de l'obscurité. Entre ces deux extrêmes,

9 autres espèces de lémuriens peuplent cette réserve, du propithèque de Tattersall *(Propithecus tattersalli)* au lémur mongoz *(Eulemur mongoz)*, du propithèque de Perrier *(Propithecus diadema perrieri)* au lémur de Milne-Edmards *(Lepilemur edwardsi)*. Et récemment, on a aussi repéré l'aye-aye *(Daubentonia madagascariensis)*, l'une des espèces de lémuriens les plus rares, qui aime vivre au cœur de la forêt.
Les 152 000 hectares de la réserve naturelle des Tsingy de Bemaraha, dans l'ouest de Madagascar, ont bénéficié d'une protection dès 1927, pour sauvegarder un fabuleux environnement d'une rare beauté qui, en fait, était alors pratiquement inaccessible.

Délimité à l'est par un surplomb qui domine de 300 à 400 mètres la gorge du Manambolo, le haut plateau de Bemaraha est constitué d'un massif calcaire karstique, où les eaux fluviales et pluviales ont creusé tout un réseau de grottes et de profondes crevasses, séparées par des aiguilles incroyablement pointues, les Tsingy.

Son climat est tropical, caractérisé par des précipitations saisonnières, avec une saison sèche durant de 6 à 8 mois, et une saison humide, de novembre à mars. La relative abondance des pluies a favorisé la prolifération d'une épaisse forêt caduque alternant, dans les zones moins hostiles, avec des savanes créées par l'homme.
Les rares études menées sur la végétation ont permis d'enregistrer près de 430 espèces, dont près de 85 % sont endémiques, grâce à l'évolution particulière des espèces insulaires. Par exemple l'ébène de la côte occidentale *(Diospyros perrieri)* est unique, comme le sont *Musa perrieri*, le seul bananier sauvage de Madagascar, et diverses

espèces de *Delonix*. On compte aussi bon nombre de baobabs et de plantes xérophiles comme l'aloès, ainsi que d'orchidacées, de légumineuses, d'euphorbiacées et de bombacacées. Les études sur la faune sont rares, et le nombre des espèces mentionnées est aléatoire et diffère selon les sources.
En dehors des lémuriens, le petit rongeur endémique *Nesomys rufus lambertoni* et le

caméléon nain épineux *Brookesia perarmata*, dont on connaît peu d'exemplaires, sont très intéressants. Dans l'ensemble, on compte 13 espèces d'amphibiens et plusieurs dizaines de reptiles, parmi lesquels le crocodile du Nil *(Crocodylus niloticus)* et des espèces appartenant aux genres *Uroplatus* et *Brookesia*. La zone est aussi fréquentée par une avifaune nombreuse, aussi bien terrestre qu'aquatique. Trente des 100 couples de faucons pêcheurs de Madagascar, l'un des rapaces les plus rares du monde, nidifient à l'entrée des gorges ou sur les lacs de Tsingy. Pourtant la conservation de la plus importante aire protégée de l'ouest de Madagascar par sa taille et sa biodiversité laisse à désirer et le WWF a déclaré qu'il fallait s'y employer plus sérieusement. En effet, alors que les Tsingy de Bemaraha étaient inaccessibles jusqu'à il y a quelques années, plusieurs familles se sont aujourd'hui installées à l'intérieur du parc, où les habitants des villages voisins se livrent aussi à des activités agricoles et pastorales. Ils mettent notamment le feu à des prairies et aux marges des zones boisées, qui ne représentent déjà plus que 3 % des forêts primaires caduques qui couvraient Madagascar avant l'apparition de l'homme.

398-399 Dans les gorges, les crevasses et les anfractuosités de la chaotique réserve des Tsingy s'est développée une forêt caduque qui comporte un très fort pourcentage d'espèces endémiques.

399 en haut D'extraordinaires canyons s'ouvrent entre les Tsingy. La difficulté de se déplacer dans ce décor a également empêché de recenser avec précision la flore et la faune de la réserve, qui restent en grande partie inconnues.

399 en bas Restée impénétrable jusqu'au milieu du XXe siècle, la réserve naturelle des Tsingy de Bemaraha est aujourd'hui une zone pionnière pour les populations des environs, qui risquent de compromettre son exceptionnelle biodiversité en se livrant à l'agriculture et à l'élevage.

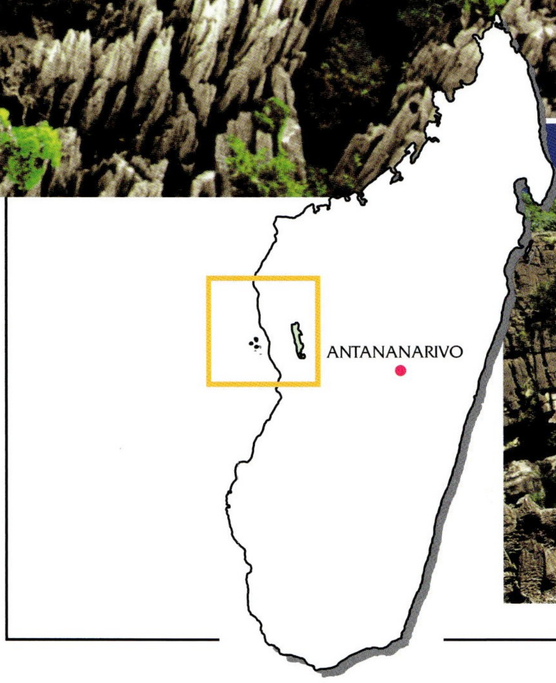

398 Le haut plateau de Bemaraha est constitué d'un énorme massif calcaire remodelé par de spectaculaires phénomènes karstiques. L'action érosive exercée par les eaux de pluie et de superficie a donné naissance aux aiguilles caractéristiques qui portent le nom de Tsingy.

L'atoll d'Aldabra

SEYCHELLES

Inscription : 1982
Critères : N (ii) (iii) (iv)

400 en haut Aldabra est l'unique endroit de l'océan Indien où nidifie le fou à pattes rouges.

400 en bas L'atoll abrite quelque 150 000 tortues terrestres géantes, les dernières qui restent sur la planète.

Le premier document mentionnant Aldabra – le plus grand atoll du monde, situé au sud de Mahé, la principale île des Seychelles, dans l'océan Indien – est une carte portugaise datant de 1511 sur laquelle figure l'Ilha Dara, ou Aldabra, un nom qui révèle une origine arabe : *al-Khadra* signifiant « la verte ». Il semble en effet que les navigateurs se soient orientés en observant le reflet émeraude des eaux de la lagune, à l'intérieur de l'atoll.

Les Français furent les premiers à prendre possession de l'une des îles des Seychelles quand l'expédition de Lazare Picault et Jean Grossin découvrit l'archipel en 1742. Puis, au début du XIXe siècle, les îles furent conquises par la marine britannique, et, par la suite, éveillèrent l'intérêt des naturalistes anglais, à commencer par Charles Darwin.

Le premier homme à étudier en détail l'écosystème d'Aldabra fut Jacques-Yves Cousteau qui s'y rendit en 1954 à bord de la *Calypso*. L'éloignement par rapport aux autres îles de l'archipel et l'absence d'eau douce interdisent toute implantation permanente sur l'atoll, ce qui n'a pas empêché l'Amirauté britannique d'envisager d'y aménager une base navale à la fin des années 1970. Par chance, l'intervention de la Royal Society et de la Smithsonian Institution fit échouer ce projet, de sorte qu'Aldabra est resté l'un des milieux les plus isolés et les plus inaltérés de la planète.

Comme toutes les formations de ce type, Aldabra a une origine volcanique. Les îles qui constituent l'atoll, apparues il y a 125 000 ans, prennent appui sur deux terrasses distinctes situées à 4 et 8 mètres en dessous du niveau de la mer. La lagune a un diamètre de 35 kilomètres et couvre une superficie de 100 km^2 ; elle communique avec l'océan par quatre chenaux principaux. À l'intérieur de la lagune, il n'y a pas plus de 3 mètres d'eau à marée haute, et à marée basse le reflux découvre 80 % du fond marin.

La flore comprend 198 espèces végétales, dont 19 endémiques, mais c'est la faune qui constitue l'extraordinaire richesse d'Aldabra. Dans ce domaine, on distingue la tortue géante des Seychelles (*Geochelone gigantea*), l'une des premières espèces protégées au monde grâce à l'intervention de Charles Darwin qui, à la fin du XIXe siècle, demanda au gouverneur de Maurice de lui en confier la tutelle. Autrefois répandue dans tout l'océan Indien, cet animal n'existe plus aujourd'hui qu'à Aldabra, où l'on compte environ 150 000 spécimens, soit trois fois plus que les célèbres tortues des Galápagos. Étant donné qu'un mâle peut atteindre 120 centimètres de long et peser 250 kilos, et qu'il peut vivre cent ans, l'impact de cette espèce sur le fragile environnement de l'atoll est comparable à celui qu'exercent les éléphants sur la savane africaine.

Aldabra est par ailleurs une aire de nidification de la tortue verte marine (*Chelonia mydas*).

L'île abrite également de nombreuses espèces d'oiseaux, dont certaines très rares, comme le râle de Cuvier d'Aldabra (*Dryolimnas cuvieri aldabranus*), le dernier oiseau inapte au vol de l'océan Indien, une espèce d'aigrette (*Egretta gularis dimorpha*) et l'ibis sacré d'Aldabra (*Threskiornis aethiopicus*).

401 en haut Vu du ciel, l'atoll d'Aldabra apparaît comme un univers aux teintes cristallines, du turquoise à l'aigue-marine, du lapis-lazuli au cobalt. La lagune, inscrite dans un diamètre de 35 kilomètres, couvre une superficie de plus de 100 km^2.

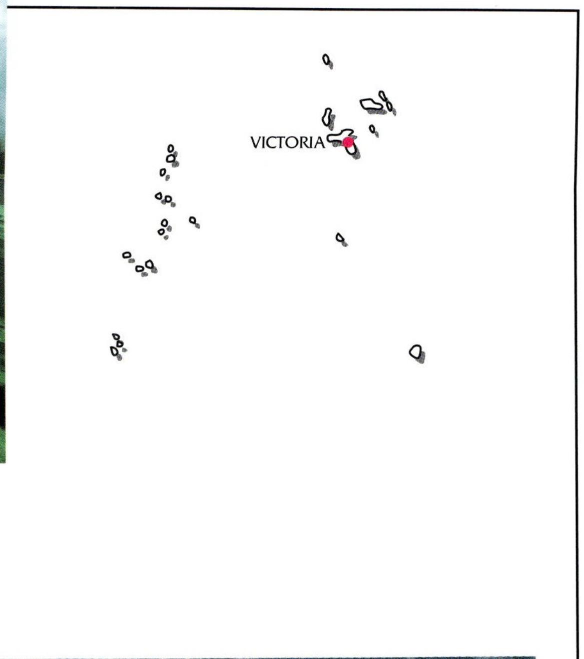

400-401 La lagune d'Aldabra communique avec l'océan par quatre chenaux dont l'un, qui présente l'apparence d'un fleuve ramifié, est visible à droite sur la photo. À l'intérieur de la lagune, la profondeur maximale est de 3 mètres à marée haute, mais à marée basse, le reflux laisse à découvert 80 % du fond marin.

401 en bas Dans le chenal occidental de l'atoll, on découvre de spectaculaires « champignons » de pierre, modelés par l'incessante action érosive des marées. La puissance des flux locaux est telle que, selon certains témoignages, il s'agirait de l'une des forces naturelles les plus puissantes à l'œuvre sur notre planète.

402 en haut
Un enchevêtrement de racines de mangroves s'enfonce dans l'eau peu profonde de l'atoll. On a recensé sur Aldabra 198 espèces végétales, dont 19 endémiques.

402 au centre *Un requin-nourrice de l'espèce* Nebrus ferrugineus *avance avec prudence au fond de la mer. Pouvant dépasser 3 mètres de long, comme d'autres requins du même type, il n'agresse pas l'homme en général.*

402 en bas *Aldabra abrite de nombreux Testudinidés. En plus de* Geochelone gigantea *déjà citée, la tortue verte* (Chelonia mydas), *la tortue caouanne* (Caretta caretta), *et la tortue à écaille* (Eretmochelys imbricata) *y prolifèrent. Ces reptiles à la longévité remarquable disputent aux requins le titre d'animaux les plus anciens de la planète.*

La faune marine qui habite la barrière corallienne mérite une mention toute particulière. La présence de nombreuses variétés de coraux et d'éponges favorise la prolifération de microorganismes qui nourrissent près de 200 espèces de poissons tropicaux très colorés. Parmi ces derniers se distinguent les poissons-papillons, les poissons-anges, les rascasses, les aiguilles de mer et les poissons porcs-épics, ainsi que de nombreuses espèces de crabes, de grands bivalves, des anémones de mer et des mollusques, qui font d'Aldabra un paradis pour quelques rares passionnés de plongée sous-marine fortunés.

402-403 *Un banc de vivaneaux appartenant aux espèces* Lutjanus monostigma *et* Lutjanus ehrenbergi *explore la forêt de racines immergées des mangroves. Ces poissons sont dits « mordeurs », à cause de leur comportement agressif vis-à-vis des individus de leur propre espèce.*

403 en bas Parmi les 13 espèces d'oiseaux terrestres d'Aldabra figurent le drongo d'Aldabra (Dicrurus aldabranus), qui nidifie au milieu des mangroves et le râle de Cuvier d'Aldabra (Dryolimnas cuvieri aldabranus), l'unique oiseau inapte au vol de l'océan Indien.

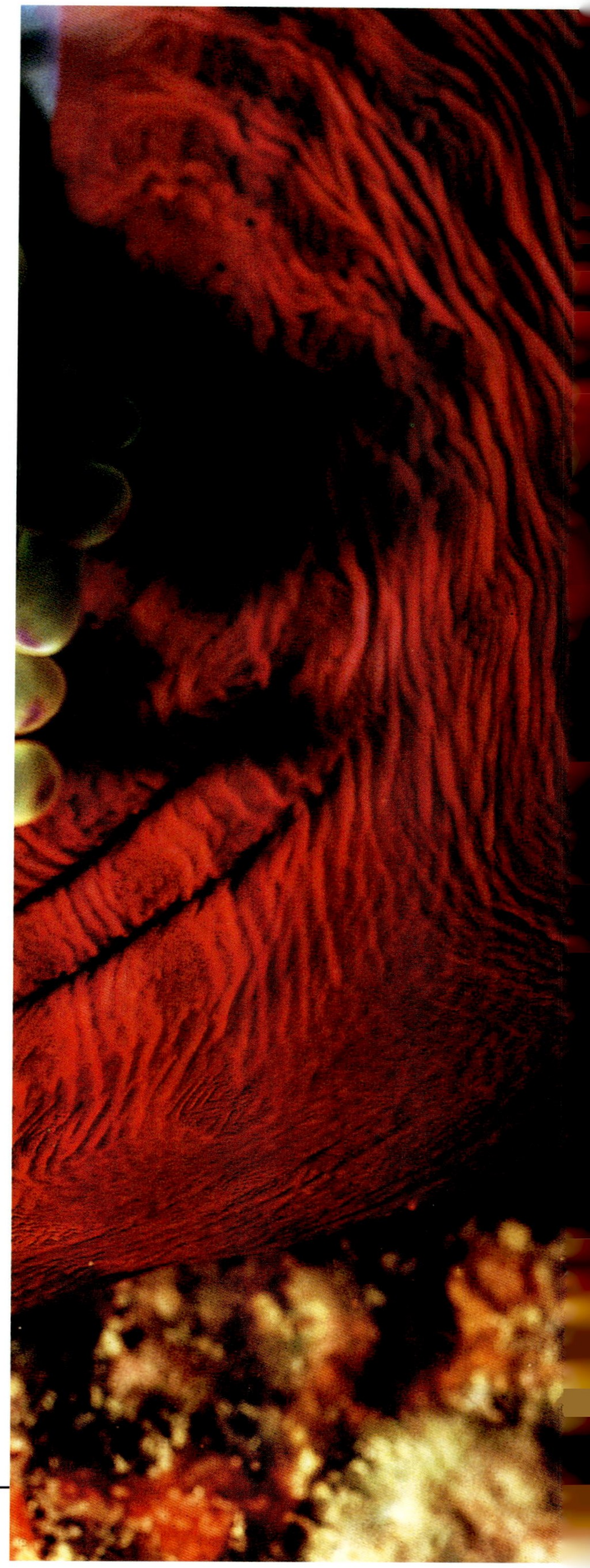

404 en haut, à droite
La gorgone, ainsi nommée à cause de sa similitude avec les cheveux du monstre féminin de la mythologie grecque, forme des colonies à l'aspect arborescent. Appartenant à la classe des Anthozoaires, les gorgones ont un squelette chitineux flexible, à la différence de celui des coraux, qui est calcaire.

404 au centre
Un poisson-faucon (Oxycirrhites typus) *stationne sur un corail mou ou alcyonide.*

404 en bas
Communément dénommée concombre de mer, l'holothurie est un échinoderme. Elle a la peau molle, flexible et rugueuse, et elle se déplace lentement en contractant ses muscles longitudinaux et circulaires.

404-405 *Le crabe porcelaine est répandu dans tout l'océan Indien. Il vit en association avec de grandes anémones (ici une actinie appartenant à l'espèce* Heteractis magnifica*), en se cachant entre leurs tentacules.*

405 en haut *Un banc de pompaneaux* (Trachinotus blochii) *illumine l'eau de vifs reflets argentés. Ces poissons vivent en général à moyenne profondeur, mais, vers le coucher du soleil, ils se rapprochent des récifs rocheux ou coralliens, où ils se nourrissent principalement de mollusques bivalves.*

Pamukkale

TURQUIE

PLAINES DE DENIZLI
INSCRIPTION : 1988
CRITÈRES : C (III) (IV) N (III)

406 en haut Pamukkale, nom turc actuel de l'ancienne ville thermale de Hiérapolis, signifiant « château de coton », souligne la structure singulière des formations calcaires qui caractérisent le paysage.

Construite par les Romains au IIe siècle av. J.-C., la *plateia*, longue voie à arcades de 13 mètres de large autour de laquelle gravitait la vie de Hiérapolis, est entièrement pavée d'énormes blocs de travertin, provenant des environs de la ville. Fondé au IIe siècle av. J.-C. par le roi de Pergame Eumène II, à l'endroit où, des siècles auparavant, s'était installée une communauté prospère, cet important centre thermal de l'Antiquité est né à 20 kilomètres de Denizli, dans le sud-ouest de la Turquie.

406 en bas Venant du plateau de Cal Daği, l'eau de source s'arrête dans les vasques où elle se refroidit, libérant la calcite recueillie dans le sous-sol. Cette dernière se précipite et crée sur le bord des vasques, au fil des ans, des colonnes de travertin.

C'est une insolite ressource du sous-sol qui a fait de Hiérapolis, la « ville sacrée », l'objet de tant d'attentions. Une eau particulière, riche en calcite – sel dont elle se charge en traversant une couche calcaire lors de son parcours vers la surface – a donné vie aux sources thermales douées, selon les Anciens, de pouvoirs curatifs. Elle est aussi à l'origine des formations rocheuses blanches qui expliquent le nom de la localité, Pamukkale, ou « château de coton » en turc. Descendant du plateau de Cal Daği, l'eau jaillit à 35 °C avant de s'arrêter dans des vasques où elle se refroidit, libérant le carbonate de calcium en solution. Parce que la chaleur s'atténue plus rapidement sur les bords extérieurs des vasques, le travertin s'y précipite plus facilement; ainsi, au fil des ans, la calcite en s'accumulant crée des bassins calcaires disposés en couches toujours plus épaisses. Les sources de Pamukkale déposent, en moyenne, plus de 4000 mètres cubes de travertin par an : 14000 ans ont été nécessaires à la nature pour modeler ce paysage irréel de forêts minérales, de cascades pétrifiées, d'aiguilles et de terrasses qui attirent depuis toujours la curiosité des habitants de la région. Quant à l'eau, ses pouvoirs thérapeutiques ont alimenté les légendes depuis l'époque romaine. Ils sont mentionnés par le géographe Strabon évoquant l'existence, à Hiérapolis, du *plutonium*, une salle pavée où était recueillie l'eau dégageant des gaz toxiques, irrespirables pour les hommes et les animaux. Aujourd'hui, la population de la vallée exploite les propriétés chimiques des eaux pour nettoyer le coton – autre association expliquant le nom de Pamukkale – et fixer la teinture des tissus. La valeur thérapeutique des sources thermales provient de leur teneur en minéraux – carbonate et sulfate de calcium, sels de fer, soufre et magnésium.
Les sources de Pamukkale et les ruines romaines de Hiérapolis restent une attraction touristique majeure. Afin de préserver la double valeur du site, les autorités turques ont lancé une série d'interventions de conservation dès 1976, dans le cadre d'un accord entre les pays qui bordent la Méditerranée.

406-407 On pense que 14000 années ont été nécessaires pour que l'eau riche en sels minéraux forme ce qui est aujourd'hui une forêt de cascades pétrifiées, aiguilles et terrasses hautes, dans l'ensemble, de plus de 100 mètres.

407 en bas S'étendant sur un front de 2500 mètres, les cascades d'eau de source déposent près de 4000 mètres cubes de travertin par an. La teneur en sels minéraux, essentiellement carbonate et sulfate de calcium, est à l'origine des légendaires pouvoirs curatifs de cette eau.

ANKARA

Les volcans du Kamtchatka

FÉDÉRATION DE RUSSIE

PÉNINSULE DU KAMTCHATKA
INSCRIPTION : 1996, 2001
CRITÈRES : N (I) (II) (III) (IV)

408 En hiver, le Kamtchatka est entièrement prisonnier des glaces, comme le montre cette vue, prise du satellite Terra de la NASA, des vallées qui s'ouvrent sur la Sredni Khrebet, la chaîne montagneuse volcanique au centre de la péninsule.

409 en haut Photographié à 705 kilomètres d'altitude, le long panache de fumée d'un feu de forêt barre la mer d'Okhotsk au sud-ouest du Kamtchatka.

409 en bas Les 3 696 000 hectares de la réserve des volcans du Kamtchatka comprennent la plupart des 29 volcans actifs de la région mais aussi 300 volcans éteints et 150 sources hydrothermales.

À 4 750 mètres d'altitude, le Klioutchevskoï est le plus haut volcan actif d'Eurasie, un cône parfait qui, avec le Kamen, le Bezymianni et le Ploski Tolbatchik, forme la chaîne volcanique de la Klioutchevskaïa. Sa première éruption enregistrée par l'homme remonte à 1697, lorsque l'explorateur russe Vladimir Atlasov se trouve devant son immense silhouette pour la première fois. Depuis, les volcanologues ont signalé pour le moins une éruption tous les cinq ans, mais le Klioutchevskoï, comme les autres volcans de la péninsule du Kamtchatka, n'a jamais présenté de danger pour les populations locales.

Ce n'est toutefois pas le seul site d'intérêt de la péninsule qui s'étend entre la mer d'Okhotsk et la mer du Japon. Le volcan Kronotski, haut de 3 528 mètres, a une forme conique encore plus prononcée que celle du Klioutchevskoï, même si sa taille n'est pas aussi imposante. Formée il y a 40 000 ans, la caldeira du volcan Uzon est une des caractéristiques géologiques les plus anciennes et intéressantes de la région. Au cœur de son énorme dépression, entourée de parois hautes de 200 à 800 mètres s'étendant sur 100 kilomètres carrés, un vaste système hydrothermal s'est développé, au sein duquel sont produites en permanence de grandes quantités de minéraux.

Inscrite au patrimoine mondial en 1996, la réserve des volcans du Kamtchatka occupe une superficie de 3 696 000 hectares, divisée en six sections qui offrent un panorama complet de l'activité volcanique multiple de la région. La péninsule se trouve en effet à la rencontre de plusieurs plaques tectoniques, dans une partie de l'« anneau de feu » circumpacifique soumis à une intense activité volcanique.

La réserve comprend la plupart des 29 volcans encore actifs de la péninsule, environ 300 volcans éteints, plus de 150 sources thermales et minérales, des cascades, des lacs de couleur turquoise et des champs d'algues multicolores. La vallée des Geysers, un lieu presque irréel, féerique, abrite entre ses pics une extraordinaire collection de geysers, fumerolles et chaudrons bouillonnants.

La grande diversité climatique de la région, largement influencée par l'activité volcanique, a favorisé le développement d'une nature extrêmement riche et diversifiée.

La végétation comprend de vastes étendues de toundra et taïga, couvertes d'herbes géantes et de baies sauvages, avec un total de 1 168 espèces, dont 10 % sont endémiques. La faune est caractérisée par 145 espèces d'oiseaux, au nombre desquels aigles, cormorans, puffins, oies, canards, mouettes et cygnes. Parmi les 33 espèces de mammifères, on compte des ours bruns, élans, loups gris, caribous, mouflons des neiges et renards. On peut y voir le rare pygargue empereur *(Haliaeetus pelagicus)*, présent avec la moitié de la population

410 en haut Prise depuis la navette spatiale Endeavour le 30 septembre 1994, cette image montre une des dernières éruptions du Klioutchevskoï qui, à 4 750 mètres d'altitude, est le volcan actif le plus haut du continent asiatique.

410 au centre À la rencontre de plusieurs plaques tectoniques, le Kamtchatka est une région où l'activité volcanique de l'anneau de feu circumpacifique est très intense.

410 en bas À l'intérieur de la réserve, dans la caldeira d'un volcan éteint, un lac de glace s'est formé.

410-411 La parfaite forme conique de la plupart des volcans du Kamtchatka est une preuve de leur nature stratovolcanique, volcans formés sur des dizaines ou centaines de milliers d'années par accumulation de matériaux éruptifs.

411 Cette vue aérienne du groupe Klioutchi est dominée, dans le fond, par l'imposant cône du Klioutchevskoï. Le complexe comprend les volcans Udina, Zimina, Bezymianni, Kamen et Tolbatchik qui, sur l'image, entourent le plus haut sommet.

412 en haut Geysers, fumerolles, lacs turquoise et étendues d'algues multicolores font de la vallée des Geysers un spectacle unique au monde. Le Kamtchatka a été exploré par les Russes à la fin du XVIIe siècle.

412-413 Proche parent du grizzly américain, l'ours du Kamtchatka est une sous-espèce d'Ursus arctos. Lors de son hibernation qui se termine en mai, il perd environ 30 % de son poids.

413 en haut Près de 10 000 ours du Kamtchatka vivent au sein de la péninsule. Après la saison de l'accouplement, ces plantigrades passent la majeure partie de leur temps en solitaire.

413 au centre Au début de l'été, des millions de saumons, appartenant aux 5 espèces de salmonidés du Pacifique, commencent à remonter les cours d'eau de la péninsule, devenant la proie préférée des ours.

413 en bas Le renard arctique (Alopex lagopus), blanc en hiver et roux en été, n'hiberne pas et se nourrit, pendant les mois de disette, d'animaux morts ou de proies tuées par d'autres.

mondiale, et l'ours du Kamtchatka *(Ursus arctos)*, une sous-espèce d'ours brun, parent du grizzly, dont on ne compte plus que 10 000 individus.
Le patrimoine de la faune non migratrice est extraordinaire, mais le spectacle le plus grandiose qu'offre le Kamtchatka est saisonnier et s'observe entre le début de l'été et l'hiver, lorsque des millions de saumons – appartenant aux 5 espèces de salmonidés du Pacifique – entreprennent leur lutte avec les courants des nombreuses rivières pour atteindre leurs sites de reproduction. À cette époque de l'année, le Kamtchatka est la région du monde la plus riche en saumons.
La récente ouverture au tourisme et à l'exploitation minière risque néanmoins de devenir une sérieuse menace pour ces délicats équilibres écologiques.
Un projet d'exploitation d'une mine d'or doit voir le jour à quelques kilomètres du parc naturel de Bistinski. Il n'a pas encore été approuvé par le gouvernement, vraisemblablement pour des questions financières mais, s'il aboutit, il entamera inévitablement l'un des derniers écosystèmes encore préservés de la région.

Huanglong et Jiuzhaigou

CHINE

PROVINCE DU SICHUAN
INSCRIPTION : 1992
CRITÈRES : N (III)

Emblème depuis plus de quarante ans du World Wildlife Fund (WWF) et symbole des espèces menacées d'extinction, le grand panda *(Ailuropoda melanoleuca)* fait l'objet de toutes les attentions des chercheurs chinois qui mettent tout en œuvre pour le sauver. Si la conservation du fragile habitat dans lequel ce mammifère vit semble aujourd'hui plus ou moins garantie, malgré de nombreux retards et lacunes, le problème majeur reste le manque d'appétit sexuel des pandas. Après plusieurs tentatives de stimulation qui n'ont donné aucun résultat concluant, les experts se sont vaguement lancés dans le clonage. Maigre consolation, seule l'insémination artificielle porte tant bien que mal ses fruits. À Wulong, par exemple, la population de pandas est désormais de 55 individus, contre 20 en 1998. Les pandas de la vallée de Jiuzhaigou, estimés à 17 individus en 1996, sont sans doute moins nombreux, tandis que, dans la réserve voisine de Huanglong, 4 communautés ont été recensées, sur 5 territoires susceptibles de les accueillir. Il ne s'agit pas de grands groupes, mais la proximité de l'autre

réserve de Wanglang offre une certaine garantie pour leur survie.
Situées dans le Sichuan septentrional, « porte » de la Chine vers l'Asie intérieure, les régions d'intérêt panoramique et historique de Huanglong et de Jiuzhaigou ont des histoires parallèles. Créées à la fin des années 1970, elles occupent respectivement 70 000 et 72 000 hectares dans une région montagneuse (dont les pics dépassent fréquemment 5 000 mètres) à la tectonique complexe. Les deux sites sont traversés par des lignes de faille qui produisent une intense et fréquente activité sismique et sont caractérisés, d'un point de vue géologique, par la présence de roches carbonatiques paléozoïques. Ces dernières sont recouvertes de dépôts de graviers alluvionnaires et de moraines, entremêlés de dépôts de calcite formant des vasques de travertin et des massifs calcaires qui donnent naissance à des phénomènes karstiques. En altitude, de nombreux lacs glaciaires parsèment un paysage fortement marqué par des gorges et précipices. On comprend ainsi pourquoi Jiuzhaigou signifie « la vallée des neuf gorges ».
La proximité des deux zones se traduit également par une végétation plutôt

414 en haut Huanglong est située dans la zone de transition climatique entre la région himalayenne et les régions subtropicales et tropicales de l'hémisphère Nord. Les températures minimale et maximale sont comprises entre -24 et 30 °C.

414 en bas Les forêts recouvrent 65,8 % de la superficie de Huanglong. À basse altitude, entre 1 700 et 2 300 mètres, l'épicéa de Chine (Picea asperata) et 3 espèces d'érables prédominent.

414-415 La région de Huanglong est renommée pour la présence de sources d'eau à forte teneur en minéraux qui, paraît-il, possède des vertus curatives. L'eau de la source thermale de Zhuzhuhu jaillit à la température de 21 °C et coule dans une série de piscines naturelles.

415 en haut Choisi par le WWF comme emblème, le grand panda (Ailuropoda melanoleuca) vit désormais uniquement dans les montagnes du Sichuan. Malgré les efforts des scientifiques, sa population est en forte diminution et, jusqu'à présent, les tentatives de reproduction en captivité n'ont donné que de maigres résultats.

416 en haut, à gauche La région de Jiuzhaigou est parcourue par un vaste réseau hydrologique. Les nombreux cours d'eau se jettent dans le Jiailing qui fait lui-même partie du complexe fluvial du Yangzi Jiang.

416 en haut, à droite Le fond du lac Wolonghai présente une étrange formation calcaire que la tradition locale identifie à un dragon. Les légendes racontent que dans les lacs de Jiuzhaigou vivent des animaux monstrueux, « éventualité » qui a titillé la curiosité de certains scientifiques.

416 en bas Les 19 lacs de Shuzeng et les 18 lacs de Nuorilang, situés dans la région de Jiuzhaigou, ressemblent à des terrasses d'eau, séparées par des formations de travertin qui rappellent de petites digues.

uniforme. À basse altitude, entre 1 700 et 2 300 mètres, on trouve un étage forestier dominé par l'épicéa de Chine *(Picea asperata)* et les érables *(Acer yui, Acer erianthum* et *Acer davidii)*.
Plus haut, les conifères prédominent avec diverses espèces de sapins, mélèzes et bouleaux. Entre 3 600 et 4 200 mètres, les prairies alpines s'imposent, dominées par de vastes étendues herbeuses et des arbustes. Parmi les centaines de variétés botaniques recensées, 101 espèces de Huanglong et 92 de Jiuzhaigou sont d'un grand intérêt pour leur endémisme, leur valeur ornementale ou leur utilisation dans la médecine traditionnelle chinoise.
À l'exception du grand panda, la faune comprend 59 mammifères à Huanglong contre une dizaine seulement à Jiuzhaigou, bien que cette estimation soit le résultat d'un recensement incomplet. Parmi les mammifères les plus intéressants figurent le singe doré à nez camus du Sichuan *(Pygatrix roxellana)*, menacé d'extinction en raison de la diminution progressive de son habitat, le panda roux *(Ailurus fulgens)*, l'ours du Tibet *(Selenarctos thibetanus)* et le takin du Sichuan *(Budorcas taxicolor thibetana)*.
Ces montagnes difficiles d'accès ont toujours été hostiles à l'homme, de sorte que, même dans la Chine moderne, les vallées de Huanglong et de Jiuzhaigou abritent peu de villages comptant, tout au plus, 1 500 habitants. Cela n'empêche cependant pas l'environnement de ces régions, bercées de légendes par le rôle qu'elles jouent dans la religion et la tradition tibétaines, d'être soumis à une certaine pression anthropique aux effets préoccupants pour sa conservation.
Cette pression est, par ailleurs, accentuée par l'imposante propagande du gouvernement chinois qui souhaite encourager le tourisme intérieur, initiative qui a dangereusement fait augmenter le nombre des visiteurs, désormais supérieur à 300 000 personnes par an. Il faut également ajouter à cela l'abattage, par les populations environnantes, de vastes parcelles forestières à des fins agricoles, les feux de forêt et la pollution, autres menaces pour la tranquillité des pandas.

416-417 Des nombreuses cascades de Jiuzhaigou, celle de Zhengshutan est très spectaculaire. Large de 310 mètres, avec une hauteur moyenne de 28 mètres, elle habille la colline de travertin. Ces formations, caractérisées par une morphologie dynamique, sont fréquentes dans cette région et à Huanglong.

417 en haut Longue de 3,6 kilomètres, Huanglonggou, la spectaculaire « gorge du Dragon jaune » en chinois, est parsemée de piscines de travertin au sein desquelles prolifèrent des algues qui donnent à l'eau une teinte d'une incroyable pureté, dont les nuances vont de l'orange au jaune et du vert au bleu.

Shirakami-Sanchi

JAPON

PRÉFECTURE D'AOMORI ET AKIRA,
ÎLE DE HONSHU
INSCRIPTION : 1993
CRITÈRES : N (II)

Le respect du passé, des anciens et des traditions caractérise le peuple japonais. C'est grâce à l'admirable propension des autochtones à prodiguer des soins, consacrés par de rigoureuses règles de conservation, que la dernière forêt de hêtres qui subsiste au Japon survit. Les arbres appartenant à l'espèce *Fagus crenata* recouvrent la chaîne montagneuse de Shirakami, dans le nord de l'île de Honshu. Dénommée « Shirakami-Sanchi », s'étendant sur 16971 hectares et protégée depuis 1992, la précieuse hêtraie se trouve dans une région éloignée, entre 1000 et 1200 mètres d'altitude, caractérisée par des hivers rigoureux, avec d'abondantes précipitations à caractère neigeux.

418 à gauche Les hêtres de Siebold (Fagus crenata) *dominent la forêt tempérée typique du Japon. Les 16971 hectares de Shirakami-Sanchi sont la dernière parcelle de forêt primaire du pays.*

D'un point de vue géomorphologique, les montagnes de Shirakami, composées de roches sédimentaires et intrusives sur une base de granit, sont nées à la suite d'intenses mouvements telluriques survenus au quaternaire. Le paysage se présente comme une vertigineuse succession de gorges et déclivités, caractérisées pour la plupart par une pente de 30°. Les rares sentiers disparaissent souvent entre les roches et, bien que d'anciens documents attestent d'activités minières dès le début du IXe siècle (il semble que le célèbre grand Bouddha de Nara ait été coulé avec du cuivre provenant de la région de Shirakami), les vestiges de présence humaine sont presque nuls. Les habitants des villages situés au pied des montagnes se rendent de temps à autre dans la forêt pour ramasser des champignons et des plantes médicinales. Tous les ans par ailleurs, près de 3000 sportifs et chasseurs escaladent la montagne de Huatsamori, à la frontière de la zone protégée. Ceux qui fréquentent le mont pour chasser le font pour perpétuer le *matagi*, une ancienne chasse cérémoniale à l'ours. Outre les hêtres, 500 espèces végétales ont été identifiées dans la forêt de Shirakami-Sanchi. Comparé aux autres régions montagneuses du Japon, ce chiffre n'est pas très élevé ; néanmoins la flore présente un intérêt certain grâce à la présence de nombreuses espèces endémiques, de quelques plantes considérées en danger à l'échelle mondiale – comme *Hylotelephium tsugaruense* et *Poa ogamontana* – et à une abondance insolite d'orchidées diverses, dont *Calanthe discolor, Cypripedium yatabeanum* et *Tipularia japonica*. Les arbres et les éperons rocheux inaccessibles sont de sites privilégiés pour la nidification des oiseaux. Des 87 espèces qui ont fait de la forêt leur habitat, certaines – comme le pic noir *(Dryocopus martius)*, l'aigle royal *(Aquila chrysaetos)* et le spizaète montagnard *(Spizaetus nipalensis)* – font partie de la Liste rouge de l'Union internationale pour la conservation de la nature (UICN). Elles ont au Japon le statut de « monument national ».
Cet anoblissement a également été réservé à deux des mammifères qui vivent à Shirakami : le *serow (Capricornis crispus)*, grand herbivore à l'aspect primitif, et le lérot *Glirulus japonicus*, un rongeur nocturne qui tombe en torpeur dans les cavités des arbres, pelotonné en boule.
Considérer les animaux et les plantes – au même titre que les pagodes de Kyoto – monuments nationaux est une attitude issue des philosophies d'Extrême-Orient. Au Japon, la sauvegarde de la nature est un impératif inhérent à la conscience collective : en 1981, bien avant la création de la région protégée, les habitants avaient gagné une bataille contre les autorités, coupables d'avoir approuvé un plan pour la construction d'une route qui, de fait, aurait mis en danger l'équilibre environnemental.

418 en haut, à droite On a découvert depuis peu que l'arlequin plongeur (Histrionicus histrionicus), *un canard au plumage très coloré, niche près de la rivière Akaishi, dans les montagnes de Shirakami.*

419 Habitué aux climats rudes, le macaque japonais (Macaca fuscata) *a été exterminé, ces dernières décennies, par la déforestation et la chasse illégale. Il vient d'être porté sur la Liste rouge de l'UICN.*

Le parc national de Sagarmatha

NÉPAL

KHUMBU
INSCRIPTION : 1979
CRITÈRES : N (III)

Marchant pieds nus dans la neige, ils sont extrêmement forts et rompus aux rigueurs du climat. Pacifiques et pragmatiques, ils suivent à la lettre la philosophie du bouddhisme tibétain. Ce sont les Sherpa, « ceux venus de l'Est », qui habitent la région népalaise de Khumbu, au pied de la plus haute montagne du monde, l'Everest. Ils sont arrivés ici par le Kham, dans le Tibet oriental, à la fin du XIVe siècle, en traversant le col du Nangpa La, à 5 900 mètres d'altitude. Pour les Sherpa, les montagnes sont sacrées, et ils considéraient, il y a peu encore, leur ascension comme un sacrilège. Dans leur langue, l'Everest était et est *Chomolungma*, la « Déesse mère du Monde », qui a reçu le rôle de divinité suprême entre tous les sommets de l'Himalaya. Dans la seule région de Khumbu, comprise pour l'essentiel dans le parc national de Sagarmatha (du nom népalais de l'Everest), deux autres sommets dépassent 8 000 mètres : le Lhotse (8 516 m) et le Cho Oyu (8 201 m). L'économie des quelque 3 500 Sherpa qui vivent dans les limites du plus haut parc de la planète, créé en 1976, dépend de plus en plus du tourisme d'alpinisme. Du moins depuis 1953, lorsque le Néo-Zélandais Edmund Hillary a conquis le toit du monde accompagné de Tensing Norgay, le premier Sherpa à avoir violé la montagne sacrée. À ce record si prestigieux il faut ajouter, quarante ans plus tard, la victoire de Pasang Lamu, première femme népalaise ayant atteint le sommet de l'Everest.
Le parc national de Sagarmatha couvre une région de 1 148 kilomètres carrés au sein de laquelle les rivières Dudh Kosi et Bhote Kosi prennent source. Du bas du parc, à 2 845 mètres, jusqu'aux sommets on rencontre quatre zones climatiques. La première se compose de genévriers, de bouleaux, de sapins, de bambous et de rhododendrons. Entre mars et avril, la floraison de ces derniers – hauts parfois de plus de 10 mètres – offre un extraordinaire spectacle. Dans la deuxième zone prédominent des arbustes et des buissons, tandis qu'à des altitudes plus élevées la vie se réduit à des mousses et à des lichens, pour disparaître définitivement vers 5 700 mètres, à la frontière des neiges éternelles.
Dans la partie basse du parc, la faune est plutôt riche, l'habitat étant idéal pour 118 espèces d'oiseaux et de nombreux mammifères. On y rencontre le bœuf musqué *(Moschus moschiferus)* et le thar de l'Himalaya *(Hemitragus jemlahicus)*, une chèvre de montagne sans barbe, pourvue de petites cornes courtes recourbées vers

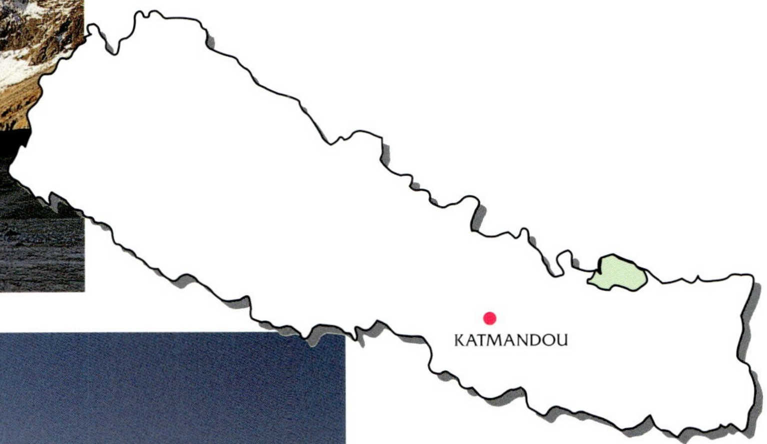

l'arrière. Avec l'arrivée de la mousson d'été, le parc accueille aussi 26 espèces de papillons. Il n'est cependant pas facile d'observer la faune à Sagarmatha : la plupart des spécimens intéressants sont rares et timides, comme la mythique panthère des neiges *(Uncia uncia)*, l'ours brun du Tibet *(Selenarctos tibetanus)* et une espèce de panda au pelage roux *(Ailurus fulgens)*. Depuis quelques années également, le paradis qui entoure le toit du monde souffre de graves problèmes écologiques. Bien que les Sherpa soient très respectueux de leur territoire, les nombreuses expéditions ont laissé derrière elles des tonnes de déchets, soulevant la colère de plusieurs groupes d'écologistes. Pour y remédier, des campagnes de nettoyage ont été lancées et le nombre d'expéditions est sur le point d'être limité. Mais une autre menace guette : la fonte des glaciers, due aux changements climatiques de la planète, n'épargne pas les monts sacrés himalayens.

420 La panthère des neiges (Panthera uncia) *est le félin le plus timide du monde. Actuellement, on estime que seuls 4 000 individus vivent à l'état sauvage. Les problèmes les plus graves que cet animal rencontre pour survivre sont la diminution progressive de son habitat et, en conséquence, la raréfaction de ses proies.*

420-421 Le caractère sacré des plus hautes terres de la planète se concrétise dans les chorten, équivalents tibéto-népalais des stupa indiens, auxquels sont attachés les drapeaux contenant les prières que le vent portera dans le monde.

421 en haut Situé au sud de l'Everest, l'imposant Lhotse est un digne voisin du géant himalayen : haut de 8 516 mètres, il est le quatrième plus haut sommet du monde.

421 en bas Photographié depuis l'exceptionnel « belvédère » du Kala Pattar (5 623 mètres), l'incomparable sommet pyramidal de l'Everest s'enflamme dans les premières lueurs de l'aube.

Le parc national de Keoladeo

INDE

BHARATPUR, RAJASTHAN
INSCRIPTION : 1985
CRITÈRES : N (IV)

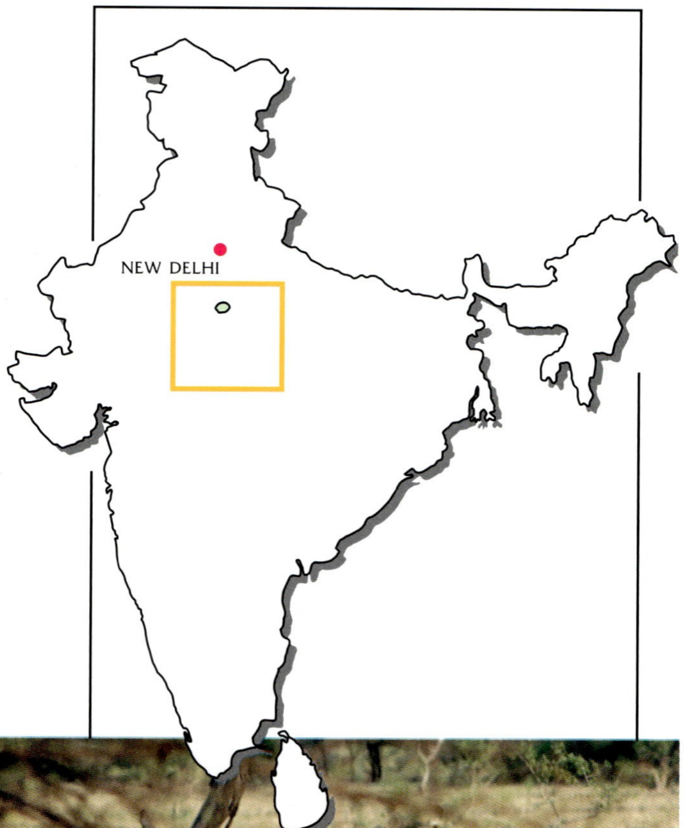

Consacré à Shiva, dieu présidant à la destruction de l'univers et à sa renaissance, l'antique temple de Keoladeo ne pouvait que donner son nom à l'une des plus extraordinaires régions protégées du sous-continent indien. La renaissance, due à l'homme dans le cas présent, a en effet permis à ce parc de 28 kilomètres carrés de devenir la « capitale mondiale » des oiseaux migrateurs. Le parc national de Keoladeo, situé à la périphérie de la ville de Bharatpur au Rajasthan, n'est pas un milieu naturel à proprement parler puisque l'homme a modelé ce territoire à plusieurs reprises pour essayer de sauver Bharatpur des inondations liées aux moussons. En 1760, le maharaja fait ériger, en bordure d'une dépression du terrain, la digue d'Ajan, créant une retenue d'eau artificielle. Au début du XXe siècle, la construction d'un système de levées et d'écluses permet de contrôler le niveau de l'eau dans les diverses sections du lac. Ces interventions transforment la région en un ensemble de marécages et de prairies où trouvent refuge de nombreuses espèces d'oiseaux migrateurs ou non. Les maharajas de Bharatpur en font alors une grande réserve de chasse au canard. Lorsque l'Inde accède à l'indépendance, Keoladeo devient un sanctuaire ornithologique sur lequel néanmoins les maharajas conservent leur concession de chasse jusqu'en 1972. Enfin, en 1981, la région est déclarée parc national. De septembre à février, la réserve est le lieu d'hivernage de près d'un million d'individus appartenant à plus de 360 espèces d'oiseaux migrateurs, du gigantesque pélican frisé *(Pelecanus crispus)*, qui a une envergure de 2 mètres, au minuscule pouillot sibérien *(Phylloscopus collybita tristis)*, qui n'est pas plus grand qu'un pouce. De Russie, d'Europe, de Chine, de Mongolie et des plaines de Sibérie arrivent cormorans, aigrettes, ibis, canards et grues. L'attraction du parc est incontestablement la grue blanche *(Grus leucogeranus)*, un des oiseaux les plus rares de la planète : ne comptant plus désormais que quelques centaines d'individus, les grues partent du

422 à gauche, en haut
Le cerf axis, ou chital, (Axis axis), *à la robe fauve mouchetée de blanc, est l'un des plus beaux cervidés.*

422 à gauche, en bas
Le territoire de Keoladeo est une mosaïque de marais, créée artificiellement au XVIIIe *siècle.*

422 à droite, en haut
Le macaque rhésus (Macaca mulatta) *est une des deux espèces de primates présentes dans le parc.*

422 à droite, en bas
Les arbres de Keoladeo sont très souvent jonchés d'ibis, de cormorans ou de grues.

423 L'acacia nilotique (Acacia nilotica) *et des plantes aquatiques, essentielles pour nourrir les oiseaux, poussent volontiers près des étangs.*

bassin de l'Ob, traversent l'Afghanistan et le Pakistan sur 6000 kilomètres pour venir hiverner à Keoladeo.
Riche en microfaune, poissons et flore aquatique – notamment fleurs de lotus et nymphéas –, Keoladeo abrite également de nombreuses espèces non migratrices, dont le martin-pêcheur, le pic, le loriot et diverses espèces de pigeons. Puis, avec la mousson d'été, arrive l'autre grand spectacle du parc : c'est en effet l'époque de nidification de 17 espèces de hérons qui, à cette fin, se rassemblent sur un territoire relativement limité, où les acacias nilotiques sont nombreux. Sur chaque arbre, on peut alors observer jusqu'à 100 nids appartenant à des individus d'espèces différentes, préférant nicher dans des espaces restreints afin d'unir leurs forces pour se défendre contre les prédateurs comme le faucon pèlerin et l'aigle impérial.
La vie de Keoladeo ne se limite pas à l'avifaune. Le parc abrite également une abondante population de pythons et diverses espèces de mammifères d'intérêt, comme le renard du Bengale *(Vulpes bengalensis)*, le chacal doré *(Canis aureus)*, le sanglier *(Sus scrofa)* et l'antilope cervicapre *(Antilope cervicapra)*. Région d'Asie privilégiée en matière d'avifaune, Keoladeo représente une importante ressource économique pour les habitants des environs, qui s'engagent parfois dans des activités très disparates... allant jusqu'à proposer de confortables excursions ornithologiques dans les traditionnels *rikshaw*.

424 en haut La grue antigone (Grus antigone) *se reconnaît aisément aux plages de peau nue rouge sur sa tête et son cou. La complexe parade amoureuse de ce grand échassier est très spectaculaire.*

424 en bas Le tantale indien (Mycteria leucocephala) *est l'une des nombreuses espèces d'échassiers qui peuplent le parc. La grue blanche* (Grus leucogeranus)*, un des oiseaux les plus rares de la planète, en fait également partie.*

424-425 *Majestueux spectacle de deux tantales indiens, ailes déployées, perchés au sommet d'un arbre.*

425 en bas *Hôte de Keoladeo en hiver, l'oie à tête barrée* (Anser indicus) *vit le reste du temps dans la région himalayenne où elle a même été vue sur le sommet de l'Everest.*

La baie d'Along

VIETNAM

GOLFE DU TONKIN
INSCRIPTION : 1994, 2000
CRITÈRES : N (I) (III)

426 en haut et au centre Entre le miocène et le pléistocène, d'intenses processus d'érosion ont modelé une vaste plaine côtière de grès en pinacles aux formes bizarres. À la fin de la dernière glaciation, la mer a envahi la plaine et créé la baie d'Along.

426 en bas Longue de 300 mètres, baptisée « grotte du Tunnel » par les Français, Quang Hanh est la plus longue grotte d'Along.

Littéralement *Along* signifie « les Dragons descendant dans la mer ». Selon les archéologues, les cavernes de cette splendide baie renferment les vestiges des premiers campements humains de l'actuel Vietnam, vieux de 25 000 ans. La légende transmise oralement jusqu'au XIXe siècle raconte une autre histoire : Along est né lors d'une bataille entre le peuple viet et ses ennemis, venus du nord à bord de leurs navires. Voyant les Viets mis à mal, l'empereur de Jade envoie à leur secours la Mère de tous les Dragons et son jeune fils. De leurs bouches sortent alors d'innombrables perles qui, au contact de l'eau, se transforment en îles très hautes, contre lesquelles se brisent les navires ennemis. La menace passée, la beauté du paysage finit par convaincre les dragons de s'installer à Along. Cette histoire est enracinée dans la tradition populaire et aujourd'hui encore les pêcheurs parlent d'une gigantesque créature marine qui parfois refait surface.

Les pics des 1 969 îles s'étendent sur 1 500 kilomètres carrés. Hauts en moyenne de 50 à 200 mètres, 989 d'entre eux ont reçu un nom pittoresque s'inspirant de leur morphologie, évoquant des coqs au combat, un couple de cygnes, un visage humain, etc. Bon nombre d'îles renferment des grottes et des cavités souterraines qui constituent l'habitat d'espèces extrêmement rares. En dehors de toute légende, l'histoire géologique d'Along commence il y a 500 millions d'années par des processus d'orogenèse et des mouvements tectoniques. Puis, entre le carbonifère et le permien (soit entre 350 et 240 millions d'années environ), la région est occupée par une mer, au fond de laquelle se trouve un lit de grès de 1 000 mètres d'épaisseur. Sur 20 millions d'années, entre le miocène et le pléistocène, d'intenses processus d'érosion sur ce qui est devenu une vaste plaine côtière ont donné naissance aux formations rocheuses de schiste et de grès qui affleurent aujourd'hui dans la baie. Elles sont apparues au terme de la dernière glaciation, il y a 10 000 ans, lorsque la mer a de nouveau envahi la région.

La biodiversité d'Along peut être divisée en trois grands écosystèmes : la forêt tropicale, l'habitat côtier et l'habitat marin. Le premier est caractérisé par une extraordinaire variété d'espèces

botaniques dont 7 ont été signalées par l'UICN comme uniques à ce milieu. La forêt est riche de 477 espèces de magnoliacées et abrite 4 espèces d'amphibiens, huit de reptiles, 40 d'oiseaux et 14 de petits mammifères. L'habitat côtier est caractérisé par 20 variétés de mangroves, où trouvent refuge 200 espèces d'oiseaux. L'écosystème marin est également particulièrement riche. En effet, 170 espèces de coraux y prospèrent, appartenant pour la plupart au genre *Scleractinia*, et 91 espèces d'algues. On compte 81 espèces de gastéropodes, 130 de bivalves, 9 de crustacés et 313 de poissons, qui se nourrissent essentiellement grâce à une exceptionnelle variété de phytoplancton et zooplancton. À côté des écosystèmes naturels, Along a récemment développé un milieu artificiel, lié à la pisciculture, qui a provoqué la destruction de vastes zones de mangroves et menace de modifier l'équilibre biologique de la baie. Par ailleurs, le frénétique développement économique du Vietnam exploite de manière intense le potentiel touristique du pays qui entend lancer un projet de 100 millions de dollars pour la construction d'un énorme complexe hôtelier sur l'île de Tuan Chau.

426-427 Près de 2000 îles composent le spectaculaire paysage de la baie d'Along. Ces affleurements rocheux, dont les formes ont inspiré les noms pittoresques caractéristiques des traditions orientales, varient entre 50 et 200 mètres de haut et abritent d'innombrables grottes creusées par la mer et la pluie.

Le parc national du Kinabalu

MALAISIE

Bornéo, État de Sabah
Inscription : 2000
Critères : N (ii) (iv)

428 en haut Pesant 9 kilos pour un diamètre de 1 mètre, Rafflesia arnoldi *est la plus grande fleur rencontrée dans la nature.*

Si les botanistes usent volontiers de superlatifs, c'est souvent pour parler de la plus grande fleur du monde, *Rafflesia*. Cette plante extraordinaire est une masse charnue de couleur rouge vif, atteignant 1 mètre de diamètre pour un poids de 9 kilos. Autre caractéristique : elle sent très mauvais. *Rafflesia* est une plante parasite, sans racines ni feuilles, qui ne peut germer qu'au pied d'un tronc de vigne *Tetrasigma*. Elle se développe pendant une année, éclôt en une seule nuit de pluie et fane en une semaine. Il est donc difficile de la voir dans toute sa splendeur. Elle a été baptisée en l'honneur de sir Thomas Stanford Raffles (1781-1826), fondateur de Singapour et de la puissance britannique en Malaisie. La fleur a été découverte par le botaniste Joseph Arnold qui a accompagné sir Thomas lors de nombreuses expéditions sur l'île de Bornéo. Il est facile d'imaginer la stupeur du scientifique à la vue de cette inquiétante merveille, cachée dans le feuillage de la jungle au pied du mont Kinabalu. Bien des années plus tard, *Rafflesia* n'en finit pas d'intriguer les experts. Jusqu'à présent, 16 espèces ont été identifiées, la dernière en 1988. En dehors de quelques exemplaires sporadiques rencontrés à Sumatra, la plante est spécifique de Bornéo.

Le mont Kinabalu – qui, avec 4 175 mètres d'altitude, est le point culminant du Sud-Est asiatique – est le résultat d'activités volcaniques et tectoniques survenues il y a un million et demi d'années, suivies d'un processus de sédimentation lors du tertiaire et d'une érosion glaciaire. L'évolution du mont est loin d'être terminée : depuis quelque temps, les scientifiques notent en effet une croissance de 5 millimètres par an. Le Kinabalu et la région environnante – englobée dans un parc national qui comprend également les massifs du Tambuyukon (2 579 mètres) et du Templer (1 133 mètres) – renferment l'une des collections floristiques les plus

428 en bas, à gauche Avec 4 175 mètres d'altitude, le Kinabalu est le point culminant de l'Asie du Sud-Est. Les flancs de la montagne sont couverts de forêts pluviales qui diffèrent d'un point de vue biologique selon l'altitude.

428 en bas, à droite Parmi les innombrables espèces botaniques du Kinabalu, on compte également 9 plantes carnivores du genre Nepenthes, *dont 4 sont endémiques au parc.*

429 en haut La cascade de Langanan, au cœur du parc, se divise en 7 cataractes ; la dernière, haute de 150 mètres, est la plus spectaculaire.

429 en bas Le sommet très plissé du Kinabalu est profondément marqué par l'érosion d'anciens glaciers qui ont créé des cirques, moraines et vallées en « U ». Selon les estimations des géologues, la montagne grandit encore, au rythme de 0,5 cm par an.

KUALA
LUMPUR

430 L'orang-outan (Simia satyrus) a connu, ces dernières années, une diminution dramatique de sa population en raison des incendies et du braconnage. On ne compte plus que 120 spécimens à Kinabalu.

431 en haut, à gauche Primate arboricole dont l'alimentation se compose essentiellement de gros fruits charnus, l'orang-outan survit en se nourrissant de l'écorce des arbres lorsque la nourriture se fait plutôt rare.

431 en haut, à droite Généralement décrits comme des primates au comportement solitaire, les orangs-outans tendent à se rapprocher de leurs semblables lors de la saison des amours et lorsque les ressources alimentaires abondent.

431 en bas Animaux territoriaux, les orangs-outans se déplacent sur des zones plutôt vastes (de 40 à 600 hectares), le territoire de chaque individu empiétant sur celui des autres.

riches et variées de la planète. Outre *Rafflesia* et *Nepenthes rajah*, plus grande plante carnivore à urne, près de 6000 espèces appartenant à 200 familles et 1000 genres y ont été répertoriées, avec un fort taux d'endémisme. Le parc abrite 1000 espèces d'orchidacées, 24 de rhododendrons, 52 de palmiers, 135 de ficus et 608 de fougères.

Les botanistes considèrent cette région comme le point de convergence des genres chinois et himalayens, australiens et néo-zélandais, trouvant même une affinité avec les plantes du continent américain.

En fonction de l'altitude, s'étageant entre 152 mètres et le point culminant, le parc comprend 6 zones de végétation abritant une grande variété faunistique. Chez les mammifères, 90 espèces vivent dans les parties les plus basses du parc, dont les orangs-outans et d'autres primates, et 22 espèces en montagne; l'avifaune (326 espèces) et les papillons (200 espèces) sont également nombreux.

Mont sacré pour le peuple Dusun, ou Kazadan, le Kinabalu tire son nom des mots kazadan *Aki* et *Nabalu*, « la demeure de l'âme du défunt ».

Nom tristement approprié à ce qui est survenu dans ce sanctuaire naturel en septembre 1944, lorsque l'armée japonaise a fait tailler un chemin de 240 kilomètres à 2400 prisonniers britanniques et australiens. Seuls six ont survécu aux travaux forcés; parmi eux, le major Carter de l'armée britannique qui, de retour chez lui, a fondé le Kinabalu Memorial Committee. L'intérêt suscité au Royaume-Uni par la région du Kinabalu a conduit à l'organisation d'expéditions naturalistes financées par la Royal Society. En 1964, ces expéditions ont eu pour conséquence la création du parc.

Le parc national de Komodo

INDONÉSIE

ÎLES DE KOMODO, RINCA, PADAR, GILI DASAM, GILI MOTONG, FLORES
INSCRIPTION : 1991
CRITÈRES : N (III) (IV)

En raison de sa taille, les habitants des îles l'appellent « *buaja darat* », le « crocodile terrestre ». En effet, un individu adulte, en général, dépasse 3 mètres de long et ne pèse pas moins de 70 kilos. Mais le varan de Komodo *(Varanus komodoensis)* n'est pas un crocodile : il appartient à la famille des varanidés dont font également partie les lézards. Il est le plus grand représentant de l'ordre des reptiles squamates et constitue une espèce d'une valeur exceptionnelle pour les experts de l'évolution. Walter Auffenberg, pionnier des études sur ces dragons, surprenants petits-fils des dinosaures, disait : « Lorsque cet animal décide d'attaquer, rien ne peut l'arrêter. » C'est peut-être pour cela, même s'il ne peut pas se déplacer à plus de 20 kilomètres à l'heure, que d'innombrables légendes ont fleuri autour des capacités de terrible prédateur du varan de Komodo. Et c'est pour protéger cet extraordinaire héritage de l'évolution que les îles de Padar et de Rinca ont été déclarées réserves naturelles dès 1938, suivies par Komodo en 1965. En 1980, le parc national de Komodo a été créé, englobant une région de 75 000 hectares ; quatre ans plus tard, la sauvegarde a été étendue à une partie de Flores et des eaux qui entourent ces îles de la Sonde, jusqu'à atteindre une superficie protégée totale de 220 000 hectares.
La morphologie des îles reflète leur position au cœur de la plate-forme volcanique de la Sonde. Le sol rocailleux est caractérisé par des pentes abruptes qui se jettent dans la mer et forment des falaises renfermant des criques inaccessibles. La topologie de Komodo, la plus grande île, est dominée par une chaîne de collines orientées dans un axe nord-sud et qui ne dépassent pas 600 mètres d'altitude, selon une structure qui se répète dans les autres îles.
La végétation est typique d'un climat tropical moyennement pluvieux (entre 800 et 1 000 millimètres lors de la mousson de novembre-avril). Elle est dominée par une savane herbeuse souvent d'origine anthropique, couvrant environ 70 % de la superficie du parc. Parmi les espèces herbeuses les plus répandues figurent *Eulalia leschenaultiana*, *Setaria adhaerens* et *Chloris barbata*, tandis que, parmi les plantes à haut tronc, on compte des palmiers de l'espèce *Borassus flabellifer*.
Outre le varan, la faune de Komodo comprend de nombreuses espèces

432 en haut Située dans la partie sud-est de l'archipel de la Sonde, entre Sumbawa et Flores, l'île de Komodo s'étend sur près de 340 kilomètres carrés, dominée par une chaîne de collines qui ne dépassent pas 600 mètres d'altitude.

432 en bas, à gauche Le varan de Komodo (Varanus komodoensis), pouvant atteindre 3 mètres et peser 70 kilos, est le plus grand représentant de l'ordre des reptiles squamates. On croyait à tort autrefois qu'il était venimeux comme ses congénères mais c'est en réalité sa morsure qui provoque de graves infections pouvant être fatales, même pour l'homme. Se nourrissant essentiellement de charognes, l'animal est porteur de dangereuses bactéries qui prolifèrent dans sa gueule.

432 en bas, à droite Un groupe de varans vient se désaltérer à un point d'eau. Habitué à se déplacer seul ou en petits groupes, ce reptile préfère les habitats comme la forêt tropicale décidue et, dans une moindre mesure, la savane ouverte.

433

433 De 2017 hectares seulement, l'île sauvage de Padar n'abrite plus aucun varan. Au milieu des années 1970, le dragon de Komodo s'est éteint, à cause de l'absence de proies, exterminées par les braconniers.

434 La séquence de l'attaque d'un varan est impressionnante. Ce dragon des temps modernes possède 60 grosses dents recourbées et serrées qui ne laissent aucune chance à ses proies.

d'oiseaux, reptiles et amphibiens et 7 espèces de mammifères terrestres, dont le rat endémique *Rattus rintjanus*, le macaque *Macaca fascicularis* et le cerf rusa *(Cervus timorensis)*, qui présentent un certain intérêt en termes de conservation.

Le parc national de Komodo est bordé par une importante barrière corallienne qui abrite une des populations de poissons les plus riches au monde, un écosystème gravement menacé par la pêche illégale qui, ces dernières décennies, a tranquillement été pratiquée avec des moyens extrêmes comme la dynamite. On y rencontre des mammifères marins comme le rorqual bleu *(Balaenoptera musculus)*, en voie de disparition, le cachalot *(Physeter catodon)*, 10 espèces de dauphins et le dugong *(Dugong dugon)*, figurant parmi les espèces vulnérables de la Liste rouge.

La *star* de Komodo, le varan, est également vulnérable. Selon les estimations du dernier recensement, seuls 5 700 « dragons » sont encore en vie et l'espèce semble avoir disparu de l'île de Padar, où l'on ne signale plus sa présence depuis plusieurs années. Bien souvent, la cause est imputable au braconnage de la proie de prédilection du varan, le cerf rusa, dont la population a été considérablement réduite. Il est très probable que, d'ici peu, en l'absence de proies, la plus puissante machine de chasse du monde soit sur le point de disparaître.

434-435 Estimée à 5 700 individus, la population de varans de Komodo compte environ 2 900 spécimens sur Komodo, 900 sur Rinca, une centaine sur Gili Motong et le reste dans les zones côtières de l'île de Flores.

435 en bas, à gauche Le terme « *varan* » est la latinisation de l'égyptien waran, *qui signifie « avertisseur ». Il provient d'une ancienne croyance selon laquelle les varans du Nil avertissaient la population de la présence de crocodiles.*

435 en bas, à droite Parmi les proies préférées des varans figurent la chèvre, le sanglier et le cerf rusa. Ces redoutables prédateurs se nourrissent également d'oiseaux, serpents, poissons, crabes, buffles d'eau et parfois des petits de leur propre espèce.

Les parcs des montagnes Rocheuses canadiennes

CANADA

ALBERTA ET COLOMBIE-BRITANNIQUE
INSCRIPTION : 1984*
CRITÈRES : N (I) (II) (III)

* LE SITE DE BURGESS SHALE, INSCRIT SUR LA LISTE DU PATRIMOINE MONDIAL EN 1980, EST MAINTENANT INCLUS DANS LES PARCS DES MONTAGNES ROCHEUSES CANADIENNES.

Quand le géologue R.G. McConnell, de la Commission géologique du Canada, découvrit les gisements fossilifères de Burgess Shale en 1886, les ouvriers de la Canadian Pacific Railway y avaient déjà récolté de magnifiques collections de trilobites. Et, toujours en marge de la construction de la voie ferrée, le gouvernement canadien avait déjà créé une réserve naturelle de 2 600 hectares autour des sources thermales de Cave et de Basin, en accord avec les dirigeants de la compagnie ferroviaire, dans l'idée qu'elles pourraient devenir un jour une attraction touristique. Cet acte paraphé en 1885 marqua la naissance du système des parcs nationaux canadiens et cet endroit fut le noyau autour duquel se constitua deux ans après le parc des montagnes Rocheuses, qui allait devenir en 1930 le parc national de Banff. Avec le temps, les montagnes Rocheuses sont devenues le fleuron de la conservation de la nature au Canada, et en mémoire de cette première zone protégée, les sources chaudes aux eaux émeraude du parc de Banff ont été qualifiées de « Site historique national de Cave et Basin ». Aujourd'hui, la zone comprend quatre parcs nationaux (Banff, Jasper, Kootenay et Yoho), et trois parcs provinciaux (Hamber, Assiniboine et Mount Robson), couvrant ensemble 2 306 884 hectares distribués le long de la frontière entre l'Alberta et la Colombie-Britannique. Constituées de schiste, de dolomies, de grès et de calcaires, les montagnes Rocheuses canadiennes se sont formées entre le précambrien et le crétacé. Leur altitude est comprise entre 1 000 et 3 954 mètres au sommet du mont Robson et elles abritent encore plusieurs grands glaciers, dont le plus imposant est le Columbia Icefield couvrant 325 kilomètres carrés.
Le climat continental a favorisé l'apparition de trois éco-régions – de moyenne montagne, alpine et subalpine – qui se succèdent en fonction de l'altitude et de l'exposition aux agents atmosphériques. Le registre des espèces comprend 966 plantes vasculaires, 243 mousses, 407 lichens et 53 bryophytes. La région de montagne est couverte de forêts de pins de Douglas *(Pseudotsuga menziesii)*, d'épinettes blanches *(Picea glauca)* et de peupliers (*Populus tremuloides* et *Populus balsamifera*). Entre 1 800 et 2 100 mètres, la région subalpine – la plus étendue, avec plus de 115 000 hectares de forêts – est dominée par les sapins (*Picea engelmannii* et *Abies lasiocarpa*) et les pins (*Pinus flexilis* et *Pinus contorta*). Plus haut, la flore alpine comporte des espèces à tronc bas comme le saule arctique *(Salix arctica)* et le bouleau glanduleux *(Betula glandulosa)*, des bruyères comme *Cassiope*

436 en bas, à droite À plus de 1 500 mètres d'altitude, le lac Moraine est l'une des merveilles du parc national de Banff, le premier parc national canadien, créé en 1885 sous le nom de « parc des montagnes Rocheuses ».

436 en haut Après un saut de 23 mètres, la Maligne se précipite dans une gorge profonde creusée dans la roche calcaire par la violence du courant. Son débit varie considérablement en fonction des saisons : en été, elle est presque complètement à sec.

*436 en bas, à droite Le cerf nord-américain (*Cervus elaphus canadensisi*) est le plus grand de tous les cerfs. À la différence des autres, il possède une canine supérieure, une bizarrerie de la nature qui était très prisée au XIXe siècle comme pendentif.*

437 à gauche Au cœur du parc de Jasper, le lac Medecine a pour tributaire la Maligne, mais apparemment il n'a pas d'émissaire. En fait, le lac est drainé par l'un des plus vastes systèmes hydrologiques souterrains d'Amérique du Nord.

437 à droite La couleur rouge des cornes, due à la présence résiduelle de vaisseaux sanguins superficiels, indique le sexe et l'âge de cet élan : en effet, seuls les mâles ont des cornes et d'ordinaire elles poussent vers l'âge de un an.

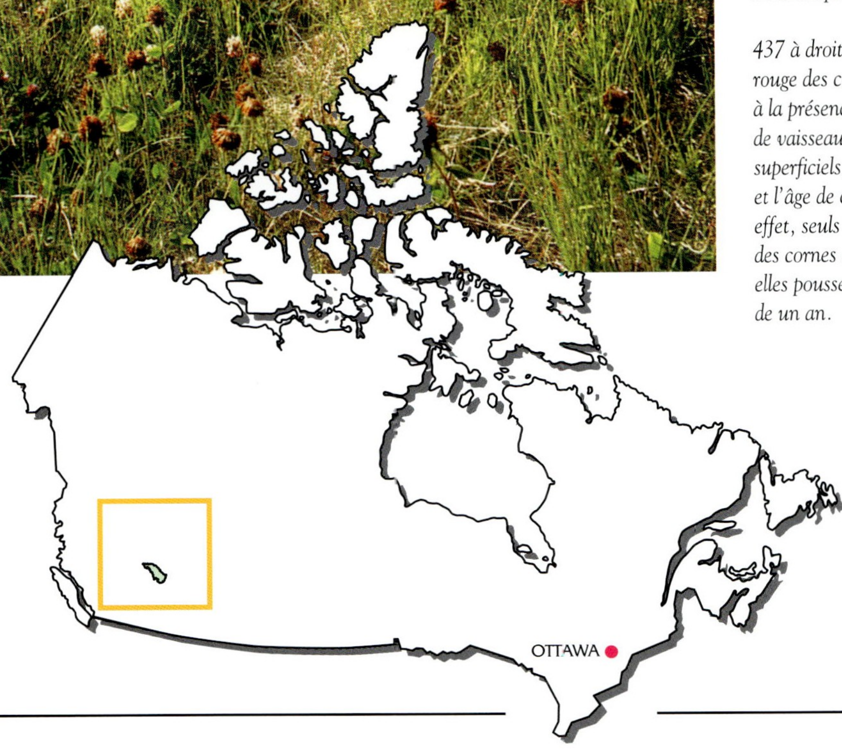

438-439 Le lac Peyto est l'un des plus beaux des montagnes Rocheuses canadiennes. Ses eaux limpides dans lesquelles se reflètent les montagnes sont alimentées par de nombreux glaciers, dont le plus grand est le Columbia Icefield, couvrant 325 kilomètres carrés.

438 en bas Atteignant 3 618 mètres, le mont Assiniboine – une étonnante pyramide de roche calcaire isolée qui se dresse au cœur du parc provincial du même nom – domine le lac Magog, dont les rives abritent une abondante faune sauvage. En tout, la zone protégée des montagnes Rocheuses canadiennes comprend 4 parcs nationaux et 3 parcs provinciaux, qui couvrent ensemble plus de 23 000 kilomètres carrés, soit une superficie sensiblement égale à celle de la Lorraine.

tetragona et des rosacées de type *Dryas integrifolia* et *Dryas hookeriania*.
Les mammifères les plus caractéristiques sont les herbivores vivant dans les prairies alpines, notamment la chèvre des montagnes Rocheuses (*Oreamnos americanus*) et le mouflon du Canada (*Ovis canadensis*). On y rencontre également le pika, une espèce de léporidé (*Ochotona princeps*), la marmotte siffleuse (*Marmota caligata*), des mammifères de la forêt comme l'élan (*Alces alces*), le wapiti (*Cervus canadensis*) et le renne, ou caribou (*Rangifer tarandus*), ainsi que des carnivores comme le loup (*Canis lupus*), le grizzli (*Ursus arctos horribilis*), l'ours noir américain (*Ursus americanus*), le lynx (*Felis lynx canadensis*) et le puma, ou couguar (*Felis concolor*). Parmi les 280 espèces d'oiseaux, il faut citer en particulier le pic tridactyle (*Picoides tridactylus*), le lagopède à queue blanche (*Lagopus leucurus*), le mésangeai du Canada (*Perisoreus canadensis*), le casse-noix d'Amérique (*Nucifraga columbiana*) et, naturellement, l'aigle royal (*Aquila chrysaetos*).
À l'exception du projet de créer une mine de charbon à ciel ouvert juste à la sortie du parc national de Jasper, qui risquerait de compromettre sérieusement l'équilibre naturel, la zone des montagnes Rocheuses ne semble pas confrontée à des risques écologiques graves, en dépit du chiffre record de 10 millions de personnes qui la visitent chaque année.

439 en haut Autrefois répandu dans l'ensemble du Canada, le puma (Felis concolor) *ne se rencontre plus aujourd'hui que dans les montagnes Rocheuses. Les mâles adultes peuvent atteindre 2,50 mètres de long et peser près de 100 kilos.*

439 au centre Le loup (Canis lupus) *n'est revenu dans les montagnes Rocheuses canadiennes que très récemment. Une étude de longue haleine menée dans le parc national de Banff a permis d'estimer qu'il y en avait une quarantaine.*

439 en bas Chaque automne, des milliers de majestueux aigles royaux (Aquila chrysaetos) *trouvent refuge sur les pentes orientales des montagnes Rocheuses durant leur migration à travers l'Amérique du Nord.*

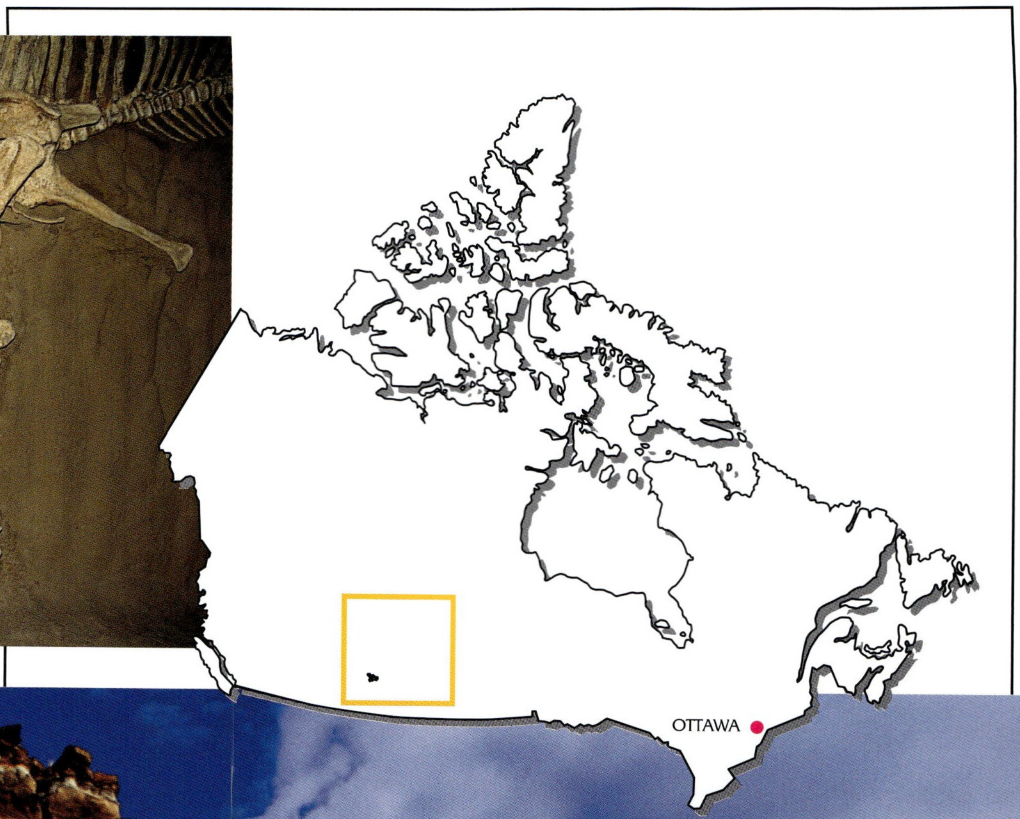

440 en haut On ne connaît pas la fonction de la crête osseuse du Parasauroluphus ; il s'en servait peut-être pour attirer l'attention de ses semblables.

440-441 Les roches du parc provincial des Dinosaures sont creusées de profondes ravines créées par les eaux superficielles pendant le dégel glaciaire.

441 en haut Les hoodoos, ces sortes de « champignons » de grès, non loin de Drumheller, constituent l'une des attractions du parc. Formés par l'action du vent et de l'eau, ils se dissolvent très rapidement quand la pierre plus résistante qui les couvre et les protège est érodée par les agents atmosphériques.

441 au centre L'émergence progressive d'anciennes strates sédimentaires a fait apparaître plus de 300 squelettes complets de dinosaures et des milliers de fragments.

Le parc provincial des Dinosaures

CANADA

SUD DE L'ALBERTA
INSCRIPTION : 1979
CRITÈRES : N (I) (III)

L'an 2000 a été une bonne année pour les paléontologues du Royal Tyrrell Museum de Drumheller, une ancienne ville minière de l'Alberta. D'après le compte-rendu de Don Brinkman, coordinateur du Programme de recherche sur les dinosaures, les chercheurs et étudiants qui participaient aux fouilles sur la rive de la Red Deer River ont fini de récupérer un squelette de *Dasplaetosaurus* et découvert un nouveau fossile de grand carnivore, dont ils ont déterré une partie du crâne. Mais la découverte la plus curieuse a été celle de deux tortues du genre *Basilemys*, vivant à la fin du crétacé, dont les carapaces semblent avoir été écrasées par le passage d'un gros sauropode. Il faut dire que, depuis sa découverte à la fin du XIXe siècle, le secteur du parc des Dinosaures s'est avéré l'un des plus généreux gisements fossilifères du crétacé. Et le Royal Tyrrell Museum of Paleontology, connu comme l'un des meilleurs musées d'Amérique du Nord pour ses équipements technologiques, peut se flatter de posséder la plus riche collection de dinosaures du monde, avec une cinquantaine de spécimens complets et plus de 80 000 fragments.

Il y a environ 75 millions d'années, le sud de l'Alberta – où se trouve le parc de 7 500 hectares créé en 1955 – était une plaine côtière bordant la mer de Bearpaw. Le climat, alors subtropical, avait favorisé l'essor d'une faune abondante, qui comportait les premiers mammifères, mais aussi des poissons, des amphibiens, des oiseaux, et les maîtres du monde d'alors, les dinosaures. Au cours des ères géologiques, un système fluvial complexe a créé un lit de sédiments de 600 mètres d'épaisseur, dans lequel les carcasses de nombreux animaux sont restées prises au piège. Puis, il y a 15 000 ans environ, l'action érosive des glaciers y a creusé de profondes fissures, comme les lits sinueux de la Red Deer River et de la Judith River, faisant ainsi apparaître les restes de ces animaux.

Si, du point de vue de la flore, le parc des Dinosaures ne présente pas un grand intérêt, les strates de grès et de schistes creusées par la glaciation fournissent un extraordinaire aperçu du monde des dinosaures. Rien qu'entre 1979 et 1991 on a découvert 23 347 échantillons, parmi lesquels 300 squelettes de dinosaures appartenant à 35 espèces différentes comprenant, outre des tyrannosaures, divers membres des familles *Hadrosauridae*, *Ornithomimidae* et *Nodosauridae*.

La relative douceur du climat offre aussi un endroit où passer l'hiver aux ongulés actuels comme le pronghorn (*Antilocapra americana*) et plusieurs espèces de cerfs (*Odocoileus hemionus* et *virginianus*).

La faune locale comprend aussi 150 espèces d'oiseaux, dont de nombreux rapaces, comme l'aigle royal (*Aquila chrysaetos*), le faucon des prairies (*Falco mexicanus*), la buse rouilleuse (*Buteo regalis*) et le faucon émerillon (*Falco columbarius*). Bien que les visiteurs soient de plus en plus nombreux, le parc provincial des Dinosaures reste un endroit tranquille pour les animaux qui y vivent, parce que les touristes semblent avant tout mus par l'espoir d'assister à la découverte d'un fossile. Ce qui est rare, d'ailleurs, car les campagnes de fouilles ne durent que quelques semaines, pendant l'été. Les visiteurs restés sur leur faim peuvent toutefois se consoler avec les merveilles du Royal Tyrrel Museum.

441 en bas Au premier plan, de grands os d'Adrosaurus apparaissent dans les sédiments du parc des Dinosaures. Les échantillons découverts sur le site, l'un des plus riches gisements fossilifères du crétacé, appartiennent à 35 espèces différentes.

Le parc national de Yellowstone

ÉTATS-UNIS

WYOMING, MONTANA ET IDAHO
INSCRIPTION : 1978
CRITÈRES : N (I) (II) (III) (IV)
INSCRIPTION SUR LA LISTE DU PATRIMOINE MONDIAL EN PÉRIL EN 1995

442 *L'extraordinaire effet de couleurs, unique au monde, de la Giant Prismatic Spring, la plus grande source thermale de Yellowstone, est dû aux algues et aux micro-organismes qui vivent dans l'eau et aux dépôts minéraux des rives.*

443 *en haut, à gauche Le Porcelain Basin est baptisé ainsi à cause de la blancheur de ses dépôts calcaires. Les phénomènes géothermiques y abondent : on peut voir ici l'Africa Geyser, qui expulse continuellement de violents jets de vapeur.*

La protection de la nature est née dans les superbes paysages de Yellowstone, quand le président des États-Unis, Ulysses Grant, a signé le 1er mars 1872 le décret créant le premier parc national du monde. En 1870, alors que les États-Unis n'étaient pas encore pleinement remis de la guerre de Sécession, le fils du sénateur du Montana organisa une expédition à Yellowstone, menée par le général Washburn, pour vérifier les récits des premiers explorateurs de la région. En effet, en 1807, John Colter était revenu d'une mission dans ces territoires inexplorés en parlant de vallées où l'on voyait des lacs de boue bouillonnants, des fumerolles, des jets de vapeur et des sources chaudes, bref un paysage évoquant la description de l'enfer de Dante.
Washburn et ses compagnons purent vérifier les assertions de Colter : juste après avoir franchi une crête, ils se trouvèrent brusquement devant un jet de vapeur projeté à plus de 30 mètres de haut par une fontaine d'eau bouillante : il s'agissait de ce qui allait devenir le plus célèbre geyser de Yellowstone, baptisé *the Old Faithful* – le Vieux Fidèle – à cause de la régularité avec laquelle il projette ses jets de vapeur, toutes les 74 minutes. Ce n'était que le premier des surprenants phénomènes naturels qu'ils allaient découvrir au cours de leur expédition. Car les 900 000 hectares environ du parc national de Yellowstone renferment plus de 10 000 phénomènes géothermiques

443 *en haut, à droite Les Lower Yellowstone Falls se précipitent dans une gorge d'un jaune intense. Toutefois, ce n'est pas à cette gorge que Yellowstone doit son nom, mais à la couleur de la roche à l'endroit où il conflue avec le Missouri, 1 000 kilomètres plus à l'est.*

443 *en bas, à gauche Dans la blême atmosphère hivernale la vapeur qui s'échappe du bassin de la Giant Prismatic Spring crée de superbes effets chromatiques, avec en toile de fond la forêt de conifères qui caractérise Yellowstone.*

443 *en bas, à droite Les Mammoth Hot Springs, un étonnant ensemble de terrasses de travertin créées par le jaillissement d'eau riche en acide carbonique, constituent l'expression la plus évidente des forces volcaniques en action sous le parc de Yellowstone.*

et plus de 300 geysers, soit les deux tiers du total mondial. Constitué d'une accumulation de rhyolites datant d'il y a 650 000 ans environ, le haut plateau de Yellowstone présente en effet la caractéristique de se trouver au-dessus de la caldeira d'un ancien volcan, dans une zone où – justement à cause de phénomènes volcaniques – la croûte terrestre n'a que quelques kilomètres d'épaisseur. Ainsi la chaleur provenant du manteau terrestre réchauffe l'eau qui circule à travers un complexe réseau souterrain et jaillit avec violence du sol sous forme de vapeur quand la pression devient trop forte.

C'est ainsi que fonctionnent les geysers, mais Yellowstone présente bien d'autres phénomènes, comme la Grand Prismatic Spring – dont les eaux cristallines et sulfureuses créent de spectaculaires effets de couleurs avec les dépôts de sels des rives –, ainsi que des fumerolles, des cratères, des paysages lunaires et un cours d'eau comme la Firehole River, dont l'eau coule au-dessus de sources bouillantes qui forment un sillage de vapeur sur une longue partie de son cours.

La Yellowstone, plus banale, emprunte un splendide canyon, crée des cascades impressionnantes et forme le lac

444 en haut *Un jeune wapiti est en arrêt au bord d'un des innombrables cours d'eau du parc de Yellowstone. En dépit de l'énorme affluence touristique, la politique de conservation a permis de protéger efficacement la faune sauvage du parc.*

444 au centre, à gauche *Selon les sources historiques, les élans* (Alces alces) *étaient plutôt rares au Wyoming vers 1872, à l'époque où Yellowstone est devenu un parc national, mais par la suite les mesures de protection ont permis un accroissement considérable de leur nombre.*

444 au centre, à droite Les bisons (Bison bison) sont les plus grands mammifères de Yellowstone et les seuls entièrement libres sur le territoire des États-Unis.

444 en bas Éradiqué de la région vers les années 1930, le loup (Canis lupus) a été réintroduit en 1995 pour restreindre la prolifération des ongulés. Depuis 2002, on compte 10 meutes de loups dans le parc de Yellowstone.

444-445 Bien qu'il soit devenu plutôt rare dans d'autres parties du pays, le wapiti (Cervus elaphus) ou cerf américain a trouvé son dernier sanctuaire à Yellowstone. En 1998, on en recensait encore 25 000.

445 en haut Un wapiti de Yellowstone respire dans l'air glacé de l'automne. Moyenne en été, la température locale descend en hiver jusqu'à -12 °C en moyenne.

446 en haut Les hivers rigoureux du Wyoming font souvent des victimes parmi les bisons. En 1996, il en est mort plus d'un millier mais, par chance, on en comptait encore près de 2 200 en 1998.

446 en bas Les 900 000 hectares environ de Yellowstone renferment le plus grand nombre de geysers (près de 300, soit les deux tiers du total mondial) et de phénomènes géothermiques au monde.

homonyme qui, avec une superficie de 35 400 hectares et un périmètre de 177 kilomètres, est l'un des plus grands lacs alpins du monde.

Pour ce qui est de la flore, le parc est couvert à 80 % de forêts, où prédominent les pins *(Pinus contorta)*. L'étagement du parc entre 1 710 et 3 463 mètres d'altitude a toutefois favorisé l'apparition de différents milieux végétaux, de la steppe semi-aride à la toundra alpine, comptant en tout 1 100 espèces de plantes vasculaires.

En plus de près de 200 grizzlis *(Ursus arctos horribilis)* et de très nombreux ours noirs *(Ursus americanus)*, 8 espèces d'ongulés vivent à Yellowstone, comme le cerf *(Cervus elaphus)*, le cerf-mulet *(Odocoileus hemionus)*, l'élan *(Alces alces)*, le mouflon du Canada *(Ovis canadensis)*, le pronghorn *(Antilocapra americana)*, la chèvre des montagnes Rocheuses *(Oreamnos americanus)* et le cerf de Virginie *(Odocoileus virginianus)*.

Parmi les autres espèces remarquables, il faut mentionner le pygargue à tête blanche *(Haliaeetus leucocephalus)*, le faucon pèlerin *(Falco peregrinus)* et le cygne trompette *(Cygnus buccinator)*, le plus grand de son genre.

Depuis 1995, on a réintroduit avec succès le loup *(Canis lupus)*, éliminé dans les années 1930 avec l'aval des autorités à cause de la menace qu'il constituait pour le bétail. Mais au bout de quelques décennies, on s'est rendu compte qu'il jouait un rôle irremplaçable dans l'équilibre naturel de l'écosystème de Yellowstone car c'est le principal prédateur des ongulés de la région.

Malheureusement, c'est aussi en 1995 que l'Unesco a dû inscrire Yellowstone sur la Liste du patrimoine mondial en péril. Cette décision a été motivée par l'intention d'une société canadienne d'ouvrir une mine d'or, d'argent et de cuivre. Située à faible distance de la limite nord-est du parc, elle se serait trouvée en amont des torrents qui confluent à l'intérieur de Yellowstone, menaçant de polluer les eaux et donc de mettre tous les animaux sauvages en danger. L'administration Clinton a réussi à parvenir à un accord avec la société concernée : le parc a été sauvé, moyennant une indemnité de 65 millions de dollars. Les démocrates ont toutefois été accusés à cette occasion par certains groupes de pression d'avoir cédé le contrôle d'une partie du sol américain aux Nations unies.

En dépit de tout cela, le parc national de Yellowstone a été et demeure le symbole mondial de l'histoire de la protection de la nature.

447 en haut Les huit dixièmes du parc de Yellowstone sont couverts de forêts de conifères, où prédominent les pins à haut fût de l'espèce Pinus contorta, souvent utilisée comme bois d'œuvre.

447 au centre, à gauche Redoutables prédateurs, les pygargues à tête blanche (Haliaeetus leucocephalus) occupent le sommet de la chaîne alimentaire de Yellowstone avec les faucons pèlerins, les loups et les coyotes.

447 au centre, à droite Avec le retour des loups, les coyotes (Canis latrans) de Yellowstone ont changé de territoires de chasse et, face à la nouvelle menace, la cohésion s'est énormément renforcée à l'intérieur des bandes.

447 en bas La chèvre des montagnes Rocheuses (Oreamnos americanus) est facilement reconnaissable aux longues cornes recourbées des mâles. On estime qu'il y en a un peu plus de 200 à l'intérieur du parc de Yellowstone.

Le parc national de Redwood

ÉTATS-UNIS

CALIFORNIE
INSCRIPTION : 1980
CRITÈRES : N (II) (III)

448 en haut *Le puma (Felis concolor) évite les terrains découverts et plats, préférant les montagnes et les forêts, où il lui est plus commode de tendre des embuscades à ses proies et de protéger ses petits.*

448-449 *On rencontre souvent des pins de Douglas (Pseudotsuga manziesii), une espèce indigène, en compagnie des immenses séquoias (Sequoia sempervirens) du parc de Redwood.*

Le nord de la Californie fut découvert au milieu du XIXe siècle, lors de la ruée vers l'or. On se mit alors à exploiter les ressources forestières, à commencer par les séquoias *(Sequoia sempervirens)* qui poussaient sur la frange côtière, au nord de San Francisco. Jusque-là, les Indiens s'étaient juste servis des troncs tombés pour construire des canoës et des habitations. Le séquoia est un vestige des gigantesques conifères sempervirents qui dominaient les zones tempérées de la planète durant le jurassique, mais on ne le rencontre plus aujourd'hui qu'en Californie et dans l'Oregon. Il lui faut quatre siècles pour atteindre sa taille adulte et il peut vivre deux mille ans. Son écorce, épaisse, sèche et riche en tannin, le protège du feu et des attaques des parasites. Le plus grand séquoia du monde mesure 112 mètres et pousse à l'intérieur du parc de Redwood (séquoia, en français) qui se flattait aussi jusqu'en 1933 d'abriter le plus vieux : les anneaux de croissance de son tronc indiquaient l'âge vénérable de 2 200 ans. On estime que 96 % des forêts de séquoias originelles sont irrémédiablement perdues et que 42 % de celles qui subsistent se trouvent dans le parc de Redwood. Créé en 1968 pour protéger les dernières forêts de ce géant végétal, le parc national a une superficie de 44 610 hectares, auquel il faut ajouter trois parcs d'État californiens – Del Norte, de 2 578 hectares, Jedediah Smith, de 4 002 hectares, et Prairie Creeks, de 5 693 hectares.

Le parc de Redwood borde 55 kilomètres de côte rocheuse qui s'achève au-dessus de l'océan Pacifique par de vertigineux surplombs, parfois interrompus par de longues plages. La végétation comporte 856 espèces, dont 699 endémiques.

Parmi ces dernières, il faut signaler le pin de Douglas *(Pseudotsuga manziesii)*, le tsuga de Californie *(Tsuga heterophylla)*, le chêne à tannin *(Lithocarpus densiflorus)*, le sapin géant *(Abies grandis)*, l'épinette de Sitka *(Picea sitchensis)* et l'érable à grandes feuilles *(Acer macrophyllum)*. La faune compte un grand nombre de mammifères (75 espèces dont le lynx, l'élan, le renard argenté, l'ours noir, la loutre et le puma), d'oiseaux (400 espèces), de poissons et d'invertébrés qui vivent surtout dans la zone de l'estran.

Malgré sa diversité, l'attrait incontestable du parc reste le séquoia, ne serait-ce que parce que son sauvetage a constitué une étape fondamentale dans l'histoire de la protection de la nature. À la fin du XIXe siècle, quand l'exploitation du bois de séquoia était à son comble, presque toute la zone forestière appartenait à des propriétaires privés et l'abattage se faisait à grande échelle. Puis, en 1918, les paléontologues Henry Fairfield Osborn, Madison Grant et John C. Merriam ont fondé la Ligue pour la protection des séquoias, une association écologiste avant la lettre, qui se proposait de racheter de vastes parcelles de forêt afin de les préserver. Entre 1920 et 1960, cet organisme a ainsi acquis 44 000 hectares – confiés ensuite à l'administration des parcs et loisirs de la Californie pour constituer le parc national de Redwood –, dont une partie, déjà déboisée par l'industrie du bois, a été reboisée.

Dans les zones non protégées, l'abattage se poursuit, suscitant les protestations des écologistes. Mais ces arbres ont montré qu'ils étaient bien armés pour survivre, grâce à une propriété singulière : en dehors de la reproduction sexuée, ils peuvent se régénérer et prendre racine à partir d'une grosse branche ou des racines d'un arbre tombé, en créant un clone de ce dernier.

448 en bas Situé dans les comtés de Humboldt et de Del Norte, dans le nord-est de la Californie, le parc a une longueur de 80 kilomètres environ et une largeur comprise entre 300 mètres et 14 kilomètres.

449 en haut Si le séquoia détient les records de hauteur et de largeur du monde végétal, il est aussi particulier pour d'autres raisons : on dit, par exemple, qu'aucun être humain n'en a jamais vu un tomber pour des raisons naturelles.

449 en bas, à gauche Les séquoias vivent très longtemps grâce au fort taux de tannin contenu dans leur tronc, qui le protège des attaques des insectes et rend ces arbres particulièrement résistants en cas d'incendie.

449 en bas, à droite Un jeune cerf-mulet (Odocoileus hemionus) *observe les environs à la lisière d'une clairière. Les zones de transition entre les bois et les prairies sont en effet les endroits où ces animaux sans défense, que l'on chasse encore activement en dehors des zones protégées, paissent le plus volontiers.*

Le parc national de Yosemite

ÉTATS-UNIS

CALIFORNIE
INSCRIPTION : 1984
CRITÈRES : N (I) (II) (III)

450 en haut, à gauche Couvrant une superficie de plus de 300 000 hectares, la vallée du Yosemite a reçu le statut de parc national le 1er octobre 1890. Aujourd'hui, l'espace protégé accueille plus de 4 millions de visiteurs par an.

450 en bas, à gauche Surnommée la « vallée incomparable », la vallée du Yosemite est un parfait exemple d'érosion glaciaire. On doit les parois parfaitement verticales des sommets qui la dominent à l'avancée des glaciers dans la gorge creusée par la Merced River.

L'un des clichés les plus célèbres du grand photographe Ansel Adams représente la paroi de la demi-coupole de granit qui domine la vallée du Yosemite. Pour prendre cette vue latérale du monolithe durant l'hiver 1927, Adams a dû porter son équipement au sommet d'un col proche du Half Dome.

C'est peut-être ce jour-là qu'il a décidé de consacrer sa vie à photographier la vallée du Yosemite et de passer les trente ans qui ont suivi dans le parc. Découvert en 1833 par les premiers colons, le canyon creusé par la Merced River dans les granits de la sierra Nevada dispute à Yellowstone le titre de première zone protégée de l'histoire. Car si Yellowstone fut bien le premier parc national, la vallée du Yosemite et le bois de séquoias géants de Mariposa se sont vu attribuer le statut de patrimoine public inaliénable en 1864 par Abraham Lincoln, à la suite de la demande du sénateur John Conness. Plus tard, l'insistance du naturaliste, poète et alpiniste John Muir, préoccupé par l'intrusion des chercheurs d'or dans la sierra Nevada, a réussi à convaincre Theodore Roosevelt d'accorder également le statut de parc national à la vallée du Yosemite. Le 1er octobre 1890, cette région s'apprêta donc à accueillir les premiers touristes. Actuellement, le parc, plusieurs fois agrandi depuis 1984, couvre 308 283 hectares et reçoit chaque année 4 millions de visiteurs. L'espace protégé, compris entre 671 et 3 998 mètres d'altitude, est dominé par la sierra Nevada, qui s'est formée il y a 100 millions d'années

450 à droite Ce cliché de la vallée est pris depuis Glacier Point, l'un des endroits les plus fascinants du parc. Situé au bord d'un vertigineux précipice, il offre un point de vue extraordinaire sur les plus étonnantes formations du parc.

451 Partiellement caché par les brumes hivernales, le bloc de granit d'El Capitán surplombe de 1 000 mètres le fond de la vallée du Yosemite. Paradis des amateurs de varappe, il a été escaladé pour la première fois en 1958.

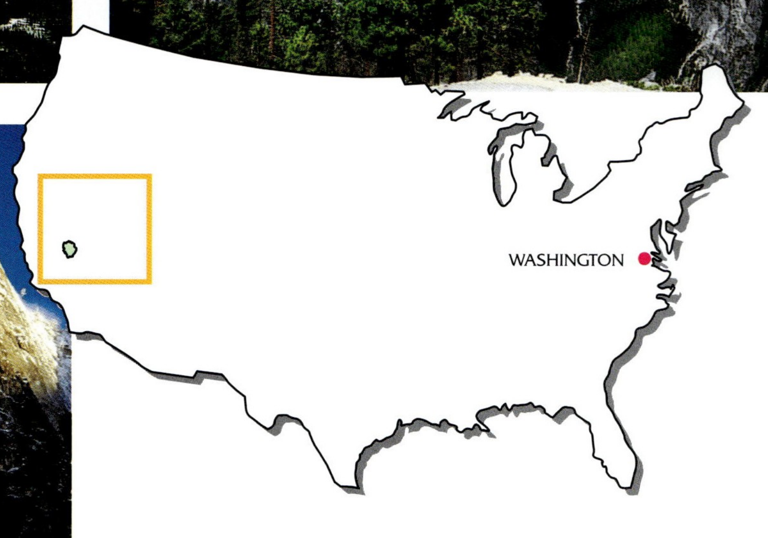

452 en haut *Bien qu'il ait été inscrit sur la liste des animaux en péril par le Service de la faune américain, à Yosemite il n'est pas rare de rencontrer le puma* (Felis concolor), *également appelé couguar en Amérique.*

452-453 *Un splendide coucher de soleil sur El Capitán (à gauche) et sur le Half Dome, une autre merveille géologique du parc, qui doit son nom à son profil en forme de coupole, sculpté par le passage des glaciers.*

453 en haut *La Horsetail Falls, la plus célèbre des cascades du parc, fait un saut de 300 mètres depuis le sommet d'El Capitán.*

453 en bas, à gauche *Il reste trois bois de séquoias* (Sequoiadendron giganteum) *dans le parc, sur une superficie de 169 hectares. L'arbre le plus célèbre, le Grizzli Giant, atteint 65 mètres.*

453 en bas, à droite *Alimenté par cinq torrents qui descendent de la sierra Nevada, le vaste bassin de tuf volcanique du lac Mono abrite une riche avifaune.*

environ, quand une grande masse de magma a filtré des viscères de la planète, constituant en plusieurs phases une ceinture de volcans appuyés sur un socle granitique. Puis, au cours des millénaires, l'érosion a usé les roches superficielles et laissé le granit à nu.

En fait, la vallée du Yosemite – une gorge étroite qui s'étend sur une dizaine de kilomètres – résulte de l'érosion qui, au cours des millénaires, a donné naissance, en plus du Half Dome, à El Capitán, un bloc de granit vertical surplombant de 1 000 mètres le fond de la vallée, d'où jaillit la Horsetail Falls, une cascade faisant un saut de plus de 300 mètres. Mais la glaciation a aussi laissé des vallées en « U » et en « V », des moraines et des cirques glaciaires, qui font du parc l'une des merveilles naturelles du monde. Un tel cadre abrite 27 milieux végétaux et 16 types de forêts, dominées par les sapins blancs *(Abies alba)*, les pins *(Pinus contorta)* et l'épicéa commun *(Picea abies)*. Mais il faut aussi signaler des espèces comme le chêne noir de Californie *(Quercus kelloggi)*, le sapin de Douglas *(Abies douglasii)*, plusieurs autres pins (*Pinus sabiniana, lambertiana* et *monticola*) et des genévriers *(Juniperus occidentalis)*. Enfin trois bois de séquoias géants *(Sequoiadendron giganteum)* couvrant ensemble 169 hectares ont subsisté dans le parc, bien qu'ils aient été entamés par divers abattages et incendies. Car il a fallu attendre la fin des années 1970 pour que l'on allume des incendies contrôlés afin de contenir l'excès de végétation qui appauvrit le sous-sol et risque, en cas d'incendie accidentel, de provoquer des dégâts beaucoup plus graves. Le parc abrite plus de 230 espèces d'oiseaux, parmi lesquels le pygargue à tête blanche *(Haliaeetus leucocephalus)*, le faucon pèlerin *(Falco peregrinus)* la chouette lapone *(Strix nebulosa)*, et 74 espèces de mammifères, comme le coyote *(Canis latrans)*, la marmotte à ventre jaune *(Marmota flaviventris)* et le cerf-mulet *(Odocoileus hemionus)*. Les martres (*Martes americana* et *pennati*), le glouton *(Gulo luscus)* et le puma *(Felis concolor)* sont plus rares. Yosemite abrite aussi entre 300 et 500 ours noirs américains *(Ursus americanus)*, mais ces derniers temps, sous la pression du tourisme, ils ont pris goût à la nourriture des humains et parfois adopté des comportements inusuels. Les gardes du parc ont dû en abattre certains devenus trop agressifs. Les ours courent donc le risque d'être confinés dans des espaces restreints, ou même de disparaître du parc de Yosemite.

454 Considéré comme l'une des merveilles du monde, le Grand Canyon est long de 447 kilomètres et profond de 1 500 mètres ; sa largeur va de 549 mètres à 30 kilomètres.

455 en haut Le lynx roux (Lynx rufus) est un félin élégant, de taille moyenne, que l'on peut facilement apercevoir dans le Grand Canyon, surtout sur la rive sud.

Le parc national du Grand Canyon

ÉTATS-UNIS

ARIZONA
INSCRIPTION : 1979
CRITÈRES : N (I) (II) (III) (IV)

Le naturaliste Donald Culross Peattie nota qu'au moment où il s'était penché pour la première fois au-dessus du gouffre du Grand Canyon, il avait ressenti la « volonté de Dieu ». Et l'écrivain J.B. Priestley voyait dans le Colorado se faufilant entre les immenses parois rocheuses le « Jugement universel de la nature ». Ces témoignages faisant appel au divin pour décrire la magnificence du Grand Canyon datent tous deux de la fin du XIXe siècle. C'est-à-dire du moment où l'Amérique découvrait la beauté de la nature. Jusqu'alors, en effet, les grandioses paysages de l'Ouest sauvage étaient plutôt considérés comme des espaces à conquérir, dans une perspective purement utilitaire. Le Grand Canyon était connu de l'homme blanc depuis plusieurs siècles ; il avait précisément été découvert en 1540 par un conquérant espagnol, le capitaine García Lopez de Cardenas, envoyé vers le nord par le vice-roi du Mexique en quête des sept légendaires cités d'or de Cibola. Chargé d'une mission si grandiose, il éprouva en fait une vive déception face au canyon. Et pendant longtemps, les seuls visiteurs qui suivirent ses traces dans cette région furent des missionnaires, plus préoccupés de convertir les autochtones navajo et hopi que d'observer les phénomènes géologiques et les bizarreries botaniques. Même le major John Wesley Powell, un vétéran de la guerre de Sécession qui fut le premier, en 1869, à descendre les rapides du Colorado à la tête d'une expédition de neuf personnes, était plus motivé par des intérêts ethnologiques que géographiques et naturalistes. Au point qu'après cette dure entreprise qui dura trois mois – et au cours de laquelle trois membres de l'expédition périrent – il poursuivit ses recherches sur les langues autochtones et fonda le Bureau for American Ethnology de la Smithsonian Institution. Toutefois, le major Powell ne manqua pas d'être fasciné par ces lieux, et ses récits ont eu le mérite d'éveiller la curiosité de ses collègues géologues au sein de la prestigieuse institution scientifique.
Le paysage du Grand Canyon est tellement grandiose qu'il échappe à toute définition. Aucune description ne peut rendre son caractère sublime. Le Colorado coule en formant une centaine de rapides au moins au fond d'une gorge spectaculaire – profonde de 1 500 mètres, longue de 447 kilomètres et large de 549 mètres à 30 kilomètres –, avec un débit moyen de 650 mètres cubes d'eau par seconde. Les strates horizontales de roches apparentes se sont formées au cours d'une période de 2 milliards d'années et fournissent des témoignages sur les quatre principales ères géologiques,

455 en bas, à gauche
Dans la région du Grand Canyon, le faucon des prairies (Falco mexicanus) *partage l'espace avec le faucon pèlerin* (Falco peregrinus anatum), *plus rare.*

455 en bas, à droite
Le nombre de coyotes (Canis latrans) *vivant à l'intérieur du parc est en augmentation, au point que l'on a pris des mesures pour limiter leur effectif.*

456 en haut, à gauche
Les conifères présents sur la rive sud – comme le genévrier de l'Utah et le pin pignon – appartiennent à des espèces capables de conserver très longtemps l'eau dans leurs racines.

456 en haut, à droite
En altitude, les précipitations tombent souvent sous forme de neige. La rive nord a un climat plus humide que la rive sud et possède par conséquent une végétation plus variée et plus abondante.

456-457 La variété chromatique des stratifications du Grand Canyon est due à la présence de minéraux ferreux ; le processus d'oxydation a donné aux roches leurs teintes rouges, orange, jaunes et vertes.

le précambrien, le paléozoïque, le mésozoïque et le cénozoïque. C'est donc un champ d'étude d'un extraordinaire intérêt scientifique, doublé d'un paysage fabuleux, et même les profanes ne peuvent qu'être émerveillés par la beauté formelle des roches polies par l'action millénaire de l'eau et par leurs coloris incroyables liés à leur composition diverse et à leur âge. De même que sur le plateau de Kaibab, qui domine le Grand Canyon, tout le monde peut facilement repérer des traces de coraux, de coquillages, d'algues et même des poissons fossiles.

Le long canyon creusé par le Colorado offre d'innombrables points de vue panoramiques et des « sculptures naturelles » auxquelles on a donné des noms évoquant, à nouveau, des divinités, comme le « temple de Diane » ou le « temple de Shiva », assez improbable dans cette partie du monde. En outre, ces lieux sont sacrés pour les Hopi, persuadés que les esprits de leurs ancêtres y résident. Mais les rives sud et nord du Grand Canyon constituent deux univers distincts. La première est en grande partie un désert. Les conifères qui y vivent – comme le genévrier de l'Utah et le pin pignon – appartiennent à des espèces capables de conserver l'eau très longtemps dans leurs racines, et on y rencontre diverses espèces de cactus, d'agaves et de yuccas. La seconde, caractérisée par un climat plus humide et plus froid, possède une végétation plus riche, avec des forêts de conifères où prédominent le pin de Douglas et le pin *ponderosa,* tandis que les vallées les plus protégées abritent des bois de trembles et de bouleaux. Naturellement, la composition de la faune des deux rives présente également des différences : si certaines espèces – comme le coyote, le puma et la chèvre des montagnes Rocheuses – sont présents des deux côtés, d'autres ne vivent que sur l'un ou l'autre versant. Ainsi la rive sud abrite, par exemple, une rare sous-espèce indigène de serpent à sonnette *(Crotalus viridis abyssus)*. Et le cas de l'écureuil de Kaibab, qui vit sur la rive nord, et de l'écureuil d'Albert, caractéristique de la rive sud, est très intéressant : il s'agit de deux espèces ayant évolué dans des conditions distinctes à partir d'un ancêtre commun. En revanche, les 300 espèces au moins d'oiseaux recensées dans la région peuvent voyager librement d'un versant à l'autre. On compte notamment 60 couples de faucons pèlerins, qui constituent la population la plus significative de cette espèce dans le sud des États-Unis.

La découverte des beautés naturelles du Grand Canyon à la fin du XIXe siècle a coïncidé avec l'aube du tourisme. En 1901, le chemin de fer atteignit la rive sud et, l'année suivante, on inaugura le luxueux hôtel El Tovar, qui compta Theodore Roosevelt lui-même parmi ses premiers clients. Comme la majeure partie des visiteurs de l'époque, le président des États-Unis venait pour chasser car, bien que le Grand Canyon eût été déclaré réserve forestière, la chasse y était permise. On estime qu'au cours des cinq premières années du XXe siècle on a tué plus de 600 pumas. La création du parc national du Grand Canyon en 1919, grâce au président Woodrow Wilson, a mis fin à cette hécatombe. Aujourd'hui, la faune est « juste » confrontée à 5 millions de visiteurs par an, tous armés d'appareils photos.

457 en haut Couvrant 2 milliards d'années, les stratifications du Grand Canyon fournissent des témoignages sur les quatre grandes ères géologiques : précambrien, paléozoïque, mésozoïque et cénozoïque.

457 en bas Le premier homme blanc à contempler le Grand Canyon a été le capitaine espagnol García Lopez de Cardenas en 1540.

Le parc national des Everglades

ÉTATS-UNIS

FLORIDE
INSCRIPTION : 1979
INSCRIPTION SUR LA LISTE DU PATRIMOINE MONDIAL EN PÉRIL : 1993
CRITÈRES : N (I) (II) (IV)

Les Américains, qui revendiquent à bon droit un rôle pionnier dans la politique de protection du patrimoine naturel, ont cependant un poids sur la conscience : les Everglades. Alors que, dès le XIXe siècle, les paysages du Grand Canyon et de Yellowstone ont suscité le mythe de la nature sauvage, cette région tout aussi extraordinaire de la Floride n'a pas éveillé le moindre intérêt. Il s'agissait d'un milieu inhospitalier, c'est vrai. Le climat chaud et très humide de ce qui semblait alors un marais infesté de moustiques et d'alligators n'incitait guère à l'aventure. Mais le « Fleuve d'Herbe », ou *Pa-Hay-Okee* comme l'appellent les Indiens Séminoles, qui s'écoule imperceptiblement sur une distance de 200 kilomètres entre le lac Okeechobee et la baie de Floride, en pouvant atteindre une largeur de 80 kilomètres, est l'unique écosystème tropical d'Amérique du Nord. Paradoxalement, le moment où l'on a reconnu son importance a coïncidé avec son inexorable déclin. Quand le président Harry Truman a créé le parc national des Everglades en 1947, le sud de la Floride avait 500 000 habitants. Quand les autorités de l'État ont lancé un cri d'alarme en 1985, la région en comptait désormais 6 millions et l'industrialisation avait exercé des ravages. Les Everglades avaient réduit d'un cinquième, 14 espèces animales risquaient sérieusement de s'éteindre, toute la faune aquatique était

458 en haut Des mangroves constituées des espèces Rizophora mangle, Avicennia germinans *et* Lagunculario racemosa *poussent le long des chenaux et dans les estuaires. C'est l'habitat idéal de nombreux oiseaux, poissons et crustacés.*

458 au centre Féroce prédateur, l'alligator américain (Alligator mississippiensis) *se nourrit d'oiseaux, de poissons, de tortues, de crabes, de loutres, de grenouilles, parfois même d'autres alligators. C'est le seigneur incontesté du parc.*

458 en bas Dans le parc, on compte 16 espèces d'échassiers, dont l'aigrette bleue (Egretta caerulea) *visible ici. Leur nombre connaît un déclin préoccupant. On estime qu'au cours des cinquante dernières années, il a diminué de 93 %.*

contaminée par le mercure. Et, pour finir, la flore était menacée par la présence de 221 espèces exotiques envahissantes. L'inscription des Everglades sur la Liste du patrimoine mondial en péril en 1993 a permis d'allouer des dizaines de millions de dollars à l'un des plus grands projets de restauration écologique du monde. Pourtant, la situation semble toujours compromise.
Couvrant près de 600 000 hectares, le parc comporte de nombreux milieux distincts,

458-459 Couvrant une superficie de 600 000 hectares environ, le parc des Everglades est l'unique écosystème tropical d'Amérique du Nord. Les botanistes sont impressionnés par la grande quantité d'espèces propres à l'aire caraïbe – entre 60 et 70 % – et le fort taux d'endémismes.

459 en haut Le « Fleuve d'Herbe » des Everglades s'écoule imperceptiblement sur 200 kilomètres entre le lac Okeechobee et la baie de la Floride.

459 à droite Bien que moins rare que le pélican blanc dans les Everglades, le pélican brun (Pelecanus occidentalis) est victime de l'empoisonnement au mercure des poissons qui constituent la base de son alimentation.

461 à gauche *Une spatule rosée* (Ajaia ajaja) *se reflète dans les eaux du lac Mud. On estime que de novembre à mars, plus de 200 couples de cette espèces nidifient dans la baie de Floride, entre Sandy Key, Tern Key et Joe Key.*

461 à droite *Habile pêcheuse, la grande aigrette* (Casmerodius albus) *passe l'hiver dans les mangroves des Everglades, où le climat est constamment chaud et humide, tandis qu'elle va passer l'été dans le nord des États-Unis.*

460-461 *Un balbuzard pêcheur* (Pandion haliaetus) *saisit sa proie. Les ailes de ce splendide volatile ont une envergure de 170 centimètres et quand il vole, leur forme arquée permet de le distinguer facilement des autres rapaces.*

460 en bas, à gauche *Un anhinga d'Amérique* (Anhinga anhinga) *vient juste d'attraper un poisson-chat. Cet oiseau nage, en ne laissant sortir de l'eau que son long cou et sa tête, une caractéristique qui lui a valu le surnom d'« oiseau serpent ».*

460 en bas, à droite *Animal extrêmement pacifique et très vulnérable, le lamantin* (Trichetus manatus) *peut peser plus de 500 kilos. Dans les Everglades, il n'en reste guère plus d'un millier.*

marin dans la baie de Floride, plus sec autour du lac Okeechobee, où vivent 200 espèces végétales tropicales à côté de pins et d'arbres spécifiques des climats tempérés. Entre ces deux extrêmes, au point de contact entre la mer et l'eau douce, on rencontre des mangroves; plus à l'intérieur, elles laissent place à des prairies inondées couvertes d'herbacées, de plantes hydrophiles, de groupes de cyprès ayant acquis la capacité de survivre dans l'eau stagnante. Les Everglades sont surtout le domaine du « Fleuve d'Herbe », qui avance de 30 mètres par jour et a une profondeur de 3 mètres au centre et de moins de 1 mètre sur les bords, ponctué d'îles sur lesquelles poussent des chênes et des érables rouges.
Bien que leur nombre soit en diminution, on y rencontre 800 espèces animales, aussi bien aquatiques que terrestres.
Parmi les premières, c'est le destin des lamantins *(Trichecus manatus)*, dont il subsiste un millier, qui cause le plus de préoccupations. Parmi les secondes, en revanche, c'est le puma de Floride *(Felis concolor coryi)* qui court le plus grand risque : sur les 30 restants, plus de la moitié ont été munis d'un collier émetteur pour suivre leurs mouvements. En ce qui concerne l'avifaune, la situation de nombreuses espèces d'échassiers est grave : leur population a diminué de 93 % au cours des cinquante dernières années. En revanche, la situation de la majeure partie des reptiles et des amphibiens est bien meilleure. Le roi incontesté des Everglades est l'alligator américain *(Alligator mississippiensis)*, le plus féroce prédateur du parc. Même si, en réalité, les visiteurs craignent plus l'assaut des 43 espèces de moustiques qui prolifèrent de façon exponentielle, étant donné qu'ils pondent chaque été 100 000 œufs par mètre carré. Au grand dam des touristes, ils sont protégés eux aussi, car ils constituent un maillon fondamental de la chaîne alimentaire.

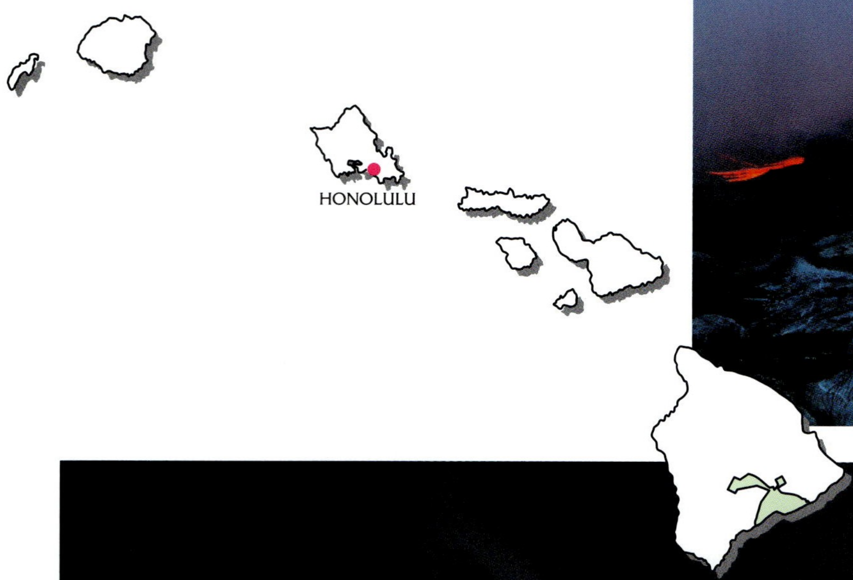

462 en haut Un fleuve de lave incandescente s'écoule sur un champ de pahoehoe, un terme hawaïen adopté dans le vocabulaire spécialisé international pour définir une étendue de lave basaltique très lisse caractérisée par une « croûte de pain » cordée.

462-463 La lave qui jaillit sans interruption depuis vingt ans du Kilauea (1 250 mètres), le volcan le plus actif de la Terre, se jette dans l'eau de l'océan Pacifique en produisant de grands jets de vapeur.

463 L'éruption permanente du Kilauea est une attraction touristique depuis 1840. En 1866 Mark Twain vint voir le volcan et en exalta la beauté. En 1912, on construisit l'observatoire de la Commission géologique des États-Unis.

Le parc national des Volcans d'Hawaii

ÉTATS-UNIS

HAWAII
INSCRIPTION : 1987
CRITÈRES : N (II)

Le lieutenant James King, membre de l'expédition de James Cook en 1779, attribua au Mauna Loa une altitude 4883 mètres. Quelques années plus tard, les mesures barométriques du botaniste Archibald Menzies, le premier à atteindre le sommet, fournirent la valeur plus vraisemblable de 4134 mètres. Depuis, l'observatoire fondé en 1912 par la Commission géologique des États-Unis, a établi que le volcan occupant la moitié sud-ouest de l'île d'Hawaii culmine à 4169 mètres.

Mais si l'on considère que la base du volcan se trouve à 5000 mètres au fond de la mer et que le fond de la dépression née de sa poussée se situe 8000 mètres plus bas, on obtient une hauteur totale de 17000 mètres, presque deux fois l'Everest, et on peut considérer que le Mauna Loa est la plus haute montagne du monde. C'est sans aucun doute aussi la plus volumineuse : 80000 kilomètres cubes de roches volcaniques pour une superficie émergée de 5271 kilomètres carrés.

Le Mauna Loa est également l'un des volcans les plus actifs de la planète, avec 33 éruptions enregistrées à l'époque historique, mais, dans ce domaine, il est largement dépassé par son voisin, le Kilauea, qui a connu des éruptions continues de plus de vingt ans, la première fois à partir de 1907, pour reprendre en 1983; et l'éruption actuelle ne donne toujours aucun signe de vouloir s'arrêter.

C'est à ces puissantes forges de Vulcain que les éruptions de types hawaïen doivent leur nom; rarement de type explosif, elles se caractérisent par un flux continu de lave qui s'échappe souvent d'un flanc du volcan. Au cours des millénaires, ces flux de magma fluide ont déposé les couches de lave qui ont créé l'extraordinaire paysage volcanique de l'île d'Hawaii. Les deux volcans font partie du parc national d'Hawaii, fondé en 1916 et agrandi par la suite pour atteindre son extension actuelle de 92934 hectares. Créé pour préserver le paysage façonné en 70 millions d'années d'évolution géologique, le parc est le refuge de nombreuses espèces indigènes, aussi bien végétales qu'animales.

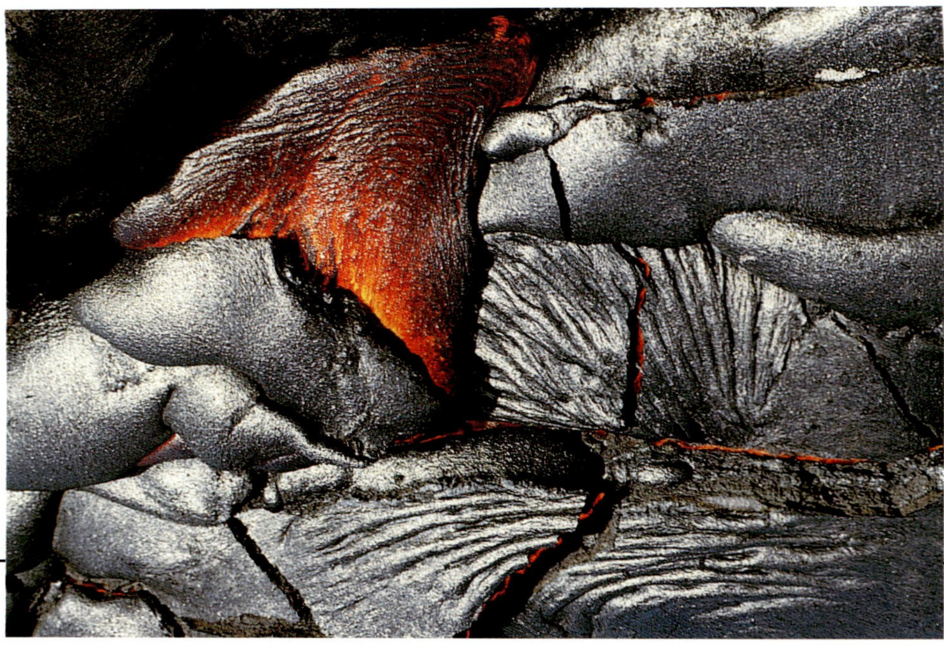

464 en haut Une petite langue de lave de forme triangulaire s'insinue sous les dépôts de magma déjà refroidis en les fissurant sous sa pression, créant ainsi la texture caractéristique du pahoehoe.

464-465 La lave du Kilauea tombe dans la mer du haut d'une falaise. Le dépôt progressif, ininterrompu de grandes quantités de magma a produit le paysage lunaire de l'île d'Hawaii.

L'isolement de l'archipel des îles Hawaii et la nature particulière de son sol ont favorisé l'essor d'une faune présentant un fort pourcentage d'espèces endémiques, même si, comme dans toutes les îles, la biodiversité est relativement limitée par rapport aux zones continentales. Le trait le plus particulier de l'histoire de l'archipel est peut-être la stratification, sur le plan aussi bien géologique que biologique. Formées par la superposition et par le renouvellement continu de couches de lave, les îles Hawaii ont été conquises par la vie en plusieurs étapes, distantes entre elles de plusieurs millénaires. Véhiculées de temps en temps par l'océan, par les vents et particulièrement par les oiseaux, grands introducteurs de vie sur toutes les îles du monde, les nombreuses espèces indigènes des îles Hawaii en ont occupé tous les recoins, en s'adaptant à des conditions

465 en haut Si le Kilauea est le volcan le plus actif du monde, le Mauna Loa est le mont le plus volumineux, avec un total de 80 000 kilomètres cubes de roches volcaniques. Sa hauteur totale, depuis sa base située sous la mer à 13 000 mètres de profondeur, dépasse 17 000 mètres.

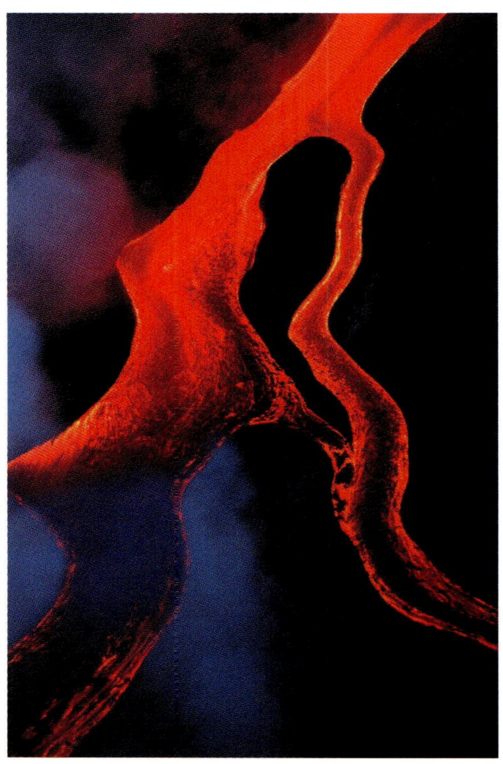

465 en bas L'origine du Kilauea remonte à une période comprise entre il y a 300 000 et 600 000 ans. Les éruptions incessantes des deux derniers siècles fournissent probablement un aperçu du comportement de ce volcan au cours des 100 000 dernières années.

466 L'Akaka Falls, l'une des plus majestueuses cascades d'Hawaii, fait un saut de 135 mètres dans un précipice entièrement tapissé de mousse. La forêt qui l'entoure, où prédominent les fougères géantes, a reçu le statut de parc territorial en 1923.

467 en haut La caldeira du Kilauea semble ici tout à fait inactive, mais le volcan ne dort qu'en apparence. En fait, les éruptions du cône extrêmement actif empruntent des fissures situées plus bas, sur les flancs de la montagne.

climatiques très diverses en fonction de l'altitude, des vents dominants, de l'humidité et du brouillard.
Derniers venus, les êtres humains sont arrivés en plusieurs vagues, peut-être dès l'époque de la chute de l'Empire romain, en provenance – avant Cook – des îles Marquises surpeuplées. Dans cet ensemble d'espèces très rares et très menacées, les fougères sont particulièrement importantes; elles représentent une partie significative de la flore indigène, dominant encore au-dessus de 1 500 mètres d'altitude, mais très concurrencées par les espèces introduites en dessous de 600 mètres.
L'unique mammifère indigène d'Hawaii est *Lasiurus cinereus*, la chauve-souris la plus répandue en Amérique.
En revanche, les oiseaux, chez lesquels on trouve d'intéressants exemples de radiation adaptative, c'est-à-dire de diversification maximale, présentent un grand intérêt. Beaucoup d'espèces endémiques sont rares et menacées.
Parmi ces dernières figurent l'*akepa (Loxops coccineus)* ou loxopse des Hawaii, l'*akiapolaau (Hemignathus wilsoni)*, le pétrel d'Hawaii *(Pterodroma phaeopygia)*, l'*omao (Phaeornis obscurus)*, l'*apapane (Himatione sanguinea)*, l'*elepaio (Chasiempis sandwichensis)*, l'*amakihi (Hemignathus virens)* et l'*iiwi (Vestiaria coccinea)*.
Mais le caractère envahissant des espèces introduites par l'homme fait peser une menace sur l'ensemble du parc.
Chèvres et cochons sauvages ont détruit de vastes étendues de plantes indigènes et les mangoustes ont décimé les reptiles.
Même la bernache néné *(Branta sandvicensis)*, la dernière espèce d'oie sauvage d'Hawaii qui subsiste, récemment élevée au rang de symbole de la protection de la nature hawaïenne, a pâti de la transformation de son habitat, sans parler de la chasse. Selon des estimations, il devait y en avoir à peu près 25 000 à l'arrivée de Cook, mais il n'en restait plus qu'une cinquantaine au milieu des années 1940. Depuis les années 1970, on a lancé un programme de repeuplement qui a eu un certain succès, mais la survie de la bernache néné continue à dépendre des efforts de l'homme.

467 en bas, à gauche Les fruits précieux de l'ohelo (Vaccinium reticulatum), *une baie endémique n'existant que dans les îles d'Hawaii et de Maui, sont l'un des aliments favoris de la bernache néné* (Branta sandvicensis), *la dernière oie sauvage d'Hawaii.*

467 en bas, à droite La singulière haleakala (Argyroxiphium) *est peut-être la plante la plus caractéristique d'Hawaii. Grâce à l'isolement de l'île, 90 % des plantes à fleurs sont endémiques, mais ce patrimoine est en grande partie menacé par les espèces introduites.*

Les îles Galápagos

ÉQUATEUR

INSCRIPTION : 1978, 2001
CRITÈRES : N (I) (II) (III) (IV)

468 en haut *Créant un spectacle magnifique et inquiétant, le magma incandescent sort des flancs du volcan qui se dresse à proximité de Punta Espinosa, dans l'île de Fernandina, la plus occidentale de l'archipel, située à quelques kilomètres au sud de l'équateur.*

468 en bas *Les cactus de l'espèce Brachycereus nesioticus prospèrent aux environs de Punta Espinosa, à Fernandina. L'île n'abrite aucune espèce végétale ou animale introduite par l'homme et elle est considérée comme l'un des très rares milieux intacts de la planète.*

En 1835, le naturaliste Charles Darwin, embarqué à bord du *Beagle*, observa aux îles Galápagos un « très singulier groupe de pinsons, assez proches les uns des autres par la structure de leur bec, leur queue courte, la forme de leur corps et leur plumage [...]. En observant une telle graduation et une telle diversité de structure à l'intérieur d'un groupe d'oiseaux restreint et très homogène, on peut réellement imaginer [...] qu'une espèce se soit modifiée de façon à répondre à des finalités différentes ». Vingt-quatre ans plus tard, Darwin présenta sa théorie sous une forme élaborée dans *L'Origine des espèces*. Il énonce différents postulats, comme l'évolution progressive et continue des espèces vivantes, la diversification de tous les organismes à partir d'un ancêtre commun et enfin la sélection entraînant la survie « du mieux adapté » à la lutte pour l'existence. Ces oiseaux brunâtres appartenant à 13 espèces de pinsons ont donc joué un rôle décisif dans l'élaboration de la théorie de l'évolution.
Découvertes 300 ans avant la venue de Darwin par l'évêque de Panamá Tomás de Berlanga, les îles Galápagos ont connu par ailleurs toutes sortes de vicissitudes. Désertes à l'origine, elles servirent aux XVIIe et XVIIIe siècles de refuge à des pirates et à des boucaniers qui s'y ravitaillaient en eau et en tortues géantes qu'ils chargeaient à leur bord pour disposer de réserves de viande fraîche. Tout en étant fasciné par ces créatures étonnantes qui ont donné leur nom aux îles – *galápago* signifie tortue en espagnol –, Darwin les trouva délicieuses, notant même avec enthousiasme le goût exquis de leur chair grillée dans la carapace et de la soupe que l'on préparait avec de jeunes tortues. Grâce à l'isolement presque total de l'archipel, les tortues marines géantes (*Geochelone elephantopus*), pouvant atteindre un poids de 250 kilos et vivre plus de cent ans, sont, comme les pinsons de Darwin, une autre extraordinaire facette de l'évolution. Bien qu'elles soient cataloguées comme une espèce unique, dérivant des quelques tortues ayant atteint les Galápagos il y a très longtemps, on compte 14 sous-espèces, dont 3 semblent aujourd'hui éteintes, tandis qu'il subsiste un seul individu d'une autre. On ne peut pas non plus dire, en réalité, si les adaptations intervenues au cours des millénaires permettent encore le croisement d'individus appartenant à des sous-espèces différentes. Par la suite, avec l'arrivée des chasseurs de baleine – parmi lesquels Hermann Melville, qui y trouva

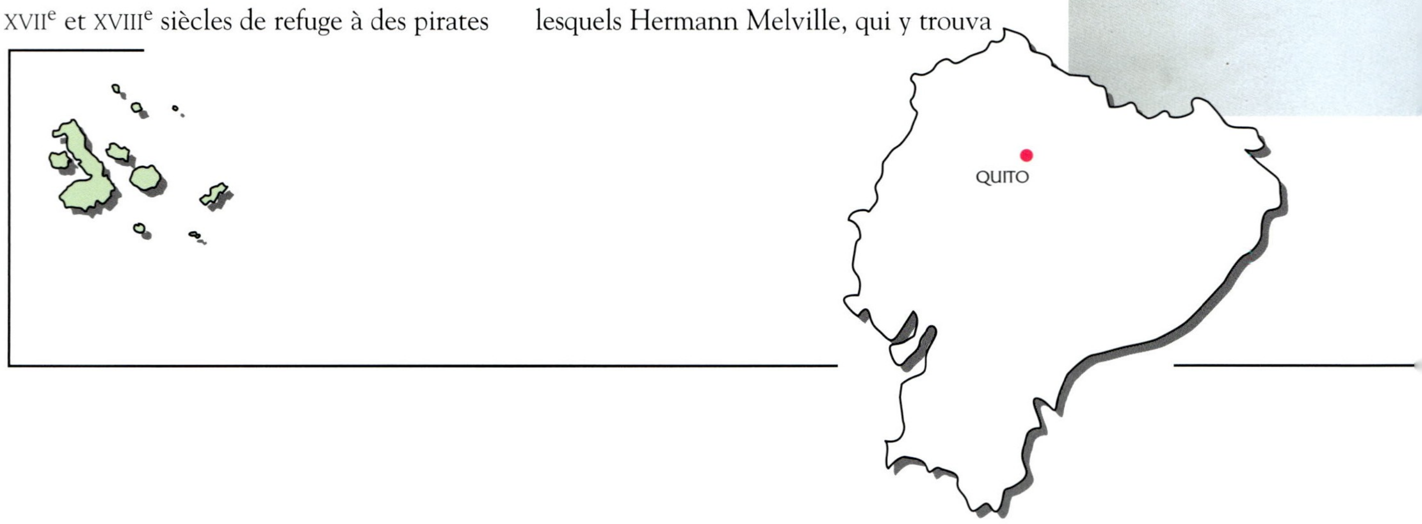

468-469 *Caractérisée par un paysage sombre et dépouillé, souvent troublée par des phénomènes éruptifs, habitée par les iguanes marins, Fernandina est l'île la plus inhospitalière, et en même temps la plus fascinante de cet extraordinaire archipel.*

469 en haut *Le paysage de Bartolomé, l'île la plus jeune et la plus spectaculaire de l'archipel, est résolument lunaire. Elle présente une succession de plages en forme de demi-lune et de pittoresques formations de lave, dont la plus connue est le fameux Pinnacle Rock.*

469 en bas, à gauche *Punta Suarez, sur l'île de Hood, est célèbre pour cet évent qui produit un jet de 15 à 30 mètres de haut, selon la force des vagues.*

469 en bas, à droite *Un petit cratère se dresse sur le sol de Santiago, dont la côte orientale abrite un vaste champ de lave de type pahoehoe, datant d'une violente éruption qui eut lieu en 1897.*

470-471 La majestueuse frégate du Pacifique (Fregata minor) *– on voit ici un mâle avec son petit – ne nidifie pour se reproduire qu'une fois tous les deux ans, parce qu'il faut plus d'un an aux petits pour devenir autonomes.*

470 en bas Les albatros des Galápagos (Diomedea irrorata) *peuvent vivre une année entière sans jamais toucher terre. À Gardner Bay, sur l'île de Hood, on compte 10 000 couples, près de la totalité de la population mondiale.*

471 en haut Un faucon s'attaque à l'une des 150 000 tortues géantes (Geochelone elephantopus) *présentes dans l'archipel.*

l'inspiration de son roman *Moby Dick* – le destin des tortues semblait scellé. On estime que l'on en a tué plus de 100 000, et qu'il en reste environ 15 000. Situé à 800 kilomètres des côtes de l'Amérique du Sud, non loin de l'équateur, l'archipel des Galápagos – qui comporte 13 îles principales, 7 îles secondaires et une centaine d'îlots et d'écueils sur un total de 8 000 kilomètres carrés – est constitué de magma et de laves d'origine volcanique et compte encore plusieurs volcans actifs. Quand les Galápagos ont été annexées par l'Équateur, en 1832, le gouvernement de Quito a lancé un plan de colonisation qui a entraîné l'implantation de plusieurs localités. L'île compte actuellement près de 18 000 habitants, concentrés surtout dans la capitale, Puerto

constituent un incroyable laboratoire à ciel ouvert, où une grande partie de la faune et de la flore a évolué de façon indépendante, produisant un taux d'endémisme unique au monde. En tout, on a décrit plus de 300 espèces de poissons, 1 600 espèces d'insectes, 80 d'araignées, 300 de coléoptères, 650 de mollusques. Parmi les oiseaux marins, on compte des espèces endémiques comme le cormoran des Galápagos inapte au vol, 1 albatros, 3 fous, 2 mouettes. Il faut aussi mentionner l'unique manchot à vivre dans les eaux tropicales, des lions marins, et le phoque des Galápagos, très prisé au XIXe siècle par les chasseurs de fourrure. Les reptiles mériteraient une mention à part ; ils ont évolué librement, dans un milieu exempt de prédateurs. Entre les geckos, les serpents,

471 en bas, à gauche Le fou à pieds bleus (Sula nebouxii) *n'est pas propre aux Galápagos, on le trouve aussi dans le golfe de Californie et dans d'autres régions du Pacifique.*

471 à droite, en bas Seul cormoran inapte au vol, Phalacrocorax harrisi *est l'une des espèces les plus menacées de l'archipel.*

Baquerizo Moreno, et dans les deux villes de Puerto Ayora et Santa Cruz. En 1959, 97 % de la superficie des îles ont reçu le statut de parc national, tandis qu'en 1986 on a créé la réserve marine, pour protéger les eaux baignant l'archipel. Les deux parcs ont été inscrits au patrimoine mondial de l'Unesco en 1978 et en 2001. Pinsons et tortues mis à part, les Galápagos

les lézards de la lave et les iguanes terrestres, une mention particulière va sans aucun doute à l'iguane marin, l'unique espèce de lézard aquatique au monde. Pratiquement tous les écueils des Galápagos sont habités par ces reptiles qui vivent sur la terre ferme mais se nourrissent d'algues qu'ils mangent en se penchant, depuis les rochers, ou en plongeant dans l'eau.

On estime qu'il y en a entre 200000 et 300000, mais ils sont aujourd'hui confrontés à une grave menace : le pétrole qui s'est échappé en 2001 du pétrolier *Jessica*. Le numéro de *Nature* du 6 juin 2002 citait en effet une étude selon laquelle la mortalité des iguanes marins de l'île de Santa Fe avait énormément augmenté après l'accident. Les Galápagos, d'autre part, présentent un équilibre écologique extrêmement fragile, que la présence humaine a déjà profondément altéré. En 1976, un groupe de chiens errants a attaqué une colonie de 500 iguanes terrestres et les a décimés. Et rien que durant la dernière décennie du XXe siècle, les braconniers ont tué au moins 120 tortues géantes. Comme si cela ne suffisait pas, le travail de la Fondation Charles Darwin, qui s'occupe de la conservation de l'archipel, est également mis à rude épreuve par la politique du gouvernement équatorien qui, depuis les années 1980, encourage activement le peuplement des îles, dont la population croît au rythme de 8 % par an.

472 en haut, à gauche *Animal essentiellement terrestre, l'iguane marin* (Amblyrhynchus cristatus) *est aussi capable de nager et se nourrit exclusivement d'algues. Cette habitude, qui le distingue des autres iguanes, lui fournit des ressources alimentaires presque illimitées mais le confronte aux prédateurs marins.*

472 en haut, à droite *Le moindre écueil des Galápagos abrite des iguanes marins. On estime qu'ils sont entre 200000 et 300000 en tout. Le long des côtes, on atteint une concentration de 3000 iguanes tous les 1000 mètres.*

472 au centre *Sous-espèce endémique du lion de mer de Californie, le lion de mer des Galápagos* (Zalophus californianus wollebaeki) *a probablement rejoint les îles à la nage, avant de se différencier ensuite de ses plus proches parents.*

472 en bas Génétiquement proche du manchot de Magellan, le manchot des Galápagos (Spheniscus mendiculus) peut survivre dans les eaux équatoriales de l'archipel grâce aux eaux froides du courant de Humboldt qui longe les côtes d'Isabela et de Fernandina.

472-473 Un groupe de lions de mer se prélasse sur la plage de l'île de Mosquera. Comptant parmi les plus nombreux mammifères marins de l'archipel, ces animaux ressentent, comme les manchots et les cormorans, les effets d'El Niño. Durant le cycle de 1997-1998, la population des principales colonies a diminué de 48 %.

473 en haut Une tortue verte (Chelonia mydas) se donne du mal pour pondre ses œufs en sûreté sur une plage de Bartolomé mais, à quelques mètres de là, une terrible buse des Galápagos (Butea galapagoensis) attend aux aguets.

Le Pantanal

BRÉSIL

ÉTATS DU MATO GROSSO ET
DU MATO GROSSO DO SUL
INSCRIPTION : 2000
CRITÈRES : N (II) (III) (IV)

Les ailes de l'ara hyacinthe (*Anodorhynchus hyacinthinus*) au plumage bleu cobalt ont une envergure de 1 mètre. Il peut vivre quatre-vingt-deux ans et, à l'état sauvage, se nourrit essentiellement des fruits de l'*acuri*, un palmier endémique du Brésil. Mais le plus grand perroquet du monde possède d'autres qualités en plus de sa beauté et de sa longévité. Idéal comme animal de compagnie, il se lie d'amitié avec son maître et peut apprendre à répéter des phrases et à rivaliser d'amabilité. C'est pourquoi un ara coûte entre 8 000 et 10 000 dollars sur le marché illégal des animaux, qui réalise un chiffre d'affaires mondial estimé à près de 5 milliards de dollars. Il y a près de 2 500 aras hyacinthe

474 Le Pantanal se situe dans une zone de tension écologique entre le Cerrado, la savane sèche du Brésil central, et les forêts semi-caduques du sud-est. L'interférence entre les milieux végétaux a créé une extraordinaire biodiversité.

474-475 Couvrant 23 millions d'hectares, le Pantanal est le plus grand écosystème marécageux d'eau douce de la planète. L'Unesco en a pris en charge une partie représentative, entièrement située sur le territoire brésilien.

en captivité, mais on n'en compte guère plus de 3 000 en liberté dans le Pantanal. Pourtant il s'agit d'une région de 23 millions d'hectares, presque aussi vaste que la Grande-Bretagne. La majeure partie – 14 millions d'hectares – se situe au Brésil, le reste étant réparti entre la Bolivie et le Paraguay. Les braconniers, qui capturent les oiseaux de compagnie et tuent les crocodiles pour alimenter le marché tout aussi fructueux des peaux, voient dans le Pantanal, avec une bonne dose de cynisme, une sorte de « supermarché de la nature ». Mais pour les scientifiques, c'est l'un des écosystèmes palustres les plus étendus et les plus intéressants de la planète. C'est pour cette raison que l'Unesco a décidé en 2000 d'inscrire sur la Liste du patrimoine mondial une partie représentative de la région couvrant 187 818 hectares – qui coïncide avec le parc national du Pantanal du Mato Grosso, en territoire brésilien. La convention de Ramsar sur les zones humides affirme aussi que le Pantanal a une importance internationale.

Le paysage est caractérisé par un grand nombre de sous-régions écologiques, qui incluent des chenaux fluviaux, d'épaisses forêts à galeries, des marais permanents, des lacs, des îles flottantes formées de végétation fluviale, appelées *camalotes*, et des plaines herbeuses périodiquement inondées. Le principal cours d'eau du Pantanal est le Cuiaba, qui parcourt

475 en haut D'octobre à mars, durant la saison des pluies, près des deux tiers du Pantanal sont inondés. Extrêmement complexe, le système hydrologique de la région comporte à la fois des bassins fluviaux de superficie et des cours d'eau souterrains.

475 en bas, à droite Un tamanoir (Myrmecophaga tridactyla) *explore une baia, c'est-à-dire une plaine périodiquement inondée caractérisée par une végétation partiellement caduque de plantes ligneuses de petite taille et de broussailles.*

près de 1 000 kilomètres avant de se jeter dans le Paraguay. Durant la saison des pluies, entre octobre et mars, près des deux tiers du Pantanal sont inondés, formant une étendue liquide presque dix fois plus vaste que celle des Everglades, en Floride. La diversité et l'interaction des divers milieux se reflètent dans l'immense variété d'espèces végétales – même si elle n'a pas encore été étudiée en détail –, caractéristique d'une zone de front entre les savanes sèches du Brésil central et les forêts semi-caduques du Sud.
En dehors de la dense végétation fluviale et des nombreuses plantes herbacées des

475 en bas, à gauche Le principal cours d'eau qui alimente le Pantanal est le Cuiaba ; avant de se jeter dans le Paraguay, il parcourt près de 1 000 kilomètres en direction du sud-ouest à l'intérieur de la zone protégée.

476 en haut Le cabiai (Hydrochaeris hydrochaeris) *est tout à fait à l'aise dans l'eau. Le plus gros rongeur du monde nage et plonge très bien, grâce entre autre à la membrane unissant ses doigts, qui rend ses pattes semblables à des palmes.*

476 en bas, à gauche Un anaconda vert (Eunectes murinus) *attend une proie, dissimulé dans la végétation aquatique. Ces reptiles sont très prolifiques : il en naît de 40 à 50 par couvée. À la naissance, les petits mesurent déjà 50 centimètres.*

476 au centre Malgré son aspect inoffensif, la loutre géante (Pteronura brasiliensis) *est l'un des plus gros prédateurs de la région. Elle se nourrit de poissons, de crabes, de serpents et même de caïmans et consomme en moyenne 4,5 kilos de nourriture par jour.*

476 en bas, à droite Un magnifique exemplaire d'onoré rayé (Tigrisoma lineatum) *a conclu sa chasse avec succès.*

plaines alluviales, le Pantanal est célèbre également pour ses immenses étendues de palmiers et de nénuphars et pour un curieux figuier étrangleur au bois très tendre que les Brésiliens appellent *figueira mata-pau*, c'est-à-dire « figuier tue-arbre », parce qu'il se développe autour d'un palmier qu'il étouffe. Quant à la faune, les zoologues considèrent que le Pantanal est l'une des zones humides offrant la plus grande variété : en englobant la catégorie des invertébrés, encore étudiée de façon

476-477 Abritant une population d'environ 10 millions de caïmans (Crocodylus jacare), le Pantanal est la région de la planète offrant la plus forte concentration de crocodiles : on dit que l'on peut en voir 8 par kilomètre carré.

477 en bas On estime que l'on a introduit au moins 130 000 peaux d'anacondas jaunes (Eunectes notaeus) provenant de la région du Pantanal brésilien sur le marché illégal rien que dans les années 1980. Pourtant, ce reptile est encore très répandu dans les parages.

sommaire, on atteindrait le chiffre incroyable de 150 000 espèces. On compte à peu près 80 mammifères, parmi lesquels le jaguar, le tamanoir, le tatou, le tapir et le singe capucin. Certains se distinguent par leur taille, comme l'élégant cerf des marais *(Blastocerus dichotomus)* et le cabiai *(Hydrochaeris hydrochaeris)*, qui est le plus gros rongeur du monde : il peut peser 30 kilos.

L'avifaune compte 656 espèces appartenant à 66 familles. Et, en dehors de l'ara hyacinthe et de 26 autres perroquets, on rencontre une grande quantité de hérons, d'aigrettes et d'autres oiseaux aquatiques. Le symbole du parc brésilien est le jabiru *(Jabiru mycteria)*, une cigogne au plumage blanc juste rehaussé d'un anneau rouge à la base du cou, aux ailes de 2,8 mètres d'envergure ; c'est l'un des volatiles les plus majestueux de la planète.

En outre, les 400 espèces de poissons font du Pantanal la principale réserve de poissons d'eau douce du continent, tandis qu'avec près de 10 millions de caïmans *(Crocodylus jacare)*, il offre la plus grande concentration de crocodiles de la planète. La dangereuse réputation des caïmans est imméritée, car ce sont des animaux peu agressifs. On ne peut pas en dire autant de l'anaconda vert *(Eunectes murinus)*, le reptile le plus répandu au Pantanal.

En plus du braconnage, l'écosystème du Pantanal est menacé par deux énormes projets : le premier, celui du Gasbol, prévoit la construction d'un gazoduc entre Río Grande en Bolivie et Rio de Janeiro. Le second envisage la création de l'Idrovia, un réseau de canaux navigables de 3 442 kilomètres, réalisé en commun par l'Argentine, la Bolivie, le Brésil, l'Uruguay et le Paraguay. Envisagée à la fin des années 1980, l'Idrovia permettrait de réduire de moitié les coûts des transports de marchandises qui, jusqu'ici, empruntent la route. Mais si l'on en croit les scientifiques, cela bouleverserait complètement l'environnement.

À ce jour, les travaux n'ont pas encore commencé, peut-être à cause de leur coût énorme – on a prévu un investissement de 2 milliards de dollars –, difficile à supporter par des pays confrontés à une grave crise économique. Ou peut-être grâce à l'active campagne en faveur

478 en haut *Le Pantanal est l'habitat idéal pour le jaguar, au moins si l'on en juge par la taille des individus qui y vivent. Pourtant, on estime qu'il reste à peine 1,4 jaguar adulte aux 100 kilomètres carrés.*

478 en bas *La spatule rose* (Ajaja ajaja) *doit la coloration de son plumage à l'abondance de carotène contenue dans les crustacés dont elle se nourrit.*

478-479 Le poisson communément appelé paraputanga *au Brésil a une alimentation très particulière : en effet, il se nourrit de préférence de nénuphars. La présence de 400 espèces de poissons dans le Pantanal en fait la principale réserve de poissons d'eau douce du continent.*

de la protection du Pantanal, qui a récolté des millions de signatures de tout le Brésil. Car si, jusqu'en 1990, peu de Brésiliens connaissaient son existence, cette année-là, ils se sont passionnés pour son sort grâce à une série télévisée intitulée précisément *Pantanál*, qui racontait la vie et les amours d'une famille d'éleveurs habitant une *fazenda* à la lisière de la zone protégée et qui a tenu le pays en haleine pendant des mois.

479 en bas Durant la période d'accouplement, deux aigrettes mâles appartenant à l'espèce Casmerodius albus *se livrent à un combat acharné dans le ciel.*

Les chutes d'Iguaçu

ARGENTINE/BRÉSIL

ARGENTINE, PROVINCE DE MISIONES
BRÉSIL, ÉTAT DU PARANÁ
INSCRIPTION : 1986
INSCRIPTION SUR LA LISTE DU PATRIMOINE MONDIAL EN PÉRIL EN 1999-2001
CRITÈRES : N (III) (IV)

Elles naissent de la Serra do Mar, non loin de l'océan Atlantique, sur le haut plateau du Paraná, et reçoivent 30 affluents, atteignant plus de 1 kilomètre de large. Mais c'est après ce paisible cheminement qu'elles finissent par mériter le nom que leur ont donné les Guarani : Iguaçu, ce qui signifie « grande eau ».
Le majestueux spectacle du fleuve qui se jette d'un amphithéâtre de lave basaltique semi-circulaire haut de 72 mètres et large de 2 700 mètres en formant 275 cascades est vraiment grandiose. Au milieu du fracas du tonnerre et d'une immense masse de vapeur d'eau irisée par les rayons du soleil, ce lieu extraordinaire matérialise également ce que l'on a qualifié de « plus belle frontière du monde ».
En effet, l'Argentine et le Brésil se partagent les chutes d'Iguaçu : le territoire du second ne comprend que 800 mètres de cette muraille liquide. En revanche, c'est d'un belvédère naturel brésilien que l'on peut le mieux admirer la cataracte la plus fameuse, la gorge du Diable (la Garganta del Diablo). Après avoir effectué un saut, le fleuve se précipite dans un canyon de 80 mètres de large – au-dessus duquel on a construit le pont Tancredo Naves pour unir les deux pays – et parcourt encore une trentaine de kilomètres avant de confluer avec le Paraná. Pour préserver les cascades et la forêt subtropicale qui, grâce à un taux d'humidité constant de 80 à 90 %, couvre presque entièrement les environs des cascades et les nombreux îlots du fleuve, les gouvernements argentin et brésilien ont créé depuis longtemps deux parcs nationaux. Sur les deux territoires, la forêt tropicale humide comporte de nombreuses espèces de fougères – telle la gigantesque *Dicksonia selowiana* –, de bambous, de lianes et autres plantes grimpantes, d'épiphytes – parmi lesquelles 80 orchidées différentes – et de broméliacées.
Les rives du fleuve sont caractérisées par l'association d'un arbre appelé bois de rose (*Aspidosperma polynerum*), qui peut atteindre 30 mètres de haut, avec de nombreuses espèces de palmiers, comme *Euterpe edulis*. La faune, très variée et intéressante, comporte de nombreux mammifères menacés d'extinction. Parmi ces derniers figurent la loutre géante (*Pteronura brasiliensis*), le jaguar (*Panthera onca*), le tamanoir (*Myrmecophaga tridactyla*) et le puma (*Felis concolor*).
On rencontre une énorme variété d'oiseaux, parmi lesquels 5 espèces de toucans et de très nombreux perroquets.
Ces dernières années, la forte pression anthropique s'avère préoccupante pour la sauvegarde de l'écosystème. Car on trouve trois centres urbains proches de la zone protégée : Foz do Iguaçu au Brésil, Puerto Iguazú en Argentine et Ciudad del Este au Paraguay. À elle seule, Foz do Iguaçu, qui comptait 30 000 habitants en 1960, en a plus de 200 000 aujourd'hui.
On y trouve 150 hôtels, et on estime que la partie brésilienne du parc reçoit 1 million de visiteurs par an. Les gardes des parcs signalent que l'on s'y livre à la pêche illégale, ainsi qu'à l'abattage des palmiers pour en extraire et en vendre le cœur, un mets très recherché. Mais le plus grand danger vient sans doute du gigantesque barrage d'Itaipu inauguré en 1991, en aval de la cascade. Car si la centrale hydroélectrique produit 12,5 millions de kilowatts qui couvrent 40 % des besoins de l'Argentine et du Brésil, elle a aussi entraîné d'importants déséquilibres sur les plans morphologique et climatique.

480-481 La « grande eau » – c'est la signification du mot Iguaçu dans la langue des Indiens Guarani – se jette d'un amphithéâtre semi-circulaire de lave basaltique haut de 72 mètres et large de 2 700 mètres.

480 en bas, à gauche Grâce à un taux d'humidité constant de 80 à 90 %, les environs des chutes d'Iguaçu sont couverts d'une forêt dense comportant de nombreuses espèces de fougères, de bambous, de broméliacées, de lianes et d'orchidées.

480 en bas, à droite Doté du bec caractéristique de ces oiseaux, Raphastos toco est l'une des 5 espèces de toucans présentes dans le parc. Dans les environs immédiats des cascades, on a recensé une avifaune comportant 422 espèces.

481 en haut L'arc-en-ciel créé par le nuage d'eau nébulisée qui monte de la base de la cascade rend encore plus spectaculaire la vision de la Garganta del Diablo, la plus célèbre des 275 chutes d'Iguaçu.

Le parc national de Los Glaciares

ARGENTINE

PROVINCE DE SANTA CRUZ
INSCRIPTION : 1981
CRITÈRES : N (II) (III)

482-483 Couvrant une superficie de près de 250 kilomètres carrés, le glacier Perito Moreno est un pan de l'immense Campo de Hielo de la Patagonie. Contrairement à la tendance des autres glaciers de la région et d'une grande partie de la planète, sa masse ne cesse de croître.

482 en bas Une masse d'icebergs se précipite dans le Canál de los Tímpanos, un étroit chenal unissant le glacier Perito Moreno au bassin principal du lac Argentina. Ce dernier, situé à cheval sur le 50e parallèle, est le plus méridional des grands lacs andins de l'Argentine.

Bien qu'âgé de vingt-cinq ans à peine, Francisco Pascasio Moreno en était déjà à son cinquième voyage dans l'univers inhospitalier de la Patagonie quand il se retrouva, le 15 février 1877, face à l'un des plus majestueux spectacles de la région. Un immense lac d'origine glaciaire s'étendait au pied des cimes des Andes méridionales. Et les vallées sinueuses adossées aux versants des montagnes étaient occupées par d'imposants glaciers.
En réalité, il n'était pas le premier à découvrir cet immense bassin, mais le sous-lieutenant Valentin Feilberg, qui l'avait précédé de quatre ans, pensait avoir atteint les rives du lac Viedma, situé en fait quelques dizaines de kilomètres plus au nord. La paternité de la découverte revint ainsi à Moreno qui baptisa le lac « Argentina ». Bien des années plus tard, on nomma en sa mémoire le plus grandiose phénomène naturel de la région « glacier Perito Moreno », en faisant allusion au titre d'expert *(perito)* que l'explorateur porta jusqu'à la fin du XIXe siècle, car le gouvernement argentin l'avait chargé du délicat problème de la délimitation de la frontière entre l'Argentine et le Chili.
Couvrant une superficie de près de 250 kilomètres carrés, le Perito Moreno est un pan de l'immense Campo de Hielo – ou Champ de Glace – de la Patagonie, la plus vaste superficie glacée de la planète si l'on exclut les pôles. Vestige de l'immense calotte glaciaire qui couvrait l'hémisphère Sud durant la dernière glaciation, le Campo de Hielo occupe plus de 14 000 kilomètres carrés et se subdivise en ramifications qui envahissent les vallées creusées au cours des millénaires par l'action de la glace.
Le Perito Moreno est précisément l'une de ces langues de glace latérales, et sa masse ne cesse de croître, alimentée par le Campo de Hielo. Le glacier donne sur le Canál de los Tímpanos, un étroit chenal qui unit le Brazo Rico et le Brazo Sur au principal bassin du lac Argentino. Périodiquement, le front du Perito Moreno – large de 5 kilomètres et haut de 60 mètres – atteint la rive opposée, obstruant le chenal et empêchant les deux masses liquides de communiquer. Cela fait monter le niveau de l'eau dans le Brazo Rico, parfois de 25 mètres. Et quand la pression augmente, la glace commence à se fracturer, l'eau s'infiltre dans les fissures et la glace finit par se désagréger dans un impressionnant fracas. Bien qu'il soit magnifique, le Perito Moreno n'est que l'un des 47 principaux glaciers compris dans les 445 900 hectares du parc national de los Glaciares, créé en 1937, et il n'est même pas le plus grand : il est surpassé par l'Upsala (595 kilomètres carrés) et par le Viedma (575 kilomètres carrés). En dehors de ces derniers, on compte plus de 200 glaciers secondaires, qui ne dépassent pas 3 kilomètres carrés et ne

483 en haut *L'énorme muraille bleue menaçante qui constitue le front du glacier Perito Moreno a une largeur de 5 kilomètres et peut atteindre 60 mètres de haut.*

483 en haut *Le parc national de los Glaciares renferme 47 grands glaciers, ainsi que 200 glaciers secondaires ne dépassant pas 3 kilomètres carrés. En totalité, la superficie couverte de glace occupe 260 000 hectares dans l'espace protégé.*

484 en haut Tout en se situant dans la catégorie des « trois mille mètres », les trois monts Torre, Egger et Stanhardt ont peu de rivaux dans l'histoire de l'alpinisme extrême. Les difficultés de l'ascension résultent surtout des conditions climatiques, souvent très dures, et de l'isolement de la région.

484-485 Le majestueux massif du Fitz Roy se reflète dans les eaux gelées et cristallines du lac del Desierto. Les lacs du parc couvrent une superficie totale de 95 000 hectares. Les plus grands sont le lac Viedma, au nord, et le lac Argentino.

sont pas unis au Campo de Hielo, dont la masse imposante occupe près de 260 000 hectares à l'intérieur du parc, soit plus de la moitié de sa superficie totale. L'activité glaciaire est concentrée dans les deux bassins du lac Argentino et du lac Viedma, dont les eaux s'écoulent dans le río Cruz qui se jette dans l'océan Atlantique. Mais au cours du quaternaire, l'érosion due aux glaciers a aussi donné naissance aux nombreux pics andins au profil effilé de la région, parmi lesquels les monts Fitz Roy (ou mont Chalten qui, avec ses 3 375 mètres, est le plus haut sommet du parc), Peineta, Heim et Agassiz. En revanche le cerro Torre, second sommet de la région (3 128 mètres), présente des formes plus arrondies.
Couvert en grande partie de glaciers et de lacs, le parc national de los Glaciares ne présente pas un très grand intérêt du point de vue de la faune ni de la flore, mais on y distingue deux formations phytogéographiques bien délimitées : la forêt subantarctique et la steppe patagonienne. La première, couvrant les versants des montagnes, est caractérisée par le *ñire* et par le guignier, ou *cohiue magallanico*, ainsi que par différentes espèces de hêtres, parmi lesquelles le lenga ou faux hêtre nain *(Nothofagus pumilio)*. Récemment, on a également observé la reprise d'une sorte de cyprès *(Pilgerodendron uviferum)*. La steppe patagonienne, en revanche, est constituée de prairies où abondent le *calafate*, un arbuste produisant des baies aigres-douces, le *notro*, reconnaissable à ses magnifiques fleurs rouges, le *saúco del diablo* et la *topa-topa*. Du point de vue de la faune, l'étude du parc reste encore en grande partie à faire ; on manque surtout d'informations sur les vertébrés présents dans la région, à l'exception des oiseaux. Parmi la centaine d'espèces présentes, il faut mentionner le condor des Andes *(Vultur gryphus)*, qui nidifie à haute altitude, dans des colonies appelées *condoreas*.
Chez les mammifères, on signale le puma *(Felis concolor)*, le renard gris d'Argentine *(Duscicyon griseus)* et le *piche*, un tatou de petite taille, ainsi que des guanacos *(Lama guanicoe)* et des huemuls *(Hippocamelus bisulcus)*. Bien que la Patagonie ait dû faire face ces dernières années à un afflux croissant de touristes, on n'a pas noté de dangers pour la faune et la flore locales. Ce qui préoccupe les experts, c'est plutôt le recul des glaciers lié au réchauffement planétaire, phénomène qui n'a pas épargné les Andes. Les clichés pris par satellites montrent que tous les glaciers qui se détachent du Campo de Hielo sont en recul, à l'exception du Perito Moreno.

485 en haut, à gauche *En automne, dans l'air pur de la Patagonie, le paysage, au pied du massif du Fitz Roy se pare des vives couleurs de la forêt subantarctique de hêtres appartenant à l'espèce* Nothofagus pumilio.

485 au centre, à gauche *Le cerro Torre, le pic pointu visible à gauche sur la photo, et le Fitz Roy, le massif situé sur la droite, encadrent une ample vallée glaciaire, créant l'un des plus beaux panoramas de montagnes au monde. Dans l'ensemble, les Andes méridionales sont presque complètement à l'abri de toute interférence humaine.*

485 en haut, à droite *Le versant nord du cerro Torre est assailli par une tempête. Ce formidable donjon de granit, considéré comme l'une des montagnes les plus difficiles à escalader du monde, a été vaincu en 1959 par les alpinistes Cesare Maestri et Toni Egger.*

485 en bas *Du belvédère de la Loma del Peque Umbaldo, l'aube révèle le grandiose panorama montagneux : le Fitz Roy, ou cerro Chaltén, (3 375 mètres) et le cerro Torre (3 128 mètres).*

Le parc national de Kakadu

AUSTRALIE

TERRITOIRE DU NORD
INSCRIPTION : 1981 ; EXTENSIONS 1987, 1992
CRITÈRES : C (I) (VI) ; N (II) (III) (IV)

Avec les pieds bien plantés sur le sol et le corps revêtu de peintures rituelles, le mauvais esprit au nom imprononçable Nabulwinjubulwinj triomphe sur le Nourlangie Rock qui domine les plaines alluvionnaires situées à l'ouest du talus continental australien. Mais la cosmogonie des Aborigènes Gagudju n'est pas seulement peuplée de mauvais esprits : il y avait aussi Warramurrungundji, « la Mère de la Terre » qui, provenant des îles du nord-est, créa les esprits-enfants auxquels elle apprit à parler et à chasser pour se nourrir. Elle créa aussi les rivières, les plantes et les animaux, puis s'arrêta dans son œuvre et... se transforma en rocher. Les esprits des ancêtres figurent parmi les thèmes privilégiés de la peinture rupestre des Aborigènes qui ont habité le nord de l'Australie au moins pendant les 25000 dernières années : ceux-ci nous décrivent aussi l'art de la chasse et la nature qui les entoure, sans oublier leurs premiers contacts – dramatiques – avec les Européens. Les 1000 sites archéologiques et les 7000 traces d'art rupestre qu'ils nous ont laissés expliquent que le parc national de Kakadu ait été inscrit au patrimoine mondial de l'Unesco parmi les quelques sites « mixtes » (culturel et naturel).

Créé en 1964 sous le nom de Woolwonga Aboriginal Reserve pour protéger les quelque 300 Aborigènes encore sur place, le parc de Kakadu a progressivement été étendu et occupe 20000 kilomètres carrés, contre 50500 hectares à l'origine. L'aire protégée se trouve dans une région relativement stable sur le plan tectonique : datant d'environ 2,5 milliards d'années, celle-ci a été remodelée au fil des diverses ères géologiques et ses caractéristiques géomorphologiques reflètent une grande partie de l'histoire de notre planète.

Bien que l'on y ait identifié six formations géologiques, l'élément principal de ce territoire est l'ensemble que constituent le haut plateau de la Terre d'Arnhem et le talus continental, lequel s'élève brusquement à 330 mètres d'altitude et s'étend sur une longueur de 500 kilomètres, à l'est de la région. On pense qu'il y a 140 millions d'années, une vaste portion du Kakadu était recouverte par une mer peu profonde. Quand ensuite le niveau de l'eau a baissé, les falaises ont fini par former le talus continental qui domine aujourd'hui la vaste plaine appelée « Koolpniyah Surface ». Celle-ci est entourée de masses rocheuses – entre autres Nourlangie Rock – qui, à l'origine, devaient être des îles situées à proximité de la côte. On découvre aussi des plaines alluvionnaires formées par les torrents qui déposent leurs sédiments dans la vallée pendant la saison humide, des bassins et des collines d'origine volcanique au sud et enfin, les plaines des

486 à gauche Le crocodile marin (Crocodylus porosus) *infeste les cours d'eau de la région des Alligator Rivers. Sur les 128 espèces de reptiles présentes à Kakadu, 3 sont des crocodiles et l'on ne compte pas moins de 39 serpents.*

486 à droite Contrairement aux autres échassiers, le jabiru, ou grue à cou noir (Xenorhynchus asiaticus), *encore appelé « oiseau policier » à cause des couleurs de sa livrée, vit en solitaire.*

486-487 Autrefois recouverte par une mer, la plaine alluvionnaire de Magela Creek s'étend à perte de vue, ponctuée çà et là de quelques arbres.

487 en haut Une abondante colonie de grandes aigrettes (Egretta alba) envahit une lagune côtière. Ces écosystèmes – qui s'enfoncent jusqu'à 100 kilomètres dans les terres – sont peuplés d'espèces animales et végétales qui se sont adaptées à la vase imprégnée d'eau salée.

487 à droite Ce très jeune exemplaire de bihoreau cannelle, ou nankeen (Nycticorax caledonicus), appartient à une des 274 espèces ornithologiques recensées dans le parc national de Kakadu, c'est-à-dire 33 % de toutes celles qui sont présentes en Australie.

487 en bas Quelques canaroies semipalmées (Anseranas semipalmata) cherchent leur nourriture dans une lagune fleurie. Les Aborigènes chassent cet oiseau aquatique dont ils apprécient la chair succulente.

estuaires dont l'aspect varie avec les marées qui peuvent parfois pénétrer profondément (jusqu'à 100 kilomètres) dans l'arrière-pays. Une telle variété d'habitats se traduit par une biodiversité unique dans tout le continent australien. Le parc national compte 1 600 espèces végétales, dont 58 sont considérées comme très importantes au titre de la conservation et 97 comme rares ou menacées. La flore de la Terre d'Arnhem est fort intéressante et recèle de nombreuses espèces endémiques. En plus des 3 types différents de forêts pluviales, on a repéré 13 communautés végétales, dont 7 sont dominées par diverses espèces d'eucalyptus, tandis que les autres possèdent surtout des mangroves – le long des côtes –, des salicornes et des marécages de *Melaleuca*. La plupart des 64 espèces de mammifères présentes dans le Kakadu habitent les forêts. On a recensé 26 espèces de chauves-souris, 15 de rongeurs, 8 de macropodes (kangourous), puis des opossums, des péramèles et des quolls. Parmi celles qui sont en danger, on relève surtout le dugong *(Dugong dugon)* et la chauve-souris *Macroderma gigas*. En revanche, parmi les 128 espèces de reptiles repérées, le crocodile marin *(Crocodylus porosus)* et 3 espèces de tortues (*Caretta caretta, Chelonia mydas* et *Eretmochelys imbricata*) sont considérées comme vulnérables ou menacées d'extinction. Le climat caractérisé par les moussons, avec une saison des pluies qui s'étend de novembre à avril, et l'immense richesse des écosystèmes constituent les conditions idéales pour que se développe une avifaune abondante, laquelle représente, avec ses 274 espèces, un tiers de la population ornithologique australienne. On observe notamment l'autour rouge *(Erythrotriorchis radiatus)*, le diamant de Gould *(Chloebia gouldiae)* et la perruche à capuchon noir *(Psephotus dissimilis)*. L'équilibre écologique du Kakadu ne subissant aucune pression de l'homme, ce sont les buffles *(Bubalus bubalis)* qui le menacent en accélérant l'érosion des sols et en compromettant la végétation. Les autorités ont donc réduit et maîtrisé cette population animale et, depuis, les principaux ennemis de la biodiversité végétale du parc se sont avérés être deux herbes nuisibles : *Mimosa pigra* et *Salvinia molesta*. Depuis 1984, tout a été fait pour éradiquer la première des estuaires, mais la menace demeure. Quant à *Salvinia molesta*, l'infestation était telle que l'on a dû en enrayer la prolifération à l'aide d'un insecte *(Cryptobagus salviniae)*, son ennemi naturel, et « mettre en quarantaine » tout le cours du torrent Magela, au nord-est du parc. La bataille semble gagnée et on pense avoir évité une redoutable eutrophisation des eaux.

488 Ces magnifiques parois de roche rouge se situent à proximité de la source de Blomfield, sur la Terre d'Arnhem, la partie du parc la plus spectaculaire du point de vue paysager et géologique.

489 en haut, à gauche Telle une cathédrale, cette immense termitière a été construite par des insectes appartenant à l'espèce Nasutitermus triodia.

489 en haut, à droite On reconnaît immédiatement le martin-chasseur à ailes bleues (Dacelo leachii) *à son cri qui rappelle un rire humain.*

489 en bas Le parc compte quelque 1 000 sites archéologiques et 7 000 traces d'art rupestre, dont les premières datent de 25 000 ans et les dernières du XVIIe siècle, époque des premiers contacts entre Aborigènes et Européens.

La Grande Barrière de corail

AUSTRALIE

AUSTRALIE
INSCRIPTION : 1981
CRITÈRES : N (I) (II) (III) (IV)

C'est par le document officiel intitulé *Great Barrier Reef Marine Park Act* qu'en 1975 le gouvernement australien a créé ce qui allait être la plus grande région protégée du monde. Avec ses 33 126 500 hectares de surface (mais le site inscrit au patrimoine mondial de l'Unesco est encore plus étendu), ce gigantesque parc – plus vaste par exemple que l'Italie – se déploie sur une longueur de plus de 2 000 kilomètres au large de la côte orientale australienne, entre le tropique du Capricorne et les eaux côtières de la Papouasie-Nouvelle-Guinée. Dans cette première portion de l'océan Pacifique se trouve le plus grand ensemble de constructions coralliennes du monde : on ne compte effectivement pas moins de 3 400 récifs, mesurant de 1 à 100 000 hectares, environ 300 îlots, dont 213 complètement dépourvus de végétation, et 618 îles qui, dans un lointain passé, faisaient partie du continent australien.

La forme et la structure de chacun des *reefs*, ou « récifs », varient énormément, toutefois, on peut en identifier deux types principaux : les récifs frangeants, résultat d'une croissance horizontale, et les récifs-barrières qui se trouvent essentiellement dans les régions exposées à de forts courants sous-marins.

En surface, la flore – limitée aux îles – est assez médiocre et comprend surtout quelques exemplaires de *Pisonia grandis* sur Heron et Musgrave, tandis que Hoskin possède une surprenante forêt de pandanus, *Pisonia* et *Ficus apposita*. Ailleurs, on observe des casuarinas, de gros arbres qui doivent leur nom à la ressemblance de leurs branches avec

490-491 Hardy Reef est un récif frangeant typique de 3 000 hectares. Véritable montagne sous-marine d'origine volcanique, il culmine à 80 mètres du fond de l'océan.

490 en bas Hardy Reef et Hook Reef comptent parmi les constructions les plus spectaculaires de la Grande Barrière de corail. La fine bande de couleur foncée qui les sépare est un passage étroit et dépourvu de récifs que l'on appelle « the River ».

le plumage du casoar, ce grand oiseau inapte au vol, et des herbes appartenant à plusieurs genres. Radicalement différent, le paysage sous-marin propose en revanche une végétation aquatique absolument luxuriante, avec beaucoup de petites algues extrêmement productives et qui constituent une source alimentaire importante pour les tortues, les poissons, les échinodermes et les mollusques ; en plus, elles jouent un rôle non négligeable dans la formation des récifs. Quelques chiffres résument l'incroyable richesse de la faune qui peuple la Grande Barrière de corail. On y observe plus de 1 500 espèces ichtyologiques, 400 de coraux, 4 000 de mollusques et 242 d'oiseaux, en plus d'une extraordinaire variété d'éponges, d'anémones de mer, de vers marins et de crustacés. Ces eaux abritent également de nombreux cétacés, parmi lesquels il faut mentionner le mégaptère (*Megaptera novaengliae*), le petit rorqual (*Balaenoptera acutorostrata*) et l'orque (*Orcinus orca*), sans oublier bien sûr les dauphins tels que le souffleur (*Tursiops truncatus*), le dauphin de l'Irrawaddy (*Orcaella brevirostris*), le dauphin à long bec (*Stenella longirostris*) et le dauphin blanc de Chine (*Sousa chinensis*). Les îles constituent aussi un site de nidification d'importance mondiale pour la tortue verte (*Chelonia mydas*) et la tortue caouanne (*Caretta caretta*). Précisons enfin que la Grande Barrière de corail est le principal refuge du dugong (*Dugong*

491 en haut Entre l'Australie et la Papouasie-Nouvelle-Guinée, la Grande Barrière de corail – dont la surface est supérieure à celle d'un pays comme l'Italie – est de loin la plus vaste région protégée inscrite au patrimoine mondial de l'Unesco.

491 au centre Paradis des plongeurs, Heron Island est traversée par le tropique du Capricorne à 534 kilomètres au nord de Brisbane, au cœur du Capricorn-Bunker Group, une partie de la Grande Barrière de corail qui occupe quelque 12 225 kilomètres carrés.

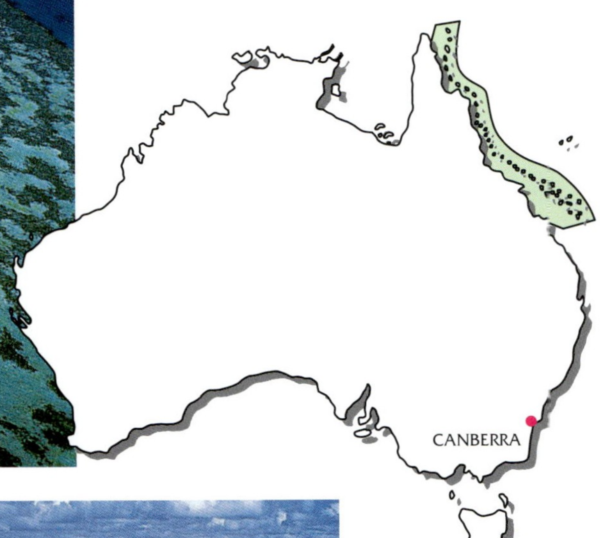

491 en bas Avec son récif corallien à quelques pas de la plage, Heron Island est un des paradis encore vierges de la Grande Barrière de corail. On a recensé 850 espèces de poissons dans sa lagune.

492 en haut Heron Island se découpe à l'horizon, tel un délicat ruban de sable et de végétation. En hiver, les mégaptères frôlent les côtes tandis que les tortues de mer viennent pondre sur la plage.

492-493 Les eaux cristallines de Tongue Bay, sur l'île Whitsunday, la plus grande île de l'archipel éponyme constitué par 74 massifs affleurants. Cet archipel est tout ce qui reste d'une chaîne de montagnes recouverte par la mer après la dernière glaciation.

492 en bas, à gauche Complètement inhabitée, Whitsunday est recouverte de forêts de mangroves, comme on le voit sur cette photo prise de Hill Inlet.

492 en bas, à droite La plupart des 300 « cays », des îlots coralliens qui dépassent le niveau de la mer de quelques mètres, sont récents et dépourvus de toute végétation.

493 en haut Whiteheaven Beach est le plus bel endroit de Whitsunday, une île découverte en 1779 par James Cook le jour de la Pentecôte (Whitsunday en anglais). Cette bande étroite de 6 kilomètres de long et recouverte de sable corallien blanc est une des destinations favorites des 3 millions de touristes qui, tous les ans, visitent la Grande Barrière de corail.

dugong), un mammifère marin – dont le parent le plus proche sur les terres émergées est l'éléphant – appartenant à la même famille que les lamantins ou « vaches de mer », des animaux que Christophe Colomb prit, lors de son expédition historique aux Amériques, pour les sirènes légendaires. Pacifique et herbivore, vivant près des côtes où il broute tranquillement les prairies sous-marines, le dugong peut atteindre 3 mètres de long et peser 200 kilos. La James Cook University de Townsville a récemment tiré la sonnette d'alarme pour sauver ce mammifère devenu rare et qui aurait même déjà disparu des mers des Philippines, du Japon, du Cambodge et du Vietnam ; il n'y a plus que quelques individus – peut-être 80 – dans les prairies de *seagrass*, ou herbe marine, de la mer d'Andaman, au sud-ouest de la Thaïlande. Ces dernières années, les colonies vivant près de Dunk Island, au large de la côte du Queensland, entre Townsville et Cairns, ont elles aussi diminué de moitié. Au cours des dernières décennies, l'extraordinaire paysage de la barrière de corail est devenu peu à peu une source de revenus importante pour les populations aborigènes des îles de la Grande Barrière. Les 3 millions de personnes qui, tous les ans, visitent ce paradis, entre terre et océan, ont permis à la région de passer d'une simple économie de subsistance, basée sur la pêche, à une économie plus prospère et régulière fondée sur le tourisme.

493 en bas À 5 heures de bateau de Brisbane, l'île Lady Musgrave présente la forme caractéristique d'un atoll corallien. Les 14 hectares de terre ferme recouverts d'une forêt de Pisonia grandis abritent une avifaune très riche et constituent, avec la lagune de 1 192 hectares, un parc national créé en 1938.

494 en haut, à gauche et à droite Les pâles rayons du soleil éclairent les branches des gorgones, particulièrement abondantes sur les parois plus abruptes du récif soumises à une houle plus régulière.

494-495 Avec ses 3 400 récifs, la Grande Barrière abrite environ 400 espèces de corail et offre un habitat extraordinaire à des milliers d'animaux marins, une faune d'une exceptionnelle variété.

495 en haut À environ 40 mètres de profondeur, les courants sous-marins favorisent la croissance de nombreux types de gorgones, y compris ces espèces souples dont les branches se développent sur un court tronc central.

495 en bas La forme et la structure des édifices coralliens varient considérablement. On distingue deux types principaux : les récifs frangeants, à développement horizontal, et les récifs-barrières, à croissance verticale.

Le parc national d'Uluru/Kata Tjuta

AUSTRALIE

TERRITOIRES DU NORD
INSCRIPTION : 1987, 1994
CRITÈRES : C (V) (VI), N (II) (III)

Dans la mythologie des Aborigènes Anangu, au tout début il y avait le Tjukurpa, le « Temps du Rêve ». La Terre était alors plate et vide, sans lumière ni ténèbres, et la nature attendait l'arrivée des héros divins qui devaient lui donner forme et vie. Ce sont eux qui ont créé l'Uluru, le « Centre rouge », la montagne sacrée, témoin de tous les événements. Sur l'Uluru devaient se croiser les Iwara, ou « Voies des chants », un labyrinthe de sentiers invisibles recouvrant tout le continent. Le Mara ou wallaby, le Liru ou serpent venimeux et le Kunija, ou python – ancêtres totémiques des Aborigènes – ont surgi d'une flaque d'eau pour atteindre le sommet de cet étrange massif rougeâtre et décrire en chantant tout ce qu'ils voyaient, créant ainsi le monde à travers leur chant.
Au cours de ses errances, l'écrivain britannique Bruce Chatwin découvrit l'existence de ces Voies des chants et décida de parcourir – puis de décrire – ce territoire âpre et peuplé par les très anciennes légendes transmises oralement par ses habitants. L'idée que les Aborigènes se faisaient du monde le fascinait. Pour reprendre ses mots, les Aborigènes se déplaçaient d'un pas léger sur la Terre, car moins ils prenaient de terre sous leurs pieds, et moins ils devaient lui en rendre.
Le paysage exceptionnel de l'Uluru est une des manifestations suprêmes sur notre planète de l'interaction entre l'homme et son environnement naturel. D'ailleurs, le mythe de la création des Anangu n'est pas très éloigné de l'explication scientifique avancée par les géologues. Cet énorme monolithe de grès – rougi par l'oxydation de ses inclusions ferreuses – s'élève effectivement dans la région la plus ancienne de la Terre. Et si le « Temps du Rêve » a jamais existé, on peut l'identifier avec le précambrien, il y a 3,8 milliards d'années, quand les continents et les océans primordiaux étaient bombardés par les rayons ultraviolets du soleil, quand l'atmosphère était constituée par les gaz que crachaient les volcans et quand la surface terrestre était une sorte de laboratoire chimique prêt à recevoir le miracle de la vie.
Les géologues ne savent pas exactement quand le monolithe a émergé des abysses, mais il est certain que cela se produisit bien avant que la Pangée – le continent originel qui groupait l'Australie,

496 en bas, à gauche Massif de grès imposant et hémisphérique, isolé au cœur de l'immense désert australien, l'Uluru présente une circonférence de 9,4 kilomètres et culmine à presque 350 mètres au-dessus du plateau aride qui l'entoure.

496 en bas, à droite Bien qu'il soit sacré aux yeux des Aborigènes, le sommet de l'Uluru a été conquis en 1873 par William Gosse qui le rebaptisa Ayers Rock, en hommage à sir Henry Ayer, le Premier ministre australien qui finança l'expédition.

496-497 Dans la mythologie des Aborigènes, l'Uluru – un terme aborigène que l'on pourrait traduire par « Centre rouge » – est la montagne sacrée sur laquelle se croisent les « Voies des chants », enchevêtrement de sentiers invisibles qui s'étendrait sur tout le continent australien.

497 en haut Considéré comme le plus grand monolithe du monde, l'Uluru doit sa couleur unique à l'oxydation des minéraux ferreux contenus dans sa roche.

497

l'Afrique, l'Amérique du Sud, l'Inde et l'Antarctique – ne commence à se morceler en une mosaïque de masses continentales parties à la dérive. L'Uluru est donc une des formations les plus fascinantes et mystérieuses de notre planète, ce qui justifie pleinement la vénération des Aborigènes pour lesquels l'ascension de cette montagne hémisphérique et stupéfiante de

497 en bas Les faibles précipitations expliquent la médiocrité de la flore, bien que l'on y distingue 5 types de végétation disposés en cercles concentriques autour de la montagne. Parmi les espèces dominantes, on observe des plantes herbacées et des buissons pérennes.

498-499 Encore appelés les « Olgas », les Kata Tjuta – « Nombreuses Têtes » – s'élèvent à 600 mètres au-dessus de la plaine environnante. Le climat sec et désertique de la région explique que l'eau n'apparaisse à la surface que sous la forme de petits étangs saisonniers.

498 en bas Recouvrant une surface de 3 500 hectares, les Kata Tjuta réunissent 36 formations rocheuses aux parois presque parfaitement verticales et aux cimes arrondies par les mêmes phénomènes d'érosion que ceux subis par l'Uluru.

499 en haut Parfaitement adaptés au climat de la région, les dromadaires introduits par les Européens rivalisent avec les espèces indigènes, menaçant même la survie de ces dernières.

499 en bas Les 30 kilomètres entre l'Uluru et les Kata Tjuta présentent un paysage désolé de dunes mobiles, constamment remodelées par le vent.

9,4 kilomètres de circonférence est encore tout simplement un sacrilège. L'explorateur anglais William Gosse a été le premier à violer en 1873 ce sommet mythique culminant à 348 mètres par rapport au désert qui l'entoure et à environ 600 mètres par rapport au niveau de la mer. Tirant parti de l'adhérence des plaques de grès – sur une pente pouvant atteindre 80 % –, et surtout aidé par Kamran, le chamelier afghan, éclaireur de l'expédition, Gosse franchit le sommet en s'ouvrant une voie sur la paroi sud. Dans ses carnets, le Britannique comparera cette expérience à l'« ascension du corps d'une gigantesque baleine » ; une fois revenu à la vie civile, il dédiera très prosaïquement la montagne sacrée des Aborigènes à sir Henry Ayer, le Premier ministre australien qui finança l'expédition.

Ces deux noms, Uluru et Ayers Rock, constituent pour ainsi dire les deux facettes – sacrée et profane – de la même montagne. Il a fallu des années et des années de tensions entre le gouvernement australien (qui, en 1977, avait créé un parc national dans la région, même si une certaine protection institutionnelle avait déjà été déclarée en 1958) et les Aborigènes, pour que ces derniers finissent par obtenir une partie de la gestion de ce territoire et parviennent à imposer des restrictions à l'accès des lieux sacrés de leurs ancêtres. Aujourd'hui, bien qu'on ne les y encourage pas vraiment, les touristes peuvent entreprendre l'ascension de l'Uluru, mais certaines cascades, gorges et grottes décorées de graffitis – témoignages d'une présence humaine déjà stable il y a 20 000 ans – demeurent interdites. La partie protégée comprend les Kata Tjuta, ou « Nombreuses Têtes », une chaîne de 36 sommets aux parois presque verticales et à la cime hémisphérique – dont certains culminent à 600 mètres au-dessus de la plaine – située à une trentaine de kilomètres à l'est de l'Uluru. Entre les deux formations rocheuses, on découvre un paysage de dunes de sable rouge, « mobiles » sous l'effet du vent qui ne cesse de souffler. La présence de l'eau se limite à quelques courts ruisseaux et à des étangs saisonniers. Entre novembre et mars, l'été est très sec et la température atteint 45 °C, par conséquent la végétation est assez médiocre et peut être distinguée en cinq types disposés en cercles concentriques autour de l'Uluru : tout près de la montagne poussent des buissons pérennes de *Cymbopogon* et de *Tripogon*, puis, au fur et à mesure que l'on s'éloigne du centre vers la plaine, on observe des bosquets isolés d'eucalyptus et d'acacias. La faune comprend 22 espèces de mammifères indigènes, parmi lesquels le dingo, divers marsupiaux et des rongeurs, plus de 150 espèces ornithologiques, dont 66 considérées comme résidentes. Mais les reptiles sont l'emblème de l'Uluru-Kata Tjuta, notamment le chlamydosaure et le *Moloch horridus*, des animaux à l'aspect préhistorique qui apparaissent dans les peintures traditionnelles où les Aborigènes ont transcrit les *Inma*, les chants du « Temps du Rêve ».

Liste des sites

Les sites en **gras** sont aussi inscrits sur la liste du patrimoine mondial en péril.

AFGHANISTAN
Minaret et vestiges archéologiques de Djam (2002)
Paysage culturel et vestiges archéologiques de la vallée de Bamiyan (2003)

AFRIQUE DU SUD
Parc de la zone humide d'iSimangaliso (1999)
Robben Island (1999)
Sites des hominidés fossiles de Sterkfontein, Swartkrans, Kromdraai et les environs (1999, 2005)
UKhahlamba / Parc du Drakensberg (2000)
Paysage culturel de Mapungubwe (2003)
Aires protégées de la Région florale du Cap (2004)
Dôme de Vredefort (2005)
Paysage culturel et botanique du Richtersveld (2007)

ALBANIE
Butrint (1992, 1999, 2007)
Centres historiques de Berat et de Gjirokastra (2005, 2008)

ALGÉRIE
La Kalâa des Béni Hammad (1980)
Djémila (1982)
Tassili n'Ajjer (1982)
Timgad (1982)
Tipasa (1982)
Vallée du M'Zab (1982)
Casbah d'Alger (1992)

ALLEMAGNE
Cathédrale d'Aix-la-Chapelle (1978)
Cathédrale de Spire (1981)
Résidence de Wurtzbourg avec les jardins de la Cour et la place de la Résidence (1981)
Église de pèlerinage de Wies (1983)
Châteaux d'Augustusburg et de Falkenlust à Brühl (1984)
Cathédrale Sainte-Marie et église Saint-Michel d'Hildesheim (1985)
Trèves – monuments romains, cathédrale Saint-Pierre et église Notre-Dame (1986)
Frontières de l'Empire romain (1987, 2005,2008)
Ville hanséatique de Lübeck (1987)
Châteaux et parcs de Potsdam et Berlin (1990, 1992, 1999)
Abbaye et Altenmünster de Lorsch (1991)
Mines de Rammelsberg et la ville historique de Goslar (1992)
Monastère de Maulbronn (1993)
Ville de Bamberg (1993)
Collégiale, château et vielle ville de Quedlinburg (1994)
Usine sidérurgique de Völklingen (1994)
Site fossilifère de Messel (1995)
Cathédrale de Cologne (1996)
Le Bauhaus et ses sites à Weimar et Dessau (1996)
Monuments commémoratifs de Luther à Eisleben et Wittenberg (1996)
Weimar classique (1998)
La Wartburg (1999)
Museumsinsel (Île des musées), Berlin (1999)
Île monastique de Reichenau (2000)
Le royaume des jardins de Dessau-Wörlitz (2000)
Complexe industriel de la mine de charbon de Zollverein à Essen (2001)
Centres historiques de Stralsund et Wismar (2002)
Vallée du Haut-Rhin moyen (2002)
Vallée de l'Elbe à Dresde (2004)
Hôtel de ville et la statue de Roland sur la place du marché de Brême (2004)
Parc de Muskau / Parc Muzakowski (2004)
Vieille ville de Ratisbonne et Stadtamhof (2006)
Cités du modernisme de Berlin (2008)

ANDORRE
La Vallée du Madriu-Perafita-Claror (2004, 2006)

ARABIE SAOUDITE
Site archéologique de Al-Hijr (Madain Salih) (2008)

ARGENTINE
Los Glaciares (1981)
Missions jésuites des Guaranis : San Ignacio Mini, Santa Ana, Nuestra Señora de Loreto et Santa Maria Mayor (Argentine), ruines de Sao Miguel das Missoes (Brésil) (1983, 1984)
Parc national de l'Iguazu (1984)
Cueva de las Manos, Río Pinturas (1999)
Presqu'île de Valdés (1999)
Ensemble et les estancias jésuites de Córdoba (2000)
Parcs naturels d'Ischigualasto / Talampaya (2000)
Quebrada de Humahuaca (2003)

ARMÉNIE
Monastères de Haghbat et de Sanahin (1996, 2000)
Cathédrale et les églises d'Etchmiadzine et le site archéologique de Zvarnotz (2000)
Monastère de Gherart et la Haute vallée de l'Azat (2000)

AUSTRALIE
La Grande Barrière (1981)
Parc national de Kakadu (1981, 1987, 1992)
Région des lacs Willandra (1981)
Îles Lord Howe (1982)
Zone de nature sauvage de Tasmanie (1982, 1989)
Forêts humides Gondwana de l'Australie (1986, 1994)
Parc national d'Uluru-Kata Tjuta (1987, 1994)
Tropiques humides de Queensland (1988)
Baie Shark, Australie occidentale (1991)
Île Fraser (1992)
Sites fossilifères de mammifères d'Australie (Riversleigh / Naracoorte) (1994)
Île Macquarie (1997)
Îles Heard et McDonald (1997)
Région des montagnes Bleues (2000)
Parc national de Purnululu (2003)
Palais royal des expositions et jardins Carlton (2004)
Opéra de Sydney (2007)

AUTRICHE
Centre historique de la ville de Salzbourg (1996)
Palais et jardins de Schönbrunn (1996)
Paysage culturel de Hallstatt-Dachstein / Salzkammergut (1997)
Ligne de chemin de fer de Semmering (1998)
Ville de Graz – Centre historique (1999)
Paysage culturel de la Wachau (2000)
Centre historique de Vienne (2001)
Paysage culturel de Fertö / Neusiedlersee (2001)

AZERBAÏDJAN
Cité fortifiée de Bakou avec le palais des Chahs de Chirvan et la tour de la Vierge (2000)
Paysage culturel d'art rupestre de Gobustan (2007)

BAHREÏN
Qal'at al-Bahreïn – ancien port et capitale de Dilmun (2005)

BANGLADESH
Ruines du Vihara bouddhique de Paharpur (1985)
Ville-mosquée historique de Bagerhat (1985)
Les Sundarbans (1997)

BÉLARUS
Fôret Belovezhskaya Pushcha / Białowieża (1979, 1992)
Ensemble du château de Mir (2000)
Arc géodésique de Struve (2005)
Ensemble architectural, résidentiel et culturel de la famille Radziwill à Nesvizh (2005)

BELGIQUE
Béguinages flamands (1998)
La Grand-Place de Bruxelles (1998)
Les quatre ascenseurs du canal du Centre et leur site, La Louvière et Le Roeulx (Hainault) (1998)
Beffrois de Belgique et de France (1999, 2005)
Cathédrale Notre-Dame de Tournai (2000)
Habitations majeures de l'architecte Victor Horta (Bruxelles) (2000)
Le centre historique de Bruges (2000)
Minières néolithiques de silex de Spiennes (Mons) (2000)
Complexe Maison-Ateliers-Musée Plantin-Moretus (2005)

BELIZE
Réseau de réserves du récif de la barrière du Belize (1996)

BÉNIN
Palais royaux d'Abomey (1985, 2007)

BOLIVIE
Ville de Potosí (1987)
Missions jésuites de Chiquitos (1990)
Ville historique de Sucre (1991)
Fort de Samaipata (1998)
Parc national Noel Kempff Mercado (2000)
Tiwanaku : centre spirituel et politique de la culture tiwanaku (2000)

BOSNIE-HERZÉGOVINE
Quartier du Vieux pont de la vieille ville de Mostar (2005)
Pont Mehmed Pacha Sokolović de Višegrad (2007)

BOTSWANA
Tsodilo (2001)

BRÉSIL
Ville historique d'Ouro Preto (1980)
Centre historique de la ville d'Olinda (1982)
Missions jésuites des Guaranis : San Ignacio Mini, Santa Ana, Nuestra Señora de Loreto et Santa Maria Mayor (Argentine), ruines de Sao Miguel das Missoes (Brésil) (1983, 1984)
Centre historique de Salvador de Bahia (1985)
Sanctuaire du Bon Jésus à Congonhas (1985)
Parc national d'Iguaçu (1986)
Brasilia (1987)
Parc national de Serra da Capivara (1991)
Centre historique de São Luís (1997)
Centre historique de la ville de Diamantina (1999)
Côte de la découverte – Réserves de la forêt atlantique (1999)
Forêt atlantique – Réserves du sud-est (1999)
Aire de conservation du Pantanal (2000)
Complexe de conservation de l'Amazonie centrale (2000, 2003)
Aires protégées du Cerrado : Parcs nationaux Chapada dos Veadeiros et Emas (2001)
Centre historique de la ville de Goiás (2001)
Îles atlantiques brésiliennes : les Réserves de Fernando de Noronha et de l'atol das Rocas (2001)

BULGARIE
Cavalier de Madara (1979)
Église de Boyana (1979)
Églises rupestres d'Ivanovo (1979)
Tombe thrace de Kazanlak (1979)
Ancienne cité de Nessebar (1983)
Monastère de Rila (1983)
Parc national de Pirin (1983)
Réserve naturelle de Srébarna (1983)
Tombeau thrace de Svechtari (1985)

CAMBODGE
Angkor (1992)
Temple de Preah Vihear (2008)

CAMEROUN
Réserve de faune du Dja (1987)

CANADA
Lieu historique national de L'Anse aux Meadows (1978)
Parc national Nahanni (1978)
Kluane / Wrangell-St Elias / Glacier Bay / Tatshenshini-Alsek (1979, 1992, 1994)
Parc provincial Dinosaur (1979)
Le précipice à bisons Head-Smashed-In (1981)
SGang Gwaay (1981)
Parc national Wood Buffalo (1983)
Parcs des montagnes Rocheuses canadiennes (1984, 1990)
Arrondissement historique du Vieux-Québec (1985)
Parc national du Gros-Morne (1987)
Le Vieux Lunenburg (1995)
Parc international de la paix Waterton-Glacier (1995)
Parc national de Miguasha (1999)
Canal Rideau (2007)
Falaises fossilifères de Joggins (2008)

CHILI
Parc national de Rapa Nui (1995)
Églises de Chiloé (2000)
Quartier historique de la ville portuaire de Valparaiso (2003)
Usines de salpêtre de Humberstone et de Santa Laura (2005)
Ville minière de Sewell (2006)

CHINE
Grottes de Mogao (1987)
La Grande Muraille (1987)
Mausolée du premier empereur Qin (1987)
Mont Taishan (1987)
Palais impériaux des dynasties Ming et Qing à Beijing et à Shenyang (1987, 2004)
Site de l'homme de Pékin à Zhoukoudian (1987)
Mont Huangshan (1990)
Région d'intérêt panoramique et historique de Huanglong (1992)
Région d'intérêt panoramique et historique de la vallée de Jiuzhaigou (1992)
Région d'intérêt panoramique et historique de Wulingyuan (1992)
Ensemble de bâtiments anciens des montagnes de Wudang (1994)
Ensemble historique du Palais du Potala, Lhasa (1994, 2000, 2001)
Résidence de montagne et temples avoisinants à Chengde (1994)
Temple et cimetière de Confucius et résidence de la famille Kong à Qufu (1994)
Parc national de Lushan (1996)
Paysage panoramique du mont Emei, incluant le paysage panoramique du grand Bouddha de Leshan (1996)
Jardins classiques de Suzhou (1997, 2000)
Vieille ville de Lijiang (1997)
Vieille ville de Ping Yao (1997)
Palais d'Été, Jardin impérial de Beijing (1998)
Temple du Ciel, autel sacrificiel impérial à Beijing (1998)
Mont Wuyi (1999)
Sculptures rupestres de Dazu (1999)
Anciens villages du sud du Anhui – Xidi et Hongcun (2000)
Grottes de Longmen (2000)
Mont Qingcheng et système d'irrigation de Dujiangyan (2000)
Tombes impériales des dynasties Ming et Qing (2000, 2003, 2004)
Grottes de Yungang (2001)
Aires protégées des trois fleuves parallèles au Yunnan (2003)
Capitales et tombes de l'ancien royaume de Koguryo (2004)
Centre historique de Macao (2005)
Sanctuaires du grand panda du Sichuan - Wolong, Mont Siguniang et Montagnes de Jiajin (2006)
Yin Xu (2006)
Diaolou et villages de Kaiping (2007)
Karst de Chine du Sud (2007)
Tulou du Fujian (2008)
Parc national du mont Sanqingshan (2008)

CHYPRE
Paphos (1980)
Eglises peintes de la région de Troodos (1985, 2001)
Choirokoitia (1998)

COLOMBIE
Port, forteresses et ensemble monumental de Carthagène (1984)
Parc national de Los Katíos (1994)
Centre historique de Santa Cruz de Mompox (1995)
Parc archéologique de San Agustín (1995)
Parc archéologique national de Tierradentro (1995)
Sanctuaire de faune et de flore de Malpelo (2006)

CORÉE, RÉPUBLIQUE DE
Grotte de Seokguram et temple Bulguksa (1995)
Sanctuaire de Jongmyo (1995)
Temple d'Haeinsa Janggyeong Panjeon, les dépôts des tablettes du

Tripitaka Koreana (1995)
Ensemble du palais de Changdeokgung (1997)
Forteresse de Hwaseong (1997)
Sites de dolmens de Gochang, Hwasun et Ganghwa (2000)
Zones historiques de Gyeongju (2000)
Île volcanique et tunnels de lave de Jeju (2007)

CORÉE, RÉPUBLIQUE POPULAIRE DÉMOCRATIQUE DE
Ensemble des tombes de Koguryo (2004)

COSTA RICA
Réserves de la cordillère de Talamanca-La Amistad / Parc national La Amistad (1983, 1990)
Parc national de l'île Cocos (1997, 2002)
Zone de conservation de Guanacaste (1999, 2004)

CÔTE D'IVOIRE
Réserve naturelle intégrale du mont Nimba (1981, 1982)
Parc national de Taï (1982)
Parc national de la Comoé (1983)

CROATIE
Noyau historique de Split avec le palais de Dioclétien (1979)
Parc national Plitvice (1979, 2000)
Vieille ville de Dubrovnik (1979, 1994)
Ensemble épiscopal de la basilique euphrasienne dans le centre historique de Poreč (1997)
Ville historique de Trogir (1997)
Cathédrale Saint-Jacques de Šibenik (2000)
Plaine de Stari Grad (2008)

CUBA
Vieille ville de La Havane et son système de fortifications (1982)
Trinidad et la vallée de Los Ingenios (1988)
Château de San Pedro de la Roca, Santiago de Cuba (1997)
Parc national Desembarco del Granma (1999)
Vallée de Viñales (1999)
Paysage archéologique des premières plantations de café du sud-est de Cuba (2000)
Parc national Alejandro de Humboldt (2001)
Centre historique urbain de Cienfuegos (2005)
Centre historique de Camagüey (2008)

DANEMARK
Tumulus, pierres runiques et église de Jelling (1994)
Cathédrale de Roskilde (1995)
Château de Kronborg (2000)
Fjord glacé d'Ilulissat (2004)

DOMINIQUE
Parc national de Morne Trois Pitons (1997)

ÉGYPTE
Abou Mena (1979)
Le Caire historique (1979)
Memphis et sa nécropole – les zones des pyramides de Guizeh à Dahchour (1979)
Monuments de Nubie d'Abou Simbel à Philae (1979)
Thèbes antique et sa nécropole (1979)
Zone Sainte-Catherine (2002)
Wadi Al-Hitan (La vallée des Baleines) (2005)

EL SALVADOR
Site archéologique de Joya de Cerén (1993)

ÉQUATEUR
Îles Galápagos (1978, 2001)
Ville de Quito (1978)
Parc national Sangay (1983)
Centre historique de Santa Ana de los Ríos de Cuenca (1999)

ESPAGNE
Alhambra, Generalife et Albayzín, Grenade (1984, 1994)
Cathédrale de Burgos (1984)
Centre historique de Cordoue (1984, 1994)
Monastère et site de l'Escurial (Madrid) (1984)
Œuvres d'Antoni Gaudí (1984, 2005)
Grotte d'Altamira et art rupestre paléolithique du nord de l'Espagne (1985, 2008)
Monuments d'Oviedo et du royaume des Asturies (1985, 1998)
Vieille ville d'Ávila avec ses églises extra-muros (1985, 2007)
Vieille ville de Saint-Jacques-de-Compostelle (1985)
Vieille ville de Ségovie et son aqueduc (1985)
Architecture mudéjare d'Aragon (1986, 2001)
Parc national de Garajonay (1986)
Vieille ville de Caceres (1986)
Ville historique de Tolède (1986)
La Cathédrale, l'Alcázar et l'Archivo de Indias de Séville (1987)
Vieille ville de Salamanque (1988)
Monastère de Poblet (1991)
Chemin de Saint-Jacques-de-Compostelle (1993)
Ensemble archéologique de Mérida (1993)
Monastère royal de Santa María de Guadalupe (1993)
Parc national de Doñana (1994, 2005)
La Lonja de la Seda de Valence (1996)
Ville historique fortifiée de Cuenca (1996)
Las Médulas (1997)
Monastères de San Millán de Yuso et de Suso (1997)
Palais de la musique catalane et hôpital de Sant Pau, Barcelone (1997)
Pyrénées - Mont Perdu (1997, 1999)
Art rupestre du bassin méditerranéen de la péninsule Ibérique (1998)
Université et quartier historique d'Alcalá de Henares (1998)
Ibiza, biodiversité et culture (1999)
San Cristóbal de la Laguna (1999)
Églises romanes catalanes de la Vall de Boí (2000)
Ensemble archéologique de Tarragone (2000)
Palmeraie d'Elche (2000)
Remparts romains de Lugo (2000)
Site archéologique d'Atapuerca (2000)
Paysage culturel d'Aranjuez (2001)
Ensembles monumentaux Renaissance de Úbeda et Baeza (2003)
Pont Vizcaya (2006)
Parc national de Teide (2007)

ESTONIE
Centre historique (vieille ville) de Tallin (1997)
Arc géodésique de Struve (2005)

ÉTATS-UNIS D'AMÉRIQUE
Parc national de Mesa Verde (1978)
Parc national de Yellowstone (1978)
Independence Hall (1979)
Kluane / Wrangell-St Elias / Glacier Bay / Tatshenshini-Alsek (1979, 1992, 1994)
Parc national des Everglades (1979)
Parc national du Grand Canyon (1979)
Parcs d'État et national Redwood (1980)
Parc national de Mammoth Cave (1981)
Parc national Olympique (1981)
Site historique d'Etat des Cahokia Mounds (1982)
La Fortaleza et le site historique national de San Juan à Porto Rico (1983)
Parc national des Great Smoky Mountains (1983)
Parc national de Yosemite (1984)
Statue de la Liberté (1984)
La culture chaco (1987)
Monticello et Université de Virginie à Charlottesville (1987)
Parc national des volcans d'Hawaii (1987)
Pueblo de Taos (1992)
Parc international de la paix Waterton-Glacier (1995)
Parc national des grottes de Carlsbad (1995)

ÉTHIOPIE
Parc national du Simien (1978)
Églises creusées dans le roc de Lalibela (1978)
Fasil Ghebi (1979)
Axoum (1980)
Basse vallée de l'Aouache (1980)
Basse vallée de l'Omo (1980)
Tiya (1980)
Harar Jugol, la ville historique fortifiée (2006)

EX-RÉPUBLIQUE YOUGOSLAVE DE MACÉDOINE
Patrimoine naturel et culturel de la région d'Ohrid (1979, 1980)

FÉDÉRATION DE RUSSIE
Centre historique de Saint-Pétersbourg et ensembles monumentaux annexes (1990)
Kizhi Pogost (1990)
Le Kremlin et la place Rouge, Moscou (1990)
Ensemble historique, culturel et naturel des îles Solovetsky (1992)
Monuments de Vladimir et de Souzdal (1992)
Monuments historiques de Novgorod et de ses environs (1992)
Ensemble architectural de la laure de la Trinité-Saint-Serge à Serguiev Posad (1993)
Église de l'Ascension à Kolomenskoye (1994)
Forêts vierges de Komi (1995)
Lac Baïkal (1996)
Volcans du Kamchatka (1996, 2001)
Montagnes dorées de l'Altaï (1998)
Caucase de l'Ouest (1999)
Ensemble du monastère de Ferapontov (2000)
Ensemble historique et architectural du Kremlin de Kazan (2000)
Isthme de Courlande (2000)
Sikhote-Aline central (2001)
Bassin d'Ubs Nuur (2003)
Citadelle, vieille ville et forteresse de Derbent (2003)
Ensemble du couvent Novodievitchi (2004)
Système naturel de la Réserve de l'île Wrangel (2004)
Arc géodésique de Struve (2005)
Centre historique de la ville de Yaroslavl (2005)

FINLANDE
Ancienne Rauma (1991)
Forteresse de Suomenlinna (1991)
Vieille église de Petäjävesi (1994)
Usine de traitement du bois et de carton de Verla (1996)
Site funéraire de l'âge du bronze de Sammallahdenmäki (1999)
Haute Côte / Archipel de Kvarken (2000, 2006)
Arc géodésique de Struve (2005)

FRANCE
Basilique et colline de Vézelay (1979, 2007)
Cathédrale de Chartres (1979)
Mont-Saint-Michel et sa baie (1979, 2007)
Palais et parc de Versailles (1979, 2007)
Sites préhistoriques et grottes ornées de la vallée de la Vézère (1979)
Abbaye cistercienne de Fontenay (1981, 2007)
Arles, monuments romains et romans (1981)
Cathédrale d'Amiens (1981)
Palais et parc de Fontainebleau (1981)
Théâtre antique et ses abords et « Arc de Triomphe » d'Orange (1981, 2007)
Saline royale d'Arc-et-Senans (1982)
Abbatiale de Saint-Savin sur Gartempe (1983, 2007)
Golfe de Porto : calanche de Piana, golfe de Girolata, réserve de Scandola (1983)
Places Stanislas, de la Carrière et d'Alliance à Nancy (1983)
Pont du Gard (1985, 2007)
Strasbourg – Grande île (1988)
Cathédrale Notre-Dame, ancienne abbaye Saint-Remi et palais de Tau, Reims (1991)
Paris, rives de la Seine (1991)
Cathédrale de Bourges (1992)
Centre historique d'Avignon : Palais des papes, ensemble épiscopal et Pont d'Avignon (1995)
Canal du Midi (1996)
Pyrénées – Mont Perdu (1997, 1999)
Ville fortifiée historique de Carcassonne (1997)
Chemins de Saint-Jacques-de-Compostelle en France (1998)
Site historique de Lyon (1998)
Beffrois de Belgique et de France (1999, 2005)
Juridiction de Saint-Émilion (1999)
Val de Loire entre Sully-sur-Loire et Chalonnes (2000)
Provins, ville de foire médiévale (2001)
Le Havre, la ville reconstruite par Auguste Perret (2005)
Bordeaux, Port de la Lune (2007)
Fortifications de Vauban (2008)
Lagons de Nouvelle-Calédonie : diversité récifale et écosystèmes associés (2008)

GABON
Ecosystème et paysage culturel relique de Lopé-Okanda (2007)

GAMBIE
Île James et sites associés (2003)
Cercles mégalithiques de Sénégambie (2006)

GÉORGIE
Cathédrale de Bagrati et monastère de Ghélati (1994)
Monuments historiques de Mtskheta (1994)
Haut Svaneti (1996)

GHANA
Forts et châteaux de Volta, d'Accra et ses environs et des régions centrale et ouest (1979)
Bâtiments traditionnels ashanti (1980)

GRÈCE
Temple d'Apollon Épikourios à Bassae (1986)
Acropole d'Athènes (1987)
Site archéologique de Delphes (1987)
Météores (1988)
Mont Athos (1988)
Monuments paléochrétiens et byzantins de Thessalonique (1988)
Sanctuaire d'Asclépios en Epidaure (1988)
Ville médiévale de Rhodes (1988)
Site archéologique d'Olympie (1989)
Site archéologique de Mystras (1989)
Délos (1990)
Monastères de Daphni, de Hosios Loukas et Nea Moni de Chios (1990)
Pythagoreion et Heraion de Samos (1992)
Site archéologique d'Aigai (nom moderne Vergina) (1996)
Centre historique (Chorá) avec le monastère de Saint Jean « le théologien » et la grotte de l'Apocalypse sur l'île de Patmos (1999)
Sites archéologiques de Mycènes et de Tirynthe (1999)
Vieille ville de Corfou (2007)

GUATEMALA
Antigua Guatemala (1979)
Parc national de Tikal (1979)
Parc archéologique et ruines de Quirigua (1981)

GUINÉE
Réserve naturelle intégrale du mont Nimba (1981, 1982)

HAÏTI
Parc national historique – Citadelle, Sans Souci, Ramiers (1982)

HONDURAS
Site maya de Copán (1980)
Réserve de la biosphère Río Plátano (1982)

HONGRIE
Budapest, avec les rives du Danube, le quartier du château de Buda et l'avenue Andrássy (1987, 2002)
Hollókő, le vieux village et son environnement (1987)
Grottes du karst d'Aggtelek et du karst de Slovaquie (1995, 2000)
Abbaye bénédictine millénaire de Pannonhalma et son environnement naturel (1996)
Parc national de Hortobágy - la *Puszta* (1999)
Nécropole paléochrétienne de Pécs (Sopianae) (2000)
Paysage culturel de Fertö / Neusiedlersee (2001)
Paysage culturel historique de la région viticole de Tokaj (2002)

ILES SALOMON
Rennell Est (1998)

INDE
Fort d'Agra (1983)
Grottes d'Ajanta (1983)
Grottes d'Ellora (1983)
Le Taj Mahal (1983)
Ensemble de monuments de Mahabalipuram (1984)
Temple du Soleil à Konârak (1984)
Sanctuaire de faune de Manas (1985)
Parc national de Kaziranga (1985)
Parc national de Keoladeo (1985)
Églises et couvents de Goa (1986)
Ensemble monumental de Hampi (1986)
Ensemble monumental de Khajuraho (1986)
Fatehpur Sikri (1986)
Ensemble de monuments de Pattadakal (1987)
Grottes d'Elephanta (1987)
Les grands temples vivants Chola (1987, 2004)
Parc national des Sundarbans (1987)
Parcs nationaux de Nanda Devi et de la Vallée des fleurs (1988, 2005)
Monuments bouddhiques de Sânchî (1989)
Qutb Minar et ses monuments, Delhi (1993)
Tombe de Humayun, Delhi (1993)
Chemins de fer de montagne en Inde (1999, 2005,2008)
Ensemble du temple de la Mahabodhi à Bodhgaya (2002)
Abris sous-roche du Bhimbetka (2003)

Gare Chhatrapati Shivaji (anciennement gare Victoria) (2004)
Parc archéologique de Champaner-Pavagadh (2004)
Ensemble du Fort Rouge (2007)

INDONÉSIE
Ensemble de Borobudur (1991)
Ensemble de Prambanan (1991)
Parc national de Komodo (1991)
Parc national de Ujung Kulon (1991)
Site des premiers hommes de Sangiran (1996)
Parc national de Lorentz (1999)
Patrimoine des forêts tropicales ombrophiles de Sumatra (2004)

IRAN (RÉPUBLIQUE ISLAMIQUE D')
Meidan Emam, Ispahan (1979)
Persépolis (1979)
Tchoga Zanbil (1979)
Takht-e Sulaiman (2003)
Bam et son paysage culturel (2004, 2007)
Pasargades (2004)
Soltaniyeh (2005)
Behistun (2006)
Ensembles monastiques arméniens de l'Iran (2008)

IRAQ
Hatra (1985)
Assour (Qal'at Cherqat) (2003)
Ville archéologique de Samarra (2007)

IRLANDE
Ensemble archéologique de la vallée de la Boyne (1993)
Skellig Michael (1996)

ISLANDE
Parc national de Þingvellir (2004)
Surtsey (2008)

ISRAËL
Masada (2001)
Vieille ville d'Acre (2001)
Ville blanche de Tel-Aviv – le mouvement moderne (2003)
Route de l'encens – Villes du désert du Néguev (2005)
Tels bibliques – Megiddo, Hazor, Beer-Sheba (2005)
Lieux saints bahá'is à Haïfa et en Galilée occidentale (2008)

ITALIE
Art rupestre du Valcamonica (1979)
Centre historique de Rome, les biens du Saint-Siège situés dans cette ville bénéficiant des droits d'extra-territorialité et Saint-Paul-hors-les-Murs (1980, 1990)
L'église et le couvent dominicain de Santa Maria delle Grazie avec « La Cène » de Léonard de Vinci (1980)
Centre historique de Florence (1982)
Piazza del Duomo à Pise (1987, 2007)
Venise et sa lagune (1987)
Centre historique de San Gimignano (1990)
Les Sassi et le parc des églises rupestres de Matera (1993)
Ville de Vicence et les villas de Palladio en Vénétie (1994, 1996)
Centre historique de Naples (1995)
Centre historique de Sienne (1995)
Crespi d'Adda (1995)
Ferrare, ville de la Renaissance, et son delta du Pô (1995, 1999)
Castel del Monte (1996)
Centre historique de la ville de Pienza (1996)
Les *trulli* d'Alberobello (1996)
Monuments paléochrétiens de Ravenne (1996)
Cathédrale, Torre Civica et Piazza Grande, Modène (1997)
Côte amalfitaine (1997)
Jardin botanique (Orto botanico), Padoue (1997)
Palais royal du XVIIIe siècle de Caserte avec le parc, l'aqueduc de Vanvitelli et l'ensemble de San Leucio (1997)
Portovenere, Cinque Terre et les îles (Palmaria, Tino et Tinetto) (1997)
Résidences des Savoie (1997)
Su Nuraxi de Barumini (1997)
Villa romaine du Casale (1997)
Zone archéologique d'Agrigente (1997)
Zones archéologiques de Pompéi, Herculanum et Torre Annunziata (1997)
Centre historique d'Urbino (1998)
Parc national du Cilento et du Vallo Diano, avec les sites archéologiques de Paestum et Velia et la Chartreuse de Padula (1998)
Zone archéologique et la basilique patriarcale d'Aquilée (1998)
Villa Adriana (Tivoli) (1999)
Assise, la Basilique de San Francesco et autres sites franciscains (2000)
Isole Eolie (Îles Eoliennes) (2000)
Ville de Vérone (2000)
Villa d'Este, Tivoli (2001)
Villes du baroque tardif de la vallée de Noto (sud-est de la Sicile) (2002)
Sacri Monti du Piémont et de Lombardie (2003)
Nécropoles étrusques de Cerveteri et de Tarquinia (2004)
Vallée de l'Orcia (2004)
Syracuse et la nécropole rocheuse de Pantalica (2005)
Gênes, les *Strade Nuove* et le système des palais des *Rolli* (2006)
Chemin de fer rhétique dans les paysages de l'Albula et de la Bernina (2008)
Mantoue et Sabbioneta (2008)

JAMAHIRIYA ARABE LIBYENNE
Site archéologique de Cyrène (1982)
Site archéologique de Leptis Magna (1982)
Site archéologique de Sabratha (1982)
Sites rupestres du Tadrart Acacus (1985)
Ancienne ville de Ghadamès (1986)

JAPON
Himeji-jo (1993)
Monuments bouddhiques de la région d'Horyu-ji (1993)
Shirakami-Sanchi (1993)
Yakushima (1993)
Monuments historiques de l'ancienne Kyoto (villes de Kyoto, Uji et Otsu) (1994)
Villages historiques de Shirakawa-go et Gokayama (1995)
Mémorial de la paix d'Hiroshima (Dôme de Genbaku) (1996)
Sanctuaire shinto d'Itsukushima (1996)
Monuments historiques de l'ancienne Nara (1998)
Sanctuaires et temples de Nikko (1999)
Sites Gusuku et biens associés du royaume des Ryukyu (2000)
Sites sacrés et chemins de pèlerinage dans les monts Kii (2004)
Shiretoko (2005)
Mine d'argent d'Iwami Ginzan et son paysage culturel (2007)

JÉRUSALEM (SITE PROPOSÉ PAR LA JORDANIE)
Vieille ville de Jérusalem et ses remparts (1981)

JORDANIE
Petra (1985)
Qusair Amra (1985)
Um er-Rasas (Kastrom Mefa'a) (2004)

KAZAKHSTAN
Mausolée de Khoja Ahmad Yasawi (2003)
Pétroglyphes du paysage archéologique de Tamgaly (2004)
Saryarka - Steppe et lacs du Kazakhstan septentrional (2008)

KENYA
Parc national/Forêt naturelle du mont Kenya (1997)
Parcs nationaux du Lac Turkana (1997, 2001)
Vieille ville de Lamu (2001)
Forêts sacrées de kayas des Mijikenda (2008)

LETTONIE
Centre historique de Riga (1997)
Arc géodésique de Struve (2005)

LIBAN
Anjar (1984)
Baalbek (1984)
Byblos (1984)
Tyr (1984)
Ouadi Qadisha ou Vallée sainte et forêt des cèdres de Dieu (Horsh Arz el-Rab) (1998)

LITUANIE
Centre historique de Vilnius (1994)
Isthme de Courlande (2000)
Site archéologique de Kernavė (Réserve culturelle de Kernavė) (2004)
Arc géodésique de Struve (2005)

LUXEMBOURG
Ville de Luxembourg : vieux quartiers et fortifications (1994)

MADAGASCAR
Réserve naturelle intégrale du Tsingy de Bemaraha (1990)
Colline royale d'Ambohimanga (2001)
Forêts humides de l'Atsinanana (2007)

MALAISIE
Parc du Kinabalu (2000)
Parc national du Gunung Mulu (2000)
Melaka et George Town, villes historiques du détroit de Malacca (2008)

MALAWI
Parc national du lac Malawi (1984)
Art rupestre de Chongoni (2006)

MALI
Tombouctou (1988)
Villes anciennes de Djenné (1988)
Falaises de Bandiagara (pays dogon) (1989)
Tombeau des Askia (2004)

MALTE
Hypogée de Hal Saflièni (1980)
Temples mégalithiques de Malte (1980, 1992)
Ville de La Valette (1980)

MAROC
Médina de Fès (1981)
Médina de Marrakech (1985)
Ksar d'Aït-Ben-Haddou (1987)
Ville historique de Meknès (1996)
Médina de Tétouan (ancienne Titawin) (1997)
Site archéologique de Volubilis (1997)
Médina d'Essaouira (ancienne Mogador) (2001)
Ville portugaise de Mazagan (El Jadida) (2004)

MAURICE
Aapravasi Ghat (2006)
Paysage culturel du Morne (2008)

MAURITANIE
Parc national du banc d'Arguin (1989)
Anciens *ksour* de Ouadane, Chinguetti, Tichitt et Oualata (1996)

MEXIQUE
Centre historique de Mexico et Xochimilco (1987)
Centre historique de Oaxaca et zone archéologique de Monte Alban (1987)
Centre historique de Puebla (1987)
Cité préhispanique de Teotihuacan (1987)
Cité préhispanique et parc national de Palenque (1987)
Sian Ka'an (1987)
Ville historique de Guanajuato et mines adjacentes (1988)
Ville préhispanique de Chichen - Itza (1988)
Centre historique de Morelia (1991)
El Tajin, cité préhispanique (1992)
Centre historique de Zacatecas (1993)
Peintures rupestres de la Sierra de San Francisco (1993)
Sanctuaire de baleines d'El Vizcaino (1993)
Premiers monastères du XVIe siècle sur les versants du Popocatepetl (1994)
Ville précolombienne d'Uxmal (1996)
Zone de monuments historiques de Querétaro (1996)
Hospice Cabañas, Guadalajara (1997)
Zone archéologique de Paquimé, Casas Grandes (1998)
Zone de monuments historiques de Tlacotalpan (1998)
Ville historique fortifiée de Campeche (1999)
Zone de monuments archéologiques de Xochicalco (1999)
Ancienne cité maya de Calakmul, Campeche (2002)
Missions franciscaines de la Sierra Gorda de Querétaro (2003)
Maison-atelier de Luis Barragán (2004)
Îles et aires protégées du Golfe de Californie (2005, 2007)
Paysage d'agaves et anciennes installations industrielles de Tequila (2006)
Campus central de la cité universitaire de l'*Universidad Nacional Autónoma de Mexico* (UNAM) (2007)
Réserve de biosphère du papillon monarque (2008)
Ville protégée de San Miguel et sanctuaire de Jésus Nazareno de Atotonilco (2008)

MONGOLIE
Bassin d'Ubs Nuur (2003)
Paysage culturel de la vallée de l'Orkhon (2004)

MONTÉNÉGRO
Contrée naturelle et culturo-historique de Kotor (1979)
Parc national de Durmitor (1980, 2005)

MOZAMBIQUE
Île de Mozambique (1991)

NAMIBIE
Twyfelfontein ou /Ui-//aes (2007)

NÉPAL
Parc national de Sagarmatha (1979)
Vallée de Kathmandu (1979, 2006)
Parc national de Royal Chitwan (1984)
Lumbini, lieu de naissance du Bouddha (1997)

NICARAGUA
Ruines de León Viejo (2000)

NIGER
Réserves naturelles de l'Aïr et du Ténéré (1991)
Parc national du W du Niger (1996)

NIGÉRIA
Paysage culturel de Sukur (1999)
Forêt sacrée d'Osun-Oshogbo (2005)

NORVÈGE
Quartier de « Bryggen » dans la ville de Bergen (1979)
« Stavkirke » d'Urnes (1979)
Ville minière de Røros (1980)
Art rupestre d'Alta (1985)
Vegaøyan – Archipel de Vega (2004)
Arc géodésique de Struve (2005)
Fjords de l'Ouest de la Norvège – Geirangerfjord et Nærøyfjord (2005)

NOUVELLE-ZÉLANDE
Parc national de Tongariro (1990, 1993)
Te Wahipounamu – zone sud-ouest de la Nouvelle-Zélande (1990)
Îles sub-antarctiques de Nouvelle-Zélande (1998)

OMAN
Fort de Bahla (1987)
Sites archéologiques de Bat, Al-Khutm et Al-Ayn (1988)
Terre de l'encens (2000)
Systèmes d'irrigation *aflaj* d'Oman (2006)

OUGANDA
Forêt impénétrable de Bwindi (1994)
Monts Rwenzori (1994)
Tombes des rois du Buganda à Kasubi (2001)

OUZBÉKISTAN
Itchan Kala (1990)
Centre historique de Boukhara (1993)
Centre historique de Shakhrisyabz (2000)
Samarkand – carrefour de cultures (2001)

PAKISTAN
Ruines archéologiques de Mohenjo Daro (1980)
Ruines bouddhiques de Takht-i-Bahi et vestiges de Sahr-i-Bahlol (1980)
Taxila (1980)
Fort et jardins de Shalimar à Lahore (1981)
Monuments historiques de Thatta (1981)
Fort de Rohtas (1997)

PANAMA
Fortifications de la côte caraïbe du Panama : Portobelo, San Lorenzo (1980)
Parc national du Darien (1981)
Réserves de la cordillère de Talamanca-La Amistad / Parc national La Amistad (1983, 1990)
Site archéologique de Panamá Viejo et district historique de Panamá (1997, 2003)
Parc national de Coiba et sa zone spéciale de protection marine (2005)

PAPOUASIE-NOUVELLE GUINÉE
Ancien site agricole de Kuk (2008)

PARAGUAY
Missions jésuites de la Santísima Trinidad de Paraná et Jesús de Tavarangue (1993)

PAYS-BAS
Schokland et ses environs (1995)
Ligne de défense d'Amsterdam (1996)
Réseau des moulins de Kinderdijk-Elshout (1997)
Zone historique de Willemstad, centre ville et port, Antilles néerlandaises (1997)
Ir. D.F. Woudagemaal (station de pompage à la vapeur de D.F. Wouda) (1998)
Droogmakerij de Beemster (Polder de Beemster) (1999)
Rietveld Schröderhuis (Maison Schröder de Rietveld) (2000)

PÉROU
Sanctuaire historique de Machu Picchu (1983)
Ville de Cuzco (1983)
Parc national de Huascarán (1985)
Site archéologique de Chavin (1985)
Zone archéologique de Chan Chan (1986)
Parc national de Manú (1987)
Centre historique de Lima (1988, 1991)
Parc national Río Abiseo (1990, 1992)
Lignes et géoglyphes de Nasca et de Pampas de Jumana (1994)
Centre historique de la ville d'Arequipa (2000)

PHILIPPINES
Églises baroques des Philippines (1993)
Parc marin du récif de Tubbataha (1993)
Rizières en terrasses des cordillères des Philippines (1995)
Parc national de la rivière souterraine de Puerto Princesa (1999)
Ville historique de Vigan (1999)

POLOGNE
Centre historique de Cracovie (1978)
Mines de sel de Wieliczka (1978)
Auschwitz-Birkenau Camp allemand nazi de concentration et d'extermination (1940-1945) (1979)
Fôret Belovezhskaya Pushcha / Białowieża (1979, 1992)
Centre historique de Varsovie (1980)
Vieille ville de Zamość (1992)
Château de l'ordre Teutonique de Malbork (1997)
Ville médiévale de Toruń (1997)
Kalwaria Zebrzydowska : ensemble architectural maniériste et paysager et parc de pèlerinage (1999)
Églises de la Paix à Jawor et Swidnica (2001)
Églises en bois du sud de la Petite Pologne (2003)
Parc de Muskau / Parc Muzakowski (2004)
Halle du Centenaire de Wroclaw (2006)

PORTUGAL
Centre d'Angra do Heroismo aux Açores (1983)
Couvent du Christ à Tomar (1983)
Monastère de Batalha (1983)
Monastère des Hiéronymites et tour de Belém à Lisbonne (1983)
Centre historique d'Évora (1986)
Monastère d'Alcobaça (1989)
Paysage culturel de Sintra (1995)
Centre historique de Porto (1996)
Sites d'art rupestre préhistorique de la vallée de Côa (1998)
Forêt Laurifière de Madère (1999)
Centre historique de Guimarães (2001)
Région viticole du Haut-Douro (2001)
Paysage viticole de l'île du Pico (2004)
République arabe syrienne
Ancienne ville de Damas (1979)
Ancienne ville de Bosra (1980)
Site de Palmyre (1980)
Ancienne ville d'Alep (1986)
Crac des Chevaliers et Qal'at Salah El-Din (2006)
République centrafricaine
Parc national du Manovo-Gounda St Floris (1988)

RÉPUBLIQUE DE MOLDOVA
Arc géodésique de Struve (2005)

RÉPUBLIQUE DÉMOCRATIQUE DU CONGO
Parc national des Virunga (1979)
Parc national de Kahuzi-Biega (1980)
Parc national de la Garamba (1980)
Parc national de la Salonga (1984)
Réserve de faune à okapis (1996)

RÉPUBLIQUE DÉMOCRATIQUE POPULAIRE LAO
Ville de Luang Prabang (1995)
Vat Phou et les anciens établissements associés du paysage culturel de Champassak (2001)

RÉPUBLIQUE DOMINICAINE
Ville coloniale de Saint-Domingue (1990)

RÉPUBLIQUE TCHÈQUE
Centre historique de Český Krumlov (1992)
Centre historique de Prague (1992)
Centre historique de Telč (1992)
Église Saint-Jean-Népomucène, lieu de pèlerinage à Zelená Hora (1994)
Kutná Hora : le centre historique de la ville avec l'église Sainte-Barbe et la cathédrale Notre-Dame de Sedlec (1995)
Paysage culturel de Lednice-Valtice (1996)
Jardins et château de KromYí (1998)
Réserve du village historique d'Holašovice (1998)
Château de Litomyšl (1999)
Colonne de la Sainte Trinité à Olomouc (2000)
Villa Tugendhat à Brno (2001)
Le quartier juif et la basilique Saint-Procope de Třebíč (2003)

ROUMANIE
Delta du Danube (1991)
Églises de Moldavie (1993)
Monastère de Horezu (1993)
Sites villageois avec églises fortifiées de Transylvanie (1993, 1999)
Centre historique de Sighi oara (1999)
Ensemble « Églises en bois de Maramureş » (1999)
Forteresses daces des monts d'Orastie (1999)

ROYAUME-UNI DE GRANDE BRETAGNE ET D'IRLANDE DU NORD
Cathédrale et château de Durham (1986)
Châteaux forts et enceintes du roi Édouard Ier dans l'ancienne principauté de Gwynedd (1986)
Chaussée des Géants et sa côte (1986)
Gorge d'Ironbridge (1986)
Île de St Kilda (1986, 2004, 2005)
Parc de Studley Royal avec les ruines de l'abbaye de Fountains (1986)
Stonehenge, Avebury et sites associés (1986)
Frontières de l'Empire romain (1987, 2005, 2008)
Palais de Blenheim (1987)
Palais de Westminster, l'abbaye de Westminster et l'église Sainte-Marguerite (1987)
Ville de Bath (1987)
Cathédrale, abbaye Saint-Augustin et église Saint-Martin à Cantorbéry (1988)
Île d'Henderson (1988)
Tour de Londres (1988)
Îles de Gough et Inaccessible (1995, 2004)
Vieille ville et Nouvelle ville d'Edimbourg (1995)
Maritime Greenwich (1997)
Coeur néolithique des Orcades (1999)
Paysage industriel de Blaenavon (2000)
Ville historique de St George et les fortifications associées, aux Bermudes (2000)
Littoral du Dorset et de l'est du Devon (2001)
New Lanark (2001)
Saltaire (2001)
Usines de la vallée de la Derwent (2001)
Jardins botaniques royaux de Kew (2003)
Liverpool – Port marchand (2004)
Paysage minier des Cornouailles et de l'ouest du Devon (2006)

SAINT-KITTS-ET-NEVIS
Parc national de la forteresse de Brimstone Hill (1999)

SAINT-MARIN
Centre historique de Saint-Marin et mont Titano (2008)

SAINT-SIÈGE
Centre historique de Rome, les biens du Saint-Siège situés dans cette ville bénéficiant des droits d'extra-territorialité et Saint-Paul-hors-les-Murs (1980, 1990)
Cité du Vatican (1984)

SAINTE-LUCIE
Zone de gestion des Pitons (2004)

SÉNÉGAL
Île de Gorée (1978)
Parc national du Niokolo-Koba (1981)
Parc national des oiseaux du Djoudj (1981)
Île de Saint-Louis (2000, 2007)
Cercles mégalithiques de Sénégambie (2006)

SERBIE
Vieux Ras avec Sopoćani (1979)
Monastère de Studenica (1986)
Monuments médiévaux au Kosovo (2004, 2006)
Gamzigrad-Romuliana, palais de Galère (2007)

SEYCHELLES
Atoll d'Aldabra (1982)
Réserve naturelle de la vallée de Mai (1983)

SLOVAQUIE
Spišský Hrad et les monuments culturels associés (1993)
Ville historique de Banská Štiavnica et les monuments techniques des environs (1993)
Vlkolínec (1993)
Grottes du karst d'Aggtelek et du karst de Slovaquie (1995, 2000)
Réserve de conservation de la ville de Bardejov (2000)
Forêts primaires de hêtres des Carpates (2007)
Églises en bois de la partie slovaque de la zone des Carpates (2008)

SLOVÉNIE
Grottes de Škocjan (1986)

SOUDAN
Gebel Barkal et les sites de la région napatéenne (2003)

SRI LANKA
Cité historique de Polonnaruwa (1982)
Ville ancienne de Sigiriya (1982)
Ville sainte d'Anuradhapura (1982)
Réserve forestière de Sinharaja (1988)
Vieille ville de Galle et ses fortifications (1988)
Ville sacrée de Kandy (1988)
Temple d'Or de Dambulla (1991)

SUÈDE
Domaine royal de Drottningholm (1991)
Birka et Hovgården (1993)
Forges d'Engelsberg (1993)
Gravures rupestres de Tanum (1994)
Skogskyrkogården (1994)
Ville hanséatique de Visby (1995)
Région de Laponie (1996)
Village-église de Gammelstad, Luleå (1996)
Port naval de Karlskrona (1998)
Haute Côte / Archipel de Kvarken (2000, 2006)
Paysage agricole du sud d'Öland (2000)
Zone d'exploitation minière de la grande montagne de cuivre de Falun (2001)
Station radio Varberg (2004)
Arc géodésique de Struve (2005)

SUISSE
Couvent bénédictin Saint-Jean-des-Sœurs à Müstair (1983)
Couvent de Saint-Gall (1983)
Vieille ville de Berne (1983)
Trois châteaux, muraille et remparts du bourg de Bellinzone (2000)
Alpes suisses Jungfrau-Aletsch (2001, 2007)
Monte San Giorgio (2003)
Lavaux, vignoble en terrasses (2007)
Chemin de fer rhétique dans les paysages de l'Albula et de la Bernina (2008)
Haut lieu tectonique suisse Sardona (2008)

SURINAME
Réserve naturelle du Suriname central (2000)
Centre ville historique de Paramaribo (2002)

TANZANIE, RÉPUBLIQUE-UNIE DE
Zone de conservation de Ngorongoro (1979)
Ruines de Kilwa Kisiwani et de Songo Mnara (1981)
Parc national de Serengeti (1981)
Réserve de gibier de Selous (1982)
Parc national du Kilimandjaro (1987)
La ville de pierre de Zanzibar (2000)
Sites d'art rupestre de Kondoa (2006)

THAÏLANDE
Sanctuaires de faune de Thung Yai-Huai Kha Khaeng (1991)
Ville historique de Sukhothaï et villes historiques associées (1991)
Ville historique d'Ayutthaya (1991)
Site archéologique de Ban Chiang (1992)
Complexe forestier de Dong Phayayen-Khao Yai (2005)

TOGO
Koutammakou, le pays des Batammariba (2004)

TUNISIE
Amphithéâtre d'El Jem (1979)
Médina de Tunis (1979)
Site archéologique de Carthage (1979)
Parc national de l'Ichkeul (1980)
Cité punique de Kerkouane et sa nécropole (1985, 1986)
Kairouan (1988)
Médina de Sousse (1988)
Dougga / Thugga (1997)

TURKMÉNISTAN
Parc national historique et culturel de l'« Ancienne Merv » (1999)
Kunya-Urgench (2005)
Forteresses parthes de Nisa (2007)

TURQUIE
Grande mosquée et hôpital de Divriği (1985)
Parc national de Göreme et sites rupestres de Cappadoce (1985)
Zones historiques d'Istanbul (1985)
Hattousa : la capitale hittite (1986)
Nemrut Dağ (1987)
Hierapoli-Pamukkale (1988)
Xanthos-Letoon (1988)
Ville de Safranbolu (1994)
Site archéologique de Troie (1998)

UKRAINE
Kiev : cathédrale Sainte-Sophie et ensemble des bâtiments monastiques et laure de Kievo-Petchersk (1990, 2005)
Lviv – ensemble du centre historique (1998)
Arc géodésique de Struve (2005)
Forêts primaires de hêtres des Carpates (2007)

URUGUAY
Quartier historique de la ville de Colonia del Sacramento (1995)

VANUATU
Domaine du chef Roi Mata (2008)

VENEZUELA (RÉPUBLIQUE BOLIVARIENNE DU)
Coro et son port (1993)
Parc national de Canaima (1994)
Ciudad Universitaria de Caracas (2000)

VIET NAM
Ensemble de monuments de Huê (1993)
Baie d'Ha-Long (1994, 2000)
Sanctuaire de Mi-sön (1999)
Vieille ville de Hoi An (1999)
Parc national de Phong Nha-Ke Bang (2003)

YÉMEN
Ancienne ville de Shibam et son mur d'enceinte (1982)
Vieille ville de Sana'a (1986)
Ville historique de Zabid (1993)
Archipel de Socotra (2008)

ZAMBIE
Mosi-oa-Tunya / Chutes Victoria (1989)

ZIMBABWE
Parc national de Mana Pools, aires de safari Sapi et Chewore (1984)
Monument national du Grand Zimbabwe (1986)
Ruines de Khami (1986)
Mosi-oa-Tunya / Chutes Victoria (1989)
Monts Matobo (2003)

Convention de l'Unesco

Convention pour la protection du patrimoine mondial, culturel et naturel

LA CONFÉRENCE GÉNÉRALE de l'Organisation des Nations unies pour l'éducation, la science et la culture, réunie à Paris du 17 octobre au 21 novembre 1972, en sa dix-septième session,

Constatant que le patrimoine culturel et le patrimoine naturel sont de plus en plus menacés de destruction non seulement par les causes traditionnelles de dégradation mais encore par l'évolution de la vie sociale et économique qui les aggrave par des phénomènes d'altération ou de destruction encore plus redoutables,

Considérant que la dégradation ou la disparition d'un bien du patrimoine culturel et naturel constitue un appauvrissement néfaste du patrimoine de tous les peuples du monde,

Considérant que la protection de ce patrimoine à l'échelon national reste souvent incomplète en raison de l'ampleur des moyens qu'elle nécessite et de l'insuffisance des ressources économiques, scientifiques et techniques du pays sur le territoire duquel se trouve le bien à sauvegarder,

Rappelant que l'Acte constitutif de l'Organisation prévoit qu'elle aidera au maintien, à l'avancement et à la diffusion du savoir en veillant à la conservation et protection du patrimoine universel et en recommandant aux peuples intéressés des conventions internationales à cet effet,

Considérant que les conventions, recommandations et résolutions internationales existantes en faveur des biens culturels et naturels démontrent l'importance que présente, pour tous les peuples du monde, la sauvegarde de ces biens uniques et irremplaçables à quelque peuple qu'ils appartiennent,

Considérant que certains biens du patrimoine culturel et naturel présentent un intérêt exceptionnel qui nécessite leur préservation en tant qu'élément du patrimoine mondial de l'humanité tout entière,

Considérant que devant l'ampleur et la gravité des dangers nouveaux qui les menacent il incombe à la collectivité internationale tout entière de participer à la protection du patrimoine culturel et naturel de valeur universelle exceptionnelle, par l'octroi d'une assistance collective qui sans se substituer à l'action de l'État intéressé la complétera efficacement,

Considérant qu'il est indispensable d'adopter à cet effet de nouvelles dispositions conventionnelles établissant un système efficace de protection collective du patrimoine culturel et naturel de valeur universelle exceptionnelle organisé d'une façon permanente et selon des méthodes scientifiques et modernes,

Après avoir décidé lors de sa seizième session que cette question ferait l'objet d'une Convention internationale,

Adopte ce seizième jour de novembre 1972 la présente Convention.

I. DÉFINITIONS DU PATRIMOINE CULTUREL ET NATUREL

Article 1

Aux fins de la présente Convention sont considérés comme « patrimoine culturel » :

– les monuments : œuvres architecturales, de sculpture ou de peinture monumentales, éléments ou structures de caractère archéologique, inscriptions, grottes et groupes d'éléments, qui ont une valeur universelle exceptionnelle du point de vue de l'histoire, de l'art ou de la science,

– les ensembles : groupes de constructions isolées ou réunies, qui, en raison de leur architecture, de leur unité, ou de leur intégration dans le paysage, ont une valeur universelle exceptionnelle du point de vue de l'histoire, de l'art ou de la science,

– les sites : œuvres de l'homme ou œuvres conjuguées de l'homme et de la nature, ainsi que les zones y compris les sites archéologiques qui ont une valeur universelle exceptionnelle du point de vue historique, esthétique, ethnologique ou anthropologique.

Article 2

Aux fins de la présente Convention sont considérés comme « patrimoine naturel » :

– les monuments naturels constitués par des formations physiques et biologiques ou par des groupes de telles formations qui ont une valeur universelle exceptionnelle du point de vue esthétique ou scientifique.

– les formations géologiques et physiographiques et les zones strictement délimitées constituant l'habitat d'espèces animales et végétales menacées, qui ont une valeur universelle exceptionnelle du point de vue de la science ou de la conservation.

– les sites naturels ou les zones naturelles strictement délimitées, qui ont une valeur universelle exceptionnelle du point de vue de la science, de la conservation ou de la beauté naturelle.

Article 3

Il appartient à chaque État partie à la présente Convention d'identifier et de délimiter les différents biens situés sur son territoire et visés aux articles 1 et 2 ci-dessus.

II. PROTECTION NATIONALE ET PROTECTION INTERNATIONALE DU PATRIMOINE

Article 4

Chacun des États parties à la présente Convention reconnaît que l'obligation d'assurer l'identification, la protection, la conservation, la mise en valeur et la transmission aux générations futures du patrimoine culturel et naturel visé aux articles 1 et 2 et situé sur son territoire, lui incombe en premier chef. Il s'efforce d'agir à cet effet tant par son propre effort au maximum de ses ressources disponibles que, le cas échéant, au moyen de l'assistance et de la coopération internationales dont il pourra bénéficier, notamment aux plans financier, artistique, scientifique et technique.

Article 5

Afin d'assurer une protection et une conservation aussi efficaces et une mise en valeur aussi active que possible du patrimoine culturel et naturel situé sur leur territoire et dans les conditions appropriées à chaque pays, les États parties à la présente Convention s'efforceront dans la mesure du possible :

a. d'adopter une politique générale visant à assigner une fonction au patrimoine culturel et naturel dans la vie collective, et à intégrer la protection de ce patrimoine dans les programmes de planification générale ;

b. d'instituer sur leur territoire, dans la mesure où ils n'existent pas, un ou plusieurs services de protection, de conservation et de mise en valeur du patrimoine culturel et naturel, dotés d'un personnel approprié, et disposant des moyens lui permettant d'accomplir les tâches qui lui incombent ;

c. de développer les études et les recherches scientifiques et techniques et perfectionner les méthodes d'intervention qui permettent à un État de faire face aux dangers qui menacent son patrimoine culturel ou naturel ;

d. de prendre les mesures juridiques, scientifiques, techniques, administratives et financières adéquates pour l'identification, la protection, la conservation, la mise en valeur et la réanimation de ce patrimoine ; et

e. de favoriser la création ou le développement de centres nationaux ou régionaux de formation dans le domaine de la protection, de la conservation et de la mise en valeur du patrimoine culturel et naturel et d'encourager la recherche scientifique dans ce domaine.

Article 6

1. En respectant pleinement la souveraineté des États sur le territoire desquels est situé le patrimoine culturel et naturel visé aux articles 1 et 2, et sans préjudice des droits réels prévus par la législation nationale sur ledit patrimoine, les États parties à la présente convention reconnaissent qu'il constitue un patrimoine universel pour la protection duquel la communauté internationale tout entière a le devoir de coopérer.

2. Les États parties s'engagent en conséquence, et conformément aux dispositions de la présente convention, à apporter leur concours à l'identification, à la protection, à la conservation et à la mise en valeur du patrimoine culturel et naturel visé aux paragraphes 2 et 4 de l'article 11 si l'État sur le territoire duquel il est situé le demande.

3. Chacun des États parties à la présente convention s'engage à ne prendre délibérément aucune mesure susceptible d'endommager directement ou indirectement le patrimoine culturel et naturel visé aux articles 1 et 2 qui est situé sur le territoire d'autres États parties à cette convention.

Article 7

Aux fins de la présente convention, il faut entendre par protection internationale du patrimoine mondial culturel et naturel la mise en place d'un système de coopération et d'assistance internationales visant à seconder les États parties à la convention dans les efforts qu'ils déploient pour préserver et identifier ce patrimoine.

III. COMITÉ INTERGOUVERNEMENTAL DE LA PROTECTION DU PATRIMOINE MONDIAL CULTUREL ET NATUREL

Article 8

1. Il est institué auprès de l'Organisation des Nations unies pour l'éducation, la science et la culture, un Comité intergouvernemental de la protection du patrimoine culturel et naturel de valeur universelle exceptionnelle dénommé « le Comité du patrimoine mondial ». Il est composé de 15 États parties à la convention, élus par les États parties à la convention réunis en assemblée générale au cours de sessions ordinaires de la Conférence générale de l'Organisation des Nations unies pour l'éducation, la science et la culture. Le nombre des États membres du Comité sera porté à 21 à compter de la session ordinaire de la Conférence générale qui suivra l'entrée en vigueur de la présente convention pour au moins 40 États.

2. L'élection des membres du Comité doit assurer une représentation équitable des différentes régions et cultures du monde.

3. Assistent aux séances du Comité avec voix consultative un représentant du Centre international d'études pour la conservation et la restauration des biens culturels (Centre de Rome), un représentant du Conseil international des monuments et des sites (ICOMOS), et un représentant de l'Union internationale pour la conservation de la nature et de ses ressources (UICN), auxquels peuvent s'ajouter, à la demande des États parties réunis en assemblée générale au cours des sessions ordinaires de la Conférence générale de l'Organisation des Nations unies pour l'éducation, la science et la culture, des représentants d'autres organisations intergouvernementales ou non gouvernementales ayant des objectifs similaires.

Article 9

1. Les États membres du Comité du patrimoine mondial exercent leur mandat depuis la fin de la session ordinaire de la Conférence générale au cours de laquelle ils ont été élus jusqu'à la fin de sa troisième session ordinaire subséquente.

2. Toutefois, le mandat d'un tiers des membres désignés lors de la première élection se terminera à la fin de la première session ordinaire de la Conférence générale suivant celle au cours de laquelle ils ont été élus et le mandat d'un second tiers des membres désignés en même temps, se terminera à la fin de la deuxième session ordinaire de la Conférence générale suivant celle au cours de laquelle ils ont été élus. Les noms de ces membres seront tirés au sort par le Président de la Conférence générale après la première élection.

3. Les États membres du Comité choisissent pour les représenter des personnes qualifiées dans le domaine du patrimoine culturel ou du patrimoine naturel.

Article 10

1. Le Comité du patrimoine mondial adopte son règlement intérieur.

2. Le Comité peut à tout moment inviter à ses réunions des organismes publics ou privés, ainsi que des personnes privées, pour les consulter sur des questions particulières.

3. Le Comité peut créer les organes consultatifs qu'il estime nécessaires à l'exécution de sa tâche.

Article 11

1. Chacun des États parties à la présente convention soumet, dans toute la mesure du possible, au Comité du patrimoine mondial un inventaire des biens du patrimoine cultu rel et naturel situés sur son territoire et susceptibles d'être inscrits sur la liste prévue au paragraphe 2 du présent article. Cet inventaire, qui n'est pas considéré comme exhaustif, doit comporter une documentation sur le lieu des biens en question et sur l'intérêt qu'ils présentent.

2. Sur la base des inventaires soumis par les États en exécution du paragraphe 1 ci-dessus, le Comité établit, met à jour et diffuse, sous le nom de « liste du patrimoine mondial », une liste des biens du patrimoine culturel et du patrimoine naturel, tels qu'ils sont définis aux articles 1 et 2 de la présente convention, qu'il considère comme ayant une valeur universelle exceptionnelle en application des critères qu'il aura établis ; une mise à jour de la liste doit être diffusée au moins tous les deux ans.

3. L'inscription d'un bien sur la liste du patrimoine mondial ne peut se faire qu'avec le consentement de l'État intéressé. L'inscription d'un bien situé sur un territoire faisant l'objet de revendication de souveraineté ou de juridiction de la part de plusieurs États ne préjuge en rien les droits des parties au différend.

4. Le Comité établit, met à jour et diffuse, chaque fois que les circonstances l'exigent, sous le nom de « liste du patrimoine mondial en péril », une liste des biens figurant sur la liste du patrimoine mondial pour la sauvegarde desquels de grands travaux sont nécessaires et pour lesquels une assistance a été demandée aux termes de la présente convention. Cette liste contient une estimation du coût des opérations. Ne peuvent figurer sur cette liste que des biens du patrimoine culturel et naturel qui sont menacés de dangers graves et précis, tels que menace de disparition due à une dégradation accélérée, projets de grands travaux publics ou privés, rapide développement urbain et touristique, destruction due à des changements d'utilisation ou de propriété de la terre, altérations profondes dues à une cause inconnue, abandon pour des raisons quelconques, conflit armé venant ou menaçant d'éclater, calamités et cataclysmes, grands incendies, séismes, glissements de terrain, éruptions volcaniques, modification du niveau des eaux, inondations, raz de marée. Le Comité peut, à tout moment, en cas d'urgence, procéder à une nouvelle inscription sur la liste du patrimoine mondial en péril et donner à cette inscription une diffusion immé-

diate. 5. Le Comité définit les critères sur la base desquels un bien du patrimoine culturel et naturel peut être inscrit dans l'une ou l'autre des listes visées aux paragraphes 2 et 4 du présent article.
6. Avant de refuser une demande d'inscription sur l'une des deux listes visées aux paragraphes 2 et 4 du présent article, le Comité consulte l'État partie sur le territoire duquel est situé le bien du patrimoine culturel ou naturel dont il s'agit.
7. Le Comité, avec l'accord des États intéressés, coordonne et encourage les études et les recherches nécessaires à la constitution des listes visées aux paragraphes 2 et 4 du présent article.

Article 12
Le fait qu'un bien du patrimoine culturel et naturel n'ait pas été inscrit sur l'une ou l'autre des deux listes visées aux paragraphes 2 et 4 de l'article 11 ne saurait en aucune manière signifier qu'il n'a pas une valeur universelle exceptionnelle à des fins autres que celles résultant de l'inscription sur ces listes.

Article 13
1. Le Comité du patrimoine mondial reçoit et étudie les demandes d'assistance internationale formulées par les États parties à la présente Convention en ce qui concerne les biens du patrimoine culturel et naturel situés sur leur territoire, qui figurent ou sont susceptibles de figurer sur les listes visées aux paragraphes 2 et 4 de l'article 11. Ces demandes peuvent avoir pour objet la protection, la conservation, la mise en valeur ou la réanimation de ces biens.
2. Les demandes d'assistance internationale en application du paragraphe 1 du présent article peuvent aussi avoir pour objet l'identification de biens du patrimoine culturel et naturel défini aux articles 1 et 2, lorsque des recherches préliminaires ont permis d'établir que ces dernières méritaient d'être poursuivies.
3. Le Comité décide de la suite à donner à ces demandes, détermine, le cas échéant, la nature et l'importance de son aide et autorise la conclusion, en son nom, des arrangements nécessaires avec le gouvernement intéressé.
4. Le Comité fixe un ordre de priorité pour ses interventions. Il le fait en tenant compte de l'importance respective des biens à sauvegarder pour le patrimoine mondial culturel et naturel, de la nécessité d'assurer l'assistance internationale aux biens les plus représentatifs de la nature ou du génie et de l'histoire des peuples du monde et de l'urgence des travaux à entreprendre, de l'importance des ressources des États sur le territoire desquels se trouvent les biens menacés et en particulier de la mesure dans laquelle ils pourraient assurer la sauvegarde de ces biens par leurs propres moyens.
5. Le Comité établit, met à jour et diffuse une liste des biens pour lesquels une assistance internationale a été fournie.
6. Le Comité décide de l'utilisation des ressources du Fonds créé aux termes de l'article 15 de la présente Convention. Il recherche les moyens d'en augmenter les ressources et prend toutes mesures utiles à cet effet.
7. Le Comité coopère avec les organisations internationales et nationales, gouvernementales et non gouver nementales, ayant des objectifs similaires à ceux de la présente Convention pour la mise en œuvre de ses programmes et l'exécution de ses projets, le Comité peut faire appel à ces organisations, en particulier au Centre international d'études pour la conservation et la restauration des biens culturels (Centre de Rome), au Conseil international des monuments et des sites (ICOMOS) et à l'Union internationale pour la conservation de la nature et de ses ressources (UICN), ainsi qu'à d'autres organismes publics ou privés et à des personnes privées.
8. Les décisions du Comité sont prises à la majorité des deux tiers des membres présents et votants. Le quorum est constitué par la majorité des membres du Comité.

Article 14
1. Le Comité du patrimoine mondial est assisté par un secrétariat nommé par le Directeur général de l'Organisation des Nations unies pour l'éducation, la science et la culture.
2. Le Directeur général de l'Organisation des Nations unies pour l'éducation, la science et la culture, utilisant le plus possible les services du Centre international d'études pour la conservation et la restauration des biens culturels (Centre de Rome), du Conseil international des monuments et des sites (ICOMOS), et de l'Union internationale pour la conservation de la nature et de ses ressources (UICN), dans les domaines de leurs compétences et de leurs possibilités respectives, prépare la documentation du Comité, l'ordre du jour de ses réunions et assure l'exécution de ses décisions.

IV. FONDS POUR LA PROTECTION DU PATRIMOINE MONDIAL CULTUREL ET NATUREL

Article 15
1. Il est créé un fonds pour la protection du patrimoine mondial culturel et naturel de valeur universelle exceptionnelle, dénommé « le Fonds du patrimoine mondial ».
2. Le Fonds est constitué en fonds de dépôt, conformément aux dispositions du règlement financier de l'Organisation des Nations unies pour l'éducation, la science et la culture.
3. Les ressources du Fonds sont constituées par :
a. les contributions obligatoires et les contributions volontaires des États parties à la présente convention.
b. les versements, dons ou legs que pourront faire :
i. d'autres États,
ii. l'Organisation des Nations unies pour l'éducation, la science et la culture, les autres organisations du système des Nations unies, notamment le Programme de développement des Nations unies et d'autres organisations intergouvernementales,
iii. des organismes publics ou privés ou des personnes privées ;
c. tout intérêt dû sur les ressources du Fonds ;
d. le produit des collectes et les recettes des manifestations organisées au profit du Fonds et
e. toutes autres ressources autorisées par le règlement qu'élaborera le Comité du patrimoine mondial.
4. Les contributions au Fonds et les autres formes d'assistance fournies au Comité ne peuvent être affectées qu'aux fins définies par lui. Le Comité peut accepter des contributions ne devant être affectées qu'à un certain programme ou à un projet particulier, à la condition que la mise en œuvre de ce programme ou l'exécution de ce projet ait été décidée par le Comité. Les contributions au Fonds ne peuvent être assorties d'aucune condition politique.

Article 16
1. Sans préjudice de toute contribution volontaire complémentaire, les États parties à la présente convention s'engagent à verser régulièrement, tous les deux ans, au Fonds du patrimoine mondial des contributions dont le montant, calculé selon un pourcentage uniforme applicable à tous les États, sera décidé par l'assemblée générale des États parties à la convention, réunis au cours de sessions de la Conférence générale de l'Organisation des Nations unies pour l'éducation, la science et la culture. Cette décision de l'assemblée générale requiert la majorité des États parties présents et votants qui n'ont pas fait la déclaration visée au paragraphe 2 du présent article. En aucun cas, la contribution obligatoire des États parties à la convention ne pourra dépasser 1 % de sa contribution au budget ordinaire de l'Organisation des Nations unies pour l'éducation, la science et la culture.
2. Toutefois, tout État visé à l'article 31 ou à l'article 32 de la présente convention peut, au moment du dépôt de ses instruments de ratification, d'acceptation ou d'adhésion, déclarer qu'il ne sera pas lié par les dispositions du paragraphe (1) du présent article.
3. Un État partie à la convention ayant fait la déclaration visée au paragraphe (2) du présent article, peut à tout moment retirer ladite déclaration moyennant notification du Directeur général de l'Organisation des Nations unies pour l'éducation, la science et la culture. Toutefois, le retrait de la déclaration n'aura d'effet sur la contribution obligatoire due par cet État qu'à partir de la date de l'assemblée générale des États parties qui suivra.
4. Afin que le Comité soit en mesure de prévoir ses opérations d'une manière efficace, les contributions des États parties à la présente convention, ayant fait la déclaration visée au paragraphe 2 du présent article, doivent être versées sur une base régulière, au moins tous les deux ans, et ne devraient pas être inférieures aux contributions qu'ils auraient dû verser s'ils avaient été liés par les dispositions du paragraphe 1 du présent article.
5. Tout État partie à la convention qui est en retard dans le paiement de sa contribution obligatoire ou volontaire en ce qui concerne l'année en cours et l'année civile qui l'a immédiatement précédée, n'est pas éligible au Comité du patrimoine mondial, cette disposition ne s'appliquant pas lors de la première élection. Le mandat d'un tel État qui est déjà membre du Comité prendra fin au moment de toute élection prévue à l'article 8, paragraphe 1, de la présente convention.

Article 17
Les États parties à la présente convention envisagent ou favorisent la création de fondations ou d'associations nationales publiques et privées ayant pour but d'encourager les libéralités en faveur de la protection du patrimoine culturel et naturel défini aux articles 1 et 2 de la présente Convention.

Article 18
Les États parties à la présente Convention prêtent leur concours aux campagnes internationales de collecte qui sont organisées au profit du Fonds du patrimoine mondial sous les auspices de l'Organisation des Nations unies pour l'éducation, la science et la culture. Ils facilitent les collectes faites à ces fins par des organismes mentionnés au paragraphe 3, article 15.

V. CONDITIONS ET MODALITÉS DE L'ASSISTANCE INTERNATIONALE

Article 19
Tout État partie à la présente Convention peut demander une assistance internationale en faveur de biens du patrimoine culturel ou naturel de valeur universelle exceptionnelle situés sur son territoire. Il doit joindre à sa demande les éléments d'information et les documents prévus à l'article 21 dont il dispose et dont le Comité a besoin pour prendre sa décision.

Article 20
Sous réserve des dispositions du paragraphe 2 de l'article 13, de l'alinéa (c) de l'article 22, et de l'article 23, l'assistance internationale prévue par la présente Convention ne peut être accordée qu'à des biens du patrimoine culturel et naturel que le Comité du patrimoine mondial à décidé ou décide de faire figurer sur l'une des listes visées aux paragraphes 2 et 4 de l'article 11.

Article 21
1. Le Comité du patrimoine mondial définit la procédure d'examen des demandes d'assistance internationale qu'il est appelé à fournir et précise notamment les éléments qui doivent figurer dans la demande, laquelle doit décrire l'opération envisagée, les travaux nécessaires, une estimation de leur coût, leur urgence et les raisons pour lesquelles les ressources de l'État demandeur ne lui permettent pas de faire face à la totalité de la dépense. Les demandes doivent, chaque fois que possible, s'appuyer sur l'avis d'experts.
2. En raison des travaux qu'il peut y avoir lieu d'entreprendre sans délai, les demandes fondées sur des calamités naturelles ou des catastrophes doivent être examinées d'urgence et en priorité par le Comité, qui doit disposer d'un fonds de réserve servant à de telles éventualités.
3. Avant de prendre une décision, le Comité procède aux études et aux consultations qu'il juge nécessaires.

Article 22
L'assistance accordée par le Comité du patrimoine mondial peut prendre les formes suivantes :
a. études sur les problèmes artistiques, scientifiques et techniques que posent la protection, la conservation, la mise en valeur et la réanimation du patrimoine culturel et naturel, tel qu'il est défini aux paragraphes 2 et 4 de l'article 11 de la présente Convention ;
b. mise à la disposition d'experts, de techniciens et de main-d'œuvre qualifiée pour veiller à la bonne exécution du projet approuvé ;
c. formation de spécialistes de tous niveaux dans le domaine de l'identification, de la protection, de la conservation, de la mise en valeur et de la réanimation du patrimoine culturel et naturel ;
d. fourniture de l'équipement que l'État intéressé ne possède pas ou n'est pas en mesure d'acquérir ;
e. prêts à faible intérêt, sans intérêt, ou qui pourraient être remboursés à long terme ;
f. octroi, dans des cas exceptionnels et spécialement motivés, de subventions non remboursables.

Article 23
Le Comité du patrimoine mondial peut également fournir une assistance internationale à des centres nationaux ou régionaux de formation de spécialistes de tous niveaux dans le domaine de l'identification, de la protection, de la conservation, de la mise en valeur et de la réanimation du patrimoine culturel et naturel.

Article 24
Une assistance internationale très importante ne peut être accordée qu'après une étude scientifique, économique et technique détaillée. Cette étude doit faire appel aux techniques les plus avancées de protection, de conservation, de mise en valeur et de réanimation du patrimoine culturel et naturel et correspondre aux objectifs de la présente Convention. L'étude doit aussi rechercher les moyens d'employer rationnellement les ressources disponibles dans l'État intéressé.

Article 25
Le financement des travaux nécessaires ne doit, en principe, incomber que partiellement à la communauté internationale. La participation de l'État qui bénéficie de l'assistance internationale doit constituer une part substantielle des ressources apportées à chaque programme ou projet, sauf si ses ressources ne le lui permettent pas.

Article 26
Le Comité du patrimoine mondial et l'État bénéficiaire définissent dans l'accord qu'ils concluent les conditions dans lesquelles sera exécuté un programme ou projet pour lequel est fournie une assistance internationale au titre de la présente convention. Il incombe à l'État qui reçoit cette assistance internationale de continuer à protéger, conserver et mettre en valeur les biens ainsi sauvegardés, conformément aux conditions définies dans l'accord.

VI. PROGRAMMES ÉDUCATIFS

Article 27
1. Les États parties à la présente Convention s'efforcent par tous les moyens appropriés, notamment par des programmes d'éducation et d'information, de renforcer le respect et l'attachement de leurs peuples au patrimoine culturel et naturel défini aux articles 1 et 2 de la Convention.
2. Ils s'engagent à informer largement le public des menaces qui pèsent sur ce patrimoine et des activités entreprises en application de la présente Convention.

Article 28
Les États parties à la présente Convention qui reçoivent une assistance internationale en application de la Convention prennent les mesures nécessaires pour faire connaître l'importance des biens qui ont fait l'objet de cette assistance et le rôle que cette dernière a joué.

VII. RAPPORTS

Article 29
1. Les États parties à la présente Convention indiquent dans les rapports qu'ils présenteront à la Conférence générale de l'Organisation des Nations unies pour l'éducation, la science et la culture aux dates et sous la forme qu'elle déterminera, les dispositions législatives et réglementaires et les autres mesures qu'ils auront adoptées pour l'application de la Convention, ainsi que l'expérience qu'ils auront acquise dans ce domaine.
2. Ces rapports seront portés à la connaissance du Comité du patrimoine mondial.
3. Le Comité présente un rapport sur ses activités à chacune des sessions ordinaires de la Conférence générale de

l'Organisation des Nations unies pour l'éducation, la science et la culture.

VIII. CLAUSES FINALES

Article 30

La présente Convention est établie en anglais, en arabe, en espagnol, en français et en russe, les cinq textes faisant également foi.

Article 31

1. La présente Convention sera soumise à la ratification ou à l'acceptation des États membres de l'Organisation des Nations unies pour l'éducation, la science et la culture, conformément à leurs procédures constitutionnelles respectives.

2. Les instruments de ratification ou d'acceptation seront déposés auprès du Directeur général de l'Organisation des Nations unies pour l'éducation, la science et la culture.

Article 32

1. La présente Convention est ouverte à l'adhésion de tout État non membre de l'Organisation des Nations unies pour l'éducation, la science et la culture, invité à y adhérer par la Conférence générale de l'Organisation.

2. L'adhésion se fera par le dépôt d'un instrument d'adhésion auprès du Directeur général de l'Organisation des Nations unies pour l'éducation, la science et la culture.

Article 33

La présente Convention entrera en vigueur trois mois après la date du dépôt du vingtième instrument de ratification, d'acceptation ou d'adhésion mais uniquement à l'égard des États qui auront déposé leurs instruments respectifs de ratification, d'acceptation ou d'adhésion à cette date ou antérieurement. Elle entrera en vigueur pour chaque autre État trois mois après le dépôt de son instrument de ratification, d'acceptation ou d'adhésion.

Article 34

Les dispositions ci-après s'appliquent aux États parties à la présente Convention ayant un système constitutionnel fédératif ou non unitaire :

a. en ce qui concerne les dispositions de cette Convention dont la mise en œuvre relève de l'action législative du pouvoir législatif fédéral ou central, les obligations du gouvernement fédéral ou central seront les mêmes que celles des États parties qui ne sont pas des États fédératifs ;

b. en ce qui concerne les dispositions de cette Convention dont l'application relève de l'action législative de chacun des États, pays, provinces ou cantons constituants, qui ne sont pas en vertu du système constitutionnel de la fédération tenus à prendre des mesures législatives, le gouvernement fédéral portera, avec son avis favorable, lesdites dispositions à la connaissance des autorités compétentes des États, pays, provinces ou cantons.

Article 35

1. Chacun des États parties à la présente Convention aura la faculté de dénoncer la Convention.

2. La dénonciation sera notifiée par un instrument écrit déposé auprès du Directeur général de l'Organisation des Nations unies pour l'éducation, la science et la culture.

3. La dénonciation prendra effet 12 mois après réception de l'instrument de dénonciation. Elle ne modifiera en rien les obligations financières à assumer par l'État dénonciateur jusqu'à la date à laquelle le retrait prendra effet.

Article 36

Le Directeur général de l'Organisation des Nations unies pour l'éducation, la science et la culture informera les États membres de l'Organisation, les États non membres visés à l'article 32, ainsi que l'Organisation des Nations unies, du dépôt de tous les instruments de ratification, d'acceptation ou d'adhésion mentionnés aux articles 31 et 32, de même que des dénonciations prévues à l'article 35.

Article 37

1. La présente convention pourra être révisée par la Conférence générale de l'Organisation des Nations unies pour l'éducation, la science et la culture. La révision ne liera cependant que les États qui deviendront parties à la Convention portant révision.

2. Au cas où la Conférence générale adopterait une nouvelle convention portant révision totale ou partielle de la présente Convention et à moins que la nouvelle convention n'en dispose autrement, la présente convention cesserait d'être ouverte à la ratification, à l'acceptation ou à l'adhésion, à partir de la date d'entrée en vigueur de la nouvelle convention portant révision.

Article 38

Conformément à l'article 102 de la Charte des Nations unies, la présente convention sera enregistrée au Secrétariat des Nations unies à la requête du Directeur général de l'Organisation des Nations unies pour l'éducation, la science et la culture.

Fait à Paris, ce vingt-troisième jour de novembre 1972, en deux exemplaires authentiques portant la signature du Président de la Conférence générale, réunie en sa dix-septième session, et du Directeur général de l'Organisation des Nations unies pour l'éducation, la science et la culture, qui seront déposés dans les archives de l'Organisation des Nations unies pour l'éducation, la science et la culture, et dont les copies certifiées conformes seront remises à tous les États visés aux articles 31 et 32 ainsi qu'à l'Organisation des Nations unies.

Bibliographie

Publications de l'UNESCO

Depuis le 18 avril 1996, l'UNESCO publie en trois langues (anglais, français et espagnol) *La Revue du patrimoine mondial*, magazine bimestriel de 80 pages, destiné à un large public conscient des problèmes actuels d'environnement, de conservation et de sauvegarde du patrimoine. *La Revue du patrimoine mondial* propose des articles, accessibles à tous, rédigés par des spécialistes et illustrés par de superbes photographies, ainsi que des reportages sur des thèmes particuliers et sur les nouveaux sites.

La liste des ouvrages suivants comprend les publications de l'Unesco ou réalisées en coédition avec d'autres éditeurs et qui sont disponibles dans les locaux de l'Unesco à Paris : 7 place de Fontenoy, 75352 Paris 07

Site internet de l'Unesco :

http://whc.unesco.org

Les Villes du patrimoine mondial, CD-ROM, UNESCO Publishing/Cyberion, Paris.

The World Heritage Series for Children (pour les enfants de 8 à 15 ans, disponible en anglais, en français et en espagnol), UNESCO Publishing/Childrens Press, Paris.

Patrimonio de la Humanidad (encyclopédie en 12 volumes), Planeta/UNESCO Publishing, Madrid, 1995.

The World Heritage Encyclopedia (encyclopédie en 12 volumes),Verlagshaus Stuttgart/Plaza y Janes/ UNESCO Publishing, Stuttgart, 1996-1997.

The World Heritage Encyclopedia (en japonais), en 12 volumes, Kodansha/UNESCO Publishing, Tokyo, 1996-1997.

Masterworks of Man and Nature, Harper-MacRae Publishing, Sidney, 1994.

Paradise on Earth, Harper-MacRae Publishing, Sidney, 1995.

World Heritage Twenty years later, by Jim Thorsell, IUCN, Suisse et Grande-Bretagne, 1992.

World Cultural and Natural Property (available in Japanese), pour enfants, Tokyo, 1994.

Cultural Landscapes of Universal Value, by B. von Droste, H. Plachter, M; Rössler, Fischer Verlag, Iéna, 1995.

Index

Crédits photographiques

AGE/Granata Press : page 481 en haut
Agenzia Luisa Ricciarini : page 237 à gauche
AISA : pages 36 à gauche, 37 en haut, 42-43, 46-47, 47 en haut à droite, au centre, en bas, 48-49, 56-57, 73 en haut et en bas, 85 au centre à droite, 86 en haut à droite et en bas à gauche, 101 en bas à droite, 102 en haut, en bas à gauche et en bas à droite, 109 en bas à gauche, 123 en haut à gauche et en haut à droite, 124-125, 125 au centre à droite, 127 en haut, 136, 138-139, 139 en haut, 144-145, 150 en haut et en bas, 150-151, 152 en haut à gauche, 152-153, 154 en haut, 155 en bas, 156, 157 en haut à gauche, 168 au centre, 169 en haut à droite, 170-171, 173 en haut et au centre, 185, 180, 181 en haut à gauche, en haut à droite, en bas à gauche, en bas à droite, 182 en haut et en bas, 183 en haut à gauche, 187 en haut et en bas, 189 à gauche et à droite, 199, 276-277, 277 en bas, 296-297, 297 en haut, 298 à droite, 298-299, 299 au centre, 320-321, 321 en haut à droite, 321 au centre, 321 en bas, 366, 368-369, 385 en haut, 418 au centre
AKG Images : page 233 en haut
Alamy Images : pages 191 en haut, 308 en bas
Paul Almasy/Corbis/Contrasto : pages 238 au centre, 238 en bas
Stefano Amantini/Atlantide : pages 46, 47 à droite en bas, 56 en haut à gauche, 131, 152 en haut à droite
K. Ammann/Corbis/Contrasto : page 384
K. Amsler : pages 494-495, 494 en haut à gauche, 494 en haut à droite, 495 en haut, 495 en bas
K. Amsler/Ardea : page 460 à droite en bas
Giulio Andreini : pages 87, 169, 183 en haut à droite et en bas
Anzenberger : page 167 au centre
Archivio Alinari : page 200 en haut
Archivio Musei Vaticani : pages 92-93, 93 en haut à gauche, en haut à droite et au centre
Archivio Scala : pages 60 en haut, 88 en haut, en bas, 88-89, 89 en haut à gauche et en haut à droite, 94, 94-95, 95 en haut à gauche et en haut à droite, 233 en bas
Ardea : page 422 en bas à gauche
Yann Arthus-Bertrand/Corbis/Contrasto : pages 220-221, 222-223
Yann Arthus-Bertrand/Corbis/Grazia Neri : pages 376-377, 380-381, 398, 398-399
Atlantide : pages 282 à gauche en haut, 284 en bas
Antonio Attini/Archivio White Star : pages 8, 84 en haut à gauche, 84-85, 100 à droite, 101 en bas à gauche, 102-103, 128 en haut au centre, 134 en haut, 135 en haut au centre, en haut à droite, en bas à gauche et en bas à droite, 162 en haut, 163 en haut à droite et en haut au centre, 164 en haut à droite, 165 en bas à gauche et en bas à droite, 166 en haut, 166-167, 167 en bas, 168 en haut à gauche, 176 en bas à gauche, 177 en bas à droite, 178 en haut, 192, 194 en haut et en bas, 196, 197 à gauche et à droite, 198 en haut, 198 au centre, 198 en bas, 208-209, 209 au centre, 212, 213, 266 en bas, 285, 287 en haut à gauche, 287 en haut à droite, 287 en bas à gauche, 287 en bas à gauche, 288 au centre à gauche, 288 au centre à droite, 288 en bas, 289, 338 au centre, 354 à gauche, 354-355, 355 à gauche et à droite, 356, 356-357, 357, 358 en bas à gauche, 358 en bas à droite, 358-359, 359 à gauche et à droite, 442, 443 en haut à droite, 450 à gauche au centre, 453 à droite au centre, 454, 456 en haut à gauche, 456 en haut à droite, 456-457, 457 en haut, 457 en bas, 458-459, 459 en haut
Oscar Garcia Bayerri/Agefotostock/Contrasto : pages 196-197
Tiziana et Gianni Baldizzone : pages 155 en haut, 161 en haut, au centre à gauche et au centre à droite
Tiziana et Gianni Baldizzone/Archivio White Star : page 376 en bas
A. Bardi/Panda Photo : pages 382-383
R. Barnett/Lonely Planet Images : pages 440-441
Andrea Battaglini : page 109 en bas à droite
Marcello Bertinetti/Archivio White Star : pages 28 en haut, en bas, 28-29, 32 à gauche, à droite, 32-33, 33 en haut et en bas, 34 en bas, 37 en bas, 61 en haut et en bas, 64-65, 65, 66, 66-67, 67 en bas, 77 en haut, 80 en haut, 81 en bas, 82 en bas à droite, 82-83, 90-91 Concessione S.M.A. 316 del 18.8.95, 91 en haut, 95 en bas, 114, 114-115, 115 en haut à gauche et en haut à droite, 116 en haut, 128, 129 au centre à droite, en bas à droite, 130 en haut à gauche, en haut à droite et en bas, 132 en haut à gauche, en haut à droite et en bas, 132-133, 133 en haut, 134 en bas, 135 en haut à gauche, 144 en haut à gauche, 145 au centre à gauche, au centre à droite et en bas à droite, 146 en haut, au centre à gauche, au centre à droite et en bas à droite, 148 en bas à gauche et en bas à droite, 148-149, 149 en haut et en bas à droite, 162-163 164 en haut à gauche, 164-165, 165 en haut, 166 en bas à gauche, 167 en haut, 200 en bas à droite, 201, 202-203, 203 au centre, 204-205, 205 à droite, 206 au centre, 206-207, 226, 242 en bas, 243 au centre et en bas, 244 au centre à gauche et au centre à droite, 249 à gauche, 252 en bas, 254 en bas, 256-256, 257 en bas à gauche, 258, 258-259, 259 en haut, 259 au centre en haut, 259 au centre en bas, 262 en bas, 264 en bas, 265, 266-267, 267 à gauche, 268 en bas, 268-269, 269 au centre, 273 en haut, 286 en haut, 288 en haut, 312 en bas à gauche et en bas à droite, 314 en bas à gauche, 334 à gauche, 334-335, 336 à gauche, 336 en bas, 336-337, 337 à droite, 337 en bas, 386, 388, 388-389, 389 en haut, 389 en bas, 390 en bas à gauche, 391 en haut, 392 en bas, 432 en bas à gauche et en bas à droite, 434 en haut, 434 au centre, 434 en bas, 435 à gauche, 435 à droite, 458 en haut, 458 au centre, 458 en bas, 459 en bas
Bettmann/Corbis/Contrasto : page 191 en bas
R. Bickel/Corbis/Contrasto : page 394 au centre
Jonathan Blair/Corbis/Contrasto : pages 214-215
T. Bognar : page 426 au centre
Massimo Borchi/Archivio White Star : pages 10, 121 au centre à gauche, 122 en bas à droite, 122-123, 140 au centre à gauche et en bas à gauche, 142-143, 143 en haut à droite et en bas à droite, 170 en haut et en bas, 171 en bas, 172 en haut, 172-173, 174 en haut à gauche, en haut à droite et en bas, 202 en haut à droite, 203 en bas, 204 en haut, 274-275, 275 au centre, 275 en bas à gauche et en bas à droite, 290 en bas à gauche, 290 en bas à droite, 291, 294 en haut, 294-295, 312 en haut à droite, 312-313, 313 en haut et en bas, 314 en haut, 314 au centre à gauche et à droite, 314 en bas à droite, 315 en haut, 316 en bas, 316-317, 317 en haut à gauche et à droite, 317 au centre, 317 en bas, 318, 318-319, 319 en haut et en bas, 340 à gauche, 340-341, 341 à gauche, 342 en haut, 342 en bas, 342-343, 343 à gauche et à droite, 344, 344-345, 345 en haut à gauche, 345 au centre, 345 en bas, 346, 346-347, 347 en haut à gauche, 347 en haut à droite, 347 au centre, 347 en bas, 348, 348-349, 349 en haut et en bas, 350-351, 351 en haut, 351 au centre, 351 en bas, 352 en haut, 352 au centre, 352 en bas à gauche, 352 en bas à droite, 352-353, 353 à gauche et à droite, 406 au centre, 406 en bas, 406-407
Massimo Borchi/Atlantide : pages 15 en haut, au centre et en bas, 16 en haut, 16-17, 100 en haut à gauche, 102 au centre, 118 en bas
Livio Bourbon/Archivio White Star : pages 177 en haut et en bas à gauche, 179 en haut à gauche et en haut à droite, 178-179, 185, 214 à gauche, 215 en haut, 217 en haut, 231 au centre, 234 au centre à gauche et à droite, 234 en bas à droite, 322 au centre à gauche, 322 au centre à droite, 322 en bas à gauche, 322 en bas à droite, 323, 324, 325 en haut à gauche, 325 en haut à droite, 325 en bas à gauche, 325 en bas à droite, 326 en haut, 326 au centre, 326 en bas, 326-327, 328 en haut, 328 à gauche, 328 à droite, 328-329, 329, 330 en haut, 330 au centre, 330 en bas, 330-331, 331 en haut, 331 à droite, 332, 332-333, 333 en haut, 33 au centre, 333 en bas
M. Bowler/NHPA : page 429
T. Boyden/Lonely Planet Images : page 476 en haut
G. Brad Lewis/Age/Contrasto : page 465 en bas
H. Brehm/Blickwinkel : page 445 en haut
The British Museum : page 227 à droite
Wojtek Buss : pages 18 en haut à gauche, 22-23, 23 en bas, 28 au centre, 36 au centre et à droite, 49 à gauche et à droite en haut, 57 en bas à gauche, 138 en haut à gauche, 139 en bas, 147, 192-193, 239 en haut à gauche, 296 au centre, 297 à droite, 298 à gauche, 300, 301 en bas, 360 en haut à gauche
Cameraphoto : pages 76 en haut et en bas, 78 en haut, en bas à gauche, en bas à droite, 79, 80 au centre à gauche, au centre à droite, 80-81, 82 en haut et au centre, 83 en bas
Stefano Cellai : pages 85 au centre à gauche, 152 en haut au centre
Herie Champollion : page 68 en bas à gauche
Jerome Chatin/Gamma Presse/Contrasto : pages 190 en haut et en bas, 190-191
Fan Chongzhi/Imaginechina/Contrasto : page 414 en bas

Elio Ciol : pages 16 en bas à gauche et en bas à droite, 17 en bas, 127 en bas à droite
Bruce Coleman Collection : page 463 en bas
Gerard Clyde/Barnaby's Picture Library : page 228 en bas
P. Colombel/Corbis/Grazia Neri : page 376 au centre
Anne Conway : pages 158 en haut et en bas, 159 en haut, 158-159, 160, 161 en bas
Anne Conway/Archivio White Star : pages 50 en haut, au centre à gauche et en bas à droite, 51 en bas, 210 en haut
Richard A. Cooke/Corbis/Contrasto : page 338 en haut
ET. Coppola/Panda Photo : page 381 en haut
Corbis/Grazia Neri : pages 58 au centre, 59 en bas, 98 au centre et en bas
B. Coster/Ardea : page 466
Guido Cozzi/Atlantide : page 85 en haut
G. Crabbe/AGE/Contrasto : page 450 en bas
A. Crandell/Corbis/Grazia Neri : page 381 au centre
D. Croucher/Bruce Coleman Collection : pages 365, 367 en haut à gauche
M. Daffey/Lonely Planet Images : page 429 en bas
Alexis Daflos/Royal Collection : pages 20 en bas, 21 en haut et en bas
Giovanni Dagli Orti : pages 2, 68 en haut, 70-71, 70 en bas à gauche, en bas à droite, 71 à droite, 72-73, 91 en bas, 218, 218-219, 219, 224-225, 236 à gauche et à droite, 237right, 340 à droite, 350 en haut
S. Damm/Zefa : page 394 en haut
R. Dayton/AGE/Contrasto : page 451
Araldo De Luca : pages 220 à droite, 222
Araldo De Luca/Archivio White Star : pages 208, 212-213, 246 en haut, 246 au centre, 246 en bas, 246-247, 248 en haut, 248 en bas à gauche, 248 en bas à droite, 248-249, 249 à droite, 250 en haut à gauche, 250 en haut à droite, 250 au centre, 250 en bas, 250-251, 251, 252-253, 253 en haut, 253 au centre, 253 en bas, 254 en haut et au centre, 254-255, 255 en bas à gauche, 255 en bas à droite, 256 en haut, 256 en bas à gauche et en bas à droite, 257 en bas à droite, 260 en haut à gauche, 260 en haut à droite, 260 en bas, 261, 262 en haut, 263 en bas à gauche, 263 en bas à droite, 270 à gauche, 270-271, 271 en haut, 271 au centre, 271 en bas, 272 en haut, 272 en bas, 272-273, 273 en bas, 302 en haut, 302-303, 303 en haut, 303 au centre, 303 en bas, 304, 305, 306 à gauche et à droite, 307 à gauche et à droite
M&C Denis Huot : page 387 en bas
M. Denis Huot/Hoaqui : page 380 en bas à droite
Gustavo Di Pace/Fotoscopio : page 360 en bas
Thomas Dix : pages 140-141
C. Doerr/AGE/Contrasto : page 484 en haut
A. Dragesco Joffè/Panda Photo : pages 377 en haut à droite, 378 en haut, 378 en bas, 378-379, 379 en haut
T. Dressel/Ardea : page 369 en haut
M. Dumas/Explorer : page 380 en bas à gauche
D. Else/Lonely Planet Images : page 387 en haut
Martino Fagiuoli/CV Export : page 178 au centre et en bas
Ferrer & Sostoa/AGE/Contrasto : page 480 à gauche en bas
ET. della Ferrera : page 423
Elisabetta Ferrero/Archivio White Star : pages 3-6
J.P. Ferrero/Auscape International : pages 486 à gauche, 486 à droite, 486-487, 487 au centre, 488, 490 en bas, 490-491, 491 en haut, 492 à gauche en bas, 492-493, 493 au centre, 493 en bas, 499 en haut
Kevin Fleming/Corbis/Contrasto : page 232
Florian Monheim/Bildarchiv Monheim : page 75 en haut et au centre
J. Foott/AGE/Contrasto : pages 482-483
J. Foott/Bruce Coleman Collection : pages 444-445
Gigliola Foschi/Focus Team : pages 47 en haut à gauche, 48
Klaus Frahm/Artur : pages 41 à gauche, à droite en haut et à droite en bas, 43 en bas
Ro Freck/Odyssey/F. Speranza : pages 108-109
B. Gardel/Hemispheres : page 426 en haut
Alfio Garozzo/Archivio White Star : pages 155 en bas, 157 en bas à gauche et en bas à droite, 221 à gauche, 226-227, 228 en haut, 228-229, 229, 230 en haut et en bas, 231 en haut, 231 en bas à gauche et à droite, 235, 242-243, 243 en haut à gauche et en haut à droite, 244 en haut, 244 en bas à gauche et en bas à droite, 245, 266 en haut, 268 en haut, 269 en bas
Cesare Gerolimetto : page 42
Lowell Georgia/Corbis/Contrasto : pages 311 en haut à gauche, 311 en bas
Getty Images/Laura Ronchi : page 320
Fausto Giaccone/Franca Speranza : pages 20-21
H. Goethel/Blickwinkel : page 472 au centre
Gohier/Ardea : pages 439 en bas, 444 en bas, 447 en haut, 455 en haut
Itamar Grinberg : pages 128-129
Itamar Grinberg/Archivio White Star : pages 286-287
Grafenhaim/Franca Speranza : pages 18-19
Grafenhaim/Simephoto : pages 24-25, 40, 44 au centre, 98 en haut
M. Gratton/Vision : page 124 en haut
M.W. Grosniek/Ardea : page 437 à droite
D. Gulin/Corbis/Contrasto : pages 449 en bas à droite, 478 en bas
D. Gulin/Corbis/Grazia Neri : page 447 en bas
H. Hamaya/Magnum Photo/Contrasto : page 497 en haut
M. Hamblin/Oxford Scientific Library : page 444 à droite au centre
M. Harvey/NHPA : page 382 à gauche au centre
Jason Hawkes : page 193 en bas
Jason Hawkes/Corbis/Contrasto : page 186
Jochen Helle/Bildarchiv Monheim/©2002 Victor Horta-Sofam Belgique : page 38 à gauche
C. Hellier/Corbis/Grazia Neri : page 399 au centre et en bas
Pal Hermansen/Franca Speranza : page 14
Angelo Hornak/Corbis/Contrasto : page 188
D.G. Houser/Corbis/Grazia Neri : page 441 au centre
H.P Huber/Simephoto : pages 69 en haut, 438-439, 496 à droite en bas, 499 au centre
Johanna Huber/Simephoto : pages 77 en bas, 487 en bas
Andrew Humphreys/LPI : page 126 à gauche et à droite
R. I'Anson/Lonely Planet Images : pages 498-499
Index/Barbieri : page 110 en haut à droite
J. Johnson/Bruce Coleman Collection : page 392 au centre à gauche
B. Jones & M. Shimlock/NHPA : pages 432 en haut, 433
Wolfgang Kaehler/Corbis/Contrasto : pages 310-311, 311 en haut à droite, 361, 410 en bas
C. Karnow/Corbis/Grazia Neri : pages 426-427
S. Kaufman : page 419
R. & J. Kemp/SAL/Oxford Scientific Films : page 371 à gauche en haut
ET. Keskozommy/SAL/Oxford Scientific Films : page 412 en haut
B. Klein-Hubert/Panda Photo : page 439 au centre
C. Knights/Ardea : pages 460-461
F. Labot/Auscape International : pages 391 en bas à droite, 391 au centre
B. Lamm/Blickwinkel : page 447 à droite au centre
J. M. La Rogue/Auscape International : page 498 en bas
H.G. Laukel : pages 377 en haut à gauche, 378 au centre, 379 au centre
Reiner Lautwein/Artur/©2002 Victor Horta-Sofam Belgique : pages 38 en bas à droite, 39
Kraig Lieb/Lonely Planet Images : pages 338-339
Charles Lenars : page 125 au centre à gauche
Erich Lessing/Contrasto : pages 210-211, 224, 225 à gauche et à droite, 238 en haut à droite, 240 en bas à droite
Marcello Libra : pages 369 au centre, 369 en bas, 370 en haut, 372 en haut 372 au centre, 372-373, 373 en haut, 373 en bas, 374 en haut, 374 au centre à gauche, 374 au centre à droite, 374-375, 375, 385 au centre à gauche, 412-413, 413 en haut, 413 au centre
V. Loi-S. Pisano/Panda Photo : page 367 au centre
A. Maniciati : page 413 en bas
Marka : page 241 en haut
N. Marven/Nature Picture Library : pages 410 au centre, 410-411, 410 en haut
J. Mason/Ardea : pages 467 à gauche en bas, 467 à droite en bas
F. Mastracchi Manes/Panda Photo : pages 386-387
C. Mattison/Age/Contrasto : pages 390-391
C. Mauzy/Corbis/Contrasto : page 448 en bas
J. McDonald/Corbis/Grazia Neri : pages 381 en bas, 385 au centre à droite, 392 au centre à droite, 479 en bas
D. Meissner/Blickwinkel : page 444 en haut
S. Meyers/Ardea : page 444 à gauche au centre
B. Miller/Timepix/PhotoMasi : page 461 au centre
C. Monteath/Auscape International : pages 484-485, 485 en haut à gauche, 485 au centre à gauche, 485 en bas à gauche
C. Monteath/Hedgehog House : pages 420 au centre, 420-421, 421 en haut, 421 en bas, 483 au centre
B. Moranti/Age/Contrasto : page 407 en bas
J.C. Munoz/Panda Photo : pages 364 en haut, 364 à droite en bas
David Muench/Corbis/Contrasto : pages 338 en bas, 449 en bas à gauche
D. Muench/Corbis/Grazia Neri : page 467 en haut
A. Nardi/Panda Photo : page 367 en bas
NASA : pages 408, 409 en haut et en bas, 410 en haut
Nature Picture Library : page 443 en haut à gauche
N. Nightingale/Nature Picture Library : page 428 en haut
Nimatallah/AGK Images : page 206 en haut à droite
B. Norton/Evergreen Photo Alliance : pages 383 en bas, 391 en bas, 428 en bas à gauche
Oxford Cartographers/Archivio White Star : page 270 à droite
H. Palo JR/NHPA : pages 469 en haut, 474 au centre, 475 à gauche en bas
Vincenzo Paolillo : pages 401 en haut, 402 au centre, 402 en bas, 402-403, 403 en bas, 404 en haut à gauche, 404 en haut à droite, 404 en bas à gauche, 405 en haut, 426 en bas à droite
Parlamentary Copyrights 1995 : page 34 en haut
D. Parter & ET. Parter/Auscape International : pages 468 au centre, 468 en bas, 469 à gauche, 469 à droite en bas, 470 en bas, 472-473, 491 au centre en bas, 492 en haut
C. Pavaral/Hoaqui : pages 400 en haut, 400-401
D. Paynet/Age/Contrasto : page 363
D. Peebles/Corbis/Contrasto : pages 464-465
D. Peebles/Corbis/Grazia Neri : pages 462-463
C. Penn/Corbis/Grazia Neri : page 372 en bas
Moose Peterson/Ardea : page 447 à gauche au centre
Peterson/WRP/Ardea : page 436 en bas à gauche
Daniel Philippe/Air Print : pages 40-41, 44-45, 56 en bas à gauche, 68-69, 74, 100-101
Jean Charles Pinheira : pages 104-105, 105 en bas
Andrea Pistolesi : pages 43 en haut à gauche, en haut à droite, 44 en haut à gauche et en haut à droite, 436 en haut, 436 en bas à droite, 437 à gauche, 450 à droite au centre, 453 à gauche au centre
Alberto Pizzoli/Corbis/Contrasto : pages 206 en bas, 207 en bas
F. Poelking/AGE/Contrasto : pages 480-481
F. Poelking/Blickwinckel : pages 443 en bas à gauche, 471 en haut
Josef Polleros/Anzenberger : page 13
G. Pots/Bruce Coleman Collection : page 443 en bas à droite
Pozzoli/Hoaqui : page 402 en haut
Hira Punjabi/Lonely Planet Images : pages 422 au centre à droite, 424-425
Nicolas Rachmano/Ag. ANA : pages 29 en haut, 30 en haut à gauche, en bas à gauche, 30-31, 31 en haut à droite et en bas à droite
Luciano Ramires/Archivio White Star : pages 62 en haut à gauche, 75 en bas, 194-195
Carmen Redondo/Corbis/Contrasto : pages 284 en haut, 284-285
Carmen Redondo/Corbis/Grazia Neri : page 385 en bas
R. Ressmeyer/Corbis/Grazia Neri : page 462 en haut
Giovanni Rinaldi/Il Dagherrotipo : pages 176-177
Massimo Ripani/Simephoto : pages 117 en haut à droite, 364 à gauche en bas, 453 en haut
P. Roig/AGE/Contrasto : page 485 en haut à droite
Basilio Rodella/BAMS photo : pages 216-217, 217 au centre
Laura Ronchi : page 296 en bas
Benjamin Rondel/The Stock Market/Contrasto : page 152 en bas à gauche
SIE : page 127 en bas au centre
Hans Georg Roth/Corbis/Contrasto : page 240 en haut
Galen Rowell : pages 452-453
Galen Rowell/Corbis/Grazia Neri : page 422 au centre à gauche
T. de Roy/Auscape International : page 473 en haut
Saffo/Simephoto : pages 116-117, 117 à gauche
Kevin Schafer : pages 392 en haut, 393, 438 en bas, 440 en haut, 441 en haut, 448-449
Kevin Schafer/Corbis/Contrasto : page 360 au centre
Gregor M. Schmid/Anzenberger : pages 96 en bas, 97 en bas à droite, 99
V. Sciosia/Focus Team : page 371 à droite en haut
M.T. Sedam/Corbis/Contrasto : page 449 en haut
J. Sierra Antinolo/Oxford Scientific Films : page 368
Silvestris : pages 382 en bas, 396 en haut à droite, 397
Giovanni Simeone/Simephoto : pages 51 en haut, 55 en haut, 62-63, 90, 104 en haut, 120-121, 154-155, 155 au centre, 396-397, 446 en bas
G. Sini/Ag. Marka : page 69 en bas
P.A.Souders/Corbis/Grazia Neri : page 441 en bas
M. Spencer/Auscape International : page 492 à droite en bas
R. Spoonbill/Ardea : page 461 en haut
Henri et Anne Stierlin : pages 136-137, 137 en haut à droite, au centre et en bas, 143 en bas à gauche, 151 en haut à droite et en bas à droite, 239 en haut à droite, 240-241, 241 en bas, 276 à droite, 277 en haut, 277 au centre, 278 en haut, 278 en bas à gauche, 278 en bas à droite, 278-279, 279 en haut, 279 en bas, 280 en bas à gauche, 280 en bas à droite, 280-281, 281 en haut à gauche, 281 en haut à droite, 281 en bas, 299 en haut, 299 en bas, 300-301, 301 en haut, 301 au centre en haut, 301 au centre en bas
D. Stock/Magnum Photo/Contrasto : pages 496-497
L.M. Stone/Nature Picture Library : page 415 en haut
Keren Su/Corbis/Contrasto : page 310
K. Su/China Span/Lonely Planet Images : page 417 en haut
J.A. Sugar/Corbis/Grazia Neri : page 465 en haut
T. Svehsson/Corbis/Contrasto : page 395 en bas
J. Sweeney/Lonely Planet Images : pages 482 en bas, 483 en haut
S. Tauqueur/Franca Speranza : page 18 en haut à droite
N.J. Tennis/Sime Photo : page 396 en haut à gauche
Luca Tettoni : pages 430, 431 en haut à gauche et à droite, 431 en bas
T. Till/Auscape International : page 496 à gauche en bas
Timepix/PhotoMasi : page 452 en haut
Angelo Tondini/Focus Team : pages 198-199, 335 en haut, 335 en bas, 426 en bas
Prof. Gerhard Trumler : pages 58 en haut, 58-59
S. Turner/Oxford Scientific Films : page 383 au centre
R. Valterza/Ag. Franca Speranza : pages 370-371
Sandro Vannini/Franca Speranza : page 157 en haut à droite
S. Vannini/Panda Photo : page 367 en haut à droite
Giulio Veggi/Archivio White Star : pages 19 en haut, 25 en haut, au centre à gauche, au centre à droite et en bas à gauche, 26 en bas à gauche et en bas à droite, 35 en haut et au centre, 52-53, 53 en haut, au centre à gauche, au centre à droite et en bas, 54 en haut, au centre à gauche et au centre à droite, 55 en bas à gauche et en bas à droite, 57 en bas à droite, 60 en bas, 62 en haut à droite, 63 en haut, en bas à gauche, en bas à droite, 64 en haut et en bas, 67 en haut à droite et en bas à droite, 96 en haut, 96-97, 97 en haut à droite et en bas à gauche, 105 en haut, 106, 106-107, 107 en haut et en bas, 108 en haut et en bas, 110 en haut à gauche, 110-111, 111 à droite et en bas, 112 en haut, au centre, en bas, 112-113, 113 en haut à gauche et en haut à droite, 118 en haut, 119, 120, 121 en haut, au centre à droite et en bas, 122 en haut à gauche, 200 en bas à gauche, 202 en haut à gauche, 203 en haut, 204 en bas, 205 à gauche, 206 en haut à gauche, 209 en haut à gauche, 209 en haut à droite, 209 en bas à gauche, 210 en bas, 211, 214 à droite, 215 en bas, 216, 221 en haut à droite et en bas à droite, 223 à gauche et à droite, 228 au centre, 230-231, 234 en haut, 234 en bas à gauche, 236-237, 262-263, 264 en haut, 267 à droite, 269 en haut, 290 en haut, 292 à gauche et à droite, 292-293, 293 en haut et en bas, 294 en bas, 295 à gauche et à droite
L. Vigliotti/Panda Photo : page 464 en haut
Brian A.Vikander/Corbis/Contrasto : pages 308-309, 309 à gauche et à droite
R. Von Gotz/Bildarchiv Monheim : pages 34-35
U. Walz/Blickwinkel : pages 474-475
U. Walz/Bruce Coleman Collection : pages 446 au centre, 476-477
K. Ward/Corbis/Contrasto : page 418 en haut
A. Warren/Ardea : pages 434-435
M. Watson/Ardea : pages 439 en haut, 455 à gauche en bas, 455 à droite en bas, 477 en bas
D. Watts/Nature Picture Library : page 448 en haut
K.M. Westrmenn/Corbis/Grazia Neri : page 163 en bas au centre
N. Wheeler/Corbis/Contrasto : pages 394-395, 395 au centre
A. White/Nature Picture Library : page 400 en bas
S. Widstrand/Corbis/Grazia Neri : page 425 en bas
S. Wilby/Auscape International : page 497 en bas
P. de Wilde/Hoaqui : page 401 en bas
Julian Wirker ; Cordaiy Photo Library Ltd./Corbis/Contrasto : page 283
Christopher Wood/LPI : page 124 en bas
Roger Wood/Corbis/Contrasto : pages 240 en bas à gauche, 282 à droite
D.Woodfall/NHPA : page 371 en bas
Adam Woolfitt/Corbis/Contrasto : pages 188-189, 238-239, 241 au centre
Shen Yu/Imaginechina/Contrasto : pages 414-415
Chen Yun/Imaginechina/Contrasto : page 416 en bas
Francesco Zanchi/Archivio White Star : pages 22 en haut à droite et en bas à gauche, 23 en haut, 26 en haut, 27
Bo Zaunders/Corbis/Contrasto : page 195 à gauche
B. Zhenjin/Imaginechina/Contrasto : pages 414 en haut, 416 en haut à gauche, 416 en haut à droite, 416-417
G. Ziesler : pages 422 en bas à droite, 424 en haut, 424 en bas, 468-469, 470-471, 471 en bas à gauche, 471 en bas à droite, 472 en haut à gauche, 472 en haut à droite, 475 en haut, 475 à droite en bas, 476 au centre, 476 à gauche, 476 à droite en bas, 478 au centre, 478-479, 480 à droite en bas, 487 en haut, 487 en bas, 487 à gauche, 487 en haut à droite
J. Zipp/Ardea : page 460 à gauche en bas

Cartes : Archivio White Star